DICIONÁRIO HANNAH ARENDT

DICIONÁRIO HANNAH ARENDT

Organização
ADRIANO CORREIA
ANTONIO GLAUTON VARELA ROCHA
MARIA CRISTINA MÜLLER
ODILIO ALVES AGUIAR

70

DICIONÁRIO HANNAH ARENDT

© Almedina, 2022

Organização: Adriano Correia, Antonio Glauton Varela Rocha, Maria Cristina Müller e Odilio Alves Aguiar

Diretor da Almedina Brasil: Rodrigo Mentz
Editor de Ciências Sociais e Humanas: Marco Pace
Assistentes Editoriais: Isabela Leite e Larissa Nogueira
Revisão: Marco Rigobelli

Diagramação: Almedina
Design de Capa: Roberta Bassanetto
Imagem de Capa: Hannah Arendt no 1.º Congresso de Críticos Culturais, 1958, FM-2019/05/01/16.

ISBN: 9786586618914
Março, 2022

Dados Internacionais de Catalogação na Publicação (CIP)
(Câmara Brasileira do Livro, SP, Brasil)

Dicionário Hannah Arendt / organização Adriano Correia ... [et al.]. – 1. ed. – São Paulo : Edições 70, 2022.
Outros organizadores: Antonio Glauton Varela Rocha, Maria Cristina Müller, Odilio Alves Aguiar

ISBN 978-65-86618-91-4

1. Arendt, Hannah, 1906-1975 – Crítica e interpretação 2. Filosofia 3. Filosofia – Dicionários 4. Pensamento I. Correia, Adriano. II. Rocha, Antonio Glauton Varela. III. Müller, Maria Cristina. IV. Aguiar, Odilio Alves

21-93671   CDD-103

Índices para catálogo sistemático:

1. Filosofia : Dicionários 103

Maria Alice Ferreira – Bibliotecária – CRB-8/7964

Este livro segue as regras do novo Acordo Ortográfico da Língua Portuguesa (1990).

Todos os direitos reservados. Nenhuma parte deste livro, protegido por copyright, pode ser reproduzida, armazenada ou transmitida de alguma forma ou por algum meio, seja eletrônico ou mecânico, inclusive fotocópia, gravação ou qualquer sistema de armazenagem de informações, sem a permissão expressa e por escrito da editora.

Editora: Almedina Brasil
Rua José Maria Lisboa, 860, Conj. 131 e 132, Jardim Paulista | 01423-001 São Paulo | Brasil
editora@almedina.com.br
www.almedina.com.br

APRESENTAÇÃO

A história da recepção da obra de Hannah Arendt, no Brasil, remonta ao início dos anos 1970, quando Celso Lafer, que havia sido seu aluno na Universidade Cornell, combinou com ela a publicação das traduções de *Entre o passado e o futuro* e *Crises da República*, pela editora Perspectiva. Celso Lafer publicou, nesta ocasião, vários textos introdutórios à obra de Arendt, culminando com o livro *Hannah Arendt: pensamento, persuasão e poder* (Paz e Terra), que vem sendo ampliado e reeditado desde então. Ainda na mesma década, foi publicado *Origens do totalitarismo*, em três partes, (Ed. Documentário, republicado em volume único pela Companhia das Letras) e na década de 1980 foram publicados *A condição humana* (Ed. Forense Universitária, na primeira edição em parceria com Ed. Salamandra e Edusp), *Eichmann em Jerusalém* (Ed. Diagrama e Texto, publicado posteriormente com nova tradução pela Companhia das Letras), *Da violência* (Ed. UnB, retraduzido depois como *Sobre a violência* pela Relume Dumará) e *Da revolução* (Ática, depois retraduzido pela Companhia das Letras como *Sobre a revolução*).

Essas obras despertam um interesse difuso e reticente na área de ciências humanas, do direito e no público em geral, mas não o suficiente para assegurar a Arendt um espaço nas pesquisas universitárias. Ao longo dos anos 1990, apareceram as primeiras dissertações e teses sobre sua obra e, também, foi publicado, pela Relume Dumará, o livro *Hannah Arendt: por amor ao mundo*, tradução de uma primorosa biografia intelectual de Arendt, escrita por sua ex-orientanda de doutorado Elizabeth Young-Bruehl, que ainda hoje é insuperável e uma das melhores introduções ao pensamento da autora.

A Relume Dumará assume protagonismo na publicação das obras de Arendt com edições e traduções muito bem cuidadas, dentre elas, *Sobre a violência, A vida do espírito* e *Lições sobre a filosofia política de Kant*. Se a primeira renovou a atenção dos estudiosos de teoria política sobre o pensamento de Arendt, agora, em um contexto pós-guerra fria, as duas últimas, junto a *Origens do totalitarismo* e *A condição humana*, despertaram pela primeira vez, de modo consistente, o interesse acadêmico, notadamente da área de filosofia, para as reflexões de Arendt. Seus textos foram constantemente reeditados, ampliaram-se as pesquisas acadêmicas e, em 2000, ocorreram os primeiros congressos de âmbito nacional sobre a obra arendtiana, na Unicamp e na PUC-Rio, homenageando Arendt nos 25 anos de sua morte.

Desde esse tempo, testemunhamos uma crescente atenção à obra de Arendt e uma notável ampliação do número e das proveniências de seus pesquisadores, estando a filósofa entre as mais estudadas e discutidas no pensamento contemporâneo. Com os novos desdobramentos relacionados à crise da política, no momento presente, renovou-se o interesse da comunidade intelectual por temas como o totalitarismo, a mentira na política, a participação política, a condição dos apátridas e os direitos humanos. Esse interesse crescente e renovado beneficia-se de uma comunidade de pesquisadores que cultivam um diálogo permanente, plural e qualificado no qual estão envolvidos desde pioneiros como Celso Lafer, Eduardo Jardim de Moraes e Newton Bignotto, autores de verbetes no presente dicionário, até a numerosa geração mais recente, boa parte dela aqui representada, que não cessa de se ampliar com recém-chegados.

O *Dicionário Hannah Arendt,* projeto acolhido com entusiasmo pelo selo editorial Edições 70, do Grupo Almedina, busca traduzir a maturidade da interpretação e da discussão da obra arendtiana entre nós e responder ao renovado interesse por ela. Abrangente,

APRESENTAÇÃO

sem pretender ser exaustivo, trata de 51 temas fundamentais à obra arendtiana apresentados por 51 diferentes autores – brasileiros, em sua maioria, mas também da Europa e da América Latina. Os autores escreveram os verbetes visando o leitor não especializado e interessado em um acesso inicial a cada um dos temas, sem descuidar de indicações para aprofundamentos ulteriores e de referências aos debates atuais. Ainda que vários dos verbetes sejam complementares, eles foram concebidos para serem lidos de modo independente.

Arendt reiterou várias vezes que desejava, antes de tudo, compreender. E que isso implicava uma sensibilidade para as experiências, para as novidades, para o ainda não pensado, e uma desconfiança dos sistemas, dos métodos oniabrangentes, da pretensão de verdade última. Essa postura a comprometeu, a despeito de sua destacada erudição, com um pensamento não sistemático, tentativo, experimental e, em grande medida, engajado nas questões de seu próprio tempo. Apesar de sua ampla influência, ainda em vida, na cena intelectual estadunidense e europeia, afirmava com convicção que não queria influenciar, mas, antes, como assevera em *A condição humana*, "pensar o que estamos fazendo". Enfim, ela dizia em uma entrevista de 1964: "quero compreender, e quando outros compreendem da mesma forma que eu compreendi, isto me dá um sentimento de satisfação, como uma sensação de estar em casa (*Heimatgefühl*)". Este é o espírito que animou a concepção deste dicionário.

Adriano Correia
Antonio Glauton Varela Rocha
Maria Cristina Müller
Odilio Alves Aguiar

SUMÁRIO

1. Ação Política
   Edson Teles 17

2. Alienação
   Paulo Eduardo Bodziak Junior 25

3. Amizade Política
   Lucas Rocha Faustino 33

4. Amor
   Antonio Campillo 41

5. Aparência
   Evandro F. Costa 51

6. Autoridade
   Beatriz Porcel 61

7. Burocracia
   Lara Rocha 73

8. Compreensão
   Adriana Novaes 83

9. Comum
   Antonio Glauton Varela Rocha 89

10. Condição Humana
    Rodrigo Ribeiro Alves Neto 99

11. Coragem
    Nádia Junqueira Ribeiro 109

12. Desobediência Civil
    Helton Adverse 117

13. Direitos Humanos
    Silvana Winckler 125

14. Educação
    Vanessa Sievers de Almeida 133

15. Espaço Público
    Rosângela Chaves 141

16. Exemplaridade Ética e Política
    Igor Vinícius Basílio Nunes 149

17. Felicidade Pública
    Antônio Batista Fernandes 159

18. Fundação
    Elivanda de Oliveira Silva 167

19. Humanidade
    Rodrigo Ponce 173

20. Julgar
    Bethania Assy 181

SUMÁRIO

21. Justiça
    Christina Miranda Ribas 193

22. Lei
    Ana Carolina Turquino Turatto 203

23. Liberdade
    Lucas Barreto Dias 213

24. Mal
    Nádia Souki 223

25. Mal Radical
    Éden Farias Vaz 229

26. Milagre e Política
    Kathlen Luana de Oliveira 237

27. Modernidade
    Cícero Oliveira 245

28. Natalidade
    Daiane Eccel 253

29. Obra
    Cícero Samuel Dias Silva 263

30. Origens do Totalitarismo
    Celso Lafer 273

31. Pensar
    Fábio Abreu dos Passos 285

32. Pensamento Sem Corrimão
    André Duarte 293

33. Perdão
    Laura Mascaro 301

34. Pluralidade
    Maria Cristina Müller 309

35. Poder
    Eduardo Jardim de Moraes 317

36. Política
    Wolfgang Heuer 323

37. Promessa
    Cláudia Perrone-Moisés 331

38. Questão Judaica
    Ricardo George de Araújo Silva 337

39. Questão Social (Pobreza)
    Adriano Correia 345

40. Ralé
    José Luiz de Oliveira 355

41. Reificação
    Nuno Pereira Castanheira 363

42. Republicanismo
    Newton Bignotto 373

43. Responsabilidade
    Alexandrina Paiva da Rocha 381

44. Revolução
    Mariana de Mattos Rubiano 391

SUMÁRIO

45. Senso Comum
    José dos Santos Filho 401

46. Sistema de Conselhos
    Marcela da Silva Uchôa 407

47. Temporalidade
    João Batista Farias Junior 415

48. Trabalho
    Odilio Alves Aguiar................................. 421

49. Tradição
    Sônia Maria Schio 429

50. Verdade
    Geraldo Adriano Emery Pereira 437

51. Violência
    Thiago Dias da Silva 443

Sobre Organizadora/Organizadores...................... 451

1.
AÇÃO POLÍTICA

Edson Teles
Universidade Federal de São Paulo

O conceito de ação política surge a partir de questionamentos que emergem no cotidiano de uma sociedade, especialmente em momentos de crise e de desmandos autoritários: o que nos faz agir? Quem será o sujeito da ação? O que faz da ação uma atividade política? Será que cada um de nós é apenas o legitimador de processos institucionais, sem incidência sobre as decisões coletivas? São perguntas que fundamentam as reflexões de Hannah Arendt sobre o caráter político da liberdade e da abertura para o novo.

No contexto europeu do século XX, o fenômeno da despolitização configurou-se como um dos principais problemas enfrentados pela humanidade. Significou o rompimento do ser humano com sua capacidade de discernir critérios e valores para o convívio, bloqueando as capacidades de agir em conjunto, comunicar-se e efetivar a pluralidade social.

Se o totalitarismo amordaçou as narrativas e explicitou os aspectos frágeis dos assuntos humanos, o campo de concentração simbolizou a desfiguração completa da esfera pública (Arendt, 1989). Com o esfacelamento da tradição e a consequente impossibilidade de se viver a política, Arendt se preocupou em elaborar uma reflexão sobre o mundo dos assuntos humanos como o modo mais apropriado de promover a reconciliação com a própria existência após o estranhamento causado pelas novas realidades.

Para tanto, Hannah Arendt recorre ao pensamento dos antigos ao refletir sobre a ação política a partir de três dimensões principais da atividade humana: trabalho, fabricação e ação. Essas atividades não ocorrem de modo estanque e em momentos e esferas distintas umas das outras. Ao contrário, se apresentam de maneira dinâmica e conjunta. A identificação das atividades funciona mais enquanto categorias de análise filosófica do conceito de ação política, concorrendo para a elaboração de seu pensamento crítico.

As distinções que Hannah Arendt faz entre as três atividades possuem um caráter de análise da condição humana, não impedindo que as atividades se apresentem relacionadas umas com as outras, complementando-se. Portanto, pensar a vida ativa por meio de suas principais atividades não se confunde com o estabelecimento de um quadro fixo e esquemático, mas de pensá-las como um fenômeno complexo e interativo.

A cada uma dessas atividades corresponde uma dimensão da condição humana às quais a autora relaciona sujeitos e práticas próprias. O *animal laborans* se encontra aprisionado às necessidades biológicas e trabalha para prover sua subsistência. O *homo faber* fabrica artefatos duráveis, construindo um mundo por meio do domínio de uma *techné*. O *zoon politikon* é o agente da política e se caracteriza pelas atividades desenvolvidas no domínio público.

São atividades relacionadas às questões existenciais do nascimento e da morte. Enquanto o trabalho garante a sobrevivência da espécie, a fabricação produz os artefatos que garantem durabilidade ao efêmero da existência humana. Já a ação está mais ligada ao nascimento, pois funda e mantém as instituições políticas, criando as condições para receber os recém-chegados ao mundo.

Tais categorias da condição humana são analisadas pela autora por meio de algumas características constitutivas das atividades: sua finalidade e produto; sua temporalidade; e o espaço onde o agir é praticado. Intenta-se pensar nas atividades humanas a partir "da coisa produzida – sua localização, sua função e a duração de sua permanência no mundo" (Arendt, 2010, p. 116). Podemos dizer que o trabalho tem como produto os bens de consumo e a satisfação das necessidades vitais. Os bens produzidos pelo *animal laborans* têm um prazo determinado de duração, pois serão consumidos em benefício da preservação da espécie e da condição humana que lhe corresponde, a vida biológica. Na fabricação, a atividade do *homo faber* "chega a um fim com seu produto final, que não só sobrevive à atividade de fabricação como daí em diante tem uma espécie de 'vida' própria" (Arendt, 1997, p. 91). A existência humana "seria impossível sem coisas, e estas seriam um amontoado de artigos desconectados, um não-mundo, se não fossem os condicionantes da existência humana" (Arendt, 2010, p. 11).

O *zoon politikon*, autor e ator da ação, tem como finalidade estar entre os outros, isto é, comunicar sobre si mesmo ao seu interlocutor. Portanto, a partir dessa atividade ele consegue estabelecer as relações que irão garantir a construção dos contratos e dos negócios humanos. A ação tem uma temporalidade imediata, existe somente enquanto o agente está em ato junto com outros e tem como produto efêmero a política, que se extingue assim que a atividade deixa de ser exercida. Arendt observa que se a política "chega a ter quaisquer consequências, estas consistem, em princípio, em uma nova e interminável cadeia de acontecimentos cujo resultado final o ator é absolutamente incapaz de conhecer ou controlar de antemão" (Arendt, 1997, p. 91).

A ação tem como característica a pluralidade, indicando uma dupla face da política: a igualdade e a diferença. Os seres humanos são iguais na medida em que pertencem à mesma espécie animal e, mais importante, por compartilharem a capacidade de se comunicarem e se fazerem entender entre si. Entretanto, são diferentes pelo fato de comunicarem sobre si próprios, de se apresentarem enquanto singulares. Através do discurso, dos gestos e da ação podem se distinguir uns dos outros, pois essas são atividades que dependem da iniciativa própria de cada indivíduo. Dessa forma, a ação funciona como uma marca do agente, sendo a atividade que mais plenamente o qualifica.

Definidos os traços fundamentais das atividades humanas, Hannah Arendt recorrerá novamente à experiência da *pólis* grega visando compreender melhor o espaço onde se realiza a política. A vida nas cidades estado era dividida em dois domínios básicos: de um lado, havia a vida privada, local das atividades do trabalho e da fabricação; de outro, a vida pública que se realizava na *ágora*, espaço onde se reuniam os cidadãos com o objetivo de discutir os assuntos de interesse da *pólis*. O caráter privado – elemento que indica não apenas o fato de ser propriedade de alguém, mas principalmente por ser um espaço onde a existência humana se via privada da relação com os outros – se referia à esfera das atividades econômicas, cujo fim era garantir alimento, abrigo, vestuário e artefatos úteis ou necessários à vida.

A vida pública, ainda que efêmera, era onde se atingiria a imortalidade por meio dos feitos alcançados pela ação – com seus gestos e palavras –, pois seus feitos seriam testemunhados por muitos e se conservariam na história e na memória. Portanto, Arendt refletiu sobre a ação como a esfera onde se exibiria a plenitude da existência humana, demandando o testemunho e a presença da pluralidade. "Ser político, viver em uma *pólis*, significava que tudo era decidido mediante palavras e persuasão, e não força e violência" (Arendt, 2010, p. 31). No espaço da política todos seriam iguais, sem a necessidade de comando e de violência, o que fomentaria o exercício da liberdade e da espontaneidade.

Assim, a política se diferencia de outras atividades devido à sua razão dialógica. O discurso tem por finalidade a persuasão do outro, objetivando ganhar a simpatia das opiniões e ser admirado pelo público. Para a autora, a política é a forma de estar entre os outros sem a mediação da violência, pois "forçar pessoas mediante violência, ordenar ao invés de persuadir, eram modos pré-políticos de lidar com as pessoas, típicos da vida fora da *pólis*" (Arendt, 2010, p. 31).

A demarcação do público e do privado no mundo grego se fez pelas atividades que se realizavam nessas esferas. Enquanto o produto realizado na vida privada era um artefato ou bem de consumo, a atividade da vida pública produzia o humano. Da ideia de esfera pública como o território próprio da política se pode compreender melhor a importância da revelação do autor e ator da ação.

AÇÃO POLÍTICA

Por meio da ação os indivíduos mostram *quem* são, suas identidades singulares, em contraposição a *o quê* são, suas qualidades e defeitos. Ao agir entre os outros, o agente se revela e distingue sua ação política de uma outra qualquer. Sem a revelação do sujeito da ação, a política se confundiria com a fabricação, como se fosse somente um meio de produzir um objeto, de atingir um determinado fim.

Toda vez que o agente inicia algo novo, ele revela sua identidade e a deixa sua marca na teia de relações humanas, produzindo movimentos, lutas, memórias e histórias. Esse *quem* da história se constitui em individualidade através de uma biografia, uma história pessoal, a qual somente faz sentido se articulada com a história dos feitos humanos. Sendo assim, a palavra vivida, a história, precisa da palavra viva, a ação plural entre os singulares, para que as instituições e a própria política sobrevivam e se desenvolvam livremente.

Agir, segundo Hannah Arendt, é sinônimo de iniciar algo, tomar a iniciativa, mas também de colocar-se em movimento, como indicam as palavras gregas *arkhein* – por um lado, fundamento, origem, ponto de partida, e por outro, poder, autoridade, governo – e *prattein* – perfazer um caminho até o fim, fazer com que alguma coisa aconteça ou se realize, movimento de algo por si mesmo. Esses conceitos encontram correspondência no latim, nas palavras *agere* e *gerere*. Ao tomar a iniciativa de agir nos assuntos humanos, o sujeito da política percorre duas etapas distintas: primeiramente, ele inicia algo novo de forma imprevisível e, posteriormente, dá continuidade a essa ação.

É dessa forma que a iniciativa na ação política está relacionada com o exercício da liberdade, pois ao iniciar algo novo ela potencializa o que não era previsto. Ao expor sua singularidade, revelada pelas palavras que só podem ser percebidas na forma do discurso associado aos gestos e em uma esfera pública, se faz emergir o inesperado, o surpreendente, o improvável e, por consequência, o irremediável. Dessa forma, todo agir é um evento inovador, inscrevendo novas histórias singulares na teia de relações humanas.

Ao dar início a um novo movimento e criar o novo o agente rompe com os processos mecânicos, transgredindo a automação do cotidiano e vitalizando as instituições políticas. Sendo assim, ser livre implica uma situação de instabilidade política, pois cada agente é capaz de seguir os rumos mais incertos.

A impossibilidade de conhecerem de antemão as consequências de seus atos os levam a considerarem a promessa como alternativa aos riscos da ação. Não se trata das promessas pré-eleitorais, frutos da política dos pactos e dos contratos sociais dos corpos políticos, fundamentados no governo e na soberania. "No momento em que as promessas perdem seu caráter de isoladas ilhas de certeza em um oceano de incerteza, ou seja, quando se abusa dessa faculdade para abarcar todo o terreno do futuro e traçar caminhos seguros em todas as direções, as promessas perdem poder vinculante e todo o empreendimento acaba por se autossuprimir" (Arendt, 2010, p. 305).

A promessa seria, para Hannah Arendt, uma faculdade que só se viabiliza quando os singulares se reúnem, assim como deixa de ter efeito tão logo a esfera pública de reunião dos diferentes se desfaça. Sem a promessa, seria muito difícil existir qualquer continuidade ou durabilidade aos assuntos e debates acerca das relações sociais.

Além de ser imprevisível, a ação também se caracteriza pela irreversibilidade. A política vista como uma atividade sem procedimentos previamente acertados e sem a ideia de um produto final pré-concebido não pode ser retomada e refeita de outra forma. Diferentemente do movimento cíclico do *animal laborans* e do processo de fabricação do *homo faber*, que podem retornar a uma etapa anterior sem grande prejuízo para o produto final, para o *zoon politikon* não há a possibilidade "de se desfazer o que se fez, embora não se soubesse nem se pudesse saber o que se fazia" (Arendt, 2010, p. 295). A solução para a irreversibilidade de uma ação seria a faculdade humana de perdoar. Atividade que somente se viabiliza na esfera pública, pois é a consideração do outro, enquanto transgressor e agente do ato ofensivo, que fornece legitimidade ao ato de perdoar. A finalidade do perdão seria a de restituir ao agente de uma ação, que de algum modo tenha causado danos à sociedade, a liberação daquele ato, devolvendo-lhe a capacidade de iniciar algo novo.

Como temos testemunhado na história, a reação comum a um dano é a repetição da ofensa por meio da vingança, que busca devolver ao transgressor o mesmo dano provocado, ou por meio da punição, que visaria proteger a sociedade da repetição do ato violento. Por outro lado, "o perdão é a única reação que não re-age [re-act] apenas, mas age de novo e inesperadamente, sem ser condicionada pelo ato que a provocou e de cujas consequências liberta, por conseguinte, tanto o que perdoa quanto o que é perdoado" (Arendt, 2010, p. 300). Segundo a autora, o perdão seria uma alternativa ao julgamento penal, pois, tal qual a punição, também o perdão põe fim a algo que sem a interferência desse tipo de medida poderia prosseguir em uma cadeia de vendetas.

A principal implicação do agir imprevisível e irremediável é que ninguém pode estar sempre no seu controle. A impossibilidade de se predizer o fim de uma determinada ação vai de encontro à tradição do pensamento político, em especial contra a moderna concepção da história, cujos acontecimentos seguem a processos de ordem social e política, com antecipação de seus caminhos e resultados. As histórias dos feitos humanos seguindo uma única linha narrativa somente seriam possíveis se existisse um espaço no qual os homens agissem de modo comportamental, sem a marca de suas singularidades e do intempestivo da pluralidade.

A reflexão de Arendt indaga sobre as características da ação política, seus agentes, seu espaço e suas condições para verificar a possibilidade de organizar e regular o convívio e, ao mesmo tempo, garantir a potência de se produzir o novo. Em meio à crise da tradição e ao impacto das experiências políticas extremamente violentas e desumanizadoras do século XX, Hannah Arendt procurou teorizar a ação como um reencontro com aquele sentido que se perdeu, o da liberdade política.

Recuperar a noção de política ao esquecimento imposto pelo pensamento tradicional e pelas catástrofes do século XX é o mesmo que chamar à existência o que antes não existia, garantir um espaço e um diálogo livre de forma que se possa exercer a ação como algo novo e imprevisível. Essa é a garantia de uma história sem determinações, livre e ausente de um final. Para Hannah Arendt, a capacidade de iniciar algo novo indica que agir é transcender os próprios fatores que determinaram a ação. A política é uma abertura para as transformações do presente e a criação de novas estratégias para lidar com os rumos da condição humana.

Referências

ARENDT, Hannah. *A condição humana.* Trad. Roberto Raposo. Revisão técnica: Adriano Correia. Rio de Janeiro: Forense Universitária, 2010.

ARENDT, Hannah. *Entre o passado e o futuro.* Trad. Mauro W. Barbosa de Almeida. São Paulo: Perspectiva, 1997.

ARENDT, Hannah. *Origens do totalitarismo.* Trad. Roberto Raposo. São Paulo: Companhia das Letras, 1989.

2.

ALIENAÇÃO

Paulo Eduardo Bodziak Junior
Universidade Federal da Bahia

No prólogo de *A Condição Humana* (1958), Hannah Arendt define a moderna alienação do mundo como a "[...] dupla fuga da Terra para o Universo e do mundo para si-mesmo [*self*]" (2016, p. 7). Refere-se, assim, à perda do nosso *habitat* natural, único onde podemos nos mover e respirar sem qualquer artifício; e à perda do mundo, o conjunto de artefatos e relações humanas que condiciona nossa existência, ligando-nos e, simultaneamente, separando-nos uns dos outros como uma mesa que se interpõe, estabelecendo o espaço-entre (*in-between*) que abriga a liberdade humana. A partir das experiências totalitárias e explosões atômicas que inauguraram e moldaram o mundo moderno, as origens desta dupla perda são rastreadas pela autora até eventos muito distintos localizados no limiar do que Arendt denomina era moderna. Trata-se da Reforma Protestante, da descoberta da América, e da invenção do telescópio (Arendt, 2016, p. 307). Enquanto a Reforma preparou a sociedade moderna, as navegações e a invenção do telescópio ensejaram a tomada do globo e a consideração da Terra na perspectiva do universo, a característica mais importante da ciência moderna.

Mais que capricho teórico, a separação arendtiana entre mundo moderno e era moderna reflete sua compreensão da história como narração retroativa, que ilumina a gênese de elementos reunidos e cristalizados no presente sob o signo de um evento inteiramente novo. Eis o porquê do duplo aspecto alienante descrito pela autora: as explosões atômicas são compreendidas como a primeira realização da ambição humana de abandonar a Terra, trazendo para sua superfície processos que, espontaneamente, ocorreriam apenas no espaço; analogamente, as experiências totalitárias engolfam a realidade em movimentos que corroem qualquer estabilidade, permanência e pluralidade mundanas. Com isso, as fugas da Terra e do mundo romperam o fio da tradição, calaram o senso comum, que atua como sexto sentido dedicado à percepção da realidade, e explodiram nossas categorias de compreensão e critérios de juízo. Elas não têm relação de intenção ou de conteúdo (2016, p. 311). Todavia, compartilham o fato de que, por diferentes razões, deslocam a mentalidade humana do mundo para a própria subjetividade.

Neste aspecto, defende a autora, a alienação da Terra trouxe mudanças mais impactantes, que tornaram secundária a alienação do mundo (Arendt, 2016, p. 327). Isso se deve ao que Arendt descreve como o *"véritable retour à Archimède"* (2016, p. 320) da ciência moderna, a descoberta do ponto arquimediano que permitiu aos homens retirar a Terra de sua posição fixa central para posicioná-la em qualquer lugar mais conveniente a um fim específico. Apesar da magnitude do seu impacto na modernidade, a descoberta do ponto arquimediano remonta à discreta descoberta do telescópio, cujo primeiro impacto sobre a mentalidade moderna deve-se ao trabalho de Galileu, que não apenas elaborou hipóteses heliocêntricas, mas pôde demonstrá-las. Pela primeira vez, a Terra era pensada do ponto de vista do universo. Graças à descoberta do telescópio, os homens não apenas tiveram a oportunidade de observar o que antes lhes estava vetado pelas limitações dos seus sentidos, mas também compreenderam a Terra como mais um corpo suspenso no espaço, junto do Sol e de outras estrelas. A partir dele, a ciência moderna definitivamente separa o Ser da aparência ao adotar o princípio de que a natureza não deve ser observada em sua apresentação terrena e espontânea, mas sob as condições que a mente lhe impõe com seus instrumentos. Ou seja, "[...]ao invés de qualidades objetivas encontramos instrumentos e, ao invés da natureza do universo, o homem encontra apenas a si mesmo[...]" (Arendt, 2016, p. 324).

Foi assim que o advento da ciência moderna trouxe a matemática como instrumento maior da mente humana, para que todo e qualquer conjunto de coisas pudesse ser demonstrado na forma de uma expressão algébrica. Pensadores como Galileu, Newton, Leibniz e Descartes reduziram o espaço e seus fenômenos aos padrões e símbolos de uma significativa trama matemática, imputável a qualquer par de pontos lançados sobre o papel. Tal *reductio scientiae ad mathematicam* permitiu que no lugar das aparências, intuídas com nosso aparato sensitivo, conhecêssemos tanto a natureza terrena quanto o universo sob as mesmas leis acessadas apenas com nosso aparato cognitivo. Apesar deste ponto comum, Arendt demarca uma importante diferença entre a ciência natural do século XVII, feita de leis terrestres e naturais elaboradas de um ponto de vista universal, e a ciência verdadeiramente universal, que importa processos cósmicos para a natureza. A linha que separa a ciência natural da ciência universal, diz Arendt, é a mesma que, com a melhor precisão, separa a era moderna do mundo moderno (Arendt, 2016, p. 332). O primeiro aspecto desta diferença é o risco óbvio no mundo moderno – desconhecido por Galileu – de destruição do próprio planeta; outro aspecto igualmente poderoso, é a nossa capacidade inédita de criação e engenhosidade técnica.

A fuga da Terra permitiu um número de descobertas científicas e uma capacidade técnica inéditas, mas que somos incapazes de compreender. Ou seja, temos a capacidade de *fazer* coisas ao custo de não conseguir *pensar* sobre elas. Neste sentido, observa Arendt, a descoberta do ponto arquimediano teve o caráter de um triunfo desesperador, permitiu aos homens moverem o mundo apoiados em um ponto fora da Terra, mas ao custo de constatarem o antigo temor da especulação humana de que nossos sentidos podem nos enganar. Não à toa, a própria autora (Arendt, 2016, p. 323) avalia que a era moderna foi um período de otimismo eufórico para a ciência, suas conquistas e descobertas, mas de pessimismo filosófico, haja vista a centralidade da dúvida cartesiana e seu "inevitável desespero" – descrição nietzscheana para "escola da suspeita". O advento da dúvida cartesiana seria a maior expressão filosófica do ponto arquimediano posicionado na cognição. Com o pensador francês, o senso comum, faculdade que adequa nossos sentidos ao mundo humano, deu lugar à dúvida transformada em método especulativo e ao mergulho introspectivo como fuga do antigo temor pelo equívoco dos sentidos. Ao invés de um mundo comum, passamos a compartilhar apenas uma mesma faculdade de raciocínio provedora de máximas como a de que dois mais dois são quatro, que, para Grotius, nem Deus poderia mudar.

Tais disposições distintas na ciência e na filosofia revelam a dissociação entre o pensamento e o conhecimento vivida sob as condições de alienação. Ambos, na antiguidade, ainda estavam juntos como *theoría* – a contemplação. A exemplo da filosofia platônica, as ideias (*eidos*), visíveis apenas aos olhos da alma, eram mais verdadeiras que as meras aparências dadas aos sentidos corporais. Agora, Arendt constata um suposto paroxismo na relação da ciência moderna com o perceptível (1992, p. 44). Afinal, assim como os antigos, os cientistas buscam o invisível – átomos, moléculas, células e genes –, mas para arrastá-lo ao domínio das aparências com seus instrumentos e experimentos. Curiosamente, e apesar do objetivo final de produzir demonstrações, foi com a introspecção que a ciência moderna pôde realizar toda sua capacidade de conhecer, ao custo de alterar o próprio conceito de verdade. A filosofia platônica, temerosa de ser enganada, buscava verdades permanentes além dos sentidos, já os modernos, com sua alienação da Terra, transformaram a verdade na veracidade de hipóteses bem-sucedidas (Arendt, 1992, p. 44; 2016, p. 346) que, elaboradas na mente humana, são testadas sob condições por ela prescritas. As hipóteses científicas permitem aos homens se retirar das aparências terrenas e se dirigir ao ponto de vista universal da cognição, do qual retornam com a tarefa de fabricar meios engenhosos que manifestem os mais abstratos conceitos da ciência de modo confiável aos sentidos, seja com aparelhos ou com a reprodução artificial de fenômenos. Há, deste modo, uma criatividade e uma produtividade próprias do *homo faber,* o homem construtor e fabricante, na atividade científica, cuja mentalidade se ocupa do "como", não do "o que" ou do "porque". Nesta perspectiva, o elemento do processo é central, pois tudo é compreendido como "meio" para um determinado "fim", uma função do quadro mais geral que permanece invisível até que o engenho humano lhe force a aparecer. Como reflete Arendt: "No lugar do conceito de Ser, encontramos agora o conceito de processo. E já que é da natureza do Ser aparecer e assim se desvelar, é da natureza do processo permanecer invisível" (Arendt, 2016, p. 368). O conceito de processo perpassa tanto a natureza quanto a história, pois é o reflexo em ambos da maneira como conhecemos apoiados sobre o ponto arquimediano (Arendt, 1979, p. 89), podendo agir na natureza e fabricar a história.

Esta transformação da atividade de conhecer na antecipação em laboratório de um mundo alterado implica que os cientistas só conhecem o que eles mesmos produzem; ademais, implica que só fazemos perguntas sobre como as coisas funcionam, não sobre o que significam – como caberia à faculdade de pensar. Embora tenha concluído *A condição humana* com o anúncio da centralidade do pensamento na resistência às modernas condições de alienação, foi em *A vida do espírito* que Arendt ofereceu melhores respostas para esta questão, tanto pelo amadurecimento conceitual trazido por suas reflexões sobre o caso Eichmann, quanto pelas formulações mais completas sobre as atividades do espírito após a cobertura do julgamento. A autora argumenta que o pensamento é uma atividade espiritual que busca por significados e, por isso, é incapaz de oferecer respostas irrefutáveis. Em contrapartida, a busca por conhecimento, lembra a autora, quer "[...] proposições que os seres humanos não estão livres para refutar" (Arendt, 1992, p. 46). Nesta medida, por um lado, o pensamento até participa da busca por conhecimento, mas na condição de um "servo", apresentando os problemas que a engenhosidade da ciência deverá responder com a irrefutabilidade exigida. Por outro lado, a busca de significado estabelece os homens como seres capazes de interrogar e, por isso, de escapar do campo coercitivo da verdade ou da mentira – uma oração, por exemplo, não é verdadeira nem falsa, mas significativa. Assim, a exacerbação moderna da atividade de conhecer, em sua mentalidade moldada pela fabricação, restringe a experiência propriamente humana da liberdade.

Pode-se entender por que a banalidade do mal, exemplificada por Arendt no caso Adolf Eichmann, é formulada a partir da incapacidade do oficial nazista para inquirir ordens recebidas, agindo como se elas fossem necessárias, mesmo quando atentavam contra a humanidade. Lembra a autora: "Essa distância da realidade e essa incapacidade de pensar (*thoughtlessness*) podem gerar mais devastação do que todos os maus instintos juntos" (Arendt, 2013, p. 311). A capacidade de pensar, diz Arendt, "[...] ainda é possível, e sem dúvida está presente onde quer que os homens vivam em condições de liberdade política" (Arendt, 2016, p. 403). Todavia, este vínculo é prejudicado por experiências como as totalitárias, quando os nazistas e stalinistas acreditaram que poderiam forjar o destino dos seres humanos contra sua própria pluralidade. Como explica a autora de *Origens do Totalitarismo* (1951), a cristalização do domínio total foi um acontecimento inédito. A moderna submissão da ação à mentalidade fabricante permitiu o uso do terror como ferramenta de destruição da realidade com o intuito de reerguer outra, inteiramente nova, que obedecesse às leis de desenvolvimento histórico (Arendt, 2001, p. 576; 1973, p. 51). Embora o totalitarismo não fosse uma fatalidade histórica, seus elementos de origem puderam ser rastreados ao longo da era moderna. Foi o caso das sociedades de massas, ambiente em que nasceram os movimentos totalitários e que resultaram do crescente papel do trabalho em detrimento de outras atividades humanas. Esta é a motivação de Arendt, ainda em 1958, para analisar a moderna perda do mundo sob a ótica das atividades humanas. A pensadora se concentra em reconstruir o rebaixamento da *vita contemplativa* e as mudanças hierárquicas no interior da própria *vita activa* que levaram à ascensão da mentalidade do *homo faber*, cuja produtividade serviu à ciência moderna, mas, inesperadamente, levou à expansão sem precedentes da atividade do trabalho e à consequente ocupação dos espaços da ação política com interesses privados.

Para compreender a ascensão do trabalho, é preciso observar que, tal como o ponto arquimediano foi central para que passássemos a agir na Terra por leis universais, outro aspecto inerente à alienação da era moderna foi a perda de um abrigo estável para a atividades humanas no mundo, provocada pelo duplo processo de expropriação individual e de acúmulo de riqueza social após a Reforma Protestante. Com o processo de secularização, vieram a expropriação das propriedades eclesiásticas e monásticas, o colapso do sistema feudal e os rompimentos de laços familiares tradicionais que minaram a estabilidade mundana e liberaram as atividades humanas de suas restrições. O eclipse da transcendência não necessariamente lançou os homens novamente ao mundo, mas os lançou no subjetivismo da exposição às exigências da vida biológica. Os elementos da expropriação e do aparecimento de uma força de trabalho mergulhada em si mesma e, por isso, desinteressada dos assuntos mundanos, foram as bases do ciclo de acumulação de riqueza e da sua transformação em capital, gerando novas expropriações e mais acumulação (Arendt, 2016, p. 316). Este processo iniciado só se sustentou na repetição crescente deste mesmo ciclo, desestabilizando e comprometendo a própria mundanidade dos seres humanos. Segundo Arendt, estas condições levaram à captura da engenhosidade do *homo faber*, sua mentalidade e princípio de utilidade, pelo *animal laborans*, que fez prevalecer o princípio da maior felicidade de todos. A vitória do *animal laborans*, conclui a autora, só foi possível porque a vida, originalmente um valor cristão da alma imortal, se tornou o valor supremo na era moderna, contudo, sem imortalidade que foi levada pela secularização. Com isso, a alienação do mundo levou às modernas sociedades de massa, cuja única preocupação sempre foi a manutenção do seu processo vital, esvaziando espaços de pensamento e de liberdade.

Portanto, embora encontre sua formulação mais elaborada no capítulo final *A condição humana* (1958), o conceito arendtiano de alienação do mundo remete sua gênese ao início da obra da pensadora e alcança implicações até sua obra póstuma, *A vida do espírito* (1978). Este dimensionamento bibliográfico é elucidativo da síntese conceitual presente na noção de alienação, que pode ser remetida à formação de Arendt na tradição fenomenológica – heideggeriana e jasperiana –, à sua crítica, formada nos 1950, à ideia marxiana de alienação de si (*Selbstentfremdung*) e ao diagnóstico weberiano de "ascetismo intramundano", com o qual ele explicava a nova mentalidade capitalista. De todo modo, a moderna alienação do mundo diz respeito a um quadro específico, ou "constelação", de atividades mundanas e espirituais que compõem o pano de fundo da condição humana na modernidade compreendida como uma progressiva perda do mundo.

Referências

ARENDT, Hannah. *A condição humana.* Trad. R. Raposo. Rev. Téc. Adriano Correia. Rio de Janeiro: Forense Universitária, 2016.

ARENDT, Hannah. *A vida do espírito.* Trad. Antonio Abranches. Rio de Janeiro: Relume Dumará, 1992.

ARENDT, Hannah. *Crises da república.* Trad. José Volkmann. São Paulo: Perspectiva, 1973.

ARENDT, Hannah. *Entre o passado e o futuro.* Trad. Mauro W. Barbosa São Paulo: Perspectiva, 1979.

ARENDT, Hannah. *Eichmann em Jerusalém*: um relato sobre a banalidade do mal. Trad. José Rubens Siqueira. São Paulo: Companhia das Letras, 2013.

ARENDT, Hannah. *Origens do Totalitarismo.* Trad. Roberto Raposo. São Paulo: Companhia das Letras, 2001.

3.

AMIZADE POLÍTICA

Lucas Rocha Faustino
Universidade Estadual do Piauí

A amizade não é um conceito que tem importância unicamente para o trabalho teórico de Hannah Arendt, mas se destaca também como uma das experiências fundamentais de sua vida, em que dois acontecimentos permaneceram constantes: sua língua (Arendt, 2008, p. 42) e as amizades constituídas ao longo do tempo (Young-Bruehl, 1982, p. xii). A experiência da amizade, porém, não se identifica com as relações de parentescos nem com a "afeição interior" que nasce entre dois seres humanos a partir da mútua autoexposição de informações íntimas comum à experiência moderna de amizade (Thomas, 1987, p. 223). Ela é um evento político que se estabelece entre os homens ao mesmo tempo que os envolve, pois o que está em jogo é o cuidado e o compartilhamento discursivo do mundo que há entre nós. Esse cuidado, traduz-se na preservação da "distância" que há entre os amigos, da espacialidade que cada um ocupa no mundo, e no empenho em se relacionar com companheiros em um mundo abarrotado de homens sem lhes suprimir suas diferenças específicas.

Como na vida de Arendt, o conceito de amizade se espalha por sua obra como um todo, ganhando camadas ao longo do tempo e emergindo em alguns contextos de modo mais evidente e em outros aparecendo como por filigrana. Destacamos, assim, alguns contextos em que esse conceito se manifesta de forma mais explícita.

O primeiro, é fruto de sua tese de doutoramento intitulada *O conceito de amor em Santo Agostinho* (1929). Nela, a experiência de amizade se manifesta na análise do conceito de *amor mundi* ou *dilectio mundi* na obra de Santo Agostinho. Vale destacar que *amor mundi* não é compreendido como uma afecção ou uma das paixões da alma, mas é desejo (Arendt, 1997, p. 17), uma afirmação incondicional e intencional dos homens em fazer da Terra uma morada, um mundo humano, e é consequência do modo como existimos: criaturas finitas e detentoras do livre-arbítrio da vontade (Arendt, 1997, pp. 21, 22), cuja efemeridade de nossa existência nos coloca sempre diante da iminência da ocorrência do mal e do pecado (Arendt, 1997, pp. 26-28) e somente a abertura para a Graça de Deus possibilita a efetivação do bem (Arendt, 1997, pp. 94-95).

Assim como as demais criaturas, os homens são chamados do nada (*ex nihilo*) à existência em um mundo que inicialmente é fruto da ação criadora de Deus (*fabrica Dei*) (Arendt, 1997, pp. 82, 83), mas devido a liberdade de sua vontade, podem fundar um "segundo mundo" sobre a criação divina e fazerem a si mesmos como pertencendo a ele (Arendt, 1997, p. 79). O que leva à percepção arendtiana fundamental de que somos "do" mundo e não apenas "no" mundo, pois fabricando--o fazemos a nós *qua* homens (Magalhães, 2009).

Com isso, o mundo ganha uma dupla significação: por um lado, é o puro "ser já lá criado por Deus" (*Sich-als-von-Gott-geshaffen-Vorfinden*); por outro, é aquilo que vem-a-ser por meio do ato livre de fabricar e eleger da criatura, mesmo que dependente do criado por Deus. Por sua vez, somente quando a vontade humana escolhe moldar a criação inicial de Deus, fabricando o mundo no segundo sentido, e deseja habitá-lo, transformando-o em uma pátria (*Heimat*), é que ocorrem as condições para o estabelecimento do *amor mundi* (Arendt, 1997, p. 80). Portanto, é através do desejar livremente o mundo que é fabricado pelos homens, que o mundo e os homens vão se humanizando/ mundanizando, já que a fundação do mundo humano não compreende somente a construção de objetos, sentidos e significados, mas também a criação do "si próprio" de cada homem (Arendt, 1997, p. 79).

Os modos, porém, como os homens se apropriam dos objetos pelo desejo podem ser qualitativamente distintos e identificados através dos termos *usi* e *frui*: o primeiro trata da "cobiça" (*cupiditas*), que é o uso instrumental e finito do desejado (Arendt, 1997, pp. 26-28); o segundo trata de fruir o desejado pelo seu valor eterno e sua correlação com Deus (Arendt, 1997, pp. 29-31). Consequentemente, o *amor mundi* não está no *usi* do mundo, que levaria os homens à cobiça e à soberba (*superbia*), mas se encontra no *frui*, na fruição do mundo humano como participando da obra de Deus, por meio da percepção de que toda criação humana é finita e imitação do ato criador original e eterno, bebendo dele o seu sentido e o seu ser.

A percepção da finitude, de igual modo, mostra também que os homens não bastam a si mesmos e precisam firmar acordos com outros iguais para a realização de uma obra comum. A mundanização do mundo, por isso, não é a atividade isolada de um homem, mas é o resultado das atividades "dos homens" enquanto companheiros de destino e finitude. O mundo humano é, por isso, um mundo compartilhado (*mundis communis*) (Arendt, 1997, p. 155).

Portanto, se os homens fundam um mundo humano ao mesmo tempo que fundam a si mesmos como sendo desse (Arendt, 1997, p. 155), pois o humano e o mundano são correlatos entre si, e se esse mundo só é real quando compartilhado com outros seres humanos iguais em sua finitude e capacidade criadora, então o *amor mundi* é também a fruição pela pluralidade constitutiva da humanidade. Desse modo, o *amor mundi* se estabelece como paradigma para a relação política, pois enquanto desejo de fruição do mundo, é um desejo desinteressado por esse [*interesseloses Weltinteresse*] (Arendt, 2006, p. 560), pelo engajamento e pertença naquilo que *inter homines esse*, é a afirmação incondicional de que ser autenticamente humano é ser com outros homens mundano (Oliveira, 2009).

De igual modo, no contexto de *A condição humana* (1958), a experiência da amizade se enraíza no fato de que os homens são fundamentalmente mundanos. Porém, o conceito de mundo não se apresenta mais a partir da correlação entre Criador e criatura, mas é entendido como a transformação da Terra e das condições nas quais a vida orgânica é dada a todo ser vivo em morada humana pela atividade humana, ou seja: é a constituição de um mundo de coisas, símbolos e significados que envolve e se estabelece entre os homens. Desse modo, o mundo distancia ao mesmo tempo que relaciona os vários companheiros humanos.

Portanto, o distanciamento mundano é uma das condições para o estabelecimento da amizade, que se mostra como modelo para as relações políticas e, por isso, distinto do amor([1]), que não suporta a exposição inerente à vida pública (Arendt, 2020, p. 63). Para Arendt, o amor é aquilo que os antigos gregos compreendiam pela palavra *páthos*, é a paixão em seu sentido mais autêntico([2]). Então, ele se opõe à ação, pois significa de modo mais intenso o "ser passivo", "sofredor", as *perturbationes animi* ou as paixões da alma (Arendt, 2006, p. 324), e ao desejo [*órexis*], já que sua passividade esvanece a intencionalidade fundamental pressuposta para a efetivação de intenções e motivações e, consequentemente, dilui a ocorrência do sujeito da ação (Arendt, 2006, p. 239).

([1]) Sobre outros usos do conceito de amor na obra de Arendt, cf. Tömmel, 2017.

([2]) Muito mais do que as movimentações internas recobertas por qualquer correlato moderno da palavra "emoção", páthos significa ser passivamente afetado por ocorrências externas ao nosso corpo. Sobre isso, Konstan indica: "no grego clássico, páthos se refere de modo mais geral àquilo que acontece a alguém, às vezes no sentido negativo de um acidente ou um infortúnio, embora também possa sustentar o significado neutro de uma condição ou estado de coisa. Na linguagem filosófica, páthos algumas vezes significa uma qualidade secundária oposta à essência da coisa (cf. Aristóteles, *Metaphisyca* 1022b15-21; Urmson, 1990, p. 126,127). Psicologicamente, pode denotar uma atividade ou fenômeno tal como a rememoração (Aristóteles, *De memoria et reminiscentia*, 449b4-7; cf. 449b24-25 para memória como o páthos de alguma coisa percebida ou constituída antigamente). O sentido específico de "emoção" é em parte condicionado por essa penumbra de conotações: na medida em que o páthos é uma reação a um evento ou circunstância afetada, ele observa o estímulo externo para o qual responde" (Konstan, 2006, pp. 147-155).

De igual modo, o amor não possibilita a constituição de uma esfera pública, pois funda-se em uma ocorrência "não mundana" [*unworldly*] (Arendt, 2020, p. 302). No amor, ama-se o *quem* alguém é diretamente, a qualidade única de cada homem, sem se preocupar com o *que* o amado é, suas virtudes ou vícios particulares no mundo. Portanto, a afecção no amor ocorre de modo direto entre as personalidades sem a mediação mundana propriamente, ao ponto de se ansiar que as distâncias que separam o "eu" do "outro" sumam completamente (Arendt, 2020, p. 303).

A amizade, por sua vez, se apresenta como uma relação fundamentalmente mundana, pois trata de um acontecimento que não se refere ao "eu" de modo isolado, mas àquilo que se estabelece entre um "eu" e um "outro", situando-se na dimensão comunitária e pública da ação humana. Por sua vez, essa referencialidade da amizade não embota os interesses particulares de cada indivíduo, pelo contrário, reclama e exige sua manifestação pública, sem se limitar à realização e à manifestação das idiossincrasias de cada um. A manifestação pública dos interesses de um homem a outro é importante, pois é através dela que se estabelece tanto o lugar único que cada um ocupa no mundo, como sua comunicação pode fundar um "*inter-esse*" (Arendt, 2020, p. 228), aquilo que se localiza entre os homens como algo comum.

Assim, a amizade representa a fundação de *éthos* político pautado na finitude e na pluralidade humana, pois seu estabelecimento no mundo faz a exigência da constituição de um espaço público para atuação humana, e reclama o respeito à espacialidade que os outros ocupam no mundo como um modo de lidar com eles. Se a constituição do humano é coextensiva à constituição do mundo, o respeito é uma consideração pelos demais firmada na distância que o espaço do mundo coloca entre nós e que nos leva a não apagar as diferenças existentes entre os homens por meio da intimidade ou da proximidade (Arendt, 2020, p. 303).

No contexto de *Homens em tempos sombrios* (1968), principalmente no discurso de aceitação do Prêmio Lessing, Arendt apresenta a amizade como uma experiência de resistência política à retirada dos homens do mundo, à consequente perda do "espaço intermediário" que se forma entre eles e da própria humanidade (Arendt, 2019, p. 12).

De igual modo, a amizade não é um vínculo pautado no afeto, na intimidade, na autoexposição da privatividade do *ego* ou no calor emocional, tampouco é compaixão[3] (Arendt, 2019, p. 34). Ao contrário, Arendt compreende que a amizade faz exigências políticas e preserva a referência ao mundo (Arendt, 2019, p. 34), pois consiste na interrelação que a discursividade humana veicula quando dois ou mais indivíduos agem e conversam sobre o mundo uns com os outros (Arendt, 2019, p. 33). Logo, o foco central do conversar da amizade não é somente o "eu" ou o "outro", mas o "nós": o mundo comum que escolhemos compartilhar livremente com outros companheiros humanos.

Ora, o conversar sobre o mundo tem um papel fundamental na constituição de sua realidade. Vejamos que para Arendt, o mundo como produto do artifício humano se instaura como um "inter-posto" estável de coisas físicas entre os homens. Esse "inter-posto" físico, por sua vez, pode ser recoberto por outro tipo de "inter-posto" inteiramente diferente, que é "constituído de atos e palavras, cuja origem se deve unicamente ao agir e ao falar dos homens diretamente uns *com* os outros" (Arendt, 2020, p. 228) e, por isso, é fisicamente intangível. A realidade desse segundo "inter-posto", o mundo dos negócios especificamente humanos, depende não só da presença de outros, mas de que os homens escolham conversar sobre ele e atuar

---

[3] A distinção que Arendt apresenta entre a compaixão e a amizade funda-se na distinção entre espécie humana e humanidade (Arendt, 2019, p. 23). Assim como o amor, a compaixão é um páthos "natural", uma afecção frente ao sofrimento de outro e constitui uma solidariedade passiva, pois a dor do outro é acolhida como a dor do eu, independente de quem ele é, suas falhas ou virtudes. Portanto, há por meio da compaixão uma supressão do mundo entre os homens – "eu" e o "outro" são um na dor –, bem como a impossibilidade do estabelecimento de uma relação política, pois a dor, assim como tudo o que é instintivo, produz som [phoné], mas não fala, conversa ou diálogo e, por isso, é politicamente inócua (Arendt, 2019, p. 24).

nele, transformando a intangibilidade dos "negócios humanos" em algo palpável (Arendt, 2020, p. 228). Logo, ao entender a amizade como uma conversa entre os homens sobre o mundo, Arendt atribui também para ela a responsabilidade da constituição da realidade do mundo dos negócios humanos: a humanização do mundo e de nós mesmos, já que "humanizamos o que ocorre no mundo e em nós mesmos apenas ao falar disso, e no curso da fala aprendemos a ser humanos" (Arendt, 2019, p. 34).

Frente a isso, a relação que Arendt analisa entre Nathan e o Sultão Saladino traduz em imagens sua argumentação sobre a amizade política. O acordo de amizade que eles apresentam ao fim da peça *Nathan, o sábio* (2013), não suprime as diferenças específicas a cada um ou os sacrifícios que fazem para a preservação do mundo que há entre eles. São essas diferenças específicas que possibilitam a ambos o reconhecimento do valor que cada um possui, do comprometimento e responsabilidade que assumem na constituição do mundo, sob o risco de se assim não procederem, perderem a própria humanidade. A partir disso, é que Arendt destaca a grandeza e sabedoria de Nathan, que entende a importância e o valor da amizade como um processo de humanização do mundo e não se furta a sacrificar a verdade em detrimento dela.

Desse modo, a amizade não é uma entidade fixa para sempre, é uma correlação política e discursiva, uma conversa com os diferentes, móvel em si mesma e que permanece acessível a perspectivas sempre novas. Nela, toda intenção de se aproximar dos outros, só é possível por uma travessia discursiva que conserva as distâncias que nos separam e nos vinculam. Frente aos amigos, há uma proximidade marcada pela distância, respeito e cuidado ao mundo que se interpõe entre nós.

Referências

AGUIAR, O. A. *Filosofia, política e ética em Hannah Arendt*. Ijuí: Ed. Unijuí, 2009. (Coleção filosofia, n° 28).

ARENDT, H. *O conceito de amor em Santo Agostinho*: ensaio de interpretação filosófica. Trad. Alberto Pereira Dinis. Lisboa: Instituto Piaget, 1997.

ARENDT, H. *Diário filosófico 1950-1973*. Editado por Ursula Ludz e Ingeborg Nordmann. Trad. Raúl Gabás. Barcelona: Herder Editorial, 2006.

ARENDT, H. *Compreender:* Formação, exílio e totalitarismo (ensaios) 1930-54. organização, introdução e notas Jerome Kohn; Trad. Denise Bottmann. São Paulo: Companhia das Letras; Belo Horizonte: Editora UFMG, 2008.

ARENDT, H. *Homens em tempos sombrios*. Trad. Denise Bottmann; posfácio Celso Lafer. São Paulo: Companhia das Letras, 2019.

ARENDT, H. *A condição humana*. Trad. Roberto Raposo; revisão técnica e apresentação Adriano Correia; introdução Margaret Canovan. 13ª Ed. Rio de Janeiro: Forense Universitária, 2020.

KONSTAN, D. *The emotions of the ancient Greeks*: studies in Aristotle classical literature. Toronto; Buffalo; Londres: University of Toronto Press, 2006. (*Kindle*).

LESSING, G. E. *Nathan el Sábio*. Trad. Manuel Cisneros Castoros. México: Tesseract Pages, 2013.

MAGALHÃES, T. C. Somos *do* mundo e não apenas no mundo. *In*: CORREIA, A. e NASCIMENTO, M (orgs.). *Hannah Arendt – Entre o Passado e o Futuro*. Juiz de Fora: UFJF, pp. 73-88, 2009.

OLIVEIRA, K. L. *Inter homines esse*: a convivência entre diferentes em Hannah Arendt. *Argumentos*, ano 5, n. 9 – Fortaleza, jan./jun., pp. 230-246, 2013.

THOMAS, L. Friendship. *Synthese*, v. 72, pp. 217-236, 1987.

TÖMMEL, T. N. *Vita passiva*: love in Arendt's *Denktagebuch*. *In*: BERKOWITZ, R. and STOREY, I (ed.). *Artifacts of Thinking*: Reading Hannah Arendt's *Denktagebuch*. Nova York: Fordham University Press, pp. 106-123, 2017.

YOUNG-BRUEHL, E. *Hannah Arendt*: for love of the world. New Haven e Londres: Yale University Press, 1982.

4.

AMOR[1]

Antonio Campillo
Universidade de Murcia/Espanha

Hannah Arendt costumava se apresentar como uma "teórica da política" e, assim, tem sido reconhecida pela maior parte dos estudiosos e estudiosas de sua obra. Por isso, pouca atenção tem sido dada às suas reflexões sobre o amor. Para justificar esta desatenção, três razões costumam ser alegadas: 1) são trabalhos da juventude, como sua tese *O conceito de amor em Santo Agostinho: ensaio de interpretação filosófica* (1929), o artigo *Las "Elegías de Duino"*[2] (1930), escrito com seu primeiro marido Günter Stern (Anders), e o ensaio *Rahel Varnhagen: a vida de uma judia alemã na época do Romantismo,* iniciado em Berlim (1931-1933), concluído em Paris (1938) e editado em Londres (1957) e em Munique (1959); 2) são textos menores (resenhas, prólogos, discursos, colóquios, entrevistas), alguns dos quais foram reunidos pela própria Arendt em *La tradición oculta*[3] (1948) e em *Homens em tempos sombrios* (1968), enquanto outros foram publicados após sua morte: *Compreender – formação, exílio e totalitarismo – 1930-1954* (1994), *Responsabilidade e julgamento* (2003), *Lo que quiero es*

---

[1] Verbete traduzido do espanhol por Lara Rocha (UFC).

[2] Em espanhol, o artigo faz parte da coletânea reunida na obra *Más allá de la filosofía. Escritos sobre cultura, arte y literatura*. Ainda não há tradução para a língua portuguesa.

[3] A maioria dos textos que compõem a versão espanhola está disponível em português na obra *Escritos judaicos*, publicada pela Editora Amarilys em 2016.

comprender([4]) (2006), *Escritos judaicos* (2007), *Más allá de la filosofía. Escritos sobre cultura, arte y literatura* (2014); 3) ou, finalmente, são escritos de foro íntimo, conhecidos postumamente e que têm sido objetos de estudos biográficos, comentários polêmicos e criações artísticas: o *Diario filosófico 1950-1973* (2002), os *Poemas* (2015) e as cartas a amigas, amigos, amados, colegas e familiares (desde 1985 foram publicadas umas vinte correspondências suas, começando pela que manteve com Karl Jaspers, a mais importante e a única autorizada por ela).

A própria Arendt contribuiu para manter suas reflexões sobre o amor em segundo plano, ao traçar, de maneira explícita, uma dupla separação entre sua trajetória pessoal e intelectual. Por um lado, há a separação entre sua juventude "apolítica" e sua maturidade como "teórica da política". Dizendo com suas próprias palavras, é como se o "choque do pensamento" tivesse dado lugar ao "choque de realidade" (Arendt, 2010, pp. 29-35; 42-65). Por outro lado, desvela-se a separação entre a esfera privada e a pública como dois âmbitos que devem permanecer claramente diferenciados, pois um aspecto irrenunciável da liberdade consiste em decidir quando e como aparecer frente aos demais. A necessidade de ocultar-se é especialmente necessária no caso do amor: "há muitas coisas que não podem suportar a implacável, a brilhante luz da constante presença dos outros na cena pública [...]. O amor, por exemplo, diferente da amizade, morre, ou, dizendo melhor, se extingue quando é mostrado em público" (*Nunca busques contar seu amor/ amor que nunca pode ser contado* [William Blake])" (Arendt, 1993, pp. 60-61). Aliada a esta separação física entre as distintas esferas da "vida ativa", Arendt também defendeu a separação psíquica entre a escuridão da paixão amorosa (que deve ser mantida em segredo ou ser expressa apenas através da poesia) e a claridade do juízo histórico-político (que deve ser comunicado e

---

([4]) Sem publicação na íntegra em português, porém com alguns textos traduzidos nos livros *Escritos judaicos, Compreender: formação exílio e totalitarismo* e *Pensar sem corrimão*.

debatido publicamente) como duas esferas igualmente diferenciadas da "vida do espírito". Arendt não só defendeu, como princípio geral, a necessidade de separar a esfera privada e a pública, o amor e a política, a paixão íntima e o juízo compartilhado, mas, em mais de uma ocasião confessou sua predileção pessoal "pelo segredo e pelo anonimato" (Arendt, 2014, pp. 69-70).

Arendt contribuiu para difundir a crença de que suas reflexões sobre o amor eram secundárias no conjunto de seu pensamento. Porém, uma releitura atenta de seus escritos permite defender uma interpretação diferente (Campillo, 2019; Fernández López, 2016; Paine, 2013; Chiba, 1995). Por um lado, ela mesma elaborou, de maneira fragmentária, uma fenomenologia das diversas modalidades do amor, não apenas em suas obras da juventude, mas também em seu *Diario filosófico (1950-1973)*, em suas correspondências e obras "menores", dedicadas a amigos, mestres e personagens que adotou como modelos exemplares. Por outro lado, esta fenomenologia do amor é o fio secreto que conecta suas duas grandes obras: *A condição humana* (1958) e *A vida do espírito* (1978), ou seja, a fenomenologia da *vita activa* e da *vita contemplativa*. Em outras palavras, a experiência do amor é o centro de gravidade oculto que sustenta a vida e a obra de Arendt, o poderoso buraco negro em torno do qual gira, em uma espiral cada vez mais ampla, a luminosa galáxia de seu pensamento.

A publicação póstuma de seu *Diario filosófico (1950-1973)*, em 2002, evidenciou a importância do amor na vida e na obra de Arendt. A primeira anotação sobre o tema data de junho de 1950, poucos meses depois de seu reencontro com Heidegger após dezessete anos de separação; há também os escritos entre 1971 e 1973, que são escassos e começam com a seguinte nota: "sem Heinrich. Livre como uma folha ao vento". Assim, o diálogo interior que Arendt manteve no *Diario filosófico* foi, ao mesmo tempo, uma conversação amorosa e filosófica com os dois homens mais importantes de sua vida: seu primeiro professor, Martin Heidegger, e seu segundo marido, Heinrich Blücher.

Além destas, no *Diario filosófico* são abundantes as anotações sobre o amor, especialmente entre os anos 1950 e 1955. Nelas, é possível encontrar vários esboços do livro que Arendt estava preparando após *Origens do totalitarismo* (1951). Em 6 de agosto de 1955, escreveu a Jaspers que este novo livro se ocuparia de "teorias políticas" e que teria como título *Amor Mundi,* uma expressão agostiniana que ela já havia adotado em sua tese de doutorado, orientada pelo próprio Jaspers (Arendt; Jaspers, 1985, pp. 299-301). Porém, o novo livro acabou sendo publicado com dois títulos distintos, nenhum coincidindo com o que ela anunciou em sua correspondência. Na edição inglesa foi editado como *The human condition* (1958) e na alemã foi publicado como *Vita activa* (1960).

Nas anotações do *Diario,* Arendt ensaia distintas maneiras de classificar as esferas da *vita activa.* Nestes esboços aparecem, junto ao "trabalho", a "obra" e a "ação", uma quarta esfera: o "amor", definido como o vínculo de reciprocidade entre os amantes a partir do qual pode nascer um "terceiro" e, com ele, a pluralidade humana; às vezes, o "amor" é agrupado com a "amizade" na esfera da "intimidade" (Arendt, 2006, vol. I, pp. 195-196; 279; 285-287; 477-478; 532). Ademais, abundam as reflexões sobre os diferentes tipos de amor, desde o "amor sem mundo" até o "amor ao mundo". Por isso, Sigrid Wiegel tem razão ao afirmar que no *Diario filosófico* podem ser encontrados os "vestígios e transições para o livro não-escrito de Hannah Arendt sobre o amor" (Wiegel, 2020).

A fenomenologia arendtiana do amor nos oferece um *continuum* que se move entre dois polos extremos: a paixão erótica, ou "amor sem mundo", que é "antipolítico" porque apaga o *entre* que separa os amantes, e a gratidão à vida ou "amor ao mundo", que é uma afirmação da condição de um tempo terrestre, vivente e político da existência humana. Entre esses dois polos se desdobram as várias modalidades de amor. Arendt, com sua habitual sutileza analítica, as distingue e entrelaça cuidadosamente: o "micromundo" dos amantes que permanecem fiéis ao "evento" efêmero da paixão; a instituição social do matrimônio, que destrói esse "evento"; a "natalidade", como chegada do "terceiro" e da pluralidade humana; a amizade íntima entre aqueles que compartilham suas confidências; a compaixão frente às pessoas e coletividades párias, e o equívoco de muitas revoluções, da francesa até a russa, ao querer fundar sobre esse amor compassivo um novo regime político (Arendt, 2001, pp. 23-25; Arendt, 1988, p. 93); o amor narcisista ao próprio povo e o erro de querer fundar a convivência política sobre uma comunidade imaginária de sangue e solo (Arendt, 2010, pp. 29-35); a "amizade cívica" entre os concidadãos livres e iguais e a "felicidade pública" ligada à participação ativa na vida política como os verdadeiros fundamentos da comunidade política (Arendt, 2015, p. 155); o amor à Terra como a moradia natural que foi dada à humanidade e na qual ela tem habitado desde a sua origem e o equívoco dos modernos conhecimentos tecnocientíficos que, desde Galileu até o presente, têm adotado o ponto de vista do "universo" e, pretendendo transcender a condição terrestre dos seres humanos, promovem sua "alienação do mundo": "o amor ao mundo foi a primeira vítima da triunfal alienação do mundo da Época Moderna" (Arendt, 1993, p. 292). Com estas ideias, Arendt se antecipou ao debate atual sobre o Antropoceno (Ott, 2009). O "amor ao mundo" é a conjunção entre o amor e a política, é a gratidão por tudo que nos foi dado: a natureza terrestre, a companhia dos demais, as criações culturais e, por fim, nossa própria existência singular.

O "amor ao mundo" se assemelha ao *amor fati* de Nietzsche, mas se difere dele em dois pontos. Em primeiro lugar, Arendt rejeita o dilema entre o dualismo gnóstico e o niilismo cínico: temos que lutar contra o mal que há no mundo e isso significa negar à "vontade de poder" toda necessidade e justificação; porém, ao mesmo tempo, temos que nos reconciliar com a realidade para "estar em casa no mundo" (Arendt, 2005, p. 371). Em segundo lugar, esta afirmação inabalável da bondade última do mundo possui como fundamento uma "confiança" igualmente inquebrantável ("diferente da fé, que acredita sempre saber e cai, advindo daí, na dúvida e nos paradoxos") em um *Deus absconditus* criador do mundo, da vida e da humanidade. Todavia, essa confiança em Deus, segundo Arendt, é como o amor: *não deve ser dita*. Na verdade, ela a manteve em segredo durante toda a sua vida e a confessou a poucos amigos, entre eles

Karl Jaspers e Hans Jonas (Arendt; Jaspers, 1985, p. 202ss; Jonas, 2005, p. 370).

Arendt dedica apenas duas páginas de *A condição humana* ao amor, embora ele fosse uma das esferas da *vita activa* e, inclusive, fosse intitular a obra. A autora se ocupa dele no capítulo sobre a "ação", na seção sobre o "poder de perdoar" que, ao lado do "poder da promessa", é uma das duas bases fundamentais da convivência humana. O perdão e a promessa sustentam os vínculos entre os homens, seja na esfera privada ou na pública, no amor ou na política, de modo que não há uma contraposição absoluta entre o "amor sem mundo" e o "amor ao mundo", mas sim um *continuum* entre ambos, porque "o que o amor é em si mesmo – e em sua esfera estritamente circunscrita – é encontrado no domínio mais amplo dos assuntos humanos". E o que torna possível a conexão entre essas duas esferas é o que Aristóteles denominou como *philia politiké* (amizade cívica ou política) que, segundo Arendt, consiste em respeitar o *quem,* a singularidade única de cada pessoa "sem intimidade nem proximidade" com ela, até o ponto desse respeito cívico ser "totalmente suficiente para perdoar o que alguém fez por amor à essa pessoa" (Arendt, 1993, pp. 261-262). Mediante esta conexão entre o amor e a política, Arendt transforma radicalmente a maneira que a tradição filosófica ocidental, de Platão a Schmitt, havia pensado a relação entre ambas as esferas. Este questionamento crítico foi retomado por Jacques Derrida (1998) e pelo pensamento feminista (Honig, 1995).

Todavia, a amizade cívica não é somente o fundamento da convivência política, mas também da faculdade de julgar, já que elas são inseparáveis. Em *A vida do espírito,* Arendt também não dedica um capítulo específico para o amor, apesar das muitas anotações do *Diario filosófico* sobre as semelhanças e diferenças entre a "paixão" amorosa e as outras atividades mentais: o "pensamento", a "vontade" e o "juízo". Porém, o papel crucial da amizade cívica reaparece em suas conferências sobre a *Crítica da faculdade do juízo*, de Kant (2003), que são um esboço da parte não-escrita de sua obra póstuma.

Para Arendt, o juízo propriamente dito é "reflexionante" porque julga a singularidade de cada caso sem subsumi-lo à nenhuma lei universal nem sob nenhum "preconceito" herdado. O que converte esse tipo de juízo na atividade mental mais "política" são as duas vias às quais ele deve recorrer para adquirir uma validade mais ou menos geral: a "mentalidade alargada" e os "exemplos" precedentes. Em ambos os casos, o respeito e o afeto frente a singularidade dos outros, sejam amigos ou desconhecidos, é a condição da validade do juízo. E quanto mais ampla e diversa é a pluralidade das pessoas que apreciamos e que levamos em conta em nossos julgamentos, maior é também sua validade, ou seja, sua capacidade de construir um mundo comum, compartilhado. Por isso, a atividade de julgar é "a mais política das capacidades mentais do homem" (Arendt, 2007, p. 184), a que conecta a *vita activa* e a *vita contemplativa*. Este amor aos outros não se limita ao círculo íntimo da família e dos amigos, nem às fronteiras nacionais da comunidade política, mas se estende a todos os seres humanos com os quais compartilhamos o lar terrestre e, portanto, se inscreve no horizonte cosmopolita esboçado por Kant em *A paz perpétua* (Arendt, 2003, p. 84). Em resumo, para Arendt, o cultivo intelectual e moral da capacidade de julgar é também inseparável do "amor ao mundo".

Referências

ARENDT, Hannah. *Conferencias sobre la filosofía política de Kant*. Trad. de C. Corral. Barcelona: Paidós, 2003 (Trad. bras.: *Lições sobre a filosofia política de Kant*. Rio de Janeiro: Relume Dumará, 1993).

ARENDT, Hannah. *Crisis de la República*. Trad. de G. Solana. Madrid: Trotta, 2015 (Trad. bras. *Crises da república*. São Paulo: Perspectiva, 1973).

ARENDT, Hannah. *Diario filosófico, 1950-1973*. (2 vols.). 2ª Ed. Trad. de R. Gabás. Prólogo de F. Birulés. Barcelona: Herder, 2006.

ARENDT, Hannah. *El concepto de amor en san Agustín*: un ensayo de interpretación filosófica. Trad. e intr. de A. Serrano de Haro. Madrid: Encuentro, 2001 (Trad. port.: *O conceito de amor em Santo Agostinho*: ensaio de interpretação filosófica. Lisboa: Instituto Piaget, 1997).

ARENDT, Hannah. *Ensayos de comprensión, 1930-1954*. Escritos reunidos e inéditos de Hannah Arendt. Trad. y prólogo de A. Serrano de Haro. Madrid: Caparrós, 2005 (Trad. bras.: *Compreender:* Formação, exílio e totalitarismo – 1930-54. São Paulo: Companhia das Letras; Belo Horizonte: Editora UFMG, 2008).

ARENDT, Hannah. *Escritos judíos*. Trad. de E. Cañas, *et. al*. Barcelona: Paidós, 2009 (Trad. bras.: *Escritos judaicos*. Barueri, SP: Ed. Amarilys. 2016).

ARENDT, Hannah. *Hombres en tiempos de oscuridad*. Trad. de C. Ferrari y A. Serrano de Haro. Barcelona: Gedisa, 2001 (Trad. bras.: *Homens em tempos sombrios*. São Paulo: Companhia das Letras, 1987).

ARENDT, Hannah. *La condición humana*. Trad. de R. G. Novales. Barcelona: Paidós, 1993 (Trad. bras.: *A condição humana*. 13ª Ed. Rio de Janeiro: Forense Universitária, 2016).

ARENDT, Hannah. *La tradición oculta*. Trad. de R. S. Carbó y V. Gómez Ibáñez. Barcelona: Paidós, 2004.

ARENDT, Hannah. *La vida del espíritu*. Trad. de F. Birulés y C. Corral. Barcelona: Paidós, 2002 (Trad. bras.: *A vida do espírito*. Rio de Janeiro: Civilização Brasileira, 2009).

ARENDT, Hannah. *Lo que quiero es comprender*. Sobre mi vida y mi obra. Trad. de M. Abella y J. L. López de Lizaga. Madrid: Trotta, 2010.

ARENDT, Hannah. *Más allá de la filosofía*. Escritos sobre cultura, arte y literatura. Trad. de E. Rubio. Madrid: Trotta, 2014.

ARENDT, Hannah. *Poemas*. Trad. de A. Ciria. Barcelona: Herder, 2017.

ARENDT, Hannah. *Rahel Varnhagen:* vida de una mujer judía. Trad. D. Najmías. Barcelona: Lumen, 2000 (Trad. bras.: *Rahel Varnhagen*: a vida de uma judia alemã na época do Romantismo. Rio de Janeiro: Relumé Dumará, 1994).

ARENDT, Hannah. *Responsabilidad y juicio*. Trad. de M. Candel y F. Birulés. Barcelona: Paidós, 2007 (Trad. bras.: *Responsabilidade e julgamento*. São Paulo: Companhia das Letras, 2004).

ARENDT, Hannah. *Sobre la revolución*. Trad. de P. Bravo. Madrid: Alianza, 1988 (Trad. bras.: *Sobre a revolução*. São Paulo: Companhia das Letras, 2013).

ARENDT, Hannah; JASPERS, Karl. *Briefwechsel 1926-1969*. Ed. de Lotte Köhler y Hans Saner. Múnich: Piper, 1985.

CAMPILLO, Antonio. *El concepto de amor en Arendt*. Madrid: Abada, 2019.

CHIBA, Shin. Hannah Arendt on love and the political: love, friendship, and citizenship. *The Review of Politics*, v. 57, n. 3, pp. 505-536, 1995.

DERRIDA, Jacques. *Políticas de la amistad, seguido de El oído de Heidegger*. Trad. de P. Peñalver y F. Vidarte. Madrid: Trotta, 1998.

FERNÁNDEZ LÓPEZ, Daniel. El concepto de amor en Hannah Arendt. *Foro Interno Anuario de Teoría Política*, v. 16, pp. 101-122, 2016.

HAGEDORN, Ludger; ZAWISZA, Rafael (Eds.). *"Faith in the world"*: Post-Secular readings of Hannah Arendt. Viena: Passagen Verlag, 2021.

HONIG, Bonnie (Ed.). *Feminist interpretations of Hannah Arendt*. Filadelfia: The Pennsylvania State University Press, 1995.

JONAS, Hans. *Memorias*. Trad. de I. Giner Comín. Madri: Losada, 2005.

OTT, Paul. World and Earth: Hannah Arendt and the human relationship to nature. *Ethics, Place and Environment*, v. 12, n. 1, pp. 1-16, 2009.

PAINE, Rachel. I want you to be: love as a precondition of freedom in the thought of Hannah Arendt. In: PETERS, Gary; PETERS, Fiona (Eds.). *Thoughts of Love*. Londres: Cambridge Scholars Press, 2013. pp. 107-123.

WEIGEL, Sigrid. Traces and transitions to Hannah Arendt's unwritten book on love. In: Ludger Hagedorn and Rafael Zawisza (eds.), *"Faith in the World"*: *Post-Secular Readings of Hannah Arendt*. Viena: Passagen Verlag, 2020.

5.

APARÊNCIA

Evandro F. Costa
Instituto Federal de Educação, Ciência e Tecnologia de Pernambuco – Campus Vitória

A noção de *aparência* é, certamente, a mais ampla e complexa de todo o catálogo conceitual arendtiano. Nela e a partir dela articulam-se todas as concepções fundamentais cunhadas por Hannah Arendt, o que confere à sua obra a perspectiva de um diálogo eloquente que se engendra desde a concretude da realidade do mundo comum e plural dos homens. Assumindo o prisma fenomenológico da compreensão de que *Ser e Aparecer coincidem*, a pensadora judia-alemã, convicta da primazia da aparência e do princípio da pluralidade humana a ela inerente, entrará em rota de colisão com a tradição essencialista e intelectualista ocidental, recusando o subjetivismo que deriva o mundo do pensamento ou do Ser para além das aparências.

A realidade é aparência

Hannah Arendt (2017, p. 61) é precisa ao afirmar, em *A condição humana*, que "para nós, a aparência – aquilo que é visto e ouvido pelos outros e por nós mesmos – constitui a realidade". Enfatizará que "a presença de outros que veem o que vemos e ouvem o que ouvimos garante-nos a realidade do mundo e de nós mesmos" (Arendt, 2017, p. 62), levando-a à conclusão de que "o nosso senso de realidade depende totalmente da aparência e, portanto, da existência de um domínio público" (Arendt, 2017, p. 63), cuja realidade está a depender, por sua vez, "da presença simultânea de inúmeros aspectos e perspectivas, nos quais o mundo comum se apresenta" (Arendt, 2017, p. 70). Com efeito, completa ela, "o espaço da aparência passa a existir sempre que os homens se reúnem na modalidade do discurso e da ação, e, portanto, precede toda e qualquer constituição formal do domínio público" (Arendt, 2017, p. 247). Sendo tal domínio o espaço no mundo de que o ser humano necessita para, de algum modo, aparecer, nem o mais apolítico dos homens, a exemplo do *Homo Faber* e do *Animal Laborans*, pode dele prescindir inteiramente, posto que "sem o espaço da aparência e sem a confiança na ação e no discurso como uma forma de convivência, é impossível estabelecer inequivocamente a realidade do si-mesmo próprio, da própria identidade, ou a realidade do mundo circundante" (Arendt, 2017, p. 258). Mesmo em sua impermanência e no risco de que – na ausência do exercício do poder que se efetiva na concertação da ação – venha a desvanecer, o espaço de aparição é de tal modo fundamental que ser privado da experiência de sua compartilha é como estar privado da realidade, esta que é, em termos humanos e políticos, o mesmo que a aparição. À vista disso, o pressuposto fundamental da primazia da aparência, na obra de Arendt, demarca o esforço da autora em manter a sua lealdade à realidade e ao princípio da pluralidade humana. É desde o reconhecimento de tal primazia e seu inerente princípio que a teórica da política abordará tanto as atividades da vida ativa quanto as faculdades da vida do espírito. Coerentemente, ela relocará a singularidade humana na imanência do espaço da visibilidade, fazendo compreender que a identidade de cada um se desvela nesse *quem* se mostra e revela ser, pela performance de atos e palavras em companhia de outros, na esfera do domínio público.

A primazia da aparência é um fato da vida cotidiana

Em *A vida do espírito*, Hannah Arendt (2009, p. 35) faz uma defesa da natureza fenomênica do mundo e, contrapondo-se à teoria dos dois mundos, ressalta que "neste mundo em que chegamos e aparecemos vindos de lugar nenhum, e do qual desaparecemos em lugar nenhum, *Ser e Aparecer coincidem*"([1]). Ela faz o seu apelo à primazia do mundo fenomênico, certa de que, longe de ser engano ou ilusão, é condição de possibilidade – no encontro com os outros e com o mundo – de realidade: ser do mundo alcança realidade neste aparecer. Assim, "nada do que é, à medida que aparece, existe no singular; tudo que é, é próprio para ser percebido por alguém. Não o Homem, mas os homens é que habitam este planeta. A pluralidade é a lei da Terra" (Arendt, 2009, p. 35). Estar vivo e ser do mundo, antes de tudo, "significa ser possuído por um impulso de autoexposição que responde à própria qualidade de aparecer de cada um" (Arendt, 2009, p. 37). E aparecer, por sua vez, "significa sempre parecer para outros, e esse parecer [o parece-me, *dokei moi*] varia de acordo com o ponto de vista e com a perspectiva dos espectadores" (Arendt, 2009, p. 37). Por conseguinte, a primazia da aparência, fundamental para todas as criaturas perante as quais o mundo aparece sob a forma de um parece-me, é de grande relevância também no âmbito do exercício das atividades espirituais, que distinguem os humanos das demais espécies animais. As características que qualificam os seres humanos para lidarem ou tomarem parte no jogo do mundo da aparência "não se desvanecem quando nos engajamos em atividades espirituais" (Arendt, 2009, p. 39), de modo que, em todo exercício espiritual – mesmo aquele que conjectura uma verdade como fenômeno pertencente a uma ordem supostamente mais

---

([1]) A premissa da coincidência de Ser e Aparecer é reveladora de uma inspiração agostiniana, especialmente no que se refere à concepção de natalidade. Na perspectiva da dimensão fenomênico-existencial de ser do mundo, recorda Arendt (2017, p. 10), é possível aproximar "as expressões 'viver' e 'estar entre os homens' (*inter homines esse*), ou 'morrer' e 'deixar de estar entre os homens' (*inter homines esse desinere*)". Tal premissa também é devedora de certa influência da nomenclatura heideggeriana (Cf. Heidegger, M. *Introdução à metafísica*. Tradução de Emmanuel Carneiro Leão. 4ª Ed. Rio de Janeiro: Tempo brasileiro, 1999), embora, em sua apropriação, a autora ressignifique positivamente o conceito de aparência, conectando-o à pluralidade humana.

elevada –, tem-se o indicativo da predominância última da aparência, o que leva à constatação de que "a primazia da aparência é um fato da vida cotidiana do qual nem o cientista nem o filósofo podem escapar" (Arendt, 2009, p. 41). Convém lembrar, com Arendt, que a atividade do pensamento, não-aparente por definição, ocorre em um mundo de aparências e é realizado por um ser que aparece. Trata-se de uma habilidade "que permite ao espírito retirar-se do mundo, sem jamais poder deixá-lo ou transcendê-lo" (Arendt, 2009, p. 62). Ou seja, "essa retirada não se dá em direção a um interior, seja ele do eu, seja da alma" (Arendt, 2009, p. 49). Em sua complexidade, "as aparências nunca revelam espontaneamente o que se encontra por trás delas" (Arendt, 2009, p. 41), mesmo porque não apenas revelam, elas também ocultam; expõem e, ao mesmo tempo, protegem da exposição. Mas, contrariamente ao entendimento promovido pelas falácias metafísicas, aqui se compreende esse *por trás* não como um *para além de*, como se existisse uma base subjacente às "meras aparências". Reporta-se, isso sim, à dimensão de invisibilidade ou de profundidade inerente à própria aparência. No entanto, lamenta Arendt, verifica-se "uma crescente dificuldade em nos movermos em qualquer nível no domínio do invisível" (Arendt, 2009., p. 27). A resistência em situar-se nessa conexão da coincidência de *Ser* e *Aparecer* e o apego à ficcional ideia de um "mundo verdadeiro" para além das aparências (Platão), inalcançável por ora, mas prometido "ao pecador que faz penitência" (Cristandade), o numenal indemonstrável e inatingível, mas que, tornado uma ideia sublime, assume os contornos de um imperativo (Kant) ou, ainda e em todo caso, inacessível e, também, desconhecido (Positivismo)... que se revelou uma fábula (Nietzsche, 2005, pp. 376--7)... é a confissão de uma ânsia por abandonar o mundo comum. Trata-se, em verdade, de uma fuga da responsabilidade e de um flerte perigoso com os desvaneios de uma mente solitária que se abstrai da realidade fenomênica do mundo dos homens. Uma tal alienação do mundo ou atrofia do espaço da aparência, que se emancipa da realidade e da experiência, sabe bem Arendt (2000, pp. 522-3), é a marca que subjaz a toda ideologia totalitária. Numa tal situação, como diz Merleau-Ponty (2000, p. 18), "o que nos importa é precisamente saber o sentido de ser do mundo; a esse propósito nada devemos pressupor, nem a ideia ingênua do ser em si, nem a ideia correlata de um ser de representação, de um ser para a consciência [...]: todas essas são noções que devemos repensar a respeito de nossa experiência do mundo, ao mesmo tempo que pensamos o ser do mundo".

A primazia da aparência, em Hannah Arendt, é expressão de um deslocamento epistêmico, que se caracteriza pela ruptura com a clássica *adequation rei et intellectus* do conhecimento puro, e conforma a sua abordagem ao vocabulário fenomenológico que reporta a Husserl. Juntamente com Merleau-Ponty (1999, pp. 1-20), ela compartilhará da compreensão de que o verdadeiro *Cogito* não define a existência do sujeito pelo pensamento de existir que ele tem e nem converte a certeza do mundo em certeza do pensamento do mundo, mesmo porque o ego pensante não abarca o mundo nem o possui, visto que ele é inesgotável. O *cogito ergo sum*, observa a pensadora, não passa de uma falácia: o cartesianismo desemboca num verdadeiro delírio de negação da realidade do mundo. De fato, "a realidade não pode ser derivada. O pensamento e a reflexão podem aceitá-la ou rejeitá-la, e a dúvida cartesiana [...] é apenas uma forma velada e sofisticada de rejeição" (Arendt, 2009, p. 66) do mundo das aparências. A solução cartesiana, que reduz a realidade do mundo a processos mentais subjetivos, ressoará por toda a ciência e pensamento modernos que, passando por Kant, chegará a Fichte, Schelling e Hegel que, na esteira de Descartes, também saíram em busca de certeza (Arendt, 2009, p. 81). Este último, inclusive, "trouxe, para dentro da consciência, o mundo todo, como se este fosse essencialmente um simples fenômeno do espírito" (Arendt, 2009, p. 178). Esse "desvencilhar-se da realidade, tratando-a como nada mais do que uma 'impressão'" (Arendt, 2009, p. 81) tem seu preço: a desconexão da aparência do mundo, a um só tempo, nega o mundo e o ser humano. A trajetória de uma tradição metafísica que remonta a Platão e alcança, nas filosofias modernas da história, uma nova roupagem em seu intento de sempre subsumir o particular no universal, negando a dignidade dos acontecimentos singulares, articulou-se bem com os esforços das ciências modernas que, em sua ilusão metafísica de que o homem possa se apoderar do fundamento das aparências, se esqueceu de que o homem não vive num mundo de causas, mas na espontaneidade das aparências (Arendt, 2009, p. 42). E, assim, nesse inebriar-se da verdade não se deu conta de que o critério apropriado para julgar aparências é a beleza. Acabou que a cientificidade moderna manteve intacta, em seu funcionalismo, "a velha dicotomia metafísica entre o (verdadeiro) Ser e a (mera) Aparência, junto com o velho preconceito da supremacia do Ser sobre a aparência" (Arendt, 2009, p. 43). Porém, alertará Arendt, nada – nem os erros ou as ilusões – pode levar a uma região que esteja além da aparência, até porque "as semblâncias só são possíveis em meio às aparências; elas pressupõem as aparências como o erro pressupõe a verdade" (Arendt, 2009, p. 54). Elas são, em suma, o preço que se paga pelo prodígio das aparências. Portanto, as semblâncias são inerentes a um mundo governado pela dupla lei do revelar e ocultar, no qual todo aparecer se dá no modo do parece-me, isto é, a depender de perspectivas particulares pelas quais uma pluralidade de criaturas sensíveis vislumbra toda aparição. Essa subjetividade do parece-me, passível de erro e ilusão, "é remediada pelo fato de que o mesmo objeto aparece para os outros, ainda que o seu modo de aparecer possa ser diferente" (Arendt, 2009, p. 67).

A intransparência: o espectador arendtiano e o desafio da compreensão

Como antes referido, o que aparece não apenas mostra, mas também oculta. Essa ambiguidade do manifestar – mostrar ocultando ou ocultar mostrando – indica seu aspecto fenomênico. O que em um tal mostrar permanece oculto não é, como quis o pensamento metafísico, o ser. Mais propriamente, o ser é esse poder de manifestação de tudo o que é enquanto e nos limites em que aparece no mundo da aparição para o testemunho dos outros que, na tensão de sua igualdade e diferença, perscrutam as múltiplas perspectivas de todo acontecer no mundo das aparências. Nessa direção, o espectador arendtiano, atento ao desenrolar da cena da vida, dirige a sua atenção para o contexto da mundanidade. Ele não vai para um outro mundo, mas sonda as significações subjacentes à esfera da aparência. Seu olhar é perspectivo e visa, na intransparência inerente a todo aparecer, captar aí e não em outra esfera, a significação que não se entrega fácil. Esta cobra daquele que a persegue a disposição em trilhar o caminho sem fim do compreender, permitindo-se ao jogo de aproximação e distanciamento possibilitado pelo dom da imaginação. Em outras palavras, tal compreender mantém-se próximo das aparências e distancia-se do determinismo contemplativo, lembrando que, ante à imobilidade de um objeto de simples contemplação, a aparência (e a sua significação) é sempre fugidia. Como as aparências não falam por si mesmas, cabe ao espectador, em seu exercício compreensivo, considerar as múltiplas perspectivas do real, o que corrobora o fato de os espectadores existirem apenas no plural, posto que "nada do que aparece manifesta-se para um único observador capaz de percebê-lo sob todos os seus aspectos intrínsecos" (Arendt, 2009, p. 54). O espectador arendtiano não é um metafísico, tampouco é um cientista moderno. Ele se dirige ao mundo das aparências numa postura de abertura para o acontecimento e não como quem intenta dissecá-lo ou dominá-lo. Pensar os acontecimentos implica, pois, buscar a singularidade de todo acontecer pelo mergulho na densidade da dimensão de invisibilidade inerente à aparência. É na atenção à espessura do acontecer do mundo da aparência que o novo, em seu poder significante, pode livremente se dar. Cabe, também, reportar a outro aspecto relevante que se liga ao pressuposto da primazia da aparência: a linguagem que, em seu uso metafórico, proporciona o trânsito entre o mundo das aparências e o domínio da invisibilidade do espírito, tornando os humanos capazes de pensar. Na linguagem metafórica é superada a anacrônica dicotomia dos dois mundos (Arendt, 2009, p. 130). Em síntese, na obra de Hannah Arendt não há lugar para a forma metafísica de pensar e nem para a forma de como esse pensamento se fez presente na esfera pública da ação política. Para a pensadora, o resgate da dignidade da política encontra-se entrelaçado à recuperação da dignidade da atividade de pensar que, em sua busca de compreender o que acontece e em seu esforço de pôr-se em relação ao outro no julgar, sintoniza seu *modus operandi* com a primazia da aparência e com o princípio da pluralidade humana a ela inerente.

Aparência e singularidade: da autoexposição à autoapresentação

Pôr-se na aparência do espaço público é descobrir-se em sua singularidade em meio à pluralidade humana. Tem-se, aqui, a fundação fenomenológica do sujeito conectada à gênese da aparência. Em outros termos, "*somos do mundo, e não apenas estamos nele*" (Arendt, 2009, p. 39). E, como tudo o que neste mundo está vivo, o indivíduo partilha de "um impulso para aparecer, para adequar-se a um mundo de aparências" (Arendt, 2009, p. 46). Essa autoexposição "atinge seu clímax na espécie humana" (Arendt, 2009, p. 46), cujos indivíduos, até certo ponto, podem escolher como aparecer para os outros. Trata-se de uma autoapresentação que, diferentemente da autoexposição, se efetiva "pela escolha ativa e consciente da imagem exibida" (Arendt, 2009, p. 53), o que implica "um certo grau de autoconsciência – uma capacidade inerente ao caráter reflexivo das atividades espirituais" (Arendt, 2009, p. 53). Será, portanto, pela performance de atos e palavras em companhia de outros que o aparecer, em seu poder de manifestação, alcança os contornos de uma epifania no emergir da singularidade da pessoa na aparência de um mundo compartilhado com a pluralidade dos homens. A considerar tratar-se a abordagem arendtiana de um pensamento que se define em termos de uma antropologia filosófica que, em sua originalidade, centra sua atenção na tríade relação eu-mundo-outro, a singularidade humana, longe da rigidez de uma identidade como revelação de uma essência imutável e sempre única, faz-se existência na experiência da fluidez inerente à aparência e alcança reconhecimento na visibilidade, comunicabilidade e alteridade do espaço público. Não sendo a singularidade uma entidade extra-humana ou uma substancialidade metafísica, é no espaço público de aparição que *quem* alguém é se revela, travando relações com o mundo e com os outros que são, por sua vez, receptores de aparência. Do ponto de vista de Hannah Arendt, o eu não-mundano, como se verifica na interioridade do ego pensante, é equívoco, disperso e fragmentado, posto que a falta de aparência o priva de unidade e realidade. Como ela mesma diz, nas últimas linhas de *Origens do totalitarismo*, "o grande milagre salvador da companhia para os homens solitários é que os 'integra' novamente [...] e restabelece-lhes a identidade que lhes permite falar com a voz única da pessoa impermutável" (Arendt, 2000, p. 529). Assim, a pensadora tratará de desinteriorizar a diferença específica do indivíduo, realocando, fenomenológica e existencialmente, a singularidade humana na imanência do espaço da aparência. Em seu iniciar e aparecer, tal singularidade se descobre a si mesma como ser do mundo, afirmando a sua mundanidade na experiência humana da compartilha, pela ação e pelo diálogo, do *Amor Mundi*. Desse modo, o prisma ético-político, que dá unidade à obra arendtiana, diz respeito, pois, a uma ética e a uma práxis política cujo critério último é perscrutado quando se permite encarar a questão de *quem* se é na aparência do mundo.

Referências

ARENDT, Hannah. *A condição humana*. Tradução de Roberto Raposo. 13ª Ed. rev. Rio de Janeiro: Forense Universitária, 2017.

ARENDT, Hannah. *A vida do espírito*. Tradução de Cesar Augusto de Almeida; Antônio Abranches; Helena Martins. Rio de Janeiro: Civilização Brasileira, 2009.

ARENDT, Hannah. *Origens do totalitarismo*. Tradução de Roberto Raposo. São Paulo: Companhia das Letras, 2000.

MERLEAU-PONTY, M. Prefácio. In: MERLEAU-PONTY, M. *Fenomenologia da percepção*. Tradução de Carlos Alberto Ribeiro de Moura. 2ª Ed. São Paulo: Martins Fontes, 1999. pp. 1-20.

MERLEAU-PONTY, M. *O visível e o invisível*. Tradução de José Arthur Gianotti e Armando Moura d'Oliveira. São Paulo: Perspectiva, 2005.
NIETZSCHE, F. W. Crepúsculo dos ídolos ou como filosofar com o martelo. In: NIETZSCHE, F. W. *Nietzsche*. São Paulo: Nova Cultural, 2005, pp. 371-389.

6.

AUTORIDADE

Beatriz Porcel
Universidade Nacional de Rosário e Universidade Nacional de Entre Ríos/Argentina

Arendt tratou da questão da autoridade em várias obras[1], o que mostra o interesse que o assunto despertou nela e as múltiplas arestas problemáticas que eram relevantes para compreender a ligação entre autoridade e política. A autora pergunta: que é autoridade? no ensaio de mesmo nome que faz parte de *Entre o passado e o futuro*, versão que será nossa principal referência. Ela formula a pergunta e

---

[1] ARENDT, Hannah (1972). "O que é e autoridade? em *Entre o passado e o futuro*, trad. Mauro W. Barbosa. São Paulo: Ed. Perspectiva. "Authority in the Twentieth Century" foi uma apresentação na conferência sobre "The Future of Freedom" dada em Milão em setembro de 1955, agora publicada em ARENDT, Hannah. *Thinking without a banister*: essays in understanding, 1953-1975 J. Kohn Ed. É publicado com o mesmo título, "Authority in the Twentieth Century", em *The Review of Politics*, vol. 18, No. 4, de outubro de 1956. Mais tarde, modificado, o ensaio de Arendt aparece em 1959 na compilação de Carl J. Friedrich, intitulada *Authority* (Cambridge, Massachusetts: Harvard University Press, primeira publicação da série Nomos encomendada pela American Society for Political and Legal Philosophy). Foi coletado em 1968 em *Between Past and Future* (Nova York: Viking Press). Recentemente foi publicado o "Colapso da Autoridade", texto preparado por Hannah Arendt datado de 1953 para um congresso na Universidade de Nova York, traduzido pelos *Cadernos Arendt* vol. 01 no. 02, ano 2020 disponível em: https://doi.org/10.26694/ca.v2i1.12117. Tratamentos importantes sobre a autoridade são encontrados em *Sobre a violência*, *Sobre a revolução* e "A crise na educação" (*Entre o passado e o futuro*).

imediatamente diz que seria melhor perguntar: o que foi a autoridade? já que esta desapareceu do mundo moderno a ponto de ser difícil para nós entendê-la, o que traz problemas elementares da convivência humana (Arendt, 1972, p. 127 e 187). Em seguida, ela manifesta que na realidade o que se perdeu não é a autoridade em geral, mas uma forma específica que foi válida por muito tempo no Ocidente. Para mostrar essa mudança, analisa o conceito de autoridade, sua prática e sua relevância na experiência da República Romana, então suas transformações desde o surgimento do Cristianismo, sua posterior deterioração e seu declínio. Dessa forma, "Que é autoridade?" pode ser lido como a história de uma crise, na qual Arendt mostra, mais uma vez, sua capacidade de explicar criticamente as deficiências da modernidade e seus processos, nesse meio termo entre passado e futuro; exerce, mais uma vez, a crítica "a contrapelo", revela o risco de não levar em conta distinções conceituais e alerta para as consequências de uma perda, neste caso de autoridade e da tríade romana que se formou com tradição e religião, intrinsecamente relacionadas.

I

A palavra "autoridade" refere-se ao gesto fundador da comunidade política cuja importância reside na sua função legitimadora das ações e decisões públicas dos homens que continuaram com o legado. Arendt adota como eixo de sua análise a experiência romana e a importância da fundação de Roma([2]), a partir da qual elucida o conceito de autoridade, uma vez que não encontramos nos predecessores gregos nem o conceito nem o traço na configuração política das antigas cidades([3]).

([2]) É, diz Carlo Galli, um conceito tipicamente romano, e que Dion Casio já lamentava sua intraduzibilidade para a língua grega (Galli, "Autoritá" em *Enciclopedia delle Scienze Sociale*, 1991 disponível em https://www.treccani.it/enciclopedia/autorita_%28Enciclopedia-delle-scienze-sociali%29/

([3]) Os limites deste verbete não permitem uma referência ampla ao tratamento dado por Arendt à questão tanto em Platão quanto em Aristóteles quem

A experiência romana de autoridade se reflete em equilíbrio com a religião e a tradição. A primeira, religião, serve para religar o passado e permite conectar-se a ele e projetar o futuro, dando segurança às gerações futuras, não está ligada a uma esfera espiritual, mas refere-se ao político, santifica a ação anterior que é a fundação da República (Arendt, 1972, p. 166). A segunda, tradição, é entendida como a transmissão de um passado comum a todos e permite aos recém--chegados, os novos, atualizar os fundamentos que tornaram possível a convivência, atualizar a tradição, dando origem à ação – sempre nova –, como diz Arendt no *Diario filosófico*: "a tradição e a autoridade se pertencem reciprocamente. Deram ambas o sistema de coordenadas para a história e a historicidade ocidentais. A tradição era a resposta romana ao passado como história e, concretamente, como uma cadeia de acontecimentos" (Arendt, 2006, p. 289). Assim, a religião e a tradição garantem o vínculo com o passado e fundamentam a autoridade que autoriza a ação presente. O que é o fundamento da ordem da vida política "autoriza" as gerações subsequentes a exercer o poder, para que os cidadãos romanos sejam herdeiros para sempre das ações de seus antecessores, a cuja memória e espírito eles devem permanecer fiéis e leais. "A autoridade dos vivos era sempre derivativa, dependendo [...] da autoridade dos fundadores que não mais se contavam no número dos vivos" (Arendt: 1972, p. 164). Arendt reafirma esse retorno aos romanos valendo-se de um de seus repetidos recursos: o apelo à etimologia para encontrar pistas nos significados originais, convencida da estreita relação que muitas palavras têm entre língua, instituições e tradições, talvez seguindo Cícero, que já havia apontado a importância de explicar por que algo foi chamado de certa forma; é um gesto para voltar a algo que já havia sido um problema para os antigos como um auxílio para compreender o presente[4]. Arendt

---

"pretendeu introduzir uma espécie de autoridade no manejo de negócios públicos e na vida da *polis*" (Arendt, 1972, p. 159), mas tomando exemplos da esfera privada e suas relações desiguais, enquanto a igualdade reinava na esfera política.

[4] Cícero, *De Natura Deorum*, 3.63. A expressão de Arendt sobre seu método

filosófico como "análise conceitual" e seu trabalho como descobrir "de onde vêm os conceitos" é bem conhecida (Young-Bruehl, 1993, p. 406); o que chamamos de "recurso à etimologia" refere-se ao modo como a autora explora auxiliada pela filologia e pela análise linguística, traçando, especialmente no campo dos conceitos políticos "para trás", o momento em que a experiência histórica os deu origem. Em outras palavras, Arendt vê na linguagem o repertório da experiência humana e tenta, portanto, substituir e reabilitar a linguagem da política clássica. Para Arendt, o sentido perdido das palavras originais ainda tem ressonância "acústica" no presente, pois guardam consigo a permanência de traços essenciais da política original. Esse caráter dos conceitos arendtianos é consequência de sua concepção da palavra original como portadora de um sentido que ainda pode ser revelado no presente para quem sabe ouvi-la, tese que a autora afirma expressamente em várias passagens importantes de a sua obra: "... uma certa surdez para os significados linguísticos ... resultou numa espécie de cegueira para as realidades a que correspondem" (Arendt, 2016, p. 60). "Qualquer período em que seu próprio passado se tornou tão questionável... deve tropeçar no fenômeno da linguagem, pois nele o passado está indelevelmente contido, frustrando qualquer tentativa de querer se livrar dele de uma vez por todas" (Arendt, 2008, p. 147). Muito importante é a referência de Arendt ao artigo "O que é autoridade?" mostrado como um exemplo de seu método: "Tentarei descobrir de onde vêm esses conceitos (autoridade, governo, poder) antes que se tornem algo como moedas fora do curso e generalizações abstratas. Portanto, examinarei as experiências concretas, históricas e políticas em geral, que deram origem aos conceitos políticos" (Arendt, 2002, p. 198). M. Weyembergh acredita que toda a filosofia de Arendt pode ser considerada como uma "terapia contra o esquecimento" da qual seu interesse pela etimologia deve ser deduzido, que é essencialmente caracterizado como a "memória das palavras" (Weyembergh, 1992, p. 51). Quando Arendt assume certa tradição terminológica – grega ou romana – ela o faz, como diz Esposito, não como uma proposta positiva para o presente, mas como uma escolha hermenêutica para uma análise precisa da despolitização moderna, tendo em mente que para ela o horizonte da modernidade, da ruptura da tradição, é considerada como um fato irreversível, uma perspectiva de "mão única" (Esposito, 1995, p. 203). Também Paul Ricoeur enfatiza que a "vigilância semântica" das distinções arendtianas é uma das características de seu pensamento (Ricoeur, 1996, p. 157s). Por fim, Duarte, por sua vez, explica o motivo da "reconstituição e a recuperação arendtianas daqueles 'fragmentos'

AUTORIDADE

mostra que o substantivo *auctoritas* vem do verbo *augere* que significa "aumentar", e o que é aumentado aqui cada vez é a fundação. Aqueles investidos de autoridade eram os anciãos do Senado, cuja *auctoritas maiorum* poderia ser invocada para justificar transformações ou nova legislação em nome da tradição. Na antiga República Romana, na tradição como continuidade sagrada com os ancestrais, os mais velhos e experientes têm autoridade, que interpretam a vontade do povo, seus valores e tradições consagradas: é a autoridade dos *patres*, que é posteriormente institucionalizada na autoridade do Senado, expressa na conhecida frase que escreve Cícero em *De Legibus*, 3,28: "*cum potestas in populo, auctoritas in senatu sit*" (apud Arendt, 1972, p. 164). Ser ator não é prescrever ou ordenar, mas legitimar uma ação, nas palavras de Arendt "fundar". A principal transformação que Arendt vê ocorre quando a Igreja cristã produz uma mistura da especulação filosófica grega com a cultura institucional romana, adaptando a *auctoritas* aos seus dogmas e prescrições, e introduzindo um *locus* transcendental e ao mesmo tempo violento: o inferno (ideia que Arendt remonta a Platão), um processo mais tarde continuado pela Reforma. Podemos afirmar, com Souki, que a autoridade tem, "desde sua origem ... uma história posterior: a história de sua crise" (Souki, 2001, p. 127).

Ao determinar o caráter distintivo da autoridade, para registrar uma primeira abordagem do conceito, Arendt traz à tona o historiador alemão Theodor Mommsen. A *auctoritas* romana – segundo Mommsen – é algo mais que um conselho e menos que uma ordem, conselho que não pode ser ignorado sem perigo, diferente da persuasão

---

de experiências políticas do passado greco-romano originário, não legado pela tradição. Mesmo eclipsado pela tradição da filosofia política ocidental, eles ainda persistiriam no presente, preservados em determinados vocábulos que enunciam a origem do político, tais como 'liberdade', 'ação', 'poder', 'autoridade', 'fundação', etc. Segundo Arendt, estas palavras dizem a origem do político e remetem a experiências políticas que, mesmo esquecidas em seu caráter primordial, ainda subsistem no coração do próprio presente político, podendo, portanto, ser decodificadas a fim de constituir uma outra tradição do pensamento político" (Duarte, 2000, p. 28).

e da coerção, já que o primeiro se estabelece em laços de igualdade e o segundo se repete à força, como diz a autora: "Se a autoridade deve ser definida de alguma forma, deve sê-lo, então, tanto em contraposição à coerção pela força como à persuasão através de argumentos" (Arendt, 1972, p. 129) como na república romana era "a autoridade, e não a violência, que regia a conduta dos cidadãos" (Arendt, 2013, p. 67). A autoridade era, portanto, muito diferente das formas conhecidas como *potestas* e *imperium*, exercendo sua validade pelo reconhecimento e respeito, como diz Arendt: "conservar a autoridade requer respeito pela pessoa ou pelo cargo" (Arendt, 2016, p. 62)([5]). Estabelecer a nota característica do conceito de autoridade significa diferenciá-lo de outros fenômenos políticos com os quais é muitas vezes confundido ou que muitas vezes são usados indiferentemente([6]), e as distinções

---

([5]) Revendo a etimologia de "respeito", descobrimos que ele deriva do latim *respectus*, composto de *re* e *spectrum*, derivado da família *specere*, olhar. É então definida como "a ação de olhar para trás", consideração, olhar de novo com atenção, o que nos aproxima muito dos sentidos de autoridade entendidos pelos romanos.

([6]) O modo de exposição dos grandes temas de Arendt apresenta uma distinção entre vários termos (que quase sempre se resolve em tríades, embora não seja dialética). Arendt separa, divide, distingue, mas para dar sentido a um problema, para estabelecer uma operação interpretativa o mais ampla possível; por exemplo, encontramos: trabalho, obra e ação; imperialismo, antissemitismo e totalitarismo, público, privado, social; pensamento, vontade e julgamento; poder, força, violência, autoridade – distinções que, como diz Young-Bruehl, estão inscritas em um quadro maior que é passado, presente e futuro, que é o mesmo que dizer: a emergência histórica e seu significado passado, seus sentidos presentes e sua possível gravitação futura (Young-Bruehl, 1993, p. 359). O gesto teórico de traçar distinções é uma marca irrefutável do "método" de Arendt. Alguns intérpretes de Arendt – como Lafer – consideram que a análise fenomenológica das distinções capta a diversidade, em cada caso, dessas experiências, mas não a sua interrelação, uma vez que essas experiências não são compartimentos estanques no mundo real, do qual, entretanto, foram extraídas. As distinções são úteis como estímulo heurístico e base para a hermenêutica do significado dos problemas proposta por Arendt (Lafer, 1994, p. 107). Na mesma linha crítica, Parekh também observa que Arendt, como outros fenomenólogos, parece sensível à diversidade dos

fundamentais que Arendt faz são entre autoridade e autoritarismo, entre autoridade e violência, entre autoridade e poder, tarefa que não tem valor arqueológico ou mero interesse semântico, mas remete a uma ideia mais relevante como repensar e revisar o político, suas configurações, a própria essência da relação política antes de se tornar algo como moedas fora do curso e generalizações abstratas. No caso de seu exame de autoridade, vai além da simples relação entre comando e obediência ou, como Revault d'Allones coloca, "[...] examinar especificamente a noção de autoridade [como] recusa em reduzir a política ao poder e o poder à dominação" (Revault d'Allones, 2008, p. 40), fugindo das interpretações tradicionais e assim dar lugar à distinção de conceitos.

II

Primeiro aviso: autoridade não é autoritarismo. Arendt aponta que o conceito de autoridade foi substituído por outra noção, a de autoritarismo, que é uma espécie de autoridade ilegítima estabelecida,

---

fenômenos, mas não à sua interrelação. Um bom exemplo da sensibilidade de Arendt à diversidade é a crítica do funcionalismo nas ciências sociais, ao examinar os riscos epistemológicos de englobar diferentes fenômenos, sem distinção, sob a mesma categoria de funções (Parekh, 1981, p. 184). Revault d'Allones afirma que Arendt fez um primeiro movimento para esclarecer algumas confusões. Qual é o escopo da necessidade repetida de fazer distinções? A intérprete considera que este gesto repetido está enraizado na essência da teoria arendtiana: "repensar o político e o pensamento do político". Não é um interesse semântico, mas antes diz respeito ao próprio sentido do político, à natureza da relação política (Revault d'Allones, 2008, p. 39s.). Por fim, Nadia Souki aponta que, para Arendt, "assim como é necessário criar conceitos novos, novas categorias de pensamento para se compreender a novidade na história, também, podemos pensar que os conceitos sobre fatos que sofreram um declínio na história empalidecem-se e perdem sua nitidez e, por isso, misturam-se a outros mais presentes. Desse modo, falando dessas confusões de conceito, estamos falando da confusão de fato, levando às consequências práticas na compreensão da política" (Souki, 2001, p. 125).

como diz Schio, em um "convencimento forçado" (Schio, 2001, p. 94), a partir da figura de um chefe que busca impor sua vontade, confusão que a autora observa em algumas perspectivas intelectuais próprias do liberalismo, do conservadorismo e do funcionalismo característicos das ciências sociais do pós-guerra[7] que não compreenderam a diferença radical entre os diversos fenômenos políticos como a tirania, o autoritarismo e o totalitarismo, formas de dominação às quais Arendt dá atenção especial no texto[8]. Essa "funcionalização" de todos os conceitos e ideias também produz a indistinção – segundo aviso – entre autoridade e violência, ou a convicção de que a violência, que sempre precisa apelar ao uso de meios agressivos, pode ser um substituto da autoridade, introduzindo a relação comando-obediência como uma solução para os problemas da sociedade de massa (Arendt, 1972, p. 113), enquanto a autoridade não recorre à violência ou dominação. A distinção entre autoridade e poder – estabelecida na referida máxima de Cícero – é menos categórica e menos conclusiva, pois o primeiro não propõe o que deve ser feito, mas antes sua função se limitava a aumentar –aprovando as decisões derivadas do poder, nas palavras de Arendt "'aumentam' e confirmam as ações dos homens, mas não as guiam" (Arendt, 1972, p. 165).

A este respeito, Lafer sintetiza a relação entre autoridade e poder afirmando que "o princípio (início) da ação conjunta estabelece os princípios (preceitos) que inspiram os feitos e acontecimentos da ação futura", em outras palavras, o poder vinculado à fundação dá as regras para que a autoridade seja reconhecida e exercida (Lafer, 1979, p. 120). Mesmo levando em consideração todas as vicissitudes sofridas pela autoridade, sua importância na Roma antiga, sua

---

[7] Uma das fontes a que Arendt pode se referir é a obra coletiva Adorno, T. et al., *A personalidade autoritária*, Nova York, 1950, uma investigação empírica que teve como objetivo analisar o indivíduo potencialmente "fascista" na época em que o fascismo fora derrotado em guerra, medindo o fenômeno por meio de enquetes de grandes populações.

[8] Sobre a importância dessa distinção, Arendt chama a atenção no Prefácio a *Orígenes do totalitarismo* e várias vezes ao longo do texto.

modificação a partir do Cristianismo e depois a Reforma, seu lento desaparecimento junto com a tradição e a religião, Arendt encontra – de uma forma paradoxal – um acontecimento na modernidade no qual é possível encontrá-lo novamente: a Revolução Americana e o momento de sua fundação – que substitui um absoluto transcendente – permitem a autora celebrar e configurar uma história política onde a autoridade encontra seu lugar, sendo possível notar uma tentativa de retomar o fio perdido da tradição, recuperando aqui a figura de Maquiavel como um antepassado das revoluções modernas. Em "Que é autoridade?" e em *Sobre a Revolução* a autora destaca o caráter distintivo desta revolução, diferente de outras experiências modernas, uma vez que não busca a libertação de uma ordem política, mas sim "o estabelecimento da liberdade na fundação de instituições duradouras" (Arendt, 2013, p. 263). Estas instituições durariam até hoje porque a constituição americana divide o poder horizontal e verticalmente e limita ao mesmo tempo o que gera poder. Nessa experiência, a sede da autoridade não é mais o Senado, mas o Supremo Tribunal de Justiça, sem poder político, mas dotado de uma autoridade que se exerce na contínua reelaboração da Constituição para que a origem continue a atuar[9].

Breve conclusão

Arendt se instala mais uma vez no intervalo, na lacuna entre o passado e o futuro, ao refletir sobre a autoridade, fiel a uma de suas preocupações teóricas – nunca abandonada –, que é a questão de que tipo de mundo acabou depois da modernidade. Neste caso, para nós, que mundo é este em que habitamos, onde o conceito de autoridade perdeu toda a sua validade e onde somos continuamente desafiados

---

[9] Para Arendt, a história recente dos EUA abandonou esse espírito original; no entanto, a referência é interessante para mostrar as tensões não resolvidas entre poder e autoridade.

pelos problemas fundamentais da coexistência humana, órfãos de estabilidade e de durabilidade, sem herança, embora ativando a ação de preservar incessantemente o mundo?

Referências

ARENDT Hannah. *Entre o passado e o futuro*. São Paulo: Perspectiva, 1972.
ARENDT, Hannah. *O que é política?* Rio de Janeiro: Bertrand Brasil, 2002.
ARENDT Hanna. *Diario filosófico*. Barcelona: Herder, 2006.
ARENDT, Hannah. *Homens em tempos sombrios*. São Paulo: Companhia das Letras, 2008.
ARENDT Hannah. *Sobre a violência*. Rio de Janeiro: Civilização Brasileira, 2016.
ARENDT, Hannah. *Origens do totalitarismo*. São Paulo: Companhia das Letras, 1989.
ARENDT Hannah. *Sobre a revolução*. São Paulo: Companhia das Letras, 2013.
DUARTE, André. *O pensamento à sombra da ruptura*: política e filosofia em Hannah Arendt. São Paulo: Paz e Terra, 2000.
ESPOSITO, Roberto. *El origen de la política. Hannah Arendt o Simone Weil?*, Barcelona: Paidós, 1995.
LAFER, Celso. *Hannah Arendt: pensamento, persuasão e poder,* Rio de Janeiro: Paz e Terra, 1979.
LAFER, Celso. "Prefácio" a *Sobre a violência*. Rio de Janeiro: Relume Dumará, 2002.
PAREKH, Bikuh. *Hannah Arendt and the search for a new political philosophy*. Londres: Macmillan, 1981.
PRETEROSSI, Geminello. *Autoridad. Léxico de política*. Buenos Aires: Nueva Visión, 2002.
REVAULT d'ALLONES, Myriam. *El poder de los comienzos. Ensayo sobre la autoridad*. Buenos Aires: Amorrortu, 2008.
RICOEUR, Paul. "Pouvoir et violence" en *Colloque Hannah Arendt. Politique et pensée*. Paris: Payot, 1996.
SCHIO, Sônia. "Hannah Arendt: a questão da autoridade" em OLIVEIRA K. L. e SCHAPER V. (orgs.). *Hannah Arendt:* Uma amizade em comum. São Leopoldo: Oikos/EST, 2011.

SOUKI, Nádia. Da crise da autoridade ao mundo invertido. In: MORAES, E. J.; BIGNOTTO, N. (Orgs.). *Hannah Arendt:* diálogos, reflexões e memórias. Belo Horizonte: UFMG, 2001.

WEYEMBERGH, Maurice. "Hannah Arendt et la modernité" em AA.VV. *Hannah Arendt et la modernité*. Paris: Vrin, 1992.

YOUNG-BRUEHL, Elisabeth. *Hannah Arendt*, Valencia: Alfons El Magnánim, 1993.

7.

BUROCRACIA

Lara Rocha
Universidade Federal do Ceará

O imperativo de compreender os elementos que possibilitaram a instauração do totalitarismo fizeram com que Hannah Arendt analisasse as implicações da burocracia como forma de governo que inviabiliza a liberdade. No *corpus* teórico arendtiano, estas leituras podem ser enquadradas em seis interpretações principais: 1) o estudo histórico-filosófico do surgimento desta forma de governo, em *Origens do totalitarismo;* 2) a investigação da burocracia como o último estágio do Estado-nação, a forma social, e não política, de governo que se baseia na substituição da ação pelo comportamento, tese defendida em *A condição humana* e no *Diário filosófico;* 3) a identificação da burocracia como a forma de governo caracterizada pela ausência de responsabilidade, presente em *Pensar sem corrimão* e *Sobre a violência;* 4) a investigação sobre os burocratas, tal como proposto em *Eichmann em Jerusalém* (com Adolf Eichmann) e *Crises da república* (com os *decision-makers*); 5) o exame sobre como a burocracia possibilita a execução de assassinatos em larga escala, contido em *Responsabilidade e julgamento* e *Compreender: formação exílio e totalitarismo;* 6) as reverberações da burocracia nas atividades espirituais, como é feito em *A vida do espírito.*

Apesar da diversidade de prismas sob os quais Arendt analisa a burocracia, é possível defini-la como forma híbrida de governo que se caracteriza pela substituição da estabilidade das leis pelos decretos e relatórios, provisórios e mutáveis, pelo anonimato (não é possível conhecer a face de onde emanam as deliberações, nem de quem as executa) e pela inviabilidade da participação política (se as resoluções ficam restritas aos especialistas, não cabe ao homem comum fazer parte dos procedimentos que as originam).

Por mais que os decretos sejam recursos constitucionais previstos para lidar com situações de exceção, fazendo da excepcionalidade sua justificativa e seu limite, na burocracia eles representam a encarnação do poder: como não é possível conhecer a *persona* responsável por eles, governar através de decretos cria uma atmosfera de anonimato e arbitrariedade que serve aos regimes de opressão. Este caráter amorfo engendra uma aura de pseudomisticismo que confere a estes regulamentos uma origem supostamente superior, tornando a burocracia o *modus operandi* ideal para pôr em movimento as ideologias que se baseiam em legislações supraterrenas, como a lei da história e da natureza. Porquanto a política é uma atividade feita por homens e, portanto, essencialmente deliberativa e contingencial, ao servir a estatutos sobre-humanos, a burocracia estabelece um governo anti-humano e antipolítico.

Os predicativos da burocracia, tomados separadamente, são utilizados desde a Antiguidade: o militarismo e a valorização da obediência remontam ao Império Romano, os funcionários concessionários no Egito, na Mesopotâmia e no Império Chinês, responsáveis por organizar a produção agrícola e a tributação, os cargos de confiança e o uso de decretos, comuns com o surgimento dos Estados-nação, demonstram que, desde sua gênese, a burocracia se baseia na cisão entre aqueles que governam e planejam e, no polo oposto, aqueles que executam e obedecem, de modo que o que os vincula não é o comum acordo, mas o segredo e o alheamento dos últimos com relação às decisões políticas. Entretanto, a concatenação destes elementos em uma forma única de governar remonta ao imperialismo inglês, sendo a solução encontrada para substituir o governo das colônias, subjugando povos supostamente inferiores e carentes de proteção, especialmente a Índia e o Egito, no final do século XIX. Posteriormente, ela forneceu as bases para a organização administrativa dos regimes totalitários e se manteve como estrutura básica das instituições públicas e privadas, mesmo após o seu declínio (Rocha, 2020).

Os comentários sobre a interpretação arendtiana da burocracia podem ser divididos em três interpretações principais: 1) após *Eichmann em Jerusalém* (mesmo que o interesse da obra não fosse empreender uma análise fenomenológica da burocracia, foi necessário expor o labirinto burocrático nazista para investigar as atividades desenvolvidas por Eichmann), as investigações de Arendt foram consideradas reverberações diretas do modelo burocrático weberiano e de sua origem na racionalidade instrumental (Bauman, 1989; Parvikko, 2004); 2) a defesa da influência de Franz Kafka (em especial *O Castelo* e *O processo*) na descrição arendtiana dos efeitos nocivos da burocracia e dos perigos ínsitos à desumanização que ela promove (Canovan, 1992; Bernstein, 1996); 3) as leituras que apontam as semelhanças entre o retrato feito pela autora do burocrata nazista Adolf Eichmann e do burocrata imperial Lorde Cromer em uma análise que se contrapõe à compreensão da burocracia como resultado unívoco da razão instrumental (Shenhav, 2013; Lee, 2007).

Enquanto a leitura weberiana da burocracia a interpreta como a dominação que, diferente da tradicional e da carismática, não se justifica nem nas autoridades constituídas nem nos atributos pessoais dos líderes, mas nos imperativos modernos de racionalidade, cálculo de consequências, lucro, eficiência, impessoalidade e hierarquização de funções (Weber, 2000, v. 2), Arendt se distancia da análise de Weber, apesar de reafirmar que estes elementos constituem a burocracia. Esse afastamento se funda na equiparação weberiana entre poder e dominação, o que, na ótica da autora, reduz política à coação. Outra divergência é a categorização da burocracia como dominação racional-legal: segundo Arendt, não é a existência de um *corpus* jurídico que assegura e justifica o aparato burocrático, mas a profusão de decretos que possuem força de lei, mesmo prescindindo da deliberação que legislar exige: os decretos não precisam ser submetidos a uma assembleia, mas apenas seguir a estrita recomendação dos especialistas, o que garante o aval do governante. Nesse sentido, administrar através de decretos é governar de modo indireto.

Já as interpretações que identificam a influência kafkiana na análise de Arendt sobre a burocracia justificam-se pela presença do autor em textos como "Franz Kafka: uma reavaliação", na obra *Compreender* e "O judeu como pária: uma tradição oculta", em *Escritos judaicos*. Para a autora, a dupla sensação que seus textos despertam – a estranheza e o absurdo contrapondo-se à uma estranha familiaridade com o que é narrado – conduz os leitores a adentrar em um mundo sustentado por organizações tirânicas e invisíveis, nas quais "a mentira se converte em ordem universal" (Kafka, 1997, p. 61). Na sociedade kafkiana, os homens são engolfados pelo automatismo dos processos, pelo ritualismo das rotinas administrativas, pela insensatez de seus trâmites e pela própria estrutura do aparelho, "medonha e oculta, contrapondo realidade e simulação" (Arendt, 2011b, p. 99).

A irrealidade e a normalização do absurdo que tecem o pano de fundo das obras de Kafka anteveem a destruição que "a burocracia, a substituição do governo pela administração e das leis por procedimentos arbitrários" (Arendt, 2011b, p. 101), especialmente em seus moldes totalitários, seria capaz. Assim como Kafka, Arendt acreditava que fazer da política um meio para fins supostamente maiores, seja a ideologia, seja a necessidade, faz com que os homens abdiquem da ação e do pensamento para seguir o fluxo dos acontecimentos de modo irrefletido. Com efeito, a sentença dada por Arendt de que "um homem apanhado na máquina burocrática já está condenado" (Arendt, 2011b, p. 98) remete-nos à condenação feita por Kafka: "há esperança, mas não para nós" (Benjamin, 1987, p. 142).

O advento da burocracia como forma de governo se origina da necessidade de gerenciar grandes contingentes humanos supérfluos e massificados, reduzidos à sua força de trabalho, de modo que o exercício de suas funções laborais passou a ser considerado o ponto alto de sua existência. Se a burocracia é o corpo político de uma sociedade de trabalhadores (Canovan, 1992), o fato dela ancorar-se na radical valorização do trabalho, em detrimento da obra e da ação, relaciona-se com a constatação de que esta forma de governo se coaduna com o crescimento econômico: quando o *oikos* adentra a cena pública, a política se restringe à gestão das necessidades individuais, afastando-se dos interesses comuns. Como a *oikonomia* é um campo especializado, tornou-se gradativamente corrente a concepção de que apenas os *experts* estariam capacitados para o exercício das funções públicas.

A burocracia não apenas se origina no horizonte que reduz a política à questão de quem domina quem, mas o radicaliza, pois nela não há um *quem* que possa ser questionado – e responsabilizado – pelas decisões. Destituída do elemento pessoal do governar, a burocracia se apresenta de acordo com o que sua nomenclatura denuncia: é o governo de peritos, exercido em gabinetes e escritórios, o domínio da minoria às custas da não-participação da maioria. Se não há um *quem* por trás das "resoluções aleatórias dos procedimentos" (Arendt, 2021, p. 65), a burocracia é o *domínio de ninguém,* um regime despersonalizado, destituído de *persona:* uma forma de governo que não se baseia no desvelamento do *quem*, do agente e do pronunciador de palavras, inviabiliza a ação, o discurso e, consequentemente, a política.

Outro predicativo da dominação burocrática é que ela se assemelha às tiranias, sendo mais perigosa que elas: enquanto o poder tirânico caracteriza-se como aquele que não presta contas a respeito de si mesmo, na burocracia "pode haver muitas pessoas que exijam uma explicação, mas ninguém para dá-la, porque ninguém pode ser considerado responsável por ela" (Arendt, 2021, p. 65). Ela é a forma de governo em que todos estão privados de sua capacidade de agir e de sua liberdade, "pois o domínio de ninguém não é um não-domínio, e onde todos são impotentes temos uma tirania sem tirano" (Arendt, 2011c, p. 101).

Em *Origens do totalitarismo,* Arendt fundamenta em torno de Lorde Cromer, secretário do vice-rei na Índia e cônsul-geral no Egito de 1883 a 1907, a sua argumentação sobre a burocracia imperial. Isto deve-se a dois motivos: primeiro, porque a partir dele é possível compreender a mentalidade burocrata do período. Cromer acreditava que a missão ínsita ao povo inglês era o domínio, revestido de proteção, dos povos estrangeiros que, na perspectiva imperial, eram incapazes de se autogerir politicamente. Nesse horizonte de reflexão, o fardo do homem branco, do típico cavaleiro inglês, era o senso de sacrifício com relação às raças subjugadas e o irrenunciável dever à glória da Grã-Bretanha.

Segundo, porque o governo de Cromer no Egito se situa na transição entre os interesses coloniais e a dominação imperial. Evitando cair no equívoco francês de combinar *ius* e *imperium*, o *telos* do imperialismo britânico concebeu uma forma de dominação indireta para substituir o governo das colônias sem que fosse necessário anexar estes novos territórios, nem os educar para o autogoverno. Devido ao contato forçado com pessoas que julgavam inferiores, Cromer e seu séquito de burocratas administraram as questões políticas de modo apartado da população egípcia; por outro lado, a incapacidade de autogestão que imputavam a este povo os fez recusarem-se a levar para a colônia as instituições e leis nos moldes britânicos. Este alheamento dos egípcios com relação ao que os governava, mantendo-os "sob domínio perpétuo do acaso" (Arendt, 2011, p. 278), fundou uma nova forma de governo, baseada no abismo indissolúvel entre governantes e governados e no anonimato que recobre os burocratas.

Ao não se basear nos marcos de confiabilidade das leis, a burocracia necessita de especialistas dispostos a exercer suas funções em sigilo, longe da luminosidade da esfera pública. Ao sentirem-se participantes deste processo, incomensuravelmente maior do que qualquer homem isolado, os burocratas tendem a considerar sua função como a sua mais alta realização, frente a qual as singularidades que tornam um homem o que ele é tornam-se acessórias. Reduzido à sua atividade laboral, cria-se uma identificação mágica do homem com o próprio aparelho burocrático que, ao reduzi-lo a um mero instrumento (Cromer, 1913), retira o seu estatuto humano.

Cinco décadas após o início do governo de Cromer no Egito, os regimes totalitários, com sua duplicação de cargos e funções, funcionalismo carreirista e obediência cadavérica às autoridades (a autoridade, no contexto burocrático, se radica no cargo e na hierarquia, e não na pessoa que o exerce), transformou a racionalidade das instituições burocráticas em máquina de execução dos inimigos objetivos do regime, em um processo de fabricação de cadáveres em larga escala. Nesse regime surgiu um novo tipo de criminoso, o burocrata, que comete crimes no exercício de sua função, e de delito, os crimes cometidos através de uma assinatura, de um *bureau*, sem nenhuma relação entre carrasco e vítima, a não ser ideológica (Arendt, 2021).

Neste horizonte de reflexão, Adolf Eichmann, burocrata nazista perito na questão judaica e na logística de evacuação e transporte para os campos, chefe da seção B-IV – o *Bureau* IV – é um caso exemplar dos extremos aos quais a burocracia pode alcançar (Arendt, 2017). Em uma burocracia plenamente desenvolvida, a sensação de anonimato fomentada pela extinção da pessoa individual envolve os indivíduos em uma existência fraudulenta, na qual os distintivos humanos da ação e do pensamento dão lugar ao comportamento e à obediência, o *leitmotiv* da existência burocrática (Arendt, 2021).

A burocracia imperial não conheceu a perigosa aplicação dos procedimentos administrativos aliada ao racismo. Porém, serviu de laboratório para a totalitária, pois "mediatizar a população por meio de administrações, partidos e organizações burocratizadas complementa e fortalece as formas de vida privatistas que fornecem a base psicológica para a mobilização do apolítico, isto é, para o estabelecimento de um regime totalitário" (D'Entreves, 1994, pp. 196-197). Como "quanto maior a burocratização da esfera pública, maior a atração pela violência" (Arendt, 2011c, p. 101), o totalitarismo, ao trazer o ódio, forte elemento antipolítico, para a cena pública, serviu-se da organização burocrática para manter os indivíduos sob o cinturão de ferro do terror, solapando tanto sua existência pública quanto seus vínculos privados, buscando tornar a todos participantes do seu aparelho organizacional e, desse modo, cúmplices de seus massacres.

A tendência burocrática em desumanizar os homens, tornando o pensamento e a singularidade desnecessários, inviabiliza não apenas a participação política dos indivíduos, mas também a responsabilidade pela política e a reflexão sobre as consequências de suas próprias atividades. No outro vértice destes eventos, ficou cabalmente demonstrado o quanto a relação entre burocracia e ideologia agudiza a influência que esta forma de governo exerce não apenas na *vita activa,* mas também na inviabilização do livre exercício das atividades espirituais.

Referências

ARENDT, H. *Compreender. Formação, exílio e totalitarismo.* Trad. Denise Bottmann. São Paulo: Companhia das Letras; Belo Horizonte: Editora UFMG, 2011b.

ARENDT, Hannah. *Eichmann em Jerusalém.* Um relato sobre a banalidade do mal. Trad. José Rubens Siqueira. São Paulo: Companhia das Letras, 2017.

ARENDT, H. *Pensar sem corrimão.* Compreender 1953-1975. Trad. Beatriz Andreiuolo *et. al.* Rio de Janeiro: Bazar do Tempo, 2021.

ARENDT, H. *Origens do totalitarismo.* Antissemitismo. Imperialismo. Totalitarismo. Trad. Roberto Raposo. São Paulo: Companhia das Letras, 2011.

ARENDT, H. *Sobre a violência.* Trad. André Duarte. 3ª Ed. Rio de Janeiro: Civilização Brasileira, 2011c.

BAUMAN, Z. *Modernity and the Holocaust.* Nova York: Cornell University Press, 1989.

BENJAMIN, W. Franz Kafka. A propósito do décimo aniversário de sua morte. In: *Obras escolhidas.* 3ª Ed. São Paulo: Editora Brasiliense, 1987.

BERNSTEIN, R. *Hannah Arendt and the Jewish question.* Cambridge: MIT Press, 1996.

CANOVAN, M. *Hannah Arendt: a reinterpretation of her political thought.* Nova York: Cambridge University Press, 1992.

CROMER, Earl of. The government of subject races. In: *Political and literary essays.* (1908-1913). Londres: The Macmillan Company, 1913.

D'ENTRÈVES, M. P. *The political philosophy of Hannah Arendt.* Londres: Routledge, 1994.

KAFKA, F. *O processo.* Trad. Modesto Carone. São Paulo: Companhia das Letras, 1997.

LEE, C. Race and bureaucracy revisited. In: KING, R.; STONE, D. *Hannah Arendt and the uses of history:* imperialism, nation, race and genocide. Nova York: Berghahn Books, 2007.

PARVIKKO, T. A note on Max Weber's impact on Hannah Arendt's thought. *Max Weber studies.* v. 4, n. 2, pp. 235-252, jul./2004.

ROCHA, LF. A burocracia como o não-lugar da política na perspectiva de Hannah Arendt. In: SILVA, F.G.P. *et. al.* (Orgs.). *Pilares da Filosofia:* estudos acerca da ética, política, linguagem, conhecimento e ensino de filosofia. Porto Alegre: Editora Fi, 2000. pp. 119-129.

SHENHAV, Y. Beyond 'instrumental rationality': Lord Cromer and the imperial roots of Eichmann's bureaucracy. *Journal of genocide research.* v. 15, n. 4, pp. 379-399, 2013.

WEBER, M. *Economia e sociedade.* Fundamentos da Sociologia compreensiva. Vol. 2. Brasília: Editora da UNB; São Paulo: Imprensa Oficial do Estado de São Paulo, 2000.

8.

COMPREENSÃO

Adriana Novaes
Universidade de São Paulo

O termo compreensão tem significado específico na obra de Hannah Arendt na medida em que é o resultado do exame amplo dos acontecimentos, da experiência humana histórica e política em sua contingência, o que significa a atenção ao caráter novo, particular, dos eventos, a partir da ideia de que é preciso criar profundidade na relação com o mundo, com o que há *entre* os seres humanos.

Já em seu *Diário de pensamento* (*Denktagebuch*), no começo dos anos 1950, Arendt se refere primeiro à compreensão em comentário sobre *A República* de Platão, e define o "compreender" como o pensamento da *solitude* (Arendt, 2002, p. 228 e 287), tema ao qual Arendt se dedicará em sua obra inacabada, *A vida do espírito*, assim como à vontade e ao juízo. Retomando especialmente Sócrates, o pensamento é definido como o diálogo dois-em-um que estabelecemos na *solitude*, ou seja, no estar-só, na conversa que temos com nós mesmos, distanciados do barulho do mundo (Arendt, 2009, p. 207).

Mais adiante no *Diário de Pensamento*, Arendt acrescenta que a compreensão é também uma atividade pela qual é possível se reconciliar com o mundo (Arendt, 2002, p. 331). Essa reconciliação com a realidade insere o indivíduo no mundo como ser atuante, sendo por isso um modo político de pensar. Compreender é uma disposição para com as ações passadas, no esforço de lidar com a amplitude das situações, fatos e suas implicações ao longo do tempo. A compreensão cria profundidade; é o esforço para atingir as raízes dos problemas, em contraposição à superficialidade que levou aos movimentos e aos regimes totalitários. A compreensão é o exercício necessário de investigação das regras, dos fatos, e o uso da imaginação como extensão para alcançar os pontos de vista das outras pessoas, um esforço para ver como o mundo aparece aos outros. Dois pensadores se destacam nessa elaboração de Arendt: G. W. F. Hegel e sua ideia de reconciliação, e I. Kant e a "mentalidade ampliada" ou o "pensar ampliado".

Arendt reconhece a grande contribuição de Hegel por atribuir relevância decisiva aos assuntos humanos, à história. É preciso compreender aquilo que existe, a realidade efetiva, em uma reconciliação entre Pensar e Ser, que Arendt retoma como reconciliação entre o Pensar e o Querer na seção 6 de *A vida do espírito*. Essa reconciliação é fundamento do sistema hegeliano, uma espécie de encaixe dos eventos imprevisíveis no princípio eterno do movimento, da correspondência do mundo com a mente, do mundo com o conceito, do "secular" com o "Divino", que expressa padrões de racionalidade (Arendt, 2009, p. 308). Para Hegel, a compreensão é a verdade como ordenamento dos eventos em sucessão e desenvolvimento histórico. No entanto, para Arendt, como afirma no Prefácio de *Entre o passado e o futuro*, no comentário da parábola "Eu", de Kafka, a mente permanece empenhada no combate e na busca, para além de uma reconciliação com o mundo (Arendt, 1997, p. 34), ou seja, apesar da pertinência da reconciliação do homem como ser pensante e racional na compreensão daquilo que existe como a realização da filosofia, há no sistema hegeliano uma reintrodução da necessidade e uma harmonia, não embate, entre o pensamento e a vontade, na medida em que transforma o tempo cíclico em progressão pela existência de um "Espírito do Mundo" que rememora (Hegel, 2002, pp. 544-545) e governa a pluralidade das vontades humanas sob um "significado". Arendt contesta essa identidade entre Pensar e Ser, pois essa reintrodução do necessário parece, na verdade, negar a contingência (Arendt, 2009, pp. 301-313).

Para Hegel, a compreensão é uma tentativa de reconciliação com o mundo, o reconhecimento da razão como conciliadora com a realidade (Hegel, 1997, p. xxxviii), sendo o cumprimento do papel da filosofia que "é a inteligência do presente e do real" (Hegel, 1997, p. xxxv). Porém, a compreensão não é concebida por Arendt como confirmação do progresso na história pelo processo dialético, mas criação de aprofundamento da relação com a realidade, com o mundo em sua contingência. A novidade dos acontecimentos não deve ser tomada como algo que possa ser absorvido pela natureza dialética do desenvolvimento histórico (Arendt, 2021, p. 227). Arendt se apropria da ideia de reconciliação como compreensão em Hegel, mas rechaça o apaziguamento entre o pensar e o querer e a ideia de progresso infinito; argumenta a favor do caráter inédito, particular, não imediato de fenômenos políticos no processo histórico. Para Arendt, a reconciliação se dá com o mundo em comum.

A ideia de que a compreensão é o modo especificamente político de pensar (Arendt, 2002, p. 331) está ligada à apropriação que Arendt faz do juízo segundo Immanuel Kant. A partir de meados dos anos 1960, no contexto das discussões envolvendo *Eichmann em Jerusalém*, Arendt se dedica à filosofia moral e à filosofia política de Kant como preparação para a escrita de *A vida do espírito*. Ela toma a *Crítica da faculdade do juízo* como a referência mais frutífera para uma filosofia política, na medida em que o entendimento do acordo possível quanto ao juízo de gosto, uma confluência de interesses plurais, serviria muito bem para ligar o espírito e o mundo. No parágrafo 40 da *Crítica da faculdade do juízo*, Kant comenta as três máximas do entendimento humano. A segunda máxima – "pensar no lugar do outro" – corresponde à faculdade de julgar. Trata-se do modo de pensar ampliado, em que o ser humano vai além de suas condições subjetivas privadas e reflete de um ponto de vista geral. Kant associa esse pensar ampliado ao *sensus communis*, que é o sentido de vínculo à comunidade, à razão humana como um todo. Logo, o juízo de gosto "é a faculdade de julgar *a priori* a comunicabilidade dos sentimentos que se ligam a uma dada representação (sem a mediação de um conceito)" (Kant, 2005, p. 142). Arendt identifica no pensar ampliado e no *sensus communis* a possibilidade de compreensão dos fenômenos políticos pela disposição, graças à imaginação, aos contextos das outras pessoas.

As anotações citadas do *Diário de Pensamento,* Cadernos XIII 39, XIV 16 e 17 e XIX 2 (Arendt, 2002, pp. 315-317, 331-333 e 451, respectivamente) serviram para a elaboração de "Compreensão e política (As dificuldades de compreensão)", uma reunião de textos para aulas, de 1954, publicado no livro *Compreender,* no qual Arendt direta e detidamente explica o que significa a compreensão do totalitarismo. Usando como epígrafe uma frase de Kafka, que lembra as feições vívidas e cambiantes da verdade, Arendt começa afirmando que compreender o totalitarismo é uma atividade infindável, que não chega a resultados inequívocos. Compreender não é perdoar, mas insistir no esforço de reconciliação com a realidade na qual aconteceu o totalitarismo, cujos elementos ainda estão presentes no mundo. Primeiro, trata-se de uma autocompreensão, no processo necessário para identificar contra o quê e a favor do quê lutamos. Arendt destaca a compreensão preliminar expressa na linguagem popular, importante para o conhecimento e que abre caminho para a compreensão verdadeira, o significado, que foi perdido junto com o sentido de senso comum desde o começo do século XX. Para a compreensão, destaca ainda Arendt no final do texto, é fundamental a imaginação para que possamos modular a aproximação dos fatos com o distanciamento devido, e assim ter referências no mundo, o lar no qual coisas como o totalitarismo são possíveis, com as quais precisamos dialogar. (Arendt, 2008, pp. 330-346).

Em 1967, Arendt reescreve o Prefácio para a edição revista de *Origens do totalitarismo,* no qual temos sua definição mais citada de compreensão: "compreender não significa negar o ultrajante, subtrair o inaudito do que tem precedentes, ou explicar fenômenos por meio de analogias e generalidades tais que se deixa de sentir o impacto da realidade e o choque da experiência. Significa antes examinar e suportar conscientemente o fardo que os acontecimentos colocaram sobre nós – sem negar sua existência nem vergar humildemente a seu peso, como se tudo que de fato aconteceu não pudesse ter acontecido de outra forma. Compreender significa, em suma, encarar a realidade, espontânea e atentamente, e resistir a ela – qualquer que seja, venha a ser ou possa ter sido", (Arendt, 2012, p. 21).

A compreensão é uma disposição à experiência viva dos seres humanos, a partir do reconhecimento da imprevisibilidade dos acontecimentos. É a tentativa sempre renovada de estabelecer uma reconciliação com o mundo comum no compromisso de atualização de nossas capacidades espirituais – pensar, querer e julgar –, atentando para a realidade e agindo no enfrentamento das ameaças do mal.

Referências

ARENDT, Hannah. *Compreender*: formação, exílio e totalitarismo. Ed. Jerome Kohn. Tradução Denise Bottmann. São Paulo: Companhia das Letras, Belo Horizonte: Editora UFMG, 2008.

ARENDT, Hannah. *Denktagebuch*. 1950-1973. Hg. Ursula Ludz und Ingeborg Nordmann. Munique: Piper, 2002.

ARENDT, Hannah. *Entre o passado e o futuro*. 4ª Ed. Tradução Mauro W. Barbosa. São Paulo: Perspectiva, 1997.

ARENDT, Hannah. *Origens do totalitarismo*. Tradução Roberto Raposo. São Paulo: Companhia das Letras, 2012.

ARENDT, Hannah. *Pensar sem corrimão*: compreender 1953-1975. Ed. Jerome Kohn. Tradução Beatriz Andreiuolo [et al.]. Rio de Janeiro: Bazar do Tempo, 2021.

ARENDT, Hannah. *A vida do espírito*. Tradução Cesar Augusto de Almeida e outros. Rio de Janeiro: Relume Dumará, 2009.

HEGEL, G.W.F. *Fenomenologia do espírito*. 7ª Ed. rev. Tradução Paulo Menezes. Petrópolis, RJ: Vozes; Bragança Paulista: USF, 2002.

HEGEL, G.W.F.. *Princípios da filosofia do direito*. Tradução Orlando Vitorino. São Paulo: Martins Fontes, 1997.

KANT, I. *Crítica da faculdade do juízo*. Tradução Valério Rohden e António Marques. 2ª Ed. Rio de Janeiro: Forense Universitária, 2005.

9.

COMUM

Antonio Glauton Varela Rocha
Centro Universitário Católica de Quixadá

Um esclarecimento importante a ser feito inicialmente é que Hannah Arendt não fez uma reflexão específica sobre o tema do comum. O que mais se aproxima disso é possível ver no tópico "O domínio público: o comum" em *A Condição Humana*, onde há na verdade uma reflexão muito mais voltada para o tema do público. No mais das vezes, quando buscamos as considerações de Arendt sobre o comum, o que normalmente encontramos é geralmente vinculado aos temas do mundo comum e do senso comum. Dito isto, é preciso reconhecer que minhas reflexões sobre o comum em Arendt se baseiam muito mais sobre como o conceito aparece implicitamente em sua obra.

Não encontraremos, portanto, uma definição direta do comum em Arendt. De início é preciso entender o que se está falando quando uso o termo aqui. De antemão, o que devemos ter em mente quando falamos do termo *comum* é aquela realidade que compartilhamos com os demais e que diz respeito à vida conjunta. Tendo isto em mente, é preciso agora identificar como estas ideias aparecem no pensamento arendtiano. Considero que alguns tradicionais conceitos arendtianos nos ajudam a trilhar um caminho para compreender o sentido do comum em Arendt, em especial os conceitos de *público* e *pluralidade*. Perpassado este caminho, espero poder apontar que o comum em

Arendt se compreende fundamentalmente a partir da relação com o conceito de singular([1]).

O comum a partir das dimensões do público e da pluralidade

Odilio Aguiar fez uma interessante correlação, a partir do pensamento de Arendt, do conceito de *comum* com o conceito de *interesse* (2019, p. 281). Parto desta reflexão para depois chegar à correlação com o conceito de público. O *interesse* aqui expresso é "...aquilo que há entre os homens [...], espaço-entre [*in-between*], comum a todos" (Arendt, 2011, p. 282). Não é, portanto, um desejo interno ao indivíduo, mas algo fora das pessoas, algo *entre*, que as relaciona e reúne.

Os interesses, neste contexto, não têm conotação de ganância ou necessidades materiais, mas constituem muito literalmente o "inter-esse", aquilo que está entre os homens. Esse espaço-entre [*in-between*], comum a todos e, portanto, concernente a cada um, é o espaço no qual a vida política ocorre (Arendt, 2011, p. 282).

Este espaço, embora não se confunda com nosso lugar no mundo, reporta-se à necessidade de termos preservado o nosso lugar no mundo. Nele somos tratados igualmente (embora sejamos fundamentalmente diferentes). No espaço do comum todos temos a igual possibilidade de aparecer, as singularidades podem ser expressas entre iguais. "Quando deixamos nossas casas particulares e entramos no comum, tornamo-nos iguais. O comum equaliza aqueles que são privada e socialmente desiguais" (Arendt, 1963, p. 023804).

Esse *espaço entre* expressa esta dimensão equalizadora, que nos coloca entre iguais, mas aponta também para a dimensão da relação,

---

[1] Eu abordo esta questão com mais profundidade em minha tese de doutorado, onde defendo que o conceito de comum, embora não seja um tema explícito na obra de Arendt, é um tema que atravessa todo o fundamento de suas reflexões. Em síntese, defendo que o pensamento de Arendt é perpassado por um equilíbrio entre o comum e o singular, e que esta marca pode ser compreendida como uma chave de leitura fundamental de seu pensamento (Rocha, 2020).

o que nos remete à referência tão usada por Arendt a respeito dos romanos, para quem o viver é estar entre homens, assim como o morrer é deixar de estar entre os homens (Cf. Arendt, 2014, pp. 8-9). É central aqui o tema do *convívio*. Neste contexto é pertinente a referência de Aguiar à distinção aristotélica entre a co-existência (*syzem*) e o conviver (*to koiné*). Trata-se de um convívio qualificado. O comum-koiné se mostra como espaço de visibilidade, que está para além do mero estar junto (Cf. Aguiar, 2019, p. 282).

Tanto o interesse quanto a noção de convivência supracitada, enquanto o compartilhar de um *espaço de visibilidade* e como *espaço entre*, remetem-nos para a correlação do comum com o conceito de público. Segundo Arendt, o termo público "significa, em primeiro lugar, que tudo o que aparece em público pode ser visto e ouvido por todos e tem a maior divulgação possível" (Arendt, 2014, p. 61). Neste contexto está implícita uma mútua visibilidade, pressupondo aquele que se revela e quem testemunha o aparecer. O que entra no público entra no campo da visibilidade, onde todos podem ver (e ouvir) os múltiplos aspectos do mundo percebidos pelas pessoas. Num segundo sentido, "...o termo 'público' significa o próprio mundo, na medida em que é comum a todos nós e diferente do lugar que privadamente possuímos nele" (Arendt, 2014, p. 64)([2]). Este mundo ao mesmo tempo que nos reúne não homogeneíza, ele reúne e separa. Essa separação não pode ser entendida como um apartar-se (Cf. Duarte, 2012, p. 17), mas como distinção, exatamente porque a presença desta singularidade([3]), destas diferenças, é crucial quando falamos de público, ou mundo comum. O público é, como dito acima, o mundo enquanto é comum a todos nós, e este mundo não se confunde com o lugar que singularmente ocupamos nele. Mas o mundo comum

---

([2]) A expressão mundo enquanto comum a todos é um pleonasmo, uma vez que o mundo humano é humano exatamente porque é comum. No entanto, é um pleonasmo necessário, pois não é algo auto evidente.

([3]) "Pois, embora o mundo comum seja o local de reunião de todos, os que estão presentes ocupam nele diferentes posições, e, assim como se dá com dois objetos, o lugar de um não pode coincidir com o de outro" (Arendt, 2014, p. 70).

acaba quando tais lugares singulares são calados. Dito de outra forma, quando são invisibilizados. Nas palavras de Arendt, "o mundo comum acaba quando é visto somente sob um aspecto e só se lhe permite apresentar-se em uma única perspectiva" (Arendt, 2014, p. 71). A comunalidade própria do mundo se dá no ato de compartilhar, sempre partindo de perspectivas singulares. Este mundo é comum enquanto as múltiplas perspectivas convivem e interagem. Há duas formas desta variedade (ou pluralidade) de perspectivas se reduzirem a apenas uma: ou porque já não há várias pessoas, mas apenas uma; ou quando as perspectivas singulares (ou plurais) são silenciadas (invisibilizadas) em detrimento de uma única ideia, como no caso da ideologia no totalitarismo. Em ambas as formas já não há mundo comum.

Na reflexão sobre o conceito de público, Arendt nos ajuda a perceber elementos importantes do sentido do comum, a saber, que ele envolve o compartilhar de perspectivas que entram no campo da visibilidade e, ao mesmo tempo, nos remete à ideia de um espaço entre as pessoas, um espaço em que importa tanto a co-presença quanto a expressão das singularidades. Este contexto nos aponta que, em Arendt, as dimensões da comunalidade e da singularidade dialogam e se relacionam profundamente. A partir disto, e para entender como o comum pode ser entendido a partir deste prisma da relação com o singular, passo a tratar do conceito de pluralidade que, no meu entender, também expressa a dimensão do comum através desta relação comunalidade-singularidade.

Não podemos considerar como circunstancial o fato de Arendt ressaltar tantas vezes que no mundo existem os homens e não o homem, somos *vários* e não apenas *um*[4]. Tal afirmação é usada por Arendt para falar da pluralidade, e geralmente aponta para a unicidade e irrepetibilidade em confronto com a homogeneidade de uma essência do Homem (no singular). O problema aqui é que, a rigor, é possível ser único e irrepetível sendo apenas um, sem a necessidade de que

---

[4] "Por qué existimos en plural y no en singular?" (Arendt, 2006, p. 507)

existam vários. A título de exemplo, se pudéssemos imaginar o primeiro momento em que na evolução das espécies surge o primeiro ser humano como o conhecemos, ele já era único e irrepetível. Mesmo quando ele era só, antes de surgir um outro ser humano, e outros seres humanos, antes de existirem *vários*, aquele *um* já era único e irrepetível. Então por que Arendt insistia tanto neste ponto? Por que pensar em *vários* e não apenas em *um* é tão importante no pensamento de Arendt? A resposta a estas perguntas parece passar pela afirmação de que, no pensamento de Arendt, há uma proposta (não necessariamente explícita) de que sejamos capazes de ver a existência humana, o mundo humano, de uma forma plural(⁵), e que a pluralidade como é colocada por Arendt é perpassada por um equilíbrio entre o comum e o singular. Esta unicidade jamais poderia aparecer como tal se fossemos apenas um(⁶).

O conceito de pluralidade arendtiano parece remeter às duas dimensões centrais que perpassam o pensamento arendtiano: a *singularidade* e a *comunalidade*. Nas palavras de Borren, em Arendt

---

(⁵) Jordi Hurtado aponta nesta forma de ver a existência humana (de uma forma plural) uma revolução intelectual operada por Arendt, que questiona a visão da tradição filosófica ocidental que acabou por considerar indiferente o fato de que somos vários e não apenas um (Cf. 2013, pp. 339-346). Em outros termos, Margareth Hull afirma que "...há três declarações de importância crucial no trabalho de Arendt, que aparecem em diferentes estágios de sua obra (...): 'Os homens e não o homem habitam a terra', 'Pensar é um diálogo entre eu e eu', e 'O solipsismo ... tem sido o problema mais persistente e, talvez, o mais pernicioso da filosofia'. (...) Ao examinar as três declarações em combinação entre si, uma perspectiva filosófica começa a surgir. É uma perspectiva que tenta superar a preocupação filosófica ocidental com a singularidade humana a favor da reciprocidade e da interação" [tradução nossa] (Hull, 2002, p. 43-44). Se a afirmação de Hull pode deixar alguma pequena margem de ambiguidade, ressaltamos que esse "...em favor da reciprocidade e da interação" não significa em Arendt afirmar esta dimensão em detrimento da singularidade, mas perceber que só nesta dimensão podemos falar de verdadeira afirmação da singularidade. Não existe afirmação da singularidade sem afirmação do comum, sem afirmação da interação.

(⁶) Pensando assim, entendemos claramente por exemplo, como a noção arendtiana da *pluralidade* e o *cinturão de ferro* do totalitarismo são tão opostos.

"...a pluralidade refere-se simultaneamente ao que diferencia e relaciona as pessoas. Portanto, a pluralidade é uma noção paradoxal[7]" (2010, p. 84). Por um lado, se refere à unicidade; não somos apenas *outros uns em relação aos outros* (alteridade), somos diferentes e irrepetíveis (Cf. Arendt, 2014, p. 220). Por outro lado, como já adiantamos acima, esta dimensão não parece esgotar o sentido da pluralidade em Arendt. Quando Arendt afirma que a pluralidade é *a* condição da política – não "uma", mas "a" condição[8] – é seguramente claro que a política, como é entendida no contexto da obra arendtiana, exige sim a unicidade e a singularidade, mas me parece igualmente impositivo que tenhamos de reconhecer que isso não basta para falarmos de política em Arendt. Além da existência de seres únicos, singulares, espontâneos, a política exige que estes não sejam somente *um*, a política exige que sejam em pelo menos dois[9], ou mais propriamente, que sejam *vários*, e que estes vários convivam, interajam, compartilhem um mundo entre eles. A política exige um espaço ou contexto comum, e uma efetiva interação entre as *várias* pessoas; é o que chamo aqui de comunalidade. A pluralidade, enquanto domínio da política é "...isso que existe lá onde estamos com outros" (Hurtado, 2013, p. 344). A pluralidade pressupõe singularidade, unicidade, mas

---

[7] "Plurality simultaneously refers to what differentiates and relates people. Therefore, plurality is a paradoxical notion".

[8] "Embora todos os aspectos da condição humana tenham alguma relação com a política, essa pluralidade é especificamente *a* condição – não apenas a *conditio sine qua non*, mas a *conditio per quam* – de toda a vida política" (Arendt, 2014a, p. 09). Ainda: "A política baseia-se na pluralidade dos homens" (Arendt, 2006, p. 15).

[9] Não o dois na perspectiva do dois-em-um (que ainda corresponde a nós mesmos). Este dois, embora seja crucial para a política, não é capaz ainda de engendrar uma ação política. Segundo Arendt, "...en el estar-solamente-com-nosotros-mismos, nunca se llegaría a um terceiro. A partir de nosostros mismos nunca podemos producir el tres, sólo podemos producir el dos" (Arendt, 2006, p. 212). No dois em um "...a pluralidade é (...) germinalmente presente" (Arendt, 2003 [RAJ], p. 106), portanto, o dois a que estou me referindo aqui seria eu e uma outra pessoa.

pressupõe igualmente a co-presença, o estar juntos[10], se a pluralidade se resumisse à dimensão da singularidade ela não poderia ser "a" condição da política, quando muito poderia ser "uma" condição. É neste sentido que podemos afirmar que a pluralidade abarca as dimensões da singularidade e da comunalidade.

A título de conclusão, podemos afirmar que assim como a reflexão sobre o público, pensar sobre o conceito de pluralidade e sobre a visão da existência humana a partir de um modo plural, remete-nos a uma concepção de comunalidade marcada pela copresença, o compartilhar de um mundo, sempre a partir de efetivas singularidades[11]. Ambos os conceitos (público e pluralidade) nos remetem a um contexto de compartilhamento de um espaço entre pessoas, assim como à importância da singularidade. Mais que isso, ambos nos apontam para um profundo relacionamento entre estas duas dimensões. O que nos leva à afirmação de uma característica que considero fundamental ao pensar o conceito de comum em Arendt: ele é concebido em profunda relação de equilíbrio com a dimensão do singular. Comum e singular são conceitos que se autorreferenciam. O comum, em sua manifestação mais emblemática no pensamento arendtiano, sua manifestação no mundo comum, esvai-se à medida que as singulares perspectivas do mundo são reduzidas a apenas uma. O singular, mesmo na mais íntima e particular capacidade humana, o fenômeno da espontaneidade, não se efetiva sem o terreno da comunalidade. Não há um *quem* sem a aparência, sem a constituição de uma história gestada e narrada

---

[10] "Arendt points out that a recognition of human plurality includes not only an understanding of how each human is distinct from others, but also that there exists some underlying commonality as the foundation of that distinctness" (Hull, 2002, p. 44).

[11] Roberto Giusti usa a expressão "comunidade da singularidade" para expressar o modo pelo qual os homens podem ser compreendidos em sua condição de singularidades plurais. A comunidade não seria composta de indivíduos, mas de singulares. A característica fundamental desta comunidade é de ser uma comunidade política, enquanto os singulares se afirmam no espaço de aparência, constituído no espaço entre das relações humanas (Cf. Giusti, 1999, p. 94).

sempre entre outras pessoas. Penso que assim concebido, o comum, em sua relação com o singular, é uma base fundamentalmente central para entendermos o pensamento de Arendt. Pensar Arendt a partir do equilíbrio entre o comum e o singular tanto nos ajuda a compreender ainda mais a sua crítica ao totalitarismo, como nos ajuda a perceber os novos riscos que nos assolam, como a fabricação de um ambiente cada vez mais absorvido pela solidão, e também o avanço cada vez mais amplo da ideologia do individualismo, o que torna o pensamento de Arendt mais atual e nos dá uma esperança de que temos meios para pensar e enfrentar tempos tão sombrios. Nestes tempos, cuidar do comum e das condições que fomentam o comum é a maior salvaguarda contra o deserto, contra a destruição do existir humano. Podemos afirmar com Aguiar, que "...inviabilizar o comum é inviabilizar a condição humana, a pertença das pessoas à humanidade, e tornar a humanidade uma realidade em extinção" (2019, p. 282), e o caminho para resguardar o comum é defender os espaços que fomentem conjuntamente a singularidade e a comunalidade, preservando o equilíbrio entre o singular e o comum.

Referências

AGUIAR, Odilio Alves. O direito, o comum e a condição humana no pensamento de Hannah Arendt. *Unisinos Journal of Philosophy.* 20(3), pp. 278-284, sep/dec 2019.

ARENDT, Hannah. *A condição humana.* 11ª Ed. Rio de Janeiro: Forense Universitária, 2014.

ARENDT, Hannah. *Diário Filosófico: 1950-1973.* Barcelona: Herder, 2006.

ARENDT, Hannah. A grande tradição. Trad. de Paulo Bodziak e Adriano Correia. *O que nos faz pensar*: Revista de Filosofia da PUC-Rio, Rio de Janeiro, 2011.

ARENDT, Hannah. (1963), Courses – University of Chicago, Chicago, III – *Introduction Into Politics*", (Series: Subject File, 1949-1975, n.d.). The Hannah Arendt papers at the Library of Congress, Washington.

ARENDT, Hannah. *Responsibility and judgment.* Introduction by Jerome Kohn. Nova York: Schocken Books, 2003.

BORREN, Marieke. *Amor mundi – Hannah Arendt's political phenomenology of world*. 2010. 330 f. Tese (Philosophy). University of Amsterdam, Faculty of Humanities, Amsterdã, 2010.

DUARTE, André. Singularização e subjetivação: Arendt, Foucault e os novos agentes políticos do presente. *Revista Princípios*. Natal, v. 19, n. 32, Jan/Jun de 2012.

GIUSTI, Roberto. *Antropologia della libertà: la comunità delle singolarità in Hannah Arendt*. Assisi: Cittadella Editrice, 1999.

HULL, Margaret Betz. *The hidden philosophy of Hannah Arendt*. Londres: Routledge Curzon, 2002.

HURTADO, Jordi C. Por que há alguém em lugar de ninguém? O pensamento Plural de Hannah Arendt. *Princípios*. Natal – RN, v. 20, n. 33, Jan/Jun de 2013.

ROCHA, Antonio Glauton Varela. *O comum e o singular no pensamento de Hannah Arendt*. 125 f. Tese (doutorado) – Universidade Federal do Ceará, Instituto de Cultura e Arte, Programa de Pós-Graduação em Filosofia, Fortaleza, 2020.

10.

CONDIÇÃO HUMANA

Rodrigo Ribeiro Alves Neto
Universidade Federal do Estado do Rio de Janeiro

Com a expressão "condição humana", Arendt denomina as "condições sob as quais a vida é dada ao homem na Terra" (Arendt, 2010, p. 10), ou seja, "a existência humana tal como tem sido dada – um dom gratuito vindo de lugar nenhum (secularmente falando)" (Arendt, 2010, p. 3). Apesar das profundas transformações modernas e a despeito do desejo do homem moderno de substituir a condição humana por algo produzido por ele mesmo, as condições mais fundamentais e duráveis da vida humana são o planeta *Terra* e a natureza terrestre, a *mortalidade*, a *natalidade*, a *vida* ou o processo biológico do corpo humano, a *mundanidade* (*worldliness*) ou o caráter objetivo do artifício humano e a *pluralidade* humana.

Arendt não busca pensar a "natureza humana" ou a "essência do homem". Por um lado, porque não é o homem em si e por si subsistente que está em questão, mas o que faz dele um ser requerido por condições mundanas, um ser vinculado ativamente ao mundo por uma vida prático-produtiva na qual nenhuma atividade é superior à outra no sentido de defini-lo substancialmente. Por outro lado, só um deus poderia conhecer e definir o *quid* do homem, pois, para enunciar o *que* somos, precisaríamos efetuar um salto sobre nossas próprias cabeças, ou seja, desvencilharmo-nos completamente do mundo, para enunciar de fora dele o nosso próprio "ser". As tentativas de definir a essência do homem nos conduzem invariavelmente à elaboração de uma "deidade", pois somente de um ponto exterior ao mundo poderíamos saber o *que* somos. Mas a experiência de "ser do mundo" (Arendt, 2002, p. 19) pela condição humana faz com que o homem não possa ser antes ou sem o mundo. Somente em presença de um deus e, assim, isolado do mundo, o homem pode saber o que é. É condição da vida humana ser do mundo, tomar parte no jogo do mundo, por um efetivo engajamento responsável, uma implicação corajosa, um envolvimento ativo e um pertencimento participativo. O homem possui uma existência condicionada porque não é algo que tem um "ser" e, por acréscimo, atua no mundo. Ao contrário, para o homem é preciso sempre *atuar* para *ser*, pois a ele é requerido pelas condições da vida humana essa *atuação* mundana, reivindicando-o em seu haver-se com as coisas e com os outros homens; este haver-se que é sempre empreendido através de atividades e cuidados humanos de que se compõe a *vida ativa*.

Embora não se trate de dizer que, sem elas, a existência deixaria de ser humana, as condições da vida humana, tal como a conhecemos, não podem ser alteradas enquanto a própria condição humana não for modificada. Mais que dimensões simplesmente dadas ao homem, essas condições são constituídas também de coisas que devem a existência exclusivamente aos negócios humanos, pois os homens constantemente criam suas próprias condições, às quais eles se correspondem com o exercício de distintas atividades pelas quais é erigido um mundo humano artificial de homens e de coisas feitas pelos homens. "O que quer que toque a vida humana ou mantenha uma duradoura relação com ela assume imediatamente o caráter de condição da existência humana" (Arendt, 2010, p. 11). Vemos que o termo "condição" não tem aqui o sentido de "natureza", pois significa muito mais relação, vinculação, dependência ou requisição e nunca "essência" ou "determinação". A vida humana depende sempre de estar em relação com algo que ela mesma não é, pois o homem é um ser relacional, um ser nunca encerrado em si próprio, mas aberto para o encontro ou para a correspondência com certas condições mundanas que fazem dele um ser ativo. A vida humana se encontra sempre condicionada ou vinculada a coisas de natureza muito diversa, que adentram o mundo humano por si próprias ou são trazidas ao mundo por tipos muito diferentes de atividades humanas. Essas coisas do mundo exercem sobre os homens uma força condicionante ou vinculante, não sendo um amontoado de objetos desconexos, pois formam o mundo humano enquanto abrigo artificial e assunto comum dos homens (Cf. Alves Neto, 2009). Nenhum homem pode escapar completamente dessa requisição ou vinculação mundana por atividade, por intervenções, iniciativas, cuidados e engajamentos ativos, cuja dinâmica interrompe e secciona os processos naturais, convertendo o entorno da existência humana de mero meio natural dado em morada artificial produzida e palco para os negócios humanos.

Arendt analisa as diferentes atividades requeridas aos homens para a instituição e a preservação do mundo humano. Trata-se de interrogar em que consiste uma vida ativa e examinar o que faz o homem quando está ativo, tendo em vista evidenciar o que, na condição humana, torna o mundo uma dimensão possível e necessária para o modo de vida propriamente humano. A reconsideração crítica que Arendt realiza sobre o que fazemos quando estamos ativos, as suas elucidações fenomenológicas em torno das articulações mais básicas da *vita activa* e dos nossos distintos engajamentos com o mundo enquanto obra humana e assunto comum de seres plurais revelam de que modo "a vida humana é edificadora-de-mundo (*world-building*)" (Arendt, 2010, p. 118). Arendt investiga a localização, a função e a permanência no mundo dessas coisas resultantes das diferentes atividades básicas (*trabalho, fabricação* e *ação*) pelas quais os homens se correspondem às condições mais elementares da vida humana (*vida, mundanidade* e *pluralidade*). Na atividade do trabalho (*labor*), estamos vinculados à manutenção do metabolismo do corpo humano com a natureza e, assim, estamos cercados dos objetos de consumo dos quais extraímos os meios de subsistência da vida orgânica. Na fabricação (*work*) estamos engajados com a matéria-prima que a natureza oferece para a construção do artifício humano e, assim, encontramo-nos circunvizinhados pela mundanidade do mundo como um produto acabado e tangível, dotado de permanência e durabilidade em contraste com o ciclo biológico de vida e morte dos homens. Na ação e na fala estamos envolvidos uns com os outros na realização de interesses comuns e, sendo vistos e ouvidos uns pelos outros, somos circundados pelo "lado público do mundo", que é condição para a memória, isto é, para a narrativa de estórias que contam, louvam e preservam a grandeza dos eventos, feitos e palavras humanos.

Portanto, a condição humana consiste nas condições mais básicas sob as quais os homens "vivem na Terra e habitam o mundo" (Arendt, 2010, p. 8). Segundo Arendt, a Terra é a "própria quintessência da condição humana" (2010, p. 2), pois é imposto ao homem pela condição da vida humana que as suas funções corporais estejam vinculadas a condições terrestres. Os homens se encontram "presos ainda à Terra pela condição humana" (2010, p. 327) e "ainda somos, e provavelmente sempre seremos, criaturas da Terra, dependentes do metabolismo com a natureza terrena" (2010, p. 335). O desejo de abandonar a Terra almeja alterar radicalmente a condição humana, pois somente sob condições terrenas é possível a vida humana sem uma completa intermediação tecnológica que substitua as condições da existência humana por algo produzido pelo homem. Esse abandono da Terra é expressão da alienação do homem moderno em relação ao mundo e à natureza, manifesto no acelerado avanço tecnocientífico que promove uma crescente artificialização da natureza e de todas as formas de vida desde a revolução científica do século XVII.

Condicionado pelo metabolismo com a natureza terrestre, o homem é compelido por suas funções corporais a compartilhar com todos os seres viventes da "benção da vida como um todo" (Arendt, 2005, p. 183), à qual ele se corresponde pelo trabalho (*labor*). Trata-se de uma atividade inteiramente voltada para a provisão dos meios de subsistência do metabolismo natural do corpo vivo e para a reprodução das coisas necessárias à vida, os bens de consumo, que incessantemente aparecem e desaparecem, sem estabilidade mundana, apenas conservando a própria circularidade incansável do processo vital, ganhando a vida e mantendo-se vivo com a regularidade feliz e sem propósito do movimento biológico, imutável e recorrente, sempre em infindável e inflexível repetição.

Contudo, a condição humana não permanece passivamente imersa ao nível do ciclo vital e estagnada no mero viver, cujo funcionamento automático absorve toda a vida individual no processo global e abrangente da espécie. O homem não está ativo somente na medida em que se adapta ao meio ou está a serviço da manutenção da esfera social e econômica, em nome da segurança do processo vital ou do senso individual e coletivo de vitalidade, pois essa laborização integral implicaria uma verdadeira alienação do mundo humano. A vida natural se realiza no homem através de uma vida individual e impermutável, cujo aparecimento e desaparecimento constituem eventos mundanos e não meramente naturais. Cada vida especificamente humana consiste em uma unicidade irrepetível, com uma história de vida identificável do nascimento à morte e plena de eventos mundanos que no fim podem ser narrados como uma estória (*story*). O nascimento e a morte são condições da vida humana singular que pressupõem um mundo humano, cuja relativa permanência anteceda a chegada dos indivíduos e sobreviva à sua partida final. "Sem um mundo no qual os homens nascem e do qual se vão com a morte, haveria apenas um imutável eterno retorno, a perenidade imortal da espécie humana como a de todas as outras espécies animais" (Arendt, 2010, 119). A natalidade e a mortalidade são condições da vida especificamente humana que se contrapõem ao ciclo infindável e repetitivo da natureza, pois elas instauram uma trajetória retilínea no círculo sem começo nem fim do processo vital.

Deste modo, a vida propriamente *humana* não está garantida pelo movimento sempre presente, circular e automático da natureza, visto que os homens só podem ter a sua mortalidade compensada mediante o exercício de atividades que se empenham na busca pela estabilização, durabilidade e recordação futura ou pela *imortalidade* de tudo aquilo que depende exclusivamente deles para existir. Sem a produção de obras e sem o desempenho de feitos e palavras, sem qualquer relação com o mundo *feito* pelo homem e *compartilhado* pelos homens, cada homem se torna apenas um "espécime sem-mundo da espécie humana" (Arendt, 2010, p. 146). É por essa razão que Arendt afirma: "a capacidade humana de vida no mundo implica sempre uma capacidade de transcender e alienar-se dos processos da vida" (Arendt, 2010, p. 149). A vida biológica, que para todos os seres vivos é a própria essência do seu modo de ser, torna-se um ônus para o homem como um ser ativo, uma vez que a vida propriamente humana repele a futilidade inerente às carências elementares da vida e ao suave funcionamento do repetitivo e interminável processo vital, que, sem propósito, não se fixa nem se realiza em nada que seja permanente, que continue a existir depois de terminado o trabalho e o consumo. É por isso que a vida e os processos naturais em geral tornam suas presenças sentidas no mundo feito pelo homem através de uma contínua ameaça de sobrepujá-lo ou fazê-lo perecer. Assim, é somente mobilizando e exercendo a capacidade reificadora do *homo faber* na construção da *mundanidade* que nos redimimos de nossa futilidade como mortais, além de atenuarmos o fardo de labutas e penas que nos é imposto pelas necessidades da vida orgânica. "A fabricação (*work*) é a atividade correspondente à não-naturalidade (*un-naturalness*) da existência humana" (Arendt, 2010, p. 8, tradução modificada). O mundo como obra humana reside na *objetividade* do artifício feito pelo homem, em contraste com a indiferença da natureza, pois na medida em que fazemos uso do artefato humano, nos acostumamos com um ambiente de coisas duráveis que "geram a familiaridade do mundo, seus costumes e hábitos de intercâmbio entre homens e coisas, bem como entre homens e homens" (Arendt, 2010, p. 116). A mundanidade é uma condição da vida humana porque os homens precisam desse abrigo artificial durável que transcende o caráter efêmero do tempo humano. Indo sempre em direção à morte, a vida do homem arrastaria consigo, inevitavelmente, todas as coisas humanas para a ruína e para a destruição, se não fosse a capacidade humana de interromper o movimento interminável e autodestrutivo da vida orgânica.

Entretanto, se é condição da vida humana "habitar o mundo", este não se esgota na tangibilidade do artifício humano, pois se manifesta, sobretudo, na mediação intangível que ocorre entre os homens através das atividades da ação e do discurso. Em razão de serem inteiramente dependentes da condição humana da pluralidade, a realidade mundana do ato vivo e da palavra falada instaura a textura das relações e dos assuntos humanos, sendo ainda menos duráveis e mais fúteis que os bens de consumo resultantes do trabalho (*labor*). "A vida em seu sentido não biológico, o tempo que transcorre entre o nascimento e a morte, manifesta-se na ação e no discurso, que têm em comum com a vida sua essencial futilidade" (Arendt, 2010, p. 217).

Ocorrendo sempre diretamente entre os homens, sem a mediação das coisas ou da matéria, a teia de atos e palavras pela qual os homens se encontram envolvidos uns com os outros, instaura um "espaço da aparência" tão real quanto o mundo artificial de artefatos que visivelmente se interpõe entre o homem e a natureza. "O mundo está entre as pessoas", afirma Arendt (2003, p. 14). E é apenas o intercâmbio entre os homens por meio da ação e da fala que cria o caráter autenticamente *comum* e *humano* do mundo. "Por mais afetados que sejamos pelas coisas do mundo, por mais profundamente que possam nos instigar e estimular, só se tornam humanas para nós quando podemos discuti-las com nossos companheiros" (Arendt, 2003, p. 31). Para que o mundo seja uma autêntica morada para os homens durante a sua vida na Terra, a *mundanidade* precisa ser um lugar adequado para ação e discurso, "para atividades não apenas inteiramente inúteis para as necessidades da vida, mas de uma natureza inteiramente diferente das múltiplas atividades de fabricação por meio das quais o próprio mundo e todas as coisas nele são produzidos" (Arendt, 2010, p. 217). Por isso a ação possui uma relação estreita com a natalidade, com o fato dos homens ingressassem no mundo humano como estrangeiros, cuja unicidade e pluralidade tornam cada homem capaz de ocasionar novos começos imprevisíveis, irreversíveis e ilimitados. Agir é trazer a novidade à luz do dia, possibilidade inscrita no fato de que em cada nascimento vem ao mundo alguém como jamais antes existiu ou existirá. Assim, "se a ação, como início, corresponde ao fato do nascimento, se é a efetivação da condição humana da natalidade, o discurso corresponde ao fato da distinção e é a efetivação da condição humana da pluralidade, isto é, do viver como ser distinto e único entre iguais" (Arendt, 2010, p. 223). É por meio da ação e do discurso que os homens tomam iniciativas, atualizam sua liberdade e trazem ao mundo a novidade imprevisível concretizada em inúmeros eventos históricos, recuperados pela reificação do historiador, que dá ensejo ao grande livro infinito das "estórias da humanidade". A natalidade efetivada na ação livre faz dos homens seres capazes de iniciar algo de novo no mundo, mas essa mesma liberdade os torna incapazes de controlar, reverter ou prever todas as consequências dos processos depois de iniciados. É porque a ação e a fala de cada homem atingem de modo singular uma teia preexistente de relações humanas, afetando a vida de todos, que nenhum agente é produtor, fabricante, criador ou autor autônomo da sua própria história.

A "condição humana" em Arendt é uma noção com função crítica essencial, pois busca evidenciar que a vida só é efetivamente humana na medida em que concede ao homem a possibilidade de se tornar algo eminentemente não-natural, visto que a condição humana é construída e assegurada a partir de artifícios, tais como a mundanidade, a igualdade, a legalidade, o respeito pela pluralidade, a liberdade, enfim, tudo que promova o reconhecimento dos homens e dos corpos políticos como edificadores de mundos ou coautores de um mundo comum. Arendt evidenciou que o desafio de um autêntico pensamento político-filosófico reside na reatualização das significações que possam renovar a resistência contra a superfluidade, a violência, a massificação, a descartabilidade e toda forma de desenraizamento que pretenda destruir as condições da vida humana, especialmente a pluralidade, aquela a partir da qual os homens se distinguem em suas singularidades irredutíveis, instaurando entre eles um espaço intermediário de artefatos e negócios humanos que os vincule sem fazê-los colidir. É a existência de um mundo humano a condição mais fundamental para que tenhamos algo entre nós, algo não-natural, algo que existe por ter sido *feito* ou por ser resultado da interação, do compartilhamento, do consenso, do dissenso, da disputa, do apoio, dos compromissos e das promessas dos homens como seres únicos entre iguais, algo que demarque o artifício humano e o assunto dos homens, algo que não nos coloque apenas justapostos uns aos outros, desprovidos de interesses mundanos, comprimidos num só interesse ou fragmentados em interesses privados.

Referências

ALVES NETO, Rodrigo Ribeiro. *Alienações do mundo:* uma interpretação da obra de Hannah Arendt. São Paulo: Loyola, 2009.

ARENDT, Hannah. *A condição humana.* Tradução de Roberto Raposo. Revisão técnica e apresentação de Adriano Correia. Rio de Janeiro: Forense Universitária, 2010.

ARENDT, Hannah. Trabalho, obra, ação. Trad. Adriano Correia. Em: *Cadernos de Ética e Filosofia Política,* 7, 2/2005.

ARENDT, Hannah. *Homens em tempos sombrios.* Trad. Denise Bottmann. São Paulo: Companhia das Letras, 2003.

ARENDT, Hannah. *A vida do espírito:* O pensar, o querer, o julgar. Trad. Antônio Abranches, César Augusto, Helena Martins, Rio de Janeiro: Relume Dumará, 2002.

11.

CORAGEM

Nádia Junqueira Ribeiro
Universidade Estadual de Campinas

A coragem é um tema no pensamento de Hannah Arendt que informa como ela concebe a política e o exercício da liberdade. Trata-se de um elemento fundamental para que homens e mulheres possam deixar o lar, se lançar no espaço público e participar politicamente dos assuntos humanos, o que se identifica à liberdade no pensamento de Arendt. Esta esfera pública, o espaço da política, configura-se como um terreno tenso e conflitivo, que demanda a difícil tarefa de ouvir diferentes perspectivas, de se expor e de fazer acordos. A coragem possibilita, assim, que homens e mulheres desafiem os limites da vida privada, a vida *idiota,* e ajam orientados por interesses comuns, e não pela segurança pessoal e pela sobrevivência. A coragem, diz Arendt, é a mais antiga das virtudes políticas e ainda hoje pertence às poucas virtudes cardeais da política porque "só podemos chegar no mundo público comum a todos nós – que, no fundo, é o espaço político – se nos distanciarmos de nossa existência privada e da conexão familiar com a qual nossa vida está ligada" (Arendt, 2012, p. 53). Esta virtude permite também que homens e mulheres possam manifestar sua singularidade e expor quem são neste espaço público. A liberdade, segundo Arendt, ou a possibilidade de adentrar a esfera pública e agir politicamente, só pode ser alcançada se o cidadão estiver disposto a arriscar a própria vida. A coragem é a virtude que permite esse distanciamento da esfera do lar e do reconhecimento de que a segurança privada não é o objetivo mais alto a ser alcançado.

Este conceito pode ser compreendido sob diferentes perspectivas ao longo do trabalho de Hannah Arendt e a partir de diferentes momentos históricos. A coragem pode ser pensada a partir de uma perspectiva grega, se consideramos sobretudo os textos de *A Condição Humana, A Promessa da Política* e o *O que é Política?*. Sob este prisma, poderia se entender este conceito como uma prerrogativa exclusiva aos heróis ou aos poucos seres humanos considerados cidadãos na Grécia Antiga, que podiam participar da esfera pública. Também podemos compreender este conceito, por outro lado, a partir dos primeiros textos judaicos de Arendt, sobretudo nos artigos publicados no periódico judaico-alemão *Aufbau* entre 1941 e 1942, quando a pensadora reivindicava coragem das lideranças judaicas para a formação de um exército judaico como uma resposta ao antissemitismo. Nesta mesma esteira, este conceito encontra-se presentes nos textos nos quais Arendt narra histórias de pessoas comuns, que agiram com a coragem necessária para intervir politicamente na realidade que viviam. Nestas duas últimas abordagens, a coragem não se apresenta como um privilégio dos heróis, mas como uma virtude necessária para qualquer pessoa disposta a se inserir no mundo e agir politicamente com vistas a atender os interesses públicos, sendo capaz de renunciar àqueles privados.

Uma das principais tarefas empreendidas por Hannah Arendt em *A Condição Humana* é apontar o apequenamento da política na Modernidade a partir do esgarçamento da esfera pública, da perda de importância dos interesses públicos frente aos privados, da funcionalização da política e da capacidade cada vez mais restrita de homens e mulheres participarem politicamente. Para endereçar seu problema e indicar que a política já teve sua dignidade em mais alta conta em outros momentos ao longo da História, ela remonta à Grécia Antiga, quando não havia nada mais importante do que agir politicamente na esfera pública com vistas a cuidar dos assuntos comuns entre os homens. Ali, "a política começava quando cessava a preocupação com a vida" (Arendt, 2012, p. 191). É neste contexto que Arendt se refere à coragem diretamente relacionada à política, como algo necessário para que os homens gregos pudessem deixar seus lares e adentrar a esfera pública, a *polis*. De acordo com Arendt, para que fossem capazes de agir nesta esfera de acordo com interesses públicos, eles não poderiam ser guiados pelo mero desejo de sobrevivência: "quem ingressasse no domínio político deveria, em primeiro lugar, estar disposto a arriscar a própria vida; o excessivo amor à vida era um obstáculo à liberdade e sinal inconfundível de servilismo" (Arendt, 2010, p. 43). Em contrapartida, ao adentrar a esfera pública, estes homens poderiam expressar sua singularidade entre seus pares, participar politicamente dos assuntos da *polis,* podendo persuadir e influenciar os outros (Cf. Arendt, 2008, p. 229). Assim, a coragem de deixar o espaço protegido de suas casas e arriscar suas vidas conduziria à liberdade de agir em concerto com seus pares, de mostrar quem são, de ser ouvido e também de ouvir, acessando diferentes perspectivas sobre o mundo, das quais estavam privados em seus lares.

A compreensão da coragem no pensamento de Arendt está, portanto, diretamente relacionada à liberdade e em franca oposição à ideia de defesa da vida como bem supremo ou com a preocupação de sobrevivência a qualquer preço. Ainda se referindo à experiência na Grécia, diz Arendt: "só podia ser livre quem estivesse disposto a arriscar a vida, e tinha alma escrava; e era não livre aquele que se agarrava à vida com um amor grande demais – um vício para o qual o idioma grego tinha uma palavra própria" (Arendt, 2012, p. 43). A coragem está, assim, na raiz de todo agir e pode ser identificada, para Arendt, à capacidade de suportar a paixão pela vida (Arendt, 2012, p. 179). É no pensamento de Maquiavel, cujo trabalho também busca restaurar a dignidade da política, que Arendt encontra a coragem como o elemento necessário para transpor o abismo entre "a vida protegida do lar e a impiedosa exposição na *pólis*" (Arendt, 2010, p. 42). Segundo Arendt, ele foi o único teórico político pós-clássico a alcançar essa compreensão. O medo como um dos princípios da ação de Montesquieu, contudo, também pode ser entendido como aquilo que se opõe à coragem, para Arendt. Ao recuperar o pensamento do filósofo, ela indica como o medo não é propriamente um princípio da ação, mas "um princípio antipolítico dentro do mundo comum" (Arendt, 2008, p. 116).

Ao remontar à Grécia Antiga para refletir sobre a coragem como uma virtude política, Arendt se refere aos aventureiros e aos ávidos por façanhas cujos feitos "a tradição vai fazer com que o poeta e o contador de histórias mais tarde possam assegurar-lhes a glória para a posteridade" (Arendt, 2008, p. 43). Sob este prisma, podemos entender a coragem como uma prerrogativa dos heróis e dos homens extraordinários; e a política, como um espaço agonístico onde os homens estão em busca de feitos gloriosos para se mostrar melhores do que os outros. Arendt, assim, nos conduz a pensar a coragem a partir dos personagens dos acampamentos do exército de Homero ou dos homens vitoriosos capazes de grandes feitos, dignos de serem narrados em suas canções, como Aquiles. Contudo, Arendt mesma destaca que os heróis, para Homero, nada mais significavam do que homens livres (Cf. Arendt, 2008). O herói desvelado pela estória, diz Arendt, não precisa ter qualidades históricas, mas uma coragem que deve ser entendida como uma "disposição para agir e falar, para inserir-se no mundo e começar uma estória própria" (Arendt, 2010, p. 233). Tendo isto em vista, podemos compreender que heróis são simplesmente pessoas livres ou dispostas a arriscar suas vidas para agir e se expor na esfera pública. Assim, importa destacar que Arendt não imputa coragem somente aos homens extraordinários, mas também a homens e mulheres ordinários. A experiência política judaica refletida por Arendt nos permite enxergar a coragem em pessoas comuns que se recusaram a fazer parte de uma idiotia coletiva e que puderam "enxergar mais longe que a ponta de seu próprio nariz" (Arendt, 2017, p. 443).

Podemos ver emergir o tema da coragem relacionado a pessoas ordinárias nas reflexões de Arendt sobre a questão judaica, sobretudo acerca do exército que nunca foi formado ou da "guerra que não estava acontecendo". A coragem informada por Arendt em *A Condição Humana* como um componente necessário para que os homens gregos agissem no espaço público é a mesma coragem que ela demandou de seu povo para que formassem um exército judaico e se defendessem contra o Nazismo na década de 1940. Quando a Guerra eclodiu, em 1938, a Agência Judaica iniciou negociações, junto ao governo britânico, para a formação de um exército judaico. No final de 1941 as organizações sionistas demandaram abertamente um exército judaico em defesa da Palestina. O que era uma demanda política dos representantes do sionismo passou a ser um desejo do povo judeu e foi uma das ideias mais populares naquele período: "para a Organização Sionista, a demanda por um exército judaico era uma demanda entre muitas. Para o povo, essa se tornou *a* demanda" (Arendt, 2017, p. 424). Quando a proposta teve adesão popular, Arendt passou a se manifestar favoravelmente à criação deste exército em seus artigos publicados no *Aufbau* até o enterro desta ideia, um ano depois, no final de 1942, quando as organizações sionistas abandonaram essa proposta. Para Arendt, esta era a chance que os judeus tinham de deixar a apatia política, de se engajar como um povo e lutar pela sua própria liberdade, o que não havia acontecido nos últimos 200 anos. Ela enxergava nessa possibilidade uma forma do povo judeu oferecer uma resposta ao fenômeno do antissemitismo e mudar o curso de uma história de apatia política. Era a oportunidade, assim, de tomarem as rédeas de seu destino e mostrar que, diz Arendt, "também nos engajamos na política" (Arendt, 2017, p. 307). Sua defesa pela criação do exército judaico expressava seu desejo de "que os judeus se expressassem politicamente – antes lutando do que dependendo dos exércitos dos outros ou simplesmente ajudando as vítimas da luta por meio de obras de caridade" (Young-Bruehl, 1997, p. 172).

Ocorre que, para que os judeus fossem capazes de se engajar na criação de um exército, eles deveriam estar dispostos a arriscar suas vidas. Isto é, a formação deste exército demandava coragem para que agissem com vistas a um objetivo maior do que a sobrevivência: a liberdade do povo judeu. Desta forma, a formação do exército só seria possível se os judeus estivessem dispostos a se arriscar em nome da liberdade de todo o seu povo, se esta fosse uma demanda de todos eles, e não uma tentativa de alguns judeus influentes se salvarem.

Mas essa disposição de arriscar a vida só é possível, de acordo com Arendt, quando homens e mulheres se veem parte de uma comunidade e sabem exatamente o porquê de fazer isto. A guerra, diz ela, demanda não apenas uma terrível prontidão para matar, mas também para morrer: "mas você pode estar pronto para morrer somente quando sabe com certeza por que você está lutando, e somente quando você é um cidadão de pleno direito da comunidade que incorpora aquele "por quê" (Arendt, 2017, p. 316). Era esta a esperança de Arendt, que se perdia com o passar do tempo, conforme ela acompanhava as lideranças sionistas minarem essa proposta. Até que, em maio de 1942, a conferência sionista extraordinária abandonou, de uma vez por todas, a ideia de formar um Exército Judaico.

Aqueles, como Arendt, que defendiam a formação do exército eram considerados utópicos, acusados de divagarem e de não levarem em conta a *Realpolitik*. O fato de que eles eram comprometidos com um ideal de liberdade, diz Arendt, fez com que fossem considerados utópicos. Mas a coragem, para ela, era justamente o elemento necessário para que a política não permanecesse constrangida aos limites da *Realpolitik,* uma política com p minúsculo que persegue objetivos que farejam o mal menor buscando uma segurança que, na melhor hipótese conduziria à sobrevivência, mas jamais à liberdade. Para Arendt, era inaceitável que, diante dos eventos políticos catastróficos que se descortinavam no início da década de 1940, ainda predominasse uma apatia política entre as lideranças judaicas que retirava das mãos do povo judeu a oportunidade de salvar seu próprio povo. Quando Goebbels divulgou que começaria o extermínio dos judeus, a ideia da formação do exército judaico já estava praticamente morta. Diante deste descompasso entre uma catástrofe política e a apatia política das lideranças judaicas, Arendt indica o perigo do que acontece quando a vida é declarada como o bem mais elevado: "nós que estamos vivos temos que aprender que não podemos viver de joelhos, que não nos tornamos imortais ao perseguir a vida após a morte, e que se não estamos mais dispostos a morrer por alguma coisa, morreremos por não ter feito nada" (Arendt, 2017, p. 340). Para ela, aqueles judeus que haviam conseguido, como ela, escapar do epicentro do Nazismo, deveriam ter a chance de se arriscar, salvar os que estavam em risco e mudar o curso de uma história que atrelava o povo judeu a um papel de vítimas sem capacidade de agência: "agora chegaram os tempos terríveis, nos quais todos os dias provam que a morte começa seu reino de terror precisamente quando a vida torna-se o bem mais elevado; que aquele que prefere *viver* de joelhos vai *morrer* de joelhos" (Arendt, 2017, p. 340).

Se ao refletir sobre a não formação do exército judaico Arendt desenvolve sua crítica à falta de coragem das lideranças judaicas em arriscar suas vidas em nome da liberdade, não é possível dizer que ela imputa essa falta de coragem a todo o povo judeu. Pelo contrário, Arendt indica como houve uma forte demanda popular pela formação desse exército, culpa as lideranças judaicas por terem retirado o interesse do povo judeu pela política e narra histórias de pessoas judaicas que agiram diferente dessas lideranças. Trata-se de narrativas sobre judeus e judias que tiveram a coragem de arriscar suas vidas porque sabiam que a luta pela liberdade equivalia à luta pela existência do povo judeu. Ainda que a formação de um exército judaico, propriamente, nunca tenha ocorrido, há um evento político que se apresentou como uma chama de esperança para Arendt: a eclosão de movimentos clandestinos que lutaram contra o nazismo na Europa já no final da Segunda Guerra Mundial. Arendt revela entusiasmo ao fazer referência a esses movimentos clandestinos e isso pode ser compreendido pelo fato deles romperem a imagem maculada, que a autora recusava, de vítimas indefesas e incapazes de agir com coragem. Eles se organizaram enquanto povo e partiram para o trabalho político em busca da liberdade dispostos a colocar suas seguranças em risco tendo em vista que a mera decência ou gentileza não resolveriam os problemas judaicos (Cf. Arendt, 2017, p. 464). Esses judeus tinham vontade política e entendiam que não havia escapatória da escolha "entre lutar contra os nazistas, e desse modo ganhar uma chance de sobrevivência, ou morrer com uma certeza quase matemática" (Arendt, 2017, p. 462). O exército foi subitamente criado, assim, por quem menos se esperava: dos judeus do gueto.

Seja da perspectiva grega ou da perspectiva judaica, a coragem no pensamento de Hannah Arendt se apresenta como um importante tema que nos informa sobre a forma como ela concebe a política: um espaço para homens e mulheres dispostos a se arriscar e a agir politicamente. Ao empreender o retorno à Grécia Antiga, Arendt elabora um elogio à política buscando nos mostrar que "sem o exemplo clássico do que a política poderia ser e do que a participação nos assuntos públicos poderia significar para a felicidade humana, nenhum dos homens das revoluções possuiria a coragem para o que apareceria como uma ação sem precedentes" (Arendt, 2018, p. 29). Por outro lado, por acreditar que homens e mulheres ordinários poderiam agir com coragem, Arendt defendeu incansavelmente a formação do exército judaico e narrou estórias pouco conhecidas de quem havia agido diferente. Pessoas comuns que "aprenderam a demandar mais do que uma proteção individual e segurança pessoal" (Arendt, 2017, p. 389). Ela acreditava que a coragem é uma virtude que se manifesta não apenas em Aquiles, mas em pessoas como aquelas de onde o exército judaico acabou vindo: "pessoas quebrantadas em corpo e espírito, os futuros habitantes de asilos e sanatórios, objetos de caridade judaica em todo o mundo" (Arendt, 2017, p. 387).

Referências
ARENDT, Hannah. *A condição humana*. Rio de Janeiro: Forense Universitária, 2010.
ARENDT, Hannah. *Eichmann em Jerusalém*. São Paulo: Companhia das Letras, 1999.
ARENDT, Hannah. *Escritos judaicos*. São Paulo: Manole, 2017.
ARENDT, Hannah. *Liberdade para ser livre*. Rio de Janeiro: Bazar do Tempo, 2018.
ARENDT, Hannah. *O que é política*. Rio de Janeiro: Bertrand Brasil, 2012.
ARENDT, Hannah. *Promessa da política*. Rio de Janeiro: Bertrand Brasil, 2008.
YOUNG-BRUEHL, Elisabeth. *Hannah Arendt*: por amor ao mundo. Rio de Janeiro: Relume Dumará, 1997.

12.

DESOBEDIÊNCIA CIVIL

Helton Adverse
Universidade Federal de Minas Gerais

O ensaio escrito sobre a desobediência civil, publicado pela primeira vez em 1970 na revista *New Yorker*, e posteriormente integrado na coletânea *Crises da república*, de 1972, foi muitas vezes considerado um trabalho menor de Hannah Arendt, um texto circunstancial desprovido de densidade conceitual. Estaríamos muito enganados se déssemos crédito a essa opinião. Na verdade, trata-se de um texto crucial, onde a autora encontrou a ocasião de revisitar alguns temas importantes – analisados em obras como *A condição humana* e *Sobre a revolução* – e apresentá-los à luz de uma reflexão madura. Valeria a pena, de início, destacarmos dois desses temas: o primeiro, aquele da relação entre fundação, Constituição e poder; o segundo, o papel da *promessa* no âmbito público. Para articulá-los, veremos que Arendt retomou no ensaio sua teoria da ação. Entretanto, a melhor compreensão desses problemas exige que respeitemos a ordem da exposição de Arendt.

Ela inicia seu ensaio evocando a questão que animou o simpósio realizado pela Associação do Foro da Cidade de Nova York, a saber, "a lei estará morta?" (Arendt, 1972, p. 51). Questão sombria, sem dúvida, deixando revelar um pessimismo concernente à relação que os cidadãos americanos, de modo geral, mantinham com a lei. Mais especificamente, interessou a Arendt um dos tópicos examinados no seminário: "a relação moral do cidadão com a lei em uma sociedade do consenso". Em suas próprias palavras, o ensaio é uma "resposta a isso" (Arendt, 1972, p. 51). Mas é claro que a questão não poderia ser levantada fora de um determinado contexto social e político. E é justamente assim que apareceu a figura do desobediente civil, pois foi devido à recorrência dos atos de desobediência – seja nas lutas pelos direitos civis seja nos protestos contra o governo americano, em especial no que dizia respeito à guerra do Vietnã – que se tornou premente investigar a natureza do laço entre cidadão e lei.

Foi pela via negativa, portanto, que a pergunta foi formulada, isto é, foi a partir da desobediência que os magistrados americanos inquiriram a obediência. Isto deve ser ressaltado porque Arendt conserva essa lógica no desenvolvimento de seu ensaio. Ela começa, assim, pela separação entre a desobediência civil e dois modos de ação com os quais ela é frequentemente confundida. O primeiro deles é a assim chamada "objeção de consciência", ao passo que o segundo é simplesmente a desobediência às leis, configurada no cometimento de qualquer espécie de crime. Para Arendt, é imprescindível qualificar essas formas de ação e esclarecer suas diferenças, o que em geral não foi feito pela literatura que tratou do assunto.

A objeção de consciência tem em Sócrates e Thoreau duas figuras emblemáticas: dois homens presos por causa de sua discordância com as leis vigentes. Ora, Arendt lembra que este não é, rigorosamente, o caso de Sócrates (afinal de contas, ele não se recusou a obedecer à lei). Quanto a Thoreau, sua discordância com a lei que permitia a escravidão o manteve somente um dia na prisão, tendo sua fiança paga por uma tia. Mas, certamente, não são essas razões prosaicas que colocam em xeque o *status* de desobediente civil de um e outro. O que decide sua inscrição no grupo dos objetores – e não dos desobedientes – é o fato de que sua atitude encontra seu fundamento *in foro conscientiae*, ou seja, em foro interior. Nenhum dos dois alegou uma razão de ordem política para seus atos, mas uma razão de ordem estritamente moral. Arendt aprofunda essa diferença, dizendo que a consciência é "apolítica" (*unpolitical*), o que significa que ela "não está primariamente interessada pelo mundo onde o mal (*wrong*) é cometido ou pelas consequências que este mal terá no curso futuro do mundo" (Arendt, 1972, p. 60). Em última instância, os objetores de consciência estão sobretudo preocupados com a salvação de sua própria alma o que, inegavelmente, tem consequências sobre o mundo, mas não constitui uma ação de natureza política porque é afazer de um homem só que visa, acima de tudo, ser coerente consigo mesmo e com seus princípios. Por esse motivo, a objeção de consciência é sempre expressa em termos subjetivos; ao contrário, do ponto de vista político, "o que conta é que um mal foi feito" (Arendt, 1972, p. 62).

A distinção entre subjetividade e mundo também é de auxílio para a separação entre desobediência civil e desobediência criminal, mas de maneira diferente. No caso da objeção, estava em jogo as regras ditadas pela consciência que impediam que o agente adotasse certo curso de ação (Sócrates) ou aceitasse se submeter a uma determinada lei (Thoreau). Na desobediência criminal comum, no lugar das regras de consciência encontramos, geralmente, o autointeresse; este é o verdadeiro fundamento da ação criminosa. É claro que suas causas podem ser, em maior ou menor medida, referidas à necessidade ou ao contexto econômico, social ou político, mas – exceção feita ao terrorismo (e disso Arendt não fala) – dificilmente será possível elidir a motivação egoísta.

No entanto, o fundamento da ação não é suficiente para distinguir a desobediência civil de seus "congêneres" aparentes. É necessário levar em conta duas coisas: em primeiro lugar, a desobediência civil jamais é realizada por um único indivíduo, ela é sempre realizada por um grupo que partilha, sobre um assunto de interesse público, uma mesma opinião; por consequência (e em segundo lugar), ela é obrigatoriamente pública. Arendt apresentou de forma mais detalhada essas duas características. Precisamos reproduzir essa parte de sua argumentação porque ela apresenta traços definitivos do fenômeno. Segundo ela, "a desobediência civil emerge quando um número de cidadãos está convencido de que os canais normais de mudança não funcionam mais ou que as queixas não serão ouvidas nem terão qualquer efeito" ou quando, pelo contrário, os cidadãos acreditam que "o governo está prestes a mudar, se envolvendo e persistindo em modos de agir cuja constitucionalidade e legalidade estão expostas a graves dúvidas" (Arendt, 1972, p. 74). Dessa maneira, podemos compreender que o objetivo da desobediência civil é eminentemente público, consistindo em abrir novamente os canais de comunicação que foram fechados ao longo do tempo, seja pela burocratização do Estado seja pelo enrijecimento do sistema partidário. Além disso, a desobediência é uma reação necessária quando o Estado pretende ampliar seu poder, encurtando o espaço para a ação política de seus cidadãos. Em situações como essa, os desobedientes visam conservar ou restaurar o *status quo*, isto é, não somente a proteção de direitos, mas ainda o desenho constitucional estabelecido no momento da fundação (Arendt, 1972, p. 75).

Como podemos ver, o desobediente civil, agindo em grupo, não tem em mente proteger a si mesmo como indivíduo: ele age em nome da comunidade política e tem em vista unicamente seu bem. É preciso ainda acrescentar outro elemento à sua definição: o grupo desobediente é sempre minoritário. Trata-se, portanto, de uma discordância frente àquilo que a maioria aceita ou deseja impor. O termo que Arendt utiliza é *dissenso* (*dissent*), e ele merece toda nossa atenção.

Até aqui pudemos ver que a desobediência civil é uma forma de dissenso de base que visa contestar um determinado curso de ação (uma lei que o governo deseja impor, por exemplo) ou forçar o poder instituído a respeitar o "espírito das leis" (no sentido de Montesquieu) correspondente ao momento da fundação da comunidade política. Importa assinalar que essa contestação, na medida em que mira o modo de exercício do poder em sua relação com a lei, pode ser ainda confundida com a revolução. E, nesse ponto, a distinção não é tão fácil quanto aquela que separava a desobediência civil da objeção de consciência e do crime comum. Como diz Arendt, o desobediente compartilha com o revolucionário o mesmo desejo de "mudar o mundo", e o deseja também "de modo drástico" (Arendt, 1972, p. 77). Como diferenciá-los, então?

Arendt fará um longo percurso para responder a essa pergunta. Acompanhando seus principais momentos, revela-se para nós o alcance teórico do ensaio. O primeiro passo é lembrar que as constantes mudanças que transformam o mundo não podem dispensar os meios de sua estabilização. Dizendo de outro modo, a instabilidade do mundo requer a presença de forças estabilizadoras, sem as quais ele não pode se configurar como um lugar para a vida humana em comum. Ora, da perspectiva de Arendt, a lei cumpre aí sua função precípua: entre os principais fatores de estabilização (costumes, modos, tradição), destaca-se "o sistema legal que regula nossas vidas no mundo e nossas questões cotidianas uns com os outros" (Arendt, 1972, p. 79). Colocando em xeque o sistema legal e, simultaneamente, visando a restauração do espírito das leis, a desobediência civil parece amalgamar esses dois aspectos da vida em comum: de um lado, a transformação que, no registro político, é possível somente pela contestação; de outro lado, a conservação, a qual, politicamente falando, depende do estabelecimento de um sistema legal alicerçado sobre a Constituição. Nesse sentido, estamos plenamente de acordo com os comentários de Verity Smith, que acredita que nesse texto vemos se desenhar de modo mais claro os traços daquilo que poderia ser chamado de "agonismo constitucional" (Smith, 2010, p. 105). É possível resumir esse agonismo da seguinte maneira: de um lado, importa manter viva a natureza contestatória da democracia; de outro, é imprescindível reconhecer que a contestação é infecunda (e mesmo destrutiva) se não for de algum modo referenciada pelo sistema legal. Ora, não é difícil reconhecer aqui uma retomada da discussão que Arendt havia feito anos antes em seu livro sobre a revolução, que ganhava sua maior densidade a propósito da *constitutio libertatis*, isto é, o problema maior que se coloca em todo processo revolucionário: a fundação de um corpo político que possa abrigar, por meio das leis, a liberdade e o poder que estão em sua origem. O desafio da fundação é, assim, conservar os espaços do poder, enfrentando o risco da instabilidade que lhe é correlata sem jugular a liberdade de ação.

O ensaio sobre a desobediência está em continuidade com o livro sobre a revolução que, por sua vez, aprofundava a teoria da ação desenvolvida em *A condição humana*. Faltava a essa última obra a reflexão sobre a dimensão constitucional, a qual depende da investigação do tema da fundação. Todos esses temas convergem no ensaio. Porém, isso é melhor compreendido quando lembramos o segundo passo dado por Arendt. Se o primeiro, como acabamos de ver, nos conduz ao "agonismo constitucionalista", o segundo consiste, basicamente, em mostrar que entre ação e Constituição a relação é de mútua imbricação. Isso quer dizer que, para Arendt, importa sobretudo compreender a ligação profunda entre contestação e Constituição. A desobediência é um modo de ação política com o qual é possível renovar, aumentar ou restaurar uma Constituição (no sentido de devolvê-la a seus princípios). Isso é possível apenas porque a desobediência, como ação contestatória, é uma via para reativar o poder sempre presente na fundação. Mas essa reativação, embora jamais possa ser totalmente controlada pelo dispositivo legal, deve, de alguma maneira, ser prevista no resultado institucional da ação de fundação, quer dizer, na Constituição. Em outras palavras, a criação de uma Constituição inevitavelmente se depara com o paradoxo de tentar incluir em seu interior aquilo que a transborda. Contudo, o mais importante, do ponto de vista de Arendt, é que esse paradoxo, longe de ser uma deficiência, desvela sua força peculiar: abrindo-se para a transformação, para a renovação e para o "aumento", uma Constituição mantém-se viva e pode cumprir seu destino político. A desobediência é, portanto, essencialmente uma retomada da própria revolução no interior de uma ordem estabelecida ou, ainda, uma repetição da fundação que desvela que toda fundação é refundação na medida em que preconiza sua reativação, e que jamais pode ser considerada definitiva.

Nesta altura de sua argumentação, Arendt dá mais um passo. Se Montesquieu fora sua referência maior ao apontar o "espírito das leis" que anima o desobediente civil, Locke e Tocqueville lhe oferecem a peça que faltava para completar o quadro. Como havíamos dito no início deste verbete, a questão que orientava Arendt era a da relação que o cidadão mantinha com a lei em uma "sociedade do consenso". Ora, a desobediência civil, já vimos, é uma forma de dissenso. Como ela poderia ajudar Arendt a responder à questão? Fundamental para isso é a retomada do contratualismo lockeano, pois que, ao defender a natureza "horizontal" do pacto que origina a formação dos corpos políticos, Locke coloca em primeiro plano o poder de associação atualizado pela capacidade de fazer mutuamente promessas: na versão lockeana do contrato, a "sociedade civil" não depende nem é o produto do poder instituído, mas o antecede exatamente porque atualiza, por meio da promessa, a "habilidade" humana de agir em concerto (Arendt, 1972, p. 86). Trata-se, portanto, do "poder de associação" que preside à formação dos corpos políticos e, por conseguinte, da própria Constituição. Esse poder de associação é claramente descrito por Tocqueville em sua *Democracia na América*, onde é rastreada também sua presença na história dos Estados Unidos. Isso permite a Arendt identificar o poder de associação como um elemento típico da vida política americana (Arendt, 1972, p. 97). O mais importante, porém, é compreender que a desobediência deve ser vista também como a atualização desse poder de associação. Para isso, basta lembrar sua natureza pública e o fato de ser uma contestação levada a cabo por um grupo (minoritário) que tem em comum uma determinada opinião política, que o orienta. E aqui está a núcleo de sua resposta à pergunta inicial: o grupo desobediente mostra, por via negativa, a natureza do consenso. "O dissenso, diz Arendt, implica o consenso, é a marca do governo livre; quem sabe que pode divergir sabe também que está de certo modo consentindo quando não diverge" (Arendt, 1972, p. 88). Não escapou a outro arguto comentador de Arendt a força desse argumento. Como diz Odilio Aguiar, os movimentos de desobediência civil são uma maneira de colocar "os homens em contato uns com os outros (...) a partir de consentimentos tácitos e não pressupostos" (Aguiar, 2009, p. 181). A desobediência civil, portanto, explicita que o exercício da cidadania se dá, em larga medida, em uma chave contestatória, a única via para assegurar uma obediência refletida às leis, avessa a qualquer forma de servilismo.

Referências

AGUIAR, Odilio Alves. A dimensão ética da desobediência civil. In: *Filosofia, política e ética em Hannah Arendt*. Ijuí, RS: Editora Unijuí, 2009, pp. 173-84.

ARENDT, Hannah. Civil disobedience. In: *Crises of the republic*. Nova York: Harcourt Brace & Company, 1972.

SMITH, Verity. "Dissent in dark times. Hannah Arendt on civil disobedience and constitutional patriotism". In: *Thinking in dark times. Hannah Arendt on ethics and politics*. BERKOWITZ, Roger; KEENAN, Thomas; KATZ, Jeffrey (ed). Nova York: Fordham University Press, 2010, pp. 105-12.

13.

DIREITOS HUMANOS

Silvana Winckler
Universidade Comunitária da Região de Chapecó

Os direitos do homem foram enunciados, no final do século XVIII, no contexto de uma sociedade secularizada e emancipada. Suplantariam o sistema de valores sociais, espirituais e religiosos anteriormente vigentes e que asseguravam alguma proteção às pessoas, independentemente da ordem política. Seriam invocados "sempre que um indivíduo precisava de proteção contra a nova soberania do Estado e a nova arbitrariedade da sociedade" (Arendt, 1989, p. 324).

De acordo com Arendt, a soberania do povo era proclamada em nome do Homem, o que fez parecer natural que os direitos inalienáveis do Homem encontrassem sua garantia no direito do povo ao autogoverno. Nesta compreensão pode-se situar a origem das perplexidades acerca dos direitos humanos analisadas pela autora, as quais têm a ver com o desenho dos Estados-nações e sua relação com as minorias étnicas.

Ser "membro do povo", na linguagem jurídica dos Estados-nações, significa ter nacionalidade. Como disse a autora: "Toda a questão dos direitos humanos foi associada à questão da emancipação nacional; somente a soberania emancipada do povo parecia capaz de assegurá--los – a soberania do povo a que o indivíduo pertencia" (Arendt, 1989, p. 325).

Essa compreensão dos direitos humanos atrelada à nacionalidade está na origem de um paradoxo que se apresentou quando surgiram, na Europa, milhões de apátridas e de "homens sem Estado", condição que se deteriorou e que passou a ser designada como *displaced persons* (pessoas deslocadas), ocultando, com esta expressão, seu significado político. O paradoxo consiste em colocar um direito inalienável, irredutível e indedutível de outros direitos ou das leis numa relação de dependência com a condição incerta da nacionalidade. A instabilidade instalada nos Estados-nações europeus após o início da Primeira Guerra Mundial, e que se estendeu além do final da Segunda Guerra, revelou a fragilidade dos direitos humanos em face do surgimento em massa dos apátridas e das pessoas sem Estado, situação a que foram levadas as minorias.

Em *Origens do totalitarismo*, Arendt aponta a condição de "apátrida" como o mais recente fenômeno de massas da história contemporânea, ao lado de outro grupo igualmente numeroso, constituído de "pessoas sem Estado". Os mais antigos, segundo a autora, foram reduzidos a esta condição pelos Tratados de Paz de 1919, pela dissolução da Áustria-Hungria e pelo estabelecimento dos Estados bálticos. As transformações territoriais no pós-guerra levaram muitas pessoas a perderem a condição de permanência em seu local de origem, que não raras vezes havia trocado de mãos. Foram consideradas uma "anomalia legal".

A esse grupo se juntaram, após a Segunda Guerra Mundial, os refugiados desnacionalizados por seus países de origem ou de naturalização. A desnacionalização em massa das minorias foi uma novidade inserida no contexto Europeu a partir de iniciativa nazista; até então, os Estados-nações haviam respeitado as normas não escritas de uma convivência supranacional solidária que colocava limite ao exercício da soberania ao ponto de impedir que a expulsão em massa ocorresse. Havia limites para o direito de desnacionalização. Nas palavras da autora:

> nenhum paradoxo da política contemporânea é tão dolorosamente irônico como a discrepância entre os esforços de idealistas bem-intencionados, que persistiam teimosamente em considerar "inalienáveis" os direitos

desfrutados pelos cidadãos dos países civilizados, e a situação de seres humanos sem direito algum. Essa situação deteriorou-se, até que o campo de internamento – que, antes da Segunda Guerra Mundial, era exceção e não a regra para os grupos apátridas – tornou-se uma solução de rotina para o problema domiciliar dos "deslocados de guerra". (Arendt, 1989, p. 312)

Ao perderem o *status* jurídico de "pessoas sem Estado" e serem convertidos em "pessoas deslocadas", os apátridas passaram a ser ignorados como um problema político que exigia atenção e solução no âmbito internacional e se tornaram um caso a ser enfrentado pelas polícias locais de cada Estado. Seguiam-se as tentativas de repatriação e de deportação a uma pátria onde eram indesejados, não gozavam de igualdade de direitos ou, pior, eram ameaçados em sua integridade física e moral.

A chegada em massa de apátridas aos Estados-nações europeus levou ao deterioro do direito de asilo, que havia sido o primeiro direito humano reconhecido na esfera das relações internacionais. Os demais direitos do Homem estavam diretamente vinculados à cidadania, isto é, condicionados à nacionalidade.

Ante o crescente número de refugiados, contados em centenas de milhares, o mundo europeu percebeu, perplexo, que só havia duas maneiras de enfrentar o problema: repatriação ou naturalização. Nem uma e nem outra foi adotada: "[...] os países de refúgio simplesmente se recusaram a reconhecer a condição de apátrida nos que vieram depois, tornando assim ainda mais intolerável a situação dos refugiados" (Arendt, 1989, p. 315).

O exemplo da Alemanha de recorrer sistematicamente à desnacionalização foi seguido por outros países com minorias étnicas, que viram aí a oportunidade de desfazer-se de populações minoritárias. Arendt diz que, dentre as minorias, os judeus e os armênios eram os mais ameaçados e consistiam no maior número de apátridas. Os Tratados de Minorias, vigentes desde o final da Primeira Guerra Mundial, não serviram para protegê-las do flagelo da desnacionalização.

Instaura-se o que Arendt chamou de "lutas ideológicas", pois, se de um lado pessoas eram expulsas de seus países e privadas da cidadania, de outro juntavam-se com seus compatriotas e se apresentavam para lutar em guerras civis nos países onde se encontravam, formando batalhões nacionais. Esse apego à nacionalidade de origem levava aos Estados-nações europeus ocidentais uma preocupação que até então só estivera presente no Leste europeu: a existência de etnias minoritárias em seus territórios. As tentativas de repatriação forçada de refugiados através das fronteiras levaram a inúmeros conflitos entre países vizinhos e suas polícias transfronteiriças. A deportação não era uma solução possível, quer juridicamente, quer factualmente.

A alternativa da naturalização tampouco viabilizou-se. Pelo contrário, a presença em massa de refugiados provocou o desmoronamento do sistema de naturalização dos Estados-nações europeus. A naturalização deveria ser uma exceção à regra da nacionalidade por nascimento. A pressão foi tamanha que levou à fragilização da condição jurídica daquelas pessoas já naturalizadas.

Para aqueles que eram uma anomalia frente à lei, podia ser conveniente tornar-se um transgressor da lei, isto é, um criminoso. De acordo com Arendt:

> a melhor forma de determinar se uma pessoa foi expulsa do âmbito da lei é perguntar se, para ela, seria melhor cometer um crime. Se um pequeno furto pode melhorar a sua posição legal, pelo menos temporariamente, podemos estar certos de que foi destituída dos direitos humanos. Pois o crime passa a ser, então, a melhor forma de recuperação de certa igualdade humana, mesmo que ela seja reconhecida como exceção à norma (Arendt, 1989, p. 320)

Como exceção prevista na lei, o criminoso tem direito a um advogado, a ser ouvido, a um julgamento. Enquanto apátrida, está sujeito ao "domínio arbitrário da polícia, contra o qual não existem advogados nem apelações" (Arendt, 1989, p. 320). Arendt afirma que o número crescente de apátridas nos países não totalitários resultou no alastramento de uma forma de ilegalidade levada adiante pelas polícias dos Estados-nações livres, que mantinham relações com aquelas dos Estados totalitários e adotavam, na prática, suas leis no trato com os refugiados.

O sistema internacional de proteção às minorias estabelecido no primeiro pós-guerra tinha como fundamento os Tratados de Minorias, que visavam às parcelas de populações minoritárias vivendo em Estados-nações estabelecidos pelos Tratados de Paz de 1919. O rol de minorias não tinha limites e algumas etnias constituíam minorias em vários países. Os Tratados de Minorias não dispunham de instrumentos para proteger essas pessoas e de assegurar os seus direitos humanos. Segundo a autora:

> A total implicação da identificação dos direitos do homem com os direitos dos povos no sistema europeu de Estados-nações só veio à luz quando surgiu de repente um número inesperado e crescente de pessoas e de povos cujos direitos elementares eram tão pouco salvaguardados pelo funcionamento dos Estados-nações em plena Europa como o teriam sido no coração da África. (Arendt, 1989, p. 325)

A perda da nacionalidade, e consequentemente da cidadania, implicava na perda dos direitos humanos, pois nenhuma autoridade ou instituição estava disposta a salvaguardá-los. A Liga das Nações tampouco estava em condições de assegurar os ditos direitos inalienáveis de toda pessoa. Por isso os refugiados insistiam em buscar abrigo em suas nacionalidades de origem.

A existência de pessoas sem Estado não era uma experiência nova na história europeia, que já tinha precedentes de migrações forçadas. A novidade era que a massa de refugiados, no período estudado por Arendt, não encontrava um lugar para se estabelecer e constituir um novo lar. E, diz a autora, não se tratava de um problema de população ou de demografia, mas de organização política:

> ninguém se apercebia de que a humanidade, concebida durante tanto tempo à imagem de uma família de nações, havia alcançado o estágio em

que a pessoa expulsa de uma dessas comunidades rigidamente organizadas e fechadas via-se expulsa de toda a família das nações (Arendt, 1989, p. 327).

Além da perda do lar, as pessoas perdiam a proteção de seus governos – a cidadania –, o que implicava na perda da condição legal em todos os países. Sequer podiam pleitear o direito de asilo, que supunha que fossem inimigos do governo opressor por convicções políticas ou religiosas ilegais ou não admitidas. A inocência era sua marca.

Esta constatação é especialmente relevante porque tem consequências políticas ineludíveis. Não pertencer a uma comunidade implica em perder a dimensão política da existência representada pelo espaço público, onde o discurso e a ação são significativos. Implica na perda de um lugar no mundo onde a opinião seja levada em conta e na perda dos direitos de cidadania. Arendt concebe a cidadania como o "direito a ter direitos":

> só conseguimos perceber a existência de um direito a ter direitos (e isto significa viver numa estrutura onde se é julgado pelas ações e opiniões) e de um direito a pertencer a algum tipo de comunidade organizada, quando surgiram milhões de pessoas que haviam perdido esses direitos e não podiam recuperá-los devido à nova situação política global. O problema não é que essa calamidade tenha surgido não de alguma falta de civilização, atraso ou simples tirania, mas sim que ela não pudesse ser reparada, porque já não há qualquer lugar "incivilizado" na terra, pois, queiramos ou não, já começamos realmente a viver num Mundo Único. Só com uma humanidade completamente organizada, a perda do lar e da condição política de um homem pode equivaler à sua expulsão da humanidade (Arendt, 1989, p. 330).

Arendt entendia que o homem pode ser privado de todos os direitos humanos e ainda assim conservar a sua dignidade humana. Porém, a perda da comunidade é capaz de expulsá-lo da humanidade. O direito que corresponde a essa perda, segundo ela, nunca constou no rol dos Direitos do Homem. A igualdade, em contraste com tudo o que se relaciona com a mera existência, não nos é dada, mas resulta da organização humana, porque é orientada pelo princípio da justiça. "Não nascemos iguais; tornamo-nos iguais como membros de um grupo por força da nossa decisão de nos garantirmos direitos reciprocamente iguais" (Arendt, 1989, p. 335).

Privados da nacionalidade e da cidadania, os seres humanos se viam sem direitos humanos, pois estes foram concebidos para um ser humano abstrato que se diluiu no conceito de povo. "O mundo não viu nada de sagrado na abstrata nudez de ser unicamente humano" (Arendt, 1989, p. 333). À perda do *status* político, que assegura aos nacionais e aos naturalizados os direitos de cidadania, deveria seguir--se o reconhecimento dos direitos humanos inatos e inalienáveis. No entanto, a experiência histórica analisada por Arendt mostrou o contrário: "parece que o homem que nada mais é que um homem perde todas as qualidades que possibilitam aos outros tratá-lo como semelhante" (Arendt, 1989, p. 334).

Referências

ARENDT, Hannah. *Origens do totalitarismo*: anti-semitismo, imperialismo, totalitarismo. Tradução de Roberto Raposo. São Paulo: Companhia das Letras, 1989.

14.

EDUCAÇÃO

Vanessa Sievers de Almeida
Universidade Federal da Bahia

Hannah Arendt aborda o tema da educação no contexto de suas reflexões sobre a crise do mundo moderno. Ela destaca que, entre os vários aspectos da crise, é especialmente a perda da autoridade e da tradição que afeta a educação, cuja tarefa é legar aos mais novos o mundo do qual são herdeiros.

O principal texto de Arendt sobre o tema é o ensaio "A crise na educação", cuja primeira versão foi uma palestra com o título "A crise na educação: reflexões sobre 'progressive education'" (*Die Krise in der Erziehung: Gedanken zur "Progressive Education"*), proferida em 1958. Embora Arendt tenha como ponto de partida a crise da educação escolar nos Estados Unidos, ela não se restringe à abordagem desse fenômeno local, mas indaga sobre "os aspectos do mundo moderno e de sua crise que efetivamente se revelaram na crise educacional" (Arendt, 2000, p. 265). Em 1961 o texto é publicado no livro *Entre o passado e o futuro (Between past and future: eight exercises in political thought)*, com pequenas alterações, sob o título "A crise na educação" ("The crises in education"). Nele, Arendt sustenta que a crise nos desafia a pensar novamente sobre "o papel que a educação desempenha em toda civilização, ou seja, sobre a obrigação que a existência de crianças impõe a toda sociedade humana" (Arendt, 2003, p. 234). É de se notar que, nesse texto, Arendt aprofunda e repensa algumas de suas afirmações anteriores, e mais pontuais, acerca da educação no artigo "Reflexões sobre Little Rock", escrito em 1957, mas publicado somente em 1959. Nesse artigo Arendt discute as estratégias políticas do movimento negro estado-unidense e se posiciona contra a decisão de fazer da educação escolar uma frente prioritária da luta por igualdade étnico-racial, expondo jovens negros à perseguição pela turba branca. O artigo causou polêmica, mesmo antes de ser publicado, e, em seu ensaio sobre educação de 1958, Arendt retoma um dos pontos anteriores que a preocupa particularmente: a questão de como proteger as crianças num mundo em conflito. Agora, contudo, avança para uma reflexão aprofundada sobre as complexas relações entre educação e política, não mais entendendo a escola como esfera predominantemente social, mas como âmbito pré-político que possibilita a passagem da família para o mundo público.

Nessa perspectiva, a atividade educacional, embora não seja idêntica à ação política, é uma mediação entre o mundo público-político e seus novos habitantes. Essa mediação, porém, se transforma em desafio frente à crise do mundo público. Cabe aos habitantes mais velhos do mundo decidir como enfrentá-lo: se movidos pelo "desgosto com o estado de coisas" ou pelo amor ao mundo e às crianças.

Arendt concebe a educação como uma das "atividades mais elementares e necessárias da sociedade humana" (Arendt, 2003, p. 234). A natalidade, "o fato de todos nós virmos ao mundo ao nascermos e de ser o mundo constantemente renovado mediante o nascimento" (Arendt, 2003, p. 247, trad. modificada) impõe aos mais velhos a tarefa de receber os novos, que chegam neste lugar que ainda não conhecem e cuja história começou antes deles. Cada criança que nasce é a possibilidade de um novo começo no mundo e para o mundo, porque cada ser humano é ele mesmo um início, "não [o início] de algo, mas de alguém que é, ele próprio, um iniciador" (Arendt, 2010, p. 222). Entretanto, a futura ação desses potenciais iniciadores é imprevisível, sequer é possível saber se, de fato, estarão dispostos a tomar parte no mundo. Apesar dessas inevitáveis incertezas, "tudo destruímos se tentarmos controlar o novo de tal modo que nós, os velhos, possamos ditar a sua aparência futura" (Arendt, 2003, p. 243, trad. modificada).

Por isso, os adultos devem zelar pela liberdade dos jovens para não "arrancar de suas mãos a oportunidade de empreender alguma coisa nova e imprevista para nós" (Arendt, 2003, p. 247). A responsabilidade dos mais velhos é, antes de mais nada, apresentar aos recém-chegados o mundo que lhes é legado. Assim, a educação, preocupada com o futuro, volta seu olhar para o passado porque as crianças e os jovens têm o direito de se apropriar do mundo em que chegam e de familiarizar-se com suas obras e experiências para que dele possam participar e talvez transformá-lo. O desafio é educar de modo que esse engajamento venha a ser "possível, ainda que não possa nunca, é claro, ser assegurado" (Arendt, 2003, p. 243). Assim, a educação é a atividade pela qual os habitantes antigos do mundo recebem os novos, e ainda estrangeiros, convidando-os a serem habitantes e atores deste espaço compartilhado.

Inicialmente a criança encontra seu lugar na família, que cuida do bem-estar vital de seus integrantes e os protege contra o mundo na esfera privada da casa. Essa proteção é especialmente importante para a criança ainda vulnerável. Se no espaço privado a preocupação é a satisfação das necessidades vitais, no espaço público a prioridade é o mundo, cuja continuidade depende daqueles que o renovam com suas ações. Do ponto de vista da trajetória de vida de cada um, essa responsabilidade torna-se efetiva somente na condição adulta (*"adulthood"*) (Arendt, 2006): "Falando e agindo nos inserimos no mundo humano, que existia antes de termos nascido nele; e esta intervenção é como um segundo nascimento, no qual confirmamos o mero fato de termos nascido, assumindo a responsabilidade por ele" (Arendt, 1960, p. 165, tradução nossa). É no intervalo entre o nascimento de um ser vulnerável e o momento em que o jovem adulto se torna capaz de assumir não só a responsabilidade por seus atos, mas também pelo mundo, que se localiza a educação escolar. A escola ocupa, portanto, um lugar intermediário entre a família e o mundo, possibilitando a transição da esfera privada para a pública, e a educação, compreendida como introdução ao mundo, chega a seu fim quando os jovens adultos podem participar, por sua conta, dos assuntos públicos.

Dessa forma, compete à escola a difícil tarefa de cuidar simultaneamente do bem-estar vital da criança e da continuidade do mundo humano. Ao assumir responsabilidades do âmbito privado, como a proteção da criança e, ao mesmo tempo, do domínio público, como a convivência com uma pluralidade de pessoas e seus modos de ver o mundo, a escola se constitui como um espaço híbrido. Na perspectiva da criança, ela "representa em certo sentido o mundo, embora não seja ainda o mundo de fato" (Arendt, 2003, p. 239). Do ponto de vista dos adultos, as duas responsabilidades – pela criança e pelo mundo – "de modo algum coincidem; com efeito podem entrar em mútuo conflito" (Arendt, 2003, p. 235). Sendo assim, há tensões que são próprias da instituição escolar, na qual a possibilidade do novo se articula, ou esbarra, com o velho a ser preservado.

É tarefa do professor familiarizar seus alunos com os conhecimentos e as experiências do mundo, confiando-lhes sua herança, composta por preciosidades e realizações, mas também por desastres e ruínas. O professor, assim, é como um elo entre os mais novos e uma tradição que vincula os contemporâneos a seu passado. Além de ensinar, cabe-lhe representar o mundo, dando as boas-vindas ao recém-chegados em "nosso mundo".

> A qualificação do professor consiste em conhecer o mundo e ser capaz de instruir os outros acerca deste, porém sua *autoridade* se assenta na *responsabilidade* que ele assume por este mundo. Face à criança, é como se ele fosse um representante de todos os habitantes adultos, apontando os detalhes e dizendo à criança: – Isso é o nosso mundo (Arendt, 2003, p. 239, grifos nossos).

O aluno, por sua vez, ainda estrangeiro, precisa de um lugar para apropriar-se das linguagens do mundo, dos conhecimentos e das experiências e, assim, ter a possibilidade de ressignificá-las e de constituir-se como uma pessoa singular.

Esse âmbito educacional pré-político, em que a apropriação do mundo é oferecida como uma experiência de formação, é desfigurado pela educação moderna. A crise na educação, que se torna aguda no século XX, fica evidente quando políticas e medidas educacionais expõem as crianças a conflitos que são da alçada dos adultos. O fracasso da educação moderna, particularmente nos Estados Unidos, se mostra na ideia absurda de que as crianças precisariam ser libertadas da autoridade do adulto, para que, num mundo de crianças, se autogovernassem e vivessem conforme sua natureza infantil. Abandona-se a criança, supostamente "emancipada da autoridade do adulto", a seus próprios recursos e a seu próprio grupo, negando-lhe a proteção necessária e deixando de lhe oferecer a acolhida que se deve ao estrangeiro recém-chegado, guiando-o num lugar que lhe é estranho.

A crise na educação, no entanto, não é um fenômeno restrito ao campo educacional, mas consequência da crise do mundo moderno, que se manifesta de modo peculiar no âmbito da educação. A ruptura da tradição – "o fio que nos guiou com segurança através dos vastos domínios do passado" (Arendt, 2003, p. 130) – põe em xeque uma educação que convida a criar laços de sentido com o mundo do passado e "com aqueles que aqui estiveram antes" (Arendt, 2010, p. 67). Junto com a tradição, perde-se a autoridade, cujo fundamento estava em um passado capaz de oferecer "modelos de conduta" (Arendt, 2003, p. 244). A ausência desse lastro no passado dissolve a autoridade do professor que, independentemente de suas qualidades e opções pessoais, tem autoridade diante das crianças justamente e apenas *enquanto* representante de um mundo que as antecede. Finalmente, educar se torna impossível quando os adultos, levados por sua "insatisfação com o mundo" e "seu desgosto com o estado de coisas", se recusam "a assumir, em relação às crianças, a responsabilidade por tudo isso" (Arendt, 2003, p. 241):

> O problema da educação no mundo moderno reside no fato de ela não poder abrir mão, pela peculiaridade de sua natureza (*its very nature*), nem da autoridade, nem da tradição; mas mesmo assim a ser obrigada a caminhar em um mundo que não é estruturado pela autoridade nem

mantido coeso pela tradição (Arendt, 2003, p. 245, trad. modificada por Carvalho, 2017, p. 3).

O impasse exige o debate público e respostas políticas que não podem ser delegadas "à ciência específica da pedagogia" (Arendt, 2003, p. 247). Qualquer que seja a dificuldade, na educação nada justifica que os adultos abram mão de sua tarefa "de abrigar e proteger alguma coisa – a criança contra o mundo, o mundo contra a criança, o novo contra o velho, o velho contra o novo" (Arendt, 2003, p. 242). Em oposição a isso, no campo da política "tal atitude conservadora [...] não pode senão levar à destruição, visto que o mundo, tanto no todo como em parte, é irrevogavelmente fadado à ruína pelo tempo, a menos que existam seres humanos determinados a intervir, a alterar, a criar aquilo que é novo" (Arendt, 2003, p. 242). Assim, diante de um "mundo fora dos eixos", "cumpre divorciarmos o âmbito da educação dos demais, e acima de tudo do âmbito da vida pública e política" (Arendt, 2003, p. 246). Se a resposta política à crise está na transformação do mundo, na educação a resposta está na preservação de uma herança, mesmo sem ter clareza sobre seu valor, e no amparo da criança, que é novidade nesse lugar, mais velho do que ela.

> A educação é o ponto em que decidimos se amamos o mundo o bastante para assumirmos responsabilidade por ele e, com tal *gesto* (*token*), salvá-lo da ruína que seria inevitável não fosse a renovação e a vinda dos novos e dos jovens. A educação é, também, onde decidimos se amamos nossas crianças o bastante para não expulsá-las de nosso mundo e abandoná-las a seus próprios recursos, e tampouco arrancar de suas mãos a oportunidade de empreender alguma coisa nova e imprevista para nós, preparando-as em vez disso com antecedência para a tarefa de renovar um mundo comum (Arendt, 2003, p. 247, grifo nosso).

A crise na educação não é uma fatalidade contra a qual nada se pode fazer, mas um desafio que exige respostas à altura do novo começo que, apesar de tudo, o nascimento de cada ser humano promete para o mundo.

Referências

ALMEIDA. V. S. *Educação em Hannah Arendt*: entre o mundo deserto e o amor ao mundo. São Paulo: Cortez, 2011.

ARENDT, Hannah. *Between Past and Future*: eight exercises in political thought. Nova York: Penguin, 2006.

ARENDT, Hannah. *A condição humana*. Tradução R. Raposo. Revisão Técnica: A Correia. 11ª Ed. Rio de Janeiro: Forense Universitária, 2010.

ARENDT, Hannah. *Entre o passado e o futuro*. Tradução M. W. Barbosa. 5ª Ed. São Paulo: Perspectiva, 2003.

ARENDT, Hannah. Reflexões sobre Little Rock. In: ARENDT, Hannah. *Responsabilidade e julgamento*. Tradução R. Eichenberg. Edição e introdução americana J. Kohn. Edição e introdução brasileira B. Assy. São Paulo: Companhia das Letras, 2004.

ARENDT, Hannah. *Vita activa oder Vom tätigen Leben*. Munique: Piper, 1960.

ARENDT, Hannah. *Zwischen Vergangenheit und Zukunft*. Überlegungen im politischen Denken I. 2. Aufl. Munique: Piper, 2000.

BRAYNER, F. H. A. *Educação e republicanismo*: experimentos arendtianos para uma educação melhor. Brasília: Liber Livro Editora, 2008.

CARVALHO, J. S. F. *Educação, uma herança sem testamento*: diálogos com o pensamento de Hannah Arendt. São Paulo: Perspectiva/FAPESP, 2017.

CARVALHO, J. S. F./CUSTÓDIO, C. O. *Hannah Arendt*: a crise na educação e o mundo moderno. São Paulo: Intermeios, FAPESP, 2017.

15.

ESPAÇO PÚBLICO

Rosângela Chaves
Faculdade Católica de Anápolis

Para compreender a noção de "espaço público" no pensamento de Hannah Arendt, um primeiro passo é se deter no significado do termo "público" que ela apresenta em *A condição humana*. Conforme delimita a autora, o vocábulo "público" designa dois fenômenos que guardam uma estreita correlação, mas não podem ser confundidos, pois apresentam especificidades que os distinguem e que devem ser assinaladas. O primeiro fenômeno diz respeito ao fato de que "tudo que aparece em público pode ser visto e ouvido por todos e tem a maior divulgação possível" (Arendt, 2012, p. 61). Ou seja, a máxima visibilidade é uma característica intrínseca daquilo que é público. E uma vez que a aparência – ou seja, aquilo que se dá a aparecer, expondo-se diante dos olhos e dos ouvidos de todos – é o elemento constitutivo da realidade para os seres humanos, a constatação é que o nosso próprio senso de realidade está condicionado à existência de um domínio público, o qual, por sua vez, é formado pela presença de outros indivíduos que compartilham a mesma experiência de ver o que vemos e ouvir o que ouvimos (Cf. Arendt, 2012, p. 61).

Em *A vida do espírito*, ao discorrer sobre a natureza fenomênica do mundo, Arendt apoia-se nas investigações do biólogo e zoólogo Adolf Portmann para sustentar a tese da coincidência manifesta entre ser e aparecer, argumentando que não há nada além do que aparece aos outros, não se pode dizer que exista uma essência atrás de uma aparência. Não só os seres humanos, mas todos os seres sensíveis que habitam a face da Terra são equipados para ver e serem vistos, ouvir e serem ouvidos, tocar e serem tocados – em suma, tudo o que é vivo tem um impulso para aparecer, apresentando e exibindo a sua aparência exterior, que o distingue dos demais (Cf. Arendt, 2000, p. 24). Além do mais, não somos apenas sujeitos, somos também objetos para outros sujeitos, pois "tudo que é, é próprio para ser percebido por alguém" (Arendt, 2000, p. 17). Sendo assim, a realidade da esfera da aparência depende da percepção de uma pluralidade de espectadores, à qual a existência do domínio público está condicionada.

O segundo fenômeno inerente ao termo "público" que Arendt aponta em *A condição humana* relaciona-se com a compreensão de "público" como o mundo *comum* em que vivemos. Esse mundo compartilhado pelos seres humanos não deve ser identificado com o planeta Terra ou com o ambiente natural que forma o ecossistema no qual nos movimentamos e que partilhamos com as demais espécies terrestres. Ele é, antes, produto do artefato humano, da atividade dos seres humanos (Cf. Arendt, 2012, p. 64), na sua condição de *homo faber*. Porém, esse mundo concreto de objetos fabricados pelo artifício humano somente adquire o status de um mundo comum no domínio público da aparência, composto de uma pluralidade de espectadores, com seus diferentes pontos de vista. Como diz Tassin, se "o espaço é visível, então o mundo pode ser comum" (Tassin, 2017, p. 539). Em resumo, inerentes ao termo público, estão os elementos da visibilidade/aparência e da comunidade (aqui pensada não no sentido da fusão dos indivíduos em um corpo único, mas como convivência e compartilhamento).

A convivência humana no mundo só é possível porque o ambiente mundano construído pelos seres humanos com base nos recursos materiais fornecidos pela natureza opera como um espaço-entre (*in-between*) que relaciona os indivíduos entre si, ao mesmo tempo em que os mantém separados, "como uma mesa se interpõe entre os que se assentam ao seu redor" (Arendt, 2012, p. 64). O mundo concreto de objetos, sólido e permanente *criado* pela obra humana – e edificado como um lar comum sobre a Terra que transcende as gerações que o habitam – confere a estabilidade necessária para a preservação de um espaço público *instituído* pela ação humana coletiva. O espaço público é a arena na qual a pluralidade de homens e mulheres que coabitam o mundo em comum tece, pela ação e pelo discurso, a teia das relações humanas. Não é apenas um espaço meramente comum, mas um espaço político em que a convivência entre os indivíduos realiza-se por meio de atos e palavras.

Em termos espaciais, a constituição e a dinâmica dessa esfera pública de convivência devem ser compreendidas em contraposição ao domínio da privatividade, opondo-se à dimensão do *koinon* (comum/público) a dimensão do *idion* (privado) – a primeira relacionada ao terreno da *polis* (o espaço político da comunidade) e a segunda à seara da *oikia* (o espaço doméstico, econômico e familiar), conforme a oposição fundamental estabelecida pelos gregos antigos que Arendt recupera em *A condição humana*. O espaço do privado era concebido pelos gregos como o âmbito da sujeição e da necessidade, não só porque nele os chefes das famílias que constituíam em conjunto a pólis tinham inteiro domínio sobre a vida de mulheres, crianças e escravos, mas porque também nesse âmbito se desenvolviam as atividades de produção, consumo e procriação essenciais para a conservação da vida. Apenas quando abandonavam esse terreno sombrio dominado pela necessidade biológica para alcançar a luz do espaço público que os cidadãos da pólis tinham a chance de desfrutar a experiência da liberdade e da igualdade em comum com seus pares, tratando dos assuntos de interesse público. Não sem razão, na sua acepção original, a privatividade tem a ver com a ideia de estar privado da chance de ver e ser ouvido pelos outros, de se distinguir pelos atos e pelas palavras, de fazer algo mais relevante e duradouro do que satisfazer às necessidades da vida biológica. Uma vida inteiramente privada, confinada à dimensão do *idion*, é "idiota" porque desprovida de interesse e sentido para o mundo, que só pode conferir valor e significado para o que aparece em público. "A privação da privatividade reside na ausência de outros; para estes, o homem privado não aparece, e, portanto, é como se não existisse", escreve Arendt (2012, pp. 70-71).

Feitas essas observações mais gerais, é importante destacar algumas outras distinções e articulações conceituais que jogam luz sobre a noção de espaço público na ótica arendtiana. Em primeiro lugar, o espaço público é o lugar da pluralidade, que não se confunde com a mera multiplicidade. Longe de ser apenas um amontoado indistinto de gente, a pluralidade é a característica de indivíduos agindo em concerto no espaço público da política, onde têm a chance de destacar, cada qual, o seu caráter único, ao passo que a multiplicidade é tão somente a multiplicação quantitativa dos membros da espécie humana, como se fossem replicações do mesmo modelo. Sendo assim, o espaço público é também o *locus* onde é realçada, pela ação e pelo discurso, a singularidade de cada um, como ser único que se distingue dos demais, enquanto a uniformidade é o que caracteriza homens e mulheres quando reduzidos ao estado de membros da espécie humana sujeitos às mesmas necessidades e sem nenhum traço relevante a diferenciá-los.

Essa uniformidade dos seres humanos quando estritamente ocupados com a simples sobrevivência – atributo do homem na sua condição de *animal laborans* – e que faz submergir a singularidade dos indivíduos contrapõe-se, por seu turno, à igualdade, que, para Arendt, não é uma propriedade natural dos seres humanos. Ela está associada à ação em concerto, que coloca homens e mulheres desfrutando o mesmo status de igualdade no espaço da política e preservando as suas singularidades e as suas diferenças. Pensada como isonomia – no sentido de garantir igual participação política a todos –, a igualdade, na visão arendtiana, só se realiza concretamente no espaço público da política (Cf. Arendt, 2008, pp. 172-173). Essa ideia da igualdade de pares que agem em conjunto, por sua vez, traz conjugada a ela a noção de liberdade. Assim como a igualdade, a liberdade, na percepção arendtiana, não é inerente à natureza humana, mas manifesta-se na interação entre pares na esfera da política. Sendo assim, a liberdade, da mesma forma que a igualdade, é um elemento definidor do espaço público, tendo em vista que este é instituído pela ação em concerto de agentes livres e iguais.

Espaço de visibilidade, o espaço público é também, por consequência, um lugar de revelação e de desvelamento. Ao agir e falar na arena pública, tendo seus pares como espectadores, os indivíduos revelam *quem* são, dão a conhecer a sua identidade pessoal única. Essa qualidade reveladora da ação e do discurso ocorre quando as pessoas estão *com* as outras, ou seja, "no puro estar junto entre os homens" (Arendt, 2012, p. 225). Nesse processo, os indivíduos não apenas desvelam a si próprios, mas também expressam a maneira como o mundo lhes é desvelado, por meio da manifestação das suas opiniões (*doxai*).

Nesse sentido, Arendt reforça a conexão da *doxa* (opinião) com o espaço público. Em primeiro lugar, a autora lembra que a *doxa*, no seu sentido original, é a formulação em discurso "daquilo que me parece", do mundo "tal como ele se me revela" (Arendt, 2008, p. 55). Apesar de o mundo se desvelar na perspectiva de cada um de forma distinta, dependendo da posição que cada qual ocupa nele, o próprio mundo permanece o mesmo – essa característica é o que Arendt chama de "mesmice" do mundo, seu caráter comum (*koinon*, "comum a todos") ou objetividade. Em segundo, ela reitera que a *doxa*, entre os gregos, também guardava outro sentido, compreendida como esplendor e fama, os quais exigem a luz da esfera pública para se concretizar. "Afirmar a própria opinião fazia parte de ser capaz de mostrar-se, ser visto e ouvido pelos demais" (Arendt, 2008, p. 56). Como reitera Tassin, a *doxa* e sua expressão discursiva, *doxazein*, pertencem de pleno direito ao espaço público da aparência, no qual os atos e palavras ganham visibilidade e revelam o seu agente aos olhos dos demais espectadores (cf. Tassin, 2017). Esse vínculo da *doxa* com o espaço público também permite que essa esfera seja compreendida como o ambiente, por excelência, da eloquência e da persuasão – Arendt lembra que os atenienses, que orgulhavam-se de se distinguir dos bárbaros porque conduziam os assuntos políticos na forma do discurso, sem usar da coação e da violência, consideravam a retórica, a arte da persuasão, como a arte verdadeiramente política (Cf. Arendt, 2008, p. 47).

É importante esclarecer que o jogo metafórico de opostos luz *versus* sombras do qual Arendt lança mão para contrapor a visibilidade do espaço público à obscuridade da esfera privada não acarreta um rebaixamento *tout court* desta última. Sem atender às nossas necessidades básicas, supridas na esfera do privado, não teríamos como nos alçar ao mundo iluminado do público. Mas há outras implicações. Ao mesmo tempo em que afirma que a luz da cena pública só abriga o que pode ser considerado de relevância, digno de ser apresentado aos olhos e ouvidos do público – por consequência, tudo que for irrelevante, desse ponto de vista, é relegado às sombras do ambiente privado –, a autora adverte para as consequências deletérias de uma existência vivida integralmente sob os holofotes da presença ininterrupta da pluralidade de homens e mulheres que formam a esfera pública. Tal existência tornar-se-ia "superficial", porque careceria das sombras do espaço privado, de um refúgio oculto e sombrio onde é possível cultivar a profundidade (Cf. Arendt, 2012, p. 63; 87). É também protegido da intensa cintilação do espaço público, no aconchego da penumbra da privatividade, que tem chances de florescer um dos mais elevados afetos humanos – o amor –, cuja maior característica é a não mundanidade e que, se exposto à publicidade da esfera política, acaba por se perverter e se extinguir. "[...] o amor só pode ser falsificado e pervertido quando utilizado para fins políticos, como a transformação ou a salvação do mundo", adverte Arendt (2012, p. 63).

Entretanto, se não é o espaço adequado para abrigar o amor, a esfera pública é o terreno propício para fazer desabrochar a amizade, no sentido da *philia politikē* aristotélica que, como define Arendt, pode ser compreendida como "respeito". O "respeito", nessa perspectiva, é uma forma de amizade desprovida de vínculos de intimidade e proximidade que traduz-se em uma consideração pela pessoa, mantendo a necessária distância que o espaço do mundo interpõe entre os indivíduos (Cf. Arendt, 2012, p. 303), justamente para que eles não colidam entre si. "O elemento político da amizade é que, no diálogo autêntico, cada um dos amigos pode entender a verdade inerente à opinião do outro" (Arendt, 2008, p. 59). Para Aristóteles, a *philia* é o laço que une os cidadãos no espaço público, o qual permite que eles possam constituir uma comunidade. É bem verdade que Arendt também destaca o espírito agonal predominante na pólis grega, marcado pela constante disputa entre os cidadãos para se superar uns aos outros em busca da glória. Mas essa é a contraface da *philia* e dos elos isonômicos que ela proporciona, os quais colocam os indivíduos na mesma condição de igualdade preservando as suas diferenças – e a diferenciação, como ressalta Arendt, "é inerente à vida diagonal" (Arendt, 2008, p. 59). Também é importante lembrar que o espaço público, para Arendt, é o *locus* do conflito, do confronto entre ideias. O que une os cidadãos não é uma mesma vontade geral – daí a forte oposição da autora às teses de Rousseau –, porém, o mundo em comum, no qual eles compartilham um conjunto comum de instituições mundanas (cf. Canovan, 1992, p. 226).

Instituída e preservada pela ação coletiva, a esfera pública está ainda associada às noções de virtuosidade e de coragem. Recuperando o sentido da *virtù* maquiavélica, Arendt refuta a imagem da esfera da política como o lugar da mentira e da dissimulação, para enfatizar a ideia de virtuosidade da ação, na qual a excelência está no próprio desempenho da ação e não no seu produto final. Essa "performance" exige a luz do público para se concretizar, como em um anfiteatro, e requer do seu agente uma disposição de coragem não somente para se expor, mas também para dar início a novos começos por meio da ação política, interrompendo o processo automático de uma rotina inteiramente entregue às necessidades da vida biológica, e ainda arcar com as consequências dos seus atos e palavras. "[...] a coragem e mesmo a audácia já estão presentes no ato de alguém que abandona seu esconderijo privado para mostrar quem é, desvelando-se e exibindo-se a si próprio", observa Arendt (2012, p. 233) – em outras palavras, a coragem é a "virtude política por excelência" (Arendt, 2012, p. 43).

Por fim, o espaço público, o qual confere dignidade, relevância e sentido à ação e ao discurso, também é essencial para a própria preservação da memória humana. No que diz respeito aos homens e mulheres no singular, ele é a arena onde os indivíduos podem driblar sua inexorável finitude fazendo com que a lembrança dos seus feitos e discursos ultrapasse o tempo limitado de suas existências. No plano coletivo, também preserva do olvido as realizações da civilização humana, por meio das estórias, transmitidas de geração em geração, que compõem o grande livro de História da humanidade.

Referências
ARENDT, Hannah. *A condição humana.* 11ª Ed. Rio de Janeiro: Forense Universitária, 2012.
ARENDT, Hannah. *A promessa da política.* Rio de Janeiro: Difel, 2008.
ARENDT, Hannah. *A vida do espírito*: o pensar, o querer, o julgar. Rio de Janeiro: Relume Dumará, 2002.
CANOVAN, Margaret. *Hannah Arendt:* a reinterpretation of her political thought. Nova York: Cambridge University Press, 1992.
TASSIN, Étienne. *Le trésor perdu*: Hannah Arendt, l'intelligence de l'action politique. Paris: Éditions Klincksieck, 2017.

16.
EXEMPLARIDADE ÉTICA E POLÍTICA

Igor Vinícius Basílio Nunes
Universidade Estadual de Campinas

Hannah Arendt se utiliza da noção de *exemplaridade ética e política*, bem como de suas formas variantes ou de seus termos correspondentes – como "exemplos morais" (Arendt, 1965, p. 32), "exemplos de virtudes e vícios políticos" (Arendt, 1965, pp. 08 e 32), "indivíduos e incidentes exemplares" (Arendt, 1965), "validade exemplar" (Arendt, 1970, p. 91) "pensamento exemplar" (Arendt, 1965, p. 32) –, realçando o primeiro vocábulo como etimologicamente derivado da palavra latina *"eximere"*. Arendt escreve: *"Example from eximere"* (Arendt, 1970, p. 91). Do latim: *Ex*: "para fora, retirar, remover"; *Emere*: "pegar, adquirir". A expressão em inglês empregada pela autora para traduzir *eximere* é: *"to single out some particular"* ("escolher algum particular") (Arendt, 1965, p. 32; Arendt, 1970, p. 91). Escolher, selecionar, tirar, pegar, apontar, destacar, distinguir, separar. A princípio, é importante observar, não se trata de um conceito propriamente circunscrito ou capitulado em alguma obra teórica específica da autora. Antes, é uma concepção transversal e recorrente nos escritos da pensadora, mas muitas vezes não explicitada, pois aparece aqui e ali sem conceitualização evidente.

A relevância desse termo está, num primeiro momento, nos anos 30, 40 e 50, em como se relaciona ao modo de operação do próprio pensamento político arendtiano, no sentido de a autora costumeiramente lançar mão do recurso de pinçar experiências concretas e casos particulares como ferramenta para as suas reflexões filosóficas, que não deixavam de ser abstratas (Cf. Lafer, C. 1972, p. 26). *Modus operandi* este, logo, que perpassa praticamente toda a produção intelectual política da filósofa e que, sobretudo a partir da década de 1960, num segundo momento, foi textualmente vinculado à capacidade espiritual humana do juízo/julgar (*judging*): os exemplos aparecem, nos textos morais de Arendt, como guias ou como sinalizadores, *guideposts*, para aqueles seres que precisam julgar moralmente. Refere-se, em sentido lato, à escolha de um caso, uma instância, um acontecimento ou uma pessoa em particular, por seus destaques qualitativos, para torná-lo válido como modelo a fim de julgar, de modo geral, outros tantos casos particulares sem parâmetros previamente fixados. Com efeito, distinguir particulares, alçando-os ao posto de referências exemplares, é um exercício mental que possui duas funções centrais e fundamentais nas investigações éticas e políticas de Arendt. Notabilizam-se as seguintes funções: (1) Direcionar o juízo moral a fazer uma escolha/deliberação com base em exemplos de condutas e caracteres apresentados ou imaginados ao espírito (*mind*) individual. (1a) Ou seja, é a prática de orientar o pensamento moral a encontrar, iluminar e pontilhar os significados dos conceitos éticos/morais (como "bem", "mal", "bom", "mau", "certo", "errado" etc.) a partir de exemplaridades diagnosticadas em ações de indivíduos reais ou fictícios e, posto isto, auxiliar em tomadas de decisões pessoais e subjetivas com bases em um critério comunicável. (1b) Do ponto de vista estritamente ético, portanto: por um lado, a exemplaridade ajuda a teoria ou o teórico moral a definir e a elucidar os seus principais conceitos de estudo; por outro lado, a exemplaridade pauta e move tanto os atores (em suas ações) quanto os juízes ou espectadores (em seus juízos) morais cotidianamente no convívio da pluralidade humana. (2) Os exemplos também conduzem o pensamento político arendtiano em regresso às primeiras aparições de fenômenos (realidades) e de palavras (expressões) políticas, extraindo delas suas definições conceituais mais fiéis, pois é ali, segundo Arendt, onde se manifestam plenamente (*"voll in Erscheinung"*) (Arendt, 1955, p. 05). (2a) Isto é, apelar à exemplaridade possui a vantagem de fazer materializar e cristalizar os conceitos políticos em perspectivas, momentos e percepções históricas distintas. De tal modo e com tal força que a "espécie de fenomenologia" (Young-Bruehl, 1997, p. 286) que Arendt afirmava exercer pudesse, então, ganhar envergadura suficiente para mapear e refazer os caminhos dos significados e dos sentidos originais, mas não essenciais, dos acontecimentos e das locuções políticas (como "liberdade", "autoridade", "ação", "revolução", "lei" etc.). (2b) Do ponto de vista estrito do pensamento político, por conseguinte: a exemplaridade é o veículo por meio do qual a própria Arendt, enquanto pensadora que necessita distinguir e relacionar conceitos (Cf. Duarte, 2013), locomove-se para apresentar, julgar e compreender a respeito dos eventos políticos que estuda, à sombra da ruptura dos valores e dos significados tradicionais.

Para começar a decodificar a questão da *exemplaridade ética (1; 1a; 1b)* de modo mais rente aos termos de Arendt, destaca-se que a autora retorna inúmeras vezes a uma valiosa interlocução de proximidade com a teoria dos juízos de Kant. Nos cursos intitulados *Algumas questões de filosofia moral* e *Lições sobre a filosofia política de Kant*, designadamente, Arendt cita a seguinte passagem da *Crítica da Razão Pura*: "os exemplos são o veículo/andador (*go-cart*) do julgamento" (Arendt, 2008a, p. 209; Arendt, 2009a, p. 529). A referência às ideias de "locomoção" e "mobilidade" não é casual, uma vez que os exemplos não são amparos permanentes e imóveis, ou seja, não são valores constantes que sempre possam ser usados firmemente para alguma fórmula objetiva do juízo moral. Além de serem móveis e locomotores, os exemplos estão inescapavelmente submetidos à preferência subjetiva, a uma escolha individual. Nesse sentido, a ideia de mobilidade também se conecta ao fato de que a deliberação sobre exemplaridades como critérios é livre, provém do juízo como árbitro entre o certo e o errado (Arendt, 2008a, p. 203), do julgamento como livre-arbítrio, daquele que tem liberdade para ir e vir em suas escolhas, para decidir e se colocar em movimento. Dessa forma, fica evidente que não se compara, portanto, a uma escolha feita por obrigação, ou por dever, ou por uma liberdade que obriga a si mesma, ou por qualquer forma imperativa que condicione as condutas humanas (até porque a não escolha também é uma opção). Ora, Arendt diz estar interessada nesses momentos "apenas na questão de como distinguir o certo do errado" (Arendt, 2008a, p. 203) e, curiosamente, a autora constata que Kant abordou o mesmo problema, não em sua teoria moral, mas em sua questão sobre o "gosto", sobre como distinguir o "belo" do "feio". Assim, Arendt explica que concebe o juízo moral do mesmo modo como Kant lida com o juízo estético. Com esse ponto crucial, a autora quer dizer que, diante de algum caso ou elemento sem precedentes, na ausência de um parâmetro dado, na ausência de um ponto fixo ao qual se agarrar e confiar para a decisão de um determinado juízo, os seres humanos, portanto, podem se fiar a alguma exemplaridade para escolher como julgar este elemento ou aquela situação em particular. Assim, o exemplo se torna, mesmo que temporariamente, um padrão, um critério, um ideal para medir e comparar entre duas ou mais opções.

Arendt sustenta que este é o caso dos juízos morais. "Na nossa vida cotidiana isso se verifica sempre que dizemos, em face de uma situação desconhecida, que fulano ou beltrano fez um juízo correto ou equivocado" (Arendt, 2008b, p. 155). Isto é, para se chegar à decisão de que uma conduta é correta ou equivocada é preciso de um critério que somente os exemplos podem fornecer, pois, de acordo com a pensadora, nesses momentos nenhum paradigma pré-estabelecido existe, nenhum preconceito é suficientemente resolutivo. É por isso que Arendt diz: "[...] os exemplos morais nada mais são do que alguns atos particulares cometidos por algumas pessoas particulares" (Arendt, 1965, p. 32). Reside nessa qualidade do juízo, que se coloca em marcha através dos exemplos, o principal arsenal de Arendt para enfrentar o que ela denomina de "ruptura da tradição", ou seja, o fato inconteste e sem decisão ulterior de que as dominações totalitárias desintegraram os sistemas conceituais e valorativos constituintes dos pensamentos morais e políticos do ocidente. Em outras palavras, se o mundo político do século XX nos trouxe problemas sem precedentes, sem categorias que poderiam dar conta deles, como então sair desse embaraço? Arendt coloca da seguinte forma: Como contar algo sem ter um sistema de numeração? Como medir algo sem o metro? Como julgar algo sem critérios? (Cf. Arendt, 2002, p. 44). É para responder a essas perguntas que Arendt se apropria, de um modo bem antropofágico, das teorias kantianas. Nesse contexto, o juízo se torna um dom que a mente humana possui para se localizar entre os particulares dos assuntos práticos.

 Interessa a Arendt que Kant caracterize e separe o *juízo determinante* do *juízo reflexionante*. O juízo, nesses termos, pode ser considerado como uma faculdade determinante no sentido de definir um conceito a partir de uma representação empírica dada. Ou seja, partindo de uma percepção sensível, o juízo determinante trataria de subsumir o objeto a conceitos ou princípios correspondentes, ou melhor, conseguiria subsumir o particular ao universal já determinado, sendo assim um juízo lógico, pois seria capaz de produzir conhecimento objetivo. Não obstante, um juízo pode ser também uma simples faculdade de refletir sobre uma representação dada, a partir de certo princípio dado. Este é chamado de juízo reflexionante, pois ele é pré-conceitual, ou seja, não pode subsumir o particular a um universal determinado, pois aquele escapa a este. Assim, deve encontrar o universal de um particular dado a partir da própria situação e da própria reflexão: é como um voltar-se a si mesmo diante do objeto dos sentidos e conseguir julgar sem padrões dados. Nesse processo, é justamente a faculdade da imaginação que fornece exemplos para a atividade do julgamento reflexivo. Da mesma maneira que Arendt diz ser a "compreensão" uma bússola para os seres humanos se orientarem no mundo e no tempo em que vivem (pois só assim se tornam contemporâneos de suas próprias épocas) (Cf. Arendt, 2002, p. 53), os exemplos funcionam como uma bússola para a mente humana navegar pelo mapa moral, o qual não possui coordenadas com pontos absolutos e definitivos. O que conecta compreensão e exemplaridade, neste caso, são os papéis do juízo reflexionante e da imaginação que, em conjunto, possuem criatividade espiritual suficiente para começar algo do zero e, destarte, são capazes de salvar os seres humanos em um mundo com crises intelectuais e políticas. Arendt desenvolve esse peculiar procedimento mental do juízo humano por meio da distinção entre "esquema" e "exemplo". Para isso, a autora se vale de um objeto fora do campo da moralidade:

> perguntamos: O que é uma mesa? Em resposta a essa questão, invocamos a forma ou o esquema (kantiano) de uma mesa presente em nossa imaginação, com relação à qual toda mesa deve se conformar para ser uma mesa. A *mesa esquemática* [...]. Ou podemos reunir todos os tipos de mesa, despojá-los de suas qualidades secundárias [...] até chegarmos às qualidades mínimas comuns a todas. A *mesa abstrata*. Ou podemos finalmente escolher as melhores dentre todas as mesas que conhecemos ou podemos imaginar, e dizer: este é um *exemplo* de como as mesas deveriam ser construídas [...] A *mesa exemplar*. (Arendt, 2008a, p. 210, grifos da autora).

Em outras palavras, enquanto o esquema é um processo de desmaterialização, de dessensorialização e de abstração das particularidades de algum objeto específico a fim de criar uma ideia deste; o exemplo, por seu turno, significa o realce da qualidade do objeto particular a fim de criar um modelo a partir daquilo. Tendo o que já foi assentado, fica mais fácil entender então quando Arendt transfere a discussão para o problema dos assuntos humanos:

> A maioria das virtudes e vícios políticos são pensados em termos de indivíduos exemplares: Aquiles para coragem, Sólon para perspicácia (sabedoria) etc. Ou tome-se o exemplo do cesarismo ou bonapartismo: tomamos Napoleão ou César como um exemplo, isto é, como uma pessoa particular que exibe qualidades que são válidas para outros casos. Sem dúvida, aqueles que não sabem quem foram César ou Napoleão não podem compreender do que estamos falando [...] Por isso a validade do conceito é restrita, mas, dentro de suas restrições, ele é ainda assim válido [...] Julgamos e distinguimos o certo do errado por termos presente em nosso espírito algum incidente e alguma pessoa, ausentes no tempo e no espaço, os quais se tornaram exemplos (Arendt, 2008a, p. 210 e 211).

A exemplaridade carrega, dessa forma, uma linguagem universal: Bolsonaro pode ser um exemplo de "chamboíce" seja para um brasileiro contemporâneo seja para um chinês do futuro século XXX. É possível pensar em vários outros casos, basta exercitar a imaginação. Todavia, seguindo as noções arendtianas, existem duas limitações para a força dos exemplos. Em primeiro lugar: a preferência subjetiva, pois pode acontecer que alguém prefira basear suas próprias ações, e seus próprios julgamentos, seguindo o modelo do Hannibal Lecter a Jesus Cristo, ou seja, pode ser que alguém prefira ter Adolf Hitler como companhia no lugar de Mahatma Gandhi, ou pode ser que alguém se mantenha indiferente a essa escolha. Ora, diz Arendt, nesses últimos casos, "a única coisa que poderíamos fazer é nos assegurarmos de que eles jamais chegassem perto de nós" (Arendt, 2008a, p. 212). A escolha de companhia é fundamental para a noção moral arendtiana. Na esteira disso, em segundo lugar: a validade exemplar é restrita a apenas poder "suplicar a aquiescência de cada um dos demais" (Arendt, 2009b, p. 277), uma vez que é claro que esse tipo de decisão não possui a validade das proposições cognitivas. Nunca podemos compelir alguém a concordar com esse tipo de juízo particular: isto é certo, isto é errado –; apenas podemos cortejar ou pretender o acordo de todos os demais. Assim, a validade exemplar pode ser geral se acatada pelo maior número de julgadores, mas jamais terá representação universal.

Exemplaridade Política (2; 2a; 2b). Além desse contexto, é extremamente importante considerar e se atentar para o fato de que Arendt alega que não só os conceitos morais são iluminados e devedores desse método de lidar com os particulares, mas, segundo ela, "há muitos conceitos nas ciências históricas e políticas a que se chegou dessa maneira" (Arendt, 2008a, p. 210). No texto *A crise da cultura*, Arendt expressa que a compreensão desse tipo de juízo reflexionante, que se baseia em exemplos, "é tão antiga como a experiência política articulada. Os gregos davam a essa faculdade o nome de *phrónesis*, ou discernimento, e consideravam-na a principal virtude ou excelência do político, em distinção da sabedoria do filósofo" (Arendt, 2009b,

p. 275). Ora, o modo do pensamento político de Arendt é sempre oposto propositalmente à sabedoria filosófica tradicional. Por mais que a autora não diga isso com todas as palavras, Arendt não pensa e julga sobre eventos políticos de maneira isolada, na torre de marfim do sábio apartado da vida e do senso comum. Pelo contrário, o modo de operação do pensamento político arendtiano é semelhante, em funcionamento, ao juízo reflexionante contextualizado pela autora em seus estudos éticos *pari passu* à *phrónesis* (entendido "como um ideal singular, parâmetro, portanto") (Arendt, 2008b, p. 229). Assim sendo, essa compreensão política só se movimenta por meio dos exemplos para conseguir pensar de forma "vicária". Para ilustrar: no seminário *Contemporary issues*, a professora Arendt afirma que o objetivo geral do curso seria desenvolver a imaginação política dos seus alunos (Arendt, 1955, p. 02). Para realizar isso, Arendt expõe um método. Ela diz que, para treinar a imaginação a compreender os eventos de seu tempo, seria preciso cobrir e pensar "na biografia de um homem singular nascido, digamos, em 1890" (Arendt, 1955, p. 02). Nos próprios rascunhos das aulas é possível perceber que nesses contextos era uma regularidade a súplica arendtiana para que seus alunos esquecessem todas as teorias ("*No theories, forget all theories*"), justamente porque a autora desejava confrontar as próprias experiências passadas "para reviver esse período de modo vicário" (Arendt, 1955, p. 02), ou seja, fazendo as vezes daquele personagem que vivenciou e foi afetado de uma forma ou de outra por todos esses eventos e fatos de seu tempo.

Sublinha-se, aqui, que os conceitos filosóficos de Arendt normalmente ganham vida por meio de exemplaridades, isto é, fatos históricos ou personalidades exemplares, para se erigir, a partir deles, significados gerais. A *pólis* e os cidadãos gregos são um dos exemplos, padrões (*massgeblich*, Cf. Arendt, 2008b, 174) para se pensar o fenômeno político em *A condição humana* e em outros escritos políticos. As revoluções francesa e americana e os pais fundadores cidadãos são casos exemplares para se refletir sobre a experiência e o significado moderno da ação revolucionária em *Sobre a Revolução*. Os campos de concentração e o *animal laborans* são os exemplos máximos da dominação totalitária em *Origens do Totalitarismo*. Não obstante, subjacentes a todos esses e outros perfis e tipos – como Rahel Varnhagen, Adolf Eichmann, Karl Jaspers, outros homens e outras mulheres em tempos sombrios – está a preocupação arendtiana em delinear e desvelar um "quem", não um "quê", na tentativa de compreender a política. Ou seja, a política se constitui, aparece e só é algo por meio da narrativa sobre o "quem" (*who*), de vários "quens", para Arendt. Em outros termos, qualquer emergência histórica e/ou discursiva, ou emergência de modos de vida específicos, não pode ser desconectada das ligaduras formadoras de um "quem". Não se trata de uma fenomenologia de "volta às coisas mesmas", mas, antes, da mentalidade alargada de "fazer as vezes de alguém". O pensar de Arendt é um ir e vir e voltar no tempo, ao imaginar diferentes perspectivas exemplares às quais visitar, em busca de ações e experiências perpetradas e sentidas por alguém em diferentes temporalidades. Talvez por isso que a grande pergunta política contemporânea evocada por Arendt seja esta: "por que existe alguém em vez de ninguém?" (Arendt, 2008b, p. 269).

Referências

ARENDT, Hannah. *A vida do espírito*. Trad. César Augusto de Almeida e outros. Rio de Janeiro: Civilização Brasileira, 2009a.

ARENDT, Hannah. *Entre o passado e o futuro*. Trad. Mauro W. Barbosa. São Paulo: Perspectiva, 2009b.

ARENDT, Hannah. *Kant's Political Philosophy*. Courses---New School for Social Research, Nova York, N.Y.. Lectures---1970 (Series: Subject File, 1949-1975, n.d.).

ARENDT, Hannah. *Responsibility and judgment*. Edição de Jerome Kohn. Nova York: Schocken Books, 2003.

ARENDT, Hannah. *Responsabilidade e julgamento*. Trad. Rosaura Eichenberg. São Paulo: Companhia das Letras, 2008a.

ARENDT, Hannah. *Some Questions of Moral Philosophy*. Courses---New School for Social Research, Nova York, N.Y.--- lectures---1965.

ARENDT, Hannah. *A dignidade da política*. Org. Antônio Abranches; trad. Helena Martins e outros. Rio de Janeiro: Relume Dumará, 2002.

ARENDT, Hannah. *A promessa da política*. Org. Jerome Kohn. Trad. Pedro Jorgensen Jr. Rio de Janeiro: Difel, 2008b.

ARENDT, Hannah. *Contemporary issues*. The Hannah Arendt Papers at the Library of Congress. Courses---University of California, Berkeley, Calif, undergraduate seminar, 1955 (Series: Subject File, 1949-1975, n.d.).

ARENDT, Hannah. *Political experiences in the twentieth century*. The Hannah Arendt Papers at the Library of Congress. Courses – New School for Social Research. Nova York, N.Y.- lectures – 1968 (Series: Subject File, 1949-1975, n.d.).

DUARTE, A. Hannah Arendt e o pensamento político: a arte de distinguir e relacionar conceitos. *Argumentos*, ano 5, n. 9 – Fortaleza, jan./jun. 2013.

LAFER, C., Introdução. *Entre o passado e o futuro*. Trad. Mauro W. Barbosa. São Paulo: Perspectiva, 1972.

YOUNG-BRUEHL. E. *Hannah Arendt*: por amor ao mundo. Trad. Antônio Trânsito. Rio de Janeiro: Relume Dumará, 1997.

17.
FELICIDADE PÚBLICA

Antônio Batista Fernandes
Centro Universitário Católica de Quixadá

O termo "felicidade pública" é usado com frequência em muitos dos escritos políticos de Hannah Arendt[1], mais notadamente nos textos que abordam a problemática das revoluções e da fundação da república. Preliminarmente podemos atribuir ao termo, dentro da obra de Arendt, um significado que reflete a relação entre ação, participação, liberdade e felicidade, compreendida no sentido estritamente público e não privado, tal como havia sido experimentada pelos homens das revoluções modernas. Contudo, para fins de aprofundamento do conceito de felicidade pública, convém que tracemos sua proximidade com alguns termos correlatos e diferentes, a saber: a) felicidade pública e liberdade pública; b) felicidade pública e felicidade privada e c) liberdade civil e felicidade pública.

Arendt esclarece que o termo em questão remete ao período pré--revolucionário e a matriz do pensamento político norte-americano, onde a "felicidade pública significava uma participação na 'gestão do governo'" (Arendt, 2018, p. 140). Assim, a autora nos explica que a combinação entre as palavras "felicidade" e "pública" contém em seu cerne a ideia de que é apenas por meio da participação efetiva

---

[1] Para uma maior compreensão desse termo na obra de Arendt, conferir: *Sobre a Revolução* (1963); *A ação e a busca da felicidade* (1960); *Entre o passado e o futuro* (1963).

nos assuntos públicos que os homens podem ser de fato felizes. Entre os norte-americanos, a experiência de felicidade pública não era algo inédito, pois remetia ao período pré-revolucionário, no qual "os habitantes das colônias tinham-se 'unidos por lei em corporações ou corpos políticos', e tinham 'o direito de se reunir [...] na sede de seus municípios, para deliberar sobre assuntos públicos'" (Arendt, 2011, p. 162), portanto, já nutriam gosto e paixão pela emulação, deliberação e ação política que conferia a todos "um sentimento de felicidade que não poderia ser obtido em nenhum outro lugar" (Arendt, 2018, p. 143), isto é, um sentimento de felicidade que só era possível no espaço público de pluralidade humana e deliberação comum.

O conceito norte-americano de felicidade pública ou política, se assemelha ao conceito presente na linguagem política francesa de liberdade pública ou política, ambos "foram os princípios inspiradores que prepararam o espírito daqueles que, então, fizeram o que jamais tinham esperado fazer" (Arendt, 2011, p. 168), ao constituírem, por meio da Revolução, um novo corpo político onde a felicidade pública e a liberdade pública poderiam ser atualizadas e vivenciadas por todos. Para os revolucionários norte-americanos, que haviam experimentado a felicidade pública, somente a liberdade política seria capaz de garantir a cada cidadão o direito de ter "acesso à esfera pública, de ter parte no poder público" (Arendt, 2011, p. 172). Do mesmo modo, os revolucionários franceses defendiam que a liberdade pública só poderia "existir em público; era uma realidade concreta, terrena, algo criado pelos homens para ser usufruído pelos homens" (Arendt, 2011, p. 169).

No caso específico da Revolução Americana, onde o conceito de felicidade pública se tornou uma experiência concreta, tal conceito significava antes de tudo a pretensão que os norte-americanos tinham de ter uma parcela efetiva de participação no poder público. Os homens da revolução "sabiam que não poderiam ser totalmente 'felizes' se sua felicidade se situasse e fosse usufruída apenas na vida privada" (Arendt, 2011, p. 173). Arendt observa, diante desse contexto, que um dos principais erros dos homens da Revolução Americana, e mais especificamente de Thomas Jefferson([2]), resulta da substituição do termo "felicidade pública" pelo termo "busca da felicidade" no texto da Declaração de Independência dos Estados Unidos da América, mudando com isso "a fórmula corrente pela qual os direitos inalienáveis eram enunciados como 'vida, liberdade e propriedade', para 'vida, liberdade e busca da felicidade' (Arendt, 2018, p. 139). A principal consequência dessa opção textual resulta da possibilidade aberta de confundir felicidade pública com os direitos relativos ao bem-estar privados dos indivíduos, o que ocorreu, sobretudo, a partir dos séculos XIX e XX.

Sobre essa substituição, Heloisa Starling esclarece que o grande problema dessa mudança proposta por Jefferson, e a base do argumento crítico de Arendt, decorre do fato de que, "o prolongamento dessa busca para além da satisfação do indivíduo deságua na noção de felicidade pública, isto é, no gosto de reivindicar participação na condução dos assuntos públicos e se preocupar com o bem-estar comum" (Starling, 2018, p. 13). Com isso, o distanciamento da esfera pública e dos espaços de participação política onde a felicidade pública se torna uma realidade concreta, cede espaço à lógica dos indivíduos que passam a compreender a felicidade apenas como proteção da vida privada e das demandas do lar. Não por acaso, a nova forma de Jefferson implicava a exclusão dos indivíduos nos assuntos públicos, fazendo com que a busca da felicidade fosse entendida apenas como "o direito dos cidadãos de buscar seus interesses pessoais e, assim, de agir conforme as regras do interesse próprio privado" (Arendt, 2011, p. 181).

Resumindo, a substituição do termo "felicidade pública" por "busca da felicidade" resultou na compreensão da felicidade num

---

([2]) Embora Arendt teça críticas a Thomas Jefferson pela substituição do termo "felicidade pública" por "busca da felicidade", contida no texto final da Declaração da Independência Norte-Americana, na maior parte do texto de *Sobre a Revolução* (1963), Arendt é elogiosa a Jefferson, que em sua leitura foi um dos principais defensores do republicanismo americano. Nessa direção, Eduardo Jardim assevera que "de todas as principais figuras de revolucionários, foi Thomas Jefferson, especialmente, quem inspirou os comentários mais entusiasmados de Hannah Arendt" (Jardim, 2011, p. 95).

sentido duplo, "o bem-estar privado e o direito à felicidade pública, a busca do bem-estar e ser um 'participante nos assuntos públicos'" (Arendt, 2011, p. 178). No entanto, Arendt identifica que o segundo sentido foi rapidamente cedendo espaço ao primeiro e a felicidade pública, que animava o espírito revolucionário, foi sendo esquecida e substituída pela felicidade privada, considerada por muitos como um elemento essencial dos governos tirânicos, nos quais "a tirania privava da felicidade pública e da liberdade pública, sem ameaçar, necessariamente, a busca de interesses pessoais e o desfrute de direitos privados" (Arendt, 2018, p. 147).

Naturalmente, é preciso ressaltar que uma das principais questões enfrentadas por Arendt em seus textos sobre política, que demarca de maneira precisa sua compreensão do significado da política, decorre de seu entendimento da política como uma realidade prática que só pode ser efetivada no espaço comum de igualdade e pluralidade humana, possibilitando o aparecimento da singularidade de cada indivíduo livre por meio da ação e do discurso. Na direção contrária dessa visão de política estão as tentativas de normatização da ação e da liberdade humana, como ocorreu com a ascensão dos regimes totalitários no século XX e, como ocorre quando a liberdade política é substituída apenas pelas garantias de direitos civis ou de liberdades privadas. Tal substituição resultou num dos principais erros cometidos pelos homens nas duas principais revoluções modernas, à medida que confundiram a felicidade pública e a liberdade pública com o bem-estar privado e a libertação das necessidades.

Entre os revolucionários norte-americanos, a questão que se apresentava diante da substituição dos termos era, nas palavras de Arendt, "se o novo corpo político constituiria uma esfera própria para a 'felicidade pública' de seus cidadãos, ou se ele teria sido concebido apenas para servir e assegurar a busca da felicidade privada de forma mais eficiente" (Arendt, 2018, p. 149). Caso o objetivo se reduzisse apenas as esfera da vida privada, o ônus de tal escolha representaria o esquecimento de todo o tesouro da participação política e das instituições livres recém conquistadas; conforme observa Dana Villa, fazendo jus ao pensamento de Arendt, tal inversão significava sem dúvida o fracasso da Revolução Americana, uma vez que o abandono da felicidade pública que animou o espírito revolucionário, fazia com que os cidadãos esquecessem a "arte de ser livre", e canalizassem suas energias apenas na direção da busca da felicidade privada (Cf. Villa, 2008, p. 95).

Nesse sentido, Arendt afirma que nos Estados Unidos da América, a Declaração de Direitos (*Bill of Rights*), que continha as devidas limitações constitucionais ao governo, ocasionou a transferência da liberdade pública para a liberdade civil, isto é, "da participação nos assuntos públicos em favor da felicidade pública para a garantia de que a busca da felicidade privada seria protegida e incentivada pelo poder público" (Arendt, 2011, p. 181). As liberdades civis, entendidas por nossa autora como liberdades referentes ao âmbito da vida privada, sempre antecederam ou se distanciaram da liberdade política, que compreendemos como sendo a liberdade de participação nos assuntos públicos. Arendt observa que os revolucionários modernos tiveram de dividir-se: por um lado, diante do desejo de participar efetivamente da coisa pública, ser visto e ouvido pelos seus pares e, por outro, diante da tranquilidade resultante do desejo "antipolítico de estar desobrigado de qualquer dever e cuidado público [...] ser governado sem precisar agir" (Arendt, 2011, pp. 182-183); ou seja, de um lado temos a liberdade política enquanto liberdade para participar dos assuntos públicos por meio da livre ação e, do outro lado, temos a liberdade privada voltada para a preservação dos interesses individuais e o espaço da vida privada.

Entre as liberdades civis e a liberdade pública ou felicidade pública experimentadas pelos homens das revoluções, isto é, entre a libertação (*liberty*) e a liberdade (*freedom*) existe uma linha tênue que não pode ser rompida sob pena de esvaziar o sentido da política[3]. Nessa

---

[3] A discussão sobre o sentido da política na obra de Arendt decorre do esforço de compreender as tentativas de eliminação da política na modernidade, protagonizadas pela ascensão das formas totalitárias de Estado. Para Arendt,

direção, conforme assegura Müller, "mesmo que a fronteira entre a libertação e a liberdade seja sutil, suscitando alguma incerteza, os dois conceitos não se confundem" (Müller, 2013, p. 66). Müller acrescenta que "a intenção de libertar – libertação – não pode ser tomada como sendo o mesmo que liberdade – entendida enquanto fenômeno político" (Müller, 2013, p. 66). Assim, a fronteira entre necessidade ou prosperidade e liberdade pública parece ter passado despercebida no decurso das duas revoluções e, conforme relata Arendt, também na mente de seus fundadores, pois a experiência de felicidade pública ou liberdade pública vivenciada e descoberta pelos revolucionários no decurso das revoluções, foi sucessivamente cedendo lugar apenas a garantia dos direitos civis e do bem-estar individual, não avançando na direção da institucionalização de espaços de participação política. Logo, à medida em que os direitos civis foram aos poucos assumindo o centro das revoluções, a dúvida que recaiu sobre os revolucionário foi se "'o objetivo supremo a ser perseguido' era o 'verdadeiro bem-estar do grande conjunto do povo', a maior felicidade da maioria, ou se 'o principal fim do governo' era 'regular [a paixão de sobressair e ser visto]'" (Arendt, 2011, p. 183), tal dúvida expõe uma alternativa entre prosperidade e liberdade, e certamente serviu para alterar por completo o objetivo principal das revoluções que era e sempre foi o nascimento da liberdade.

 Convém que façamos aqui um parêntese e, sendo fiel ao método da distinção de conceitos estabelecido por Arendt, possamos mencionar que a fronteira entre libertação e liberdade converge com a ideia moderna, herdada de Benjamin Constant, que diferencia liberdade negativa de liberdade positiva, conceitos contrapostos também por

---

o real sentido da política é a liberdade, "isso significa que nesse espaço – e em nenhum outro – temos de fato o direito de esperar milagres" (Arendt, 2007b, p. 44). Arendt afirma ainda que "a liberdade como fato demonstrável e a política coincidem e são relacionadas uma à outra como dois lados da mesma matéria" (Arendt, 2007a, p. 195). Logo, política e liberdade são inconcebíveis separadamente, e toda e qualquer forma de negação da liberdade é também um modo de eliminação da política.

nossa autora. Em linhas gerais, a liberdade negativa se iguala a libertação e aos direitos civis, enquanto a liberdade no sentido positivo, definição que Arendt compara a experiência política dos gregos na *polis*, compreende a liberdade política. Nas palavras de Arendt, "a humanidade sempre soube que existiam dois aspectos de liberdade, sendo um negativo, isto é, ser livre de restrições vindas de outros, e outro positivo, o de ser livre em seus atos, de realizar não tanto o *eu-quero*, mas o *eu-posso*" (Arendt, 2018, p. 184). Segundo assevera Arendt, alinhados com essas duas definições, os homens das revoluções buscaram se libertar da tirania imposta pela monarquia, fazendo uso da violência revolucionária para, assim, poder assegura o espaço de edificação da liberdade positiva que permitisse a participação efetiva dos indivíduos nos assuntos públicos.

No entanto, no decurso das revoluções, o sentido negativo da liberdade foi sendo alterado dos dois lados do Atlântico; de um lado, passou a significar a liberdade das necessidades vitais; de outro, a garantia de direitos civis e da felicidade privada. Em ambos os casos, a liberdade positiva que deveria constituir o objetivo original das revoluções e representar a paixão pela distinção e emulação, foi paulatinamente cedendo lugar para as liberdades negativas, voltadas para a proteção dos direitos individuais e das iniciativas privadas dos sujeitos. Nesse sentido, o fim e objetivo das revoluções, manifesto por meio da liberdade e da felicidade pública, só pode se efetivar concretamente, segundo Arendt, à medida que a revolução supera essas duas etapas fundamentais: "a etapa de libertação – da pobreza ou da dominação estrangeira –, e a etapa de fundação da liberdade" (Arendt, 2018, p. 202), sem essa dupla superação, a revolução tem grandes chances de não atingir seu real objetivo.

Em síntese, o termo "felicidade pública", presente na linguagem política norte-americana do século XVIII, é retomado por Arendt nas páginas de alguns seus principais textos de envergadura política, com ênfase em *Sobre a Revolução* (1963), para refletir sobre a experiência concreta de participação e deliberação nos assuntos públicos experimentada pelos homens da Revolução Americana, por meio dos diferentes sistemas de conselhos ou nas assembleias dos municípios e distritos que antecederam a Revolução. Assim sendo, a felicidade pública é, sobretudo, a felicidade que resulta do espaço comum de participação política e do direito de cada cidadão de ser reconhecido como um participante nos assuntos de interesses público e de governo.

Referências
ARENDT, Hannah. *Ação e a busca da felicidade*. Organização e notas Heloisa Starling. Trad. Virginia Starling. Rio de Janeiro: Bazar do Tempo, 2018.
ARENDT, Hannah. *Entre o Passado e o Futuro*. Trad. Mauro W. Barbosa. São Paulo: Perspectiva, 2007a.
ARENDT, Hannah. *O que é política?*. Trad. Reinaldo Guarany. 7ª Ed. Rio de Janeiro: Bertrand Brasil, 2007b.
ARENDT, Hannah. *Sobre a Revolução*. Trad. Denise Bottmann. São Paulo: Companhia das Letras, 2011.
JARDIM, Eduardo. *Hannah Arendt*: pensadora da crise e de um novo início. Rio de Janeiro: Civilização Brasileira, 2011.
MÜLLER, Maria Cristina. Revoluções americana e francesa: luta por liberdade ou libertação? *Cadernos de Ética e Filosofia Política*, v. 2, n. 23, pp. 64-77, 2013.
STARLING, Heloisa Murgel. Nota introdutória. In: ARENDT, Hannah. *Ação e a busca da felicidade*. Organização e notas Heloisa Starling. Trad. Virginia Starling. Rio de Janeiro: Bazar do Tempo, 2018.
VILLA, Dana Richard. *Public freedom*. Princeton, NJ: Princeton University Press, 2008.

18.

FUNDAÇÃO

Elivanda de Oliveira Silva
Universidade Federal de Minas Gerais

O conceito de Fundação na História da Filosofia Política nos remete ao problema da criação do novo, isto é, a tentativa do legislador e dos atores políticos de instaurarem um corpo político. É um tema que encontramos já nos escritos dos autores clássicos. A criação das formas políticas, a organização política de uma cidade, o modo como os cidadãos e o legislador decidem criar o corpo político e a identidade que darão a essa forma política são as tópicas principais que norteiam este conceito. É claro que a criação do novo, a descoberta de novas ordens políticas e a organização institucional de uma cidade não acontecem sem maiores problemas, afinal não é apenas o rompimento de paradigmas, mas o estabelecimento de um modo de vida político que poderá desagradar os defensores do que antes estava estabelecido.

Em Hannah Arendt, esse tema já aparece em *Origens do Totalitarismo*, na segunda parte, quando a autora analisa o *Imperialismo*, mas é, sobretudo, a partir de suas reflexões na década de 1960 sobre os vários levantes revolucionários do século XVIII, culminando na publicação de *Sobre a Revolução*, em 1963, que o tema alcança uma exegese reveladora da centralidade e dos aspectos políticos subjacentes a ele.

O imperialismo, segundo Arendt, não tinha a pretensão de ser o gérmen para a criação de uma comunidade política estável, ou mesmo tornar possível a estrutura política que existia antes da conquista e da dominação, pois seu slogan era a "expansão pela expansão". O terreno para a ação política e a criação de leis jamais foi sedimentado pelo imperialismo, porque sua empreitada em nada tinha a ver com fundar e preservar um corpo político estável, mas com a incessante expansão e acumulação de riqueza, de dinheiro que gera dinheiro exatamente porque "o que os imperialistas realmente desejavam era a expansão do poder político sem a criação de um corpo político" (Arendt, 2006, p. 164). A consequência radical da marcha imperialista, em última instância, é de que a "expansão ilimitada como único meio de realizar a esperança de acúmulo ilimitado de capital, que traz um despropositado acúmulo de força, torna quase impossível a fundação de novos corpos políticos" (Arendt, 2006, p. 167). Contudo, o imperialismo foi mais do que uma fase do capitalismo, ele foi o estágio mais pujante do domínio político da burguesia. Ao ter no seu radar a exportação de riqueza e mão de obra excedente, a burguesia tornou possível a acumulação do capital e a produção de uma massa de pessoas supérfluas. Com efeito, afirma Hannah Arendt, "mais antigo que o capital supérfluo era outro subproduto da produção capitalista: o lixo humano, que cada crise, seguindo-se invariavelmente a cada período de crescimento industrial, eliminava permanentemente da sociedade produtiva" (Arendt, 2006, p. 180).

    Nesse contexto de declínio das estruturas políticas da Europa e a consequente desintegração do Estado nacional operada pelo imperialismo e sua incessante empreitada de acumulação ilimitada de poder, capital e riqueza, encontra-se o terreno fértil de "quase todos os ingredientes necessários para gerar o subsequente surgimento dos movimentos e governos totalitários" (Arendt, 2006, p. 151). Esse vínculo entre Imperialismo e Totalitarismo fez Arendt concluir que "antes da era imperialista não existia o fenômeno de política mundial, e sem ele a pretensão totalitária de governo global não teria sentido" (Arendt, 2006, p. 151). Além disso, ela também concluiu que não se pode confundir Imperialismo com a construção de impérios e expansão com conquista, como os modernos historiadores o fizeram, pois a preocupação dos negociantes e líderes imperialistas não era com a criação de leis, se eles fundassem leis, em vez de controlar os povos dominados através de decretos poderiam ter se tornado construtores de um corpo político, a exemplo de Roma.

Se na base do imperialismo não há a preocupação com a fundação de um mundo comum, não se pode afirmar o mesmo com o fenômeno político das Revoluções. Em *Sobre a Revolução*, Arendt retoma a tópica da fundação no contexto moderno, e para ela o evento moderno que é sinônimo de fundação é a Revolução. A Revolução ocupa na modernidade o lugar do início, da novidade e da *constitutio libertatis*: "apenas onde existe esse *páthos* de novidade e onde a novidade está ligada à ideia de liberdade é que podemos falar em revolução" (Arendt, 2011, p. 63).

Hannah Arendt, ao analisar o contexto de fundação da *constitutio libertatis* após a declaração da independência das colônias, lembra que nesse momento de criação de novos centros de poder, os fundadores e homens da Revolução americana recorreram à história, consultaram os exemplos antigos e modernos de constituições republicanas e se serviram da "ciência política". O objetivo não era a garantia das liberdades civis, natural em qualquer governo constitucional, e tema que eles conheciam amplamente, e sim a "constituição do poder", ou melhor, a fundação de um corpo político permanente. Esta preocupação foi esvaecida na França, pois "o rumo da Revolução Francesa, quase desde o início, foi desviado desse curso de fundação pela imediaticidade do sofrimento; ele foi determinado pelas exigências de libertação não da tirania, e sim da necessidade, e foi movido pela ilimitada imensidão tanto da miséria do povo quanto da piedade inspirada por essa miséria" (Arendt, 2011, p. 131).

Em *Entre o passado e o Futuro*, no texto em que ela discute sobre a perda da autoridade no âmbito público, a autora afirma que os pais fundadores, ao permanecerem mais próximos do caráter sagrado da fundação de Roma e ao compreenderem o espírito público original que a tornou possível, foram poupados do esforço de constituir um corpo político, de alto a baixo, sem o auxílio de organismos e documentos políticos já existentes, como as cartas, as convenções e os debates públicos que precederam a Declaração da Independência.

A grande lição que os pais fundadores extraíram, ao consultar os exemplos antigos de constituições republicanas, foi a de que, no coração da história e da política romana, a fundação poderia ser revivida sempre que "o testemunho dos antepassados que inicialmente presenciaram e criaram a sagrada fundação e, depois a engrandeceram no transcurso dos séculos" (Arendt, 2005, p. 162) fosse ampliado pelas novas gerações e, portanto, preservada a tradição e a autoridade dos antepassados.

A fundação de um corpo político duradouro exigiu dos pais fundadores a elaboração de uma constituição que expressasse justamente a autoridade do poder instituído e das novas leis. Ao recorrer ao sentido de autoridade romana, eles foram capazes de fundar "um organismo político inteiramente novo prescindindo da violência e com o auxílio de uma Constituição" (Arendt, 2005, p. 185).

Mais importante para os revolucionários das modernas revoluções no transcurso das ações e empreitadas políticas de constituição de um corpo político foi, portanto, a revelação de que na experiência política central da Antiguidade romana "a liberdade *qua* começo se torna manifesta no ato da fundação" (Arendt, 2005, p. 216), ou seja, para os romanos, "participar na política, significa, antes de tudo, preservar a fundação da cidade de Roma" (Arendt, 2005, p. 162).

Nesse sentido, o ato fundacional, como o feito de maior grandeza que um legislador pode realizar, se apresenta como um grande desafio: instituir a nova ordem sem, no entanto, esquecer os princípios geradores do poder instituído. Caberá, desse modo, aos atores políticos que instituíram o poder romper com a velha ordem e criar espaços institucionais onde a liberdade possa ser preservada. Esse foi exatamente o problema o qual Maquiavel apresentou no livro VI d'*O Príncipe*, quando expôs os motivos pelos quais a fundação é a ação mais difícil e também a mais importante de um legislador.

Em *Sobre a Revolução*, Hannah Arendt dirá que os pais fundadores também tiveram que enfrentar esse mesmo dilema no instante de fundação de seu corpo político. Essas dificuldades podem ser situadas no que, para a autora, são os dois momentos centrais da criação do novo: *constitutio libertatis* (a participação dos cidadãos no governo ou no poder instituído) e *novus ordo saeclorum* (uma nova autoridade para o corpo político fundado). Esses dois eventos são coexistentes e sugerem em si as dificuldades as quais os pais fundadores tinham que enfrentar na tarefa de instituir espaços de liberdade garantidores da continuidade do espírito público que moveu cada ator político e originou os acordos e pactos que deram origem ao novo corpo político. Em outras palavras, a tarefa não era unicamente de estabelecer os princípios de origem de um novo começo, mas de tornar esses princípios duradouros para as gerações vindouras ou, como Arendt sugere, para os novos iniciantes: "visto nesta luz [...] a tarefa era fundar um corpo político em que o novo começo é possível, para estabelecer as bases para a posteridade que preservaria o começo e com ele a capacidade dos iniciantes" (Arendt, 2013, pp. 04-05).

Para Arendt, o ato inicial da fundação é importante não simplesmente porque estabelece uma estrutura para o novo governo ou ainda porque garante um conjunto de direitos para o povo, mas porque exemplifica para os atores políticos e os cidadãos da nova ordem fundada as realizações que devem continuar a ocorrer no mundo comum a fim de que o domínio político seja mantido para além do momento da criação, isto é, "a questão da Fundação de uma república foi como preservar esse espírito, como encontrar instituições duradouras que poderiam evitar que essa experiência fosse apenas de uma geração" (Arendt, 2013, p. 03). Na tentativa de compreender como manter esse *páthos* da novidade, Arendt compara o revolucionário que funda um corpo político a "um tipo de arquiteto que constrói a casa em que as gerações futuras, sua posteridade, viverão" (Arendt, 2013b, p. 05). A fundação da "casa deve ser estável precisamente porque aqueles que a habitam são fúteis, vão e vêm em um processo infinito de sucessão que pode ou não ser governado pela lei do progresso" (Arendt, 2013b, p. 05).

O que a interessa é mais o potencial instaurador de fundação de um corpo político que torne realidade a liberdade política e a experiência de um novo início, que podem emergir com as revoluções, do que a garantia irrestrita de direitos individuais que, ao atender o império das necessidades, gera uma sensação de contentamento e satisfação momentâneos, acabando por afastar os homens do desejo de participar dos negócios da cidade.

A criação dessa nova estrutura política, como Arendt parece sugerir, é a fundação de uma República que traduza o espírito revolucionário: igualdade de participação política, criação de instituições políticas que tornem a felicidade e a liberdade pública uma experiência não de apenas uma geração, mas de todos aqueles que assumem responsabilidade pelo mundo comum.

Referências
ARENDT, Hannah. *Entre o passado e o futuro.* Trad. Mauro W. Barbosa. São Paulo: Perspectiva, 2005.
ARENDT, Hannah. Founding Fathers. *HannahArendt.net.* Vol. 7, nº 1, 2013. Disponível em: <http://www.hannaharendt.net/index.php/han/article/view/294>. Acesso em: 30 jul. 2021.
ARENDT, Hannah. *Origens do Totalitarismo.* Trad. R. Raposo. São Paulo: Companhia das Letras, 2006.
ARENDT, Hannah. Revolutions: spurious and genuine. *HannahArendt.net.* Vol. 7, nº 1, 2013b. Disponível em: <http://www.hannaharendt.net/index.php/han/article/view/294>. Acesso em: 30 jul. 2021.
ARENDT, Hannah. *Sobre a revolução.* Trad. Denise Bottmann. São Paulo: Companhia das Letras, 2011.
MAQUIAVEL. *O Príncipe.* Trad. José Antônio Martins. São Paulo: Hedra, 2011.

19.

HUMANIDADE

Rodrigo Ponce
Universidade Federal do Paraná

Hannah Arendt pensa seu próprio tempo como um ponto de ruptura da civilização. A intensidade e amplitude de duas grandes guerras não apenas destruiu cidades, como também ameaçou a própria condição da cidadania. Milhões foram transformados em cidadãos de segunda classe ou expulsos de seus territórios, tornando-se apátridas. Outros milhões, também alijados de quaisquer direitos, foram tratados como bestas e eliminados em campos de concentração. O pensamento arendtiano estabelece uma relação fundamental entre cidadania e humanidade, ou entre a negação dos direitos políticos e a desumanização.

O governo totalitário "começa pela destruição da essência humana" (Arendt, 1985, p. *viii*), ou seja, pela negação daquilo que faz do humano um ser político. Logo, sua eventual vitória coincidiria com a completa destruição do que até então se compreendeu como o mundo civilizado. Mas a ameaça também poderia ensejar uma nova organização humana. Para isso, seria preciso não apenas barrar o avanço totalitário, mas compreender o caminho que nos levou até o abismo. Encontrando-se diante de uma ruptura que pode levar ao fim da humanidade, trata-se de compreender o que a humanidade significou no passado, e o que isso ainda não significa. O que poderia significar ser humano de agora em diante? Para nossa autora, "a dignidade humana precisa de uma nova garantia, a qual pode ser encontrada apenas em um novo princípio político" (Arendt, 1985, p. *ix*).

A questão sobre o fim e o princípio da humanidade marca toda a obra arendtiana, desdobrando-se desde a investigação sobre a *vita activa*, em *A Condição Humana*, até os escritos inconclusos sobre o pensar, o querer e o julgar, em *A Vida do Espírito*, passando pelas mais diversas abordagens sobre a constituição do mundo comum – isto é, sobre a capacidade humana de fundar e preservar uma comunidade política. Seus escritos sobre o imperialismo, que formam a segunda parte de *Origens do Totalitarismo*, marcam o início desta questão.

Arendt entende o imperialismo como um dos chamados elementos do totalitarismo, encontrando ali um violento e incessante movimento de expansão que coaduna a acumulação ilimitada de poder e de capital. Esta aliança entre política e economia não é uma invenção imperialista, mas uma espécie de sintoma da modernidade. Tradicionalmente, desde o surgimento da *polis* grega, o exercício da política teria sido concebido como independente dos interesses econômicos e as leis como uma espécie de barreira que não apenas protegia como também marcava os limites de uma comunidade. Por sua vez, "a máquina acumuladora de poder construída pelo imperialismo pode apenas seguir engolindo mais e mais territórios, destruindo mais e mais povos, escravizando mais e mais seres humanos – até que, finalmente, ela termine engolindo a si própria. (...) A destruição global e o suicídio da humanidade são inerentes ao *ethos* do imperialismo" (Arendt, 1946, versão online).

O imperialismo moderno significou o reconhecimento da preocupação burguesa em acumular riquezas e expandir seu domínio como princípio norteador da esfera política. Arendt busca destrinchar os elementos que se cristalizaram neste fenômeno. Assim, ela aponta na obra de Thomas Hobbes, ainda no século XVII, a entrada em cena do conceito de expansão dentro do pensamento político. Mais do que uma justificativa do poder soberano, a figura hobbesiana da pessoa em um suposto estado de natureza, completamente isolada das demais e preocupada, antes de tudo, com sua própria vida, é interpretada como modelo daquilo que se tornaria o sujeito burguês.

Na teoria hobbesiana, o valor do indivíduo é estimado em uma relação de mercado, um cálculo de interesses. Tais interesses são impulsionados por um desejo ilimitado de poder, transformado em medo e agressividade na medida em que a capacidade de cada pessoa conseguir o que deseja é oposta à capacidade de todas as demais. Mas a concepção do humano como ser cuja paixão fundamental é o desejo de poder e de dominação só se tornou possível em uma relação social mercantil em que o indivíduo se vê isolado e ameaçado pelos demais e na qual o fim supremo é uma irrestrita e interminável acumulação de propriedade.

A noção de propriedade parece indicar algo estável e que deve ser preservado. Mas este seria apenas o resquício de uma antiga compreensão, a qual faz cada vez menos sentido. Em nossos dias, o mais importante valor da propriedade é seu poder de acumular e obter mais propriedades – seja ela qual for. O espírito da burguesia, paradoxalmente, desvaloriza aquilo que é o objeto de sua busca na medida em que tudo se torna meio para a aquisição de outros bens, ou seja, nada tem valor em si mesmo. Neste sentido, nada pode tornar-se uma propriedade definitiva a não ser deixando de existir. Destruir é a forma definitiva de possuir.

A relação entre propriedade e destruição nos aproxima de um conceito no qual a questão da humanidade se coloca de maneira bastante evidente no pensamento arendtiano: o conceito de *vida*. Mais precisamente, a bem conhecida distinção, trazida do mundo grego, entre a vida natural ou biológica e a vida humana propriamente dita; a vida privada e a vida pública; a *zoé* em oposição à *bios*.

Para Arendt, com a emancipação da burguesia, a política é transformada em mera administração de necessidades vitais. A vida biológica, diz ela em *A Condição Humana*, está relacionada à atividade do *trabalho*, consistindo em um ininterrupto ciclo de produção e consumo, criação e destruição. O moderno conceito de propriedade, forjado a partir do século XVII diante de uma expansão sem precedente de riquezas, está diretamente relacionado a esta noção de trabalho como atividade vital.

Há ainda outro sentido em que a distinção entre a vida em geral e a vida humana aparece logo nos primeiros escritos de Arendt sobre o imperialismo. O sujeito para o qual a experiência totalitária tornou-se possível não é apenas aquele que encarna o espírito burguês e para o qual a atividade política, assim como toda atividade humana, submete-se à acumulação de riqueza, mas também aquele para quem o destino dos povos é decidido a partir da raça.

Quando fala sobre a exploração do continente africano durante a corrida imperialista, Arendt sugere que, aos olhos europeus, aqueles povos não tinham história nem instituições. Eles pareciam misturados à natureza, incapazes de construir um mundo humano. Tinham *zoé*, não *bios*. Assim, sua existência seria comparável à de um animal e sua morte não seria percebida como assassinato – o que de fato era. Faltava às vítimas o escudo da cidadania, isto é, algo que a mente europeia reconhecesse como civilização. Hoje, a ideia de que certos povos não fazem parte da humanidade nos assombra. Ainda mais impressionante é o reconhecimento de que esta não era uma opinião marginal, mas algo amplamente aceito nos círculos intelectuais europeus até meados do século passado.

Para Arendt, o racismo é um fenômeno moderno. É verdade que em diversos lugares e tempos históricos houve diferenciações entre as comunidades. Em alguns momentos aconteceram trocas e fusões amistosas; em muitos outros, guerras cruéis e sangrentas. Alguns povos conceberam até mesmo a ideia de que outros não carregavam os traços distintivos da humanidade – o que fundamenta o conceito de bárbaro. No entanto, pela primeira vez a ideia de humanidade apareceria como justificativa para a extinção dos demais seres humanos. Não se tratava apenas de derrotá-los ou conquistá-los, mas de acabar com a sua existência, de exterminar aquele modo de vida, em nome da própria humanidade.

O racismo baseia-se em argumentos pseudocientíficos, ou na distorção de dados naturais e históricos, bem como na perversão da religiosidade. Neste sentido, a crença na origem divina de seu próprio povo choca-se com a fé na origem divina de toda a humanidade.

O mito Judaico-Cristão da criação divina é constantemente revisitado e reformulado por Arendt. No contexto de análise das ideologias racistas, ela afirma que os seres humanos são, de fato, desiguais. Tanto no que diz respeito aos seus atributos naturais quanto na forma como as comunidades se organizam. Se existe igualdade, ela é "somente uma igualdade de direitos, isto é, uma igualdade de propósito humano". Mas encontra-se "por trás dessa igualdade", ao menos na tradição Judaico-Cristã, "outra igualdade, expressa no conceito de uma origem comum por trás da história, da natureza e das intenções humanas – a origem comum no Homem mítico e não identificável que é a criação de Deus" (Arendt, 1985, p. 234).

A premissa do racismo é a negação de uma origem comum a todos os seres humanos e do propósito de estabelecer esta igualdade politicamente. Adão, por sua vez, representa o ideal de uma humanidade sem diferenças. Ele serve de modelo para a igualdade produzida por meio de leis e instituições. Mas Arendt está ciente de que isto não pode acontecer – senão criticamente – a partir de um ponto de vista religioso. Se há, como dissemos, uma relação fundamental entre humanidade e cidadania, a produção da igualdade é uma tarefa política.

Devemos ressaltar o caráter utópico desta tarefa. A igualdade não é um fato a ser encontrado. Ela não pode ser provada ou demonstrada. Trata-se antes de uma declaração cuja única prova é a própria afirmação – ou sua confirmação por aqueles que dela participam. A igualdade entre os seres humanos, isto é, a humanidade, é uma reivindicação e um compromisso. Ela não é o resultado de uma investigação sobre a natureza humana, mas o ponto de partida de nossas relações. Pois se a admissão da igualdade for condicionada pela apresentação de uma prova, a humanidade está sendo negada de antemão. Não se deve atribuir a alguém o ônus da prova de sua humanidade.

A igualdade entre os seres humanos – que existe apenas como modelo ou ideia reguladora – motiva a decisão pela humanidade. Embora não seja dada, ela está no princípio. A humanidade é um dado com o qual não se pode contar, um fato para o qual não se pode apontar na realidade, o fundamento sem fundamento que serve de base para toda consideração do outro. Mas é preciso dar concretude a esta ideia ou sentimento. O que depende da fundação e preservação de comunidades políticas, da constituição de leis que garantam a cidadania e, por conseguinte, a humanidade.

Em que medida isto pode ser realizado no interior do Estado-nação? Lembremos: o caráter restritivo das leis nacionais se impôs como barreira ao desejo de expansão imperialista. Ademais, o nacionalismo clássico é distinguido por Arendt do chamado nacionalismo tribal, na medida em que o primeiro estaria alicerçado no território, na história e na cultura dos povos, enquanto o outro seria inscrito, de maneira racista, em um suposto espírito nacional que é encarnado no próprio corpo de seus membros. E o "novo princípio político" que ela nos provoca a pensar deve "compreender a humanidade como um todo, embora seu poder deva permanecer estritamente limitado, enraizado e controlado por entidades territoriais recentemente definidas" (Arendt, 1985, p. *ix*). Trata-se então de recuperar o vínculo com a nacionalidade? Trata-se de lutar pela soberania dos Estados nacionais, de reforçar suas fronteiras e retomar o equilíbrio entre as nações?

De fato, o nacionalismo foi e continua sendo uma resposta possível ao moderno processo de expropriação, que significa a perda de um lugar seguro no mundo e do pertencimento a uma comunidade. Daí que a nação tenha sido concebida nos termos de uma grande família. No entanto, essa resposta mostrou-se incapaz de responder às questões do nosso tempo.

O mar de refugiados que ainda hoje atravessa as fronteiras segue desafiando a estabilidade dos Estados nacionais e sua capacidade de assegurar a dignidade da pessoa humana. Ademais, pessoas ao redor do mundo nos parecem tão próximas quanto nossos vizinhos e vizinhas. Não se trata apenas do desenvolvimento de novas tecnologias de comunicação e transporte. Tais tecnologias fazem parte de um processo de ampliação ilimitada das riquezas que, seguindo seu curso natural, tende a eliminar todas as barreiras. Na medida em que o princípio norteador das sociedades nacionais é a expansão econômica, elas tornam-se incapazes de ser aquilo para que haviam sido construídas: uma proteção. A contradição que leva os países a erguerem barreiras à imigração de pessoas de outras nacionalidades ao mesmo tempo em que assinam acordos para o livre trânsito de capitais é talvez o mais evidente sinal desse dilema.

Na medida em que a cidadania depende da nacionalidade, este será sempre um direito restrito e incapaz de responder aos problemas de um mundo globalizado. Mas até mesmo entre os nacionais não está garantida igualmente a cidadania enquanto veste protetora que assegura uma existência humana, isto é, não apenas a sobrevivência de seu corpo físico, mas a certeza de um lugar no mundo e a capacidade de participar dele. Embora não se negue, em tese, tanto a nacionalidade quanto a humanidade de jovens negros periféricos, pessoas transgênero ou populações indígenas brasileiras, isto não impede que tais populações sejam expostas a todo tipo de discriminação, violência e risco de morte. Os dilemas do Estado-nação são também os dilemas da própria democracia.

A pessoa humana, em sua nudez abstrata, não possui nada que possa ser reconhecido e protegido. Parece verdadeira a hipótese hobbesiana segundo a qual a abstração de leis e vínculos sociais jogaria os seres humanos em uma espécie de estado de natureza. O que ocorre, entretanto, não é a guerra de todos contra todos, em iguais condições de matarem uns aos outros. Ocorre o genocídio. Um certo grupo de pessoas – ou formas de vida – é privado de seus direitos e tornado matável, de modo que sua morte não é percebida como assassinato. Aqueles que perdem seu lugar no mundo, seu status político e sua personalidade jurídica são deixados apenas com sua mera existência, isto é, com aquilo que lhes foi dado naturalmente e que não é resultado de suas palavras e ações. Esse dado natural, como vimos, não pode ser o fundamento da igualdade política. "Nós não nascemos iguais; nos tornamos iguais como membros de um grupo sob a força de nossa decisão para garantir a nós mesmos direitos iguais" (Arendt, 1985, p. 301). O direito fundamental é, portanto, o *direito a ter direitos*, o direito a pertencer – efetivamente – a uma comunidade.

Falar em nome de todos os povos ou pensar nos termos de uma comum humanidade não é uma tarefa simples. Se o "território factual" a partir do qual fazia sentido pensar as nações e os povos "tornou-se um abismo, o espaço que o indivíduo ocupa ao recuar perante esse abismo é, por assim dizer, um espaço vazio". As vítimas desse terremoto, os sobreviventes desse dilúvio – imagem frequentemente utilizada por Arendt – devem aprender a "não se agarrar freneticamente a seus passados nacionais" e "não se entregar ao desespero nem ao desprezo pela humanidade" (Arendt, 2008, p. 243). Essas pessoas, flutuando pelos mares do mundo, privadas de um lugar seguro e dos vínculos que os uniam às outras pessoas podem, algum dia, diz Arendt citando Karl Jaspers, reunirem-se e fundarem uma nova ordem.

Este é um problema crucial em nosso tempo: como estabelecer um novo vínculo entre os seres humanos, um novo princípio para a humanidade, ou seja, como construir uma nova ordem política. Talvez isso assuma a forma de um Estado-conselho, ou de um novo republicanismo. No *corpus* arendtiano, estas não se apresentam como respostas, mas como possibilidades. Não são formuladas como programas políticos, mas rudimentos a partir dos quais se poderiam pensar o presente e o futuro.

Bibliografia
ARENDT, Hannah. *Compreender:* formação, exílio e totalitarismo. Jerome Kohn (org.); Denise Bottmann (trad.). São Paulo; Belo Horizonte: Companhia das Letras; Editora UFMG, 2008.
ARENDT, Hannah. Imperialism: the road to suicide – the political origins and use of racism. In: *Commentary* 1, n° 4, 1946.
ARENDT, Hannah. *The human condition.* 2ª Ed. Chicago: University of Chicago Press, 1998.
ARENDT, Hannah. *The origins of totalitarianism.* Nova York: Harcourt, 1985.

20.

JULGAR

Bethania Assy
Pontifícia Universidade Católica do Rio de Janeiro
e Universidade Estadual do Rio de Janeiro

Hannah Arendt, em dezembro de 1975, nos legou apenas duas epígrafes do que seria o cabeçalho do terceiro volume de *A vida do espírito*, "O Julgar". Ainda assim, seus seminários sobre a filosofia política de Kant assentaram as fundações para a descrição da faculdade de julgar como uma atividade reflexiva e crítica. Um dos aspectos mais peculiares é Arendt eleger o juízo estético kantiano como modelo de sua análise, base para juízos políticos e éticos. A teoria do juízo em Hannah Arendt exige compreender a conexão complexa entre juízo, ação e política, entre as categorias da *vita activa,* por um lado, e as faculdades mentais do que chamou de vida do espírito – a *vita contemplativa* –, por outro. Tem-se, por um lado, o relato de Arendt acerca do julgamento em "A Crise da Cultura", no qual a autora particularmente enfatiza a noção grega de *phronesis* – a razão/o conhecimento prático que se adquire pela ação – e, por outro lado, seu relato tardio sobre o juízo estético, no qual se acentua a figura do espectador. Um primeiro aspecto que parece ser crucial é não perder de vista ambas as perspectivas do juízo: as figuras do ator e do espectador. Não implica, não obstante, em propor duas distintas teorias do juízo em Arendt, ou seja, uma teoria do juízo na qual o ator que julga, julga em ato, e orienta-se unicamente pelo consenso e pela persuasão no espaço discursivo da ação política, e outra teoria do juízo na qual o espectador que julga o evento orienta-se pela imparcialidade, distanciamento e pensamento crítico. Trata-se mais de uma tentativa de apontar contribuições originais da autora para a noção de juízo ético e político.

Inicialmente, para introduzir a passagem do potencial político da consciência na faculdade de pensar para a questão do julgamento, é conveniente recordar a questão levantada por Arendt a partir do julgamento de Eichmann: "Será que a atividade de pensar como tal, o hábito de examinar e refletir sobre tudo o que vem a acontecer, sem levar em conta o conteúdo específico e totalmente independente dos resultados, será que essa atividade pode ser de tal natureza que 'condiciona' os homens contra fazer o mal?" (Arendt, 2004, pp. 227-8). No plano da faculdade de pensar, Arendt reitera que o pensamento apenas nos diz quando parar (*thinking tells us when to stop*). De forma que seria necessária outra faculdade capaz de acessar o mundo fenomênico de forma concreta e particular, capaz de demandar juízo a partir de experiências específicas. Na penúltima página do volume dedicado à faculdade de pensar Arendt finaliza: "o juízo lida com particulares, e quando o ego pensante que se move entre generalidades emerge de sua retirada e volta ao mundo das aparências particulares, o espírito necessita de um novo 'dom' para lidar com eles" (Arendt, 2002, p. 162).

Em *A condição humana*, a companhia assume a forma de uma ontologia da ação engendrada na pluralidade. Por intermédio das principais atividades dotadas de visibilidade – laborar, fabricar e agir – a pluralidade constitui a condição *sine qua non* do mundo manufaturado. Agimos em um mundo comum. Em um dos manuscritos não publicados sobre moralidade e juízo Arendt indaga: "com quem desejo ou suportaria viver junto?"[1]. No plano da faculdade de julgar, a dimensão de partilha do mundo é fenomênica, se dá por meio da escolha de com quem desejamos compartilhar a vida, na forma como emitimos nossos juízos. Não só atuamos e falamos em pluralidade, também pensamos, queremos e julgamos na companhia dos outros. Ainda em *A condição humana*, Arendt descreve um duplo

---

[1] "With whom do I wish or can bear to live together?". Arendt, 1966, p. 024619.

espaço-entre: um *espaço-entre* subjetivo bem como um *espaço-entre* objetivo. a pluralidade já figura como a própria condição de possibilidade desse "espaço-entre", seja no mundo objetivo dos artefatos ou nas palavras e feitos intersubjetivos dos sujeitos. A faculdade de julgar ocupa uma posição limiar neste duplo espaço-entre (objetivo e subjetivo): transpõe a alteridade tal como constituída no pensamento reflexivo para o nível mais concreto das interações, o domínio público das relações humanas: o político. Assim, dois aspectos se sobressaem no trato com a faculdade de julgar. Primeiro, do ponto de vista do domínio público, o juízo realiza a atividade de pensar ao tornar-se manifesto no mundo da aparência por meio de tomada de decisão diante dos fatos concretos: emitimos nossos juízos, concordando e discordando, ou seja, na emissão de nossas opiniões, de nossa *doxa*. Estas manifestações, na medida em que transcorrem na presença dos outros, estão relacionadas à noção arendtiana de discurso público. Em segundo lugar, o juízo é descrito na forma de reflexão precedida pela operação da imaginação. Ambos os aspectos remetem às duas expressões operativas na autora: *levar em conta o ponto de vista dos outros* e aquilo que *interessa apenas em sociedade*.

Juízo Reflexivo. "'O gosto supera o egoísmo' e 'O belo nos ensina a amar sem intenções de favorecimento'. Quem compreende tais afirmativas, compreendeu a Crítica da faculdade do juízo"([2]). Com essas duas proposições kantianas de *A metafísica dos costumes*, Hannah Arendt introduz o seminário lecionado na New School for Social Research no outono de 1970 sob o título *"Critique of Judgment"*. Em ambas assertivas – no gosto a sujeição do egoísmo e no belo a capacidade de amar sem intenção de favorecimento – Arendt dá o tom de suas apropriações a partir do "juízo estético reflexivo" da terceira crítica de Kant. A autora argumenta que a capacidade do juízo reflexivo do

---

[2] No original: ['Taste overcomes egoism' and 'The beautiful teaches us to love without intentions of profit.' Who has understood that, has understood the Critique of Judgment]. Arendt cita: Kant, *Metaphysics of Morals*, §17. Citado em Arendt, 1970, p. 032417.

julgamento estético confere a experiência de liberação da motivação por mero interesse próprio. Em contraste às considerações de estética como matriz da opção individualista em oposição à universalização da racionalidade normativa preconizada por questões éticas, Arendt apropria o juízo estético de gosto de modo a realçar a capacidade humana de sentir afeto, se deixar afetar, de sentir apreciação por aquilo que, na nomenclatura estética kantiana, "interessa apenas em sociedade".

Ainda que a faculdade de julgar opere como atividade reflexiva, figura como a mais política das três capacidades do espírito. No lugar da pluralidade contida no self à qual se refere o dois-em-um na atividade de pensar, na faculdade de julgar os acordos ou desacordos são potencias que se ativam no próprio exercício do juízo crítico, na própria ação. "[O] julgamento é uma, se não a mais importante atividade em que ocorre esse compartilhar-o-mundo" (Arendt, 2003, p. 275). O mundo comum é uma condição determinante na forma como Arendt se apropria do juízo estético. Em "A crise na cultura" a autora ressalta que "a capacidade de julgar é uma faculdade especificamente política, exatamente no sentido denotado por Kant, a saber, a faculdade de ver as coisas não apenas do próprio ponto de vista, mas na perspectiva de todos aqueles que porventura estejam presentes; que o juízo pode ser uma das faculdades fundamentais do homem enquanto ser político na medida em que lhe permite se orientar em um domínio público, no mundo comum" (Arendt, 2003, p. 275).

O juízo estético arendtiano permite que o processo de subjetivação incorpore pontos de vista comuns, que derivam do juízo reflexivo do gosto cuja forma se dá tal qual uma experiência singular do comum. O particular não é subsumido à lei, à regra ou ao princípio universal como no juízo *determinante*, descrito por Kant na *Crítica da razão pura*. O tipo de racionalidade disposta no juízo determinante tem fundamentado parte substancial dos modelos normativos de validação. Já o juízo *reflexivo* compreende um jogo (*Spiel*), uma dinâmica de não subsunção normativa, entre as faculdades da imaginação (*Einbildungskraft*) e do entendimento (*Verstand*). Arendt atribui à nossa capacidade de gosto um sentido subjetivo de julgamento independente e que, ao mesmo tempo, é capaz de atingir determinados graus de generalização. De acordo com Arendt, o juízo reflexivo kantiano, isto é, o juízo de gosto, está calcado sob três aspectos: mentalidade alargada (*eine erweiterte Denkungsart*), *sensus communis*, e a posição do espectador. Em um dos vários manuscritos dedicados às implicações políticas e éticas da *Crítica da faculdade do juízo*, é justamente a discussão deste aspecto que incita Arendt à questão chave: "De onde o comprazimento se origina: do agradar ou desagradar ou do juízo?([3]) Fosse o prazer uma experiência no juízo do gosto alcançado a partir do simples "gosto ou desgosto", se trataria simplesmente de uma questão de gratificação em que o prazer figuraria apenas como uma sensação íntima, ou capricho, condenada à validade privada. O prazer adicional do juízo reflexivo provém do fato de que "o próprio ato de aprovação agrada e o ato de desaprovação desagrada, tendo em vista que o julgamento de gosto interessa apenas em sociedade".([4]) O critério de escolha entre desaprovação ou da aprovação é a comunicabilidade ou a publicidade.

Sensus communis e sentimentos públicos

Hannah Arendt concebe a noção latina *sensus communis* a partir de sua tradução livre da expressão ciceroniana cunhada em *De Oratore*. O termo notabilizado por Cícero confere ao *sensus communis* arendtiano um sentido peculiar: "a capacidade de comunicar um sentimento", o "poder natural de afetar e proporcionar satisfação". Em suas considerações sobre o juízo estético, Arendt literalmente descreve *sensus communis* como o "poder de afetar e proporcionar satisfação". No julgamento de gosto, Kant predispõe o intelecto a

---

([3]) No manuscrito original: "Whence does the pleasure arise: from the like or dislike or from judging?". Arendt, 1970, p. 032415.

([4]) No manuscrito original: "the very act of approbation pleases and the act of disapprobation displeases, since judgment of taste interests only in society". Arendt, 1970, p. 032415.

serviço da imaginação, retrata uma noção de *sensus communis* cuja matriz é o cultivo de uma sensibilidade comum, o cultivo de sentimentos públicos. *Sensus communis,* ao ser narrado como "ser afetado por meio de satisfação", envolve a prática da capacidade de se sensibilizar apenas acessível pela experiência da vida comum, ao invés do dever próprio da ética normativa e da racionalidade estratégica. Ter predileção por sentimentos comuns na livre atividade (*free play*) entre intelecto e imaginação não se opera por meio de condições pré-fixadas de julgamento determinante, argumentação deontológica e escolha racional de cunho eminentemente procedimental, nos quais o papel da imaginação, afirma o próprio Kant, é de mero facilitador do entendimento, ou seja, uma imaginação *re*-presentativa, basicamente imitativa e reprodutiva. O comprazimento exprime, em realidade, o *ser afetado* por satisfações desinteressadas, (*desinterested delight, uninteressiertes Wohlgefallen*), às quais não promovem proveitos ou interesses pessoais. Descreve um "senso extra" comparável a uma capacidade mental extra (*Menschenverstand*), apta a nutrir nos indivíduos sentimentos comuns, capaz de nos ajustar à vida social. Senso de comunalidade é assim descrito como um "... senso comunitário, *sensus communis*, distintamente do *sensus privatus*. É a este *sensus communis* que o juízo apela em cada um, e é esse apelo possível que confere ao juízo sua validade especial. O 'isso-me-agrada-ou-desagrada' que, na qualidade de sentimento, parece ser inteiramente privado e incomunicável, está na verdade enraizado nesse senso comunitário e, portanto, aberto à comunicação uma vez que tenha sido transformado pela reflexão, que leva em consideração todos os outros e seus sentimentos" (Arendt, 1993, p. 93). O prazer ou desprazer que um juízo reflexivo evoca não se arbitra meramente pela sensação imediata de satisfação ou insatisfação, e sim à medida que aprovamos ou desaprovamos nosso deleite, à medida que nosso prazer/desprazer se apropria ao interesse público. É como se fôssemos capaz de desfrutar um "prazer ou desprazer adicional", produto de uma mediação reflexiva, de um re-pensar (*afterthoughts*). Aqui está um dos elementos mais políticos das apropriações do juízo estético kantiano à faculdade de julgar arendtiana:

a configuração de um imaginário político comum que requer um juízo que demanda uma prática, demanda o exercício que possibilite a sensibilização, possibilite o deixar-se afetar pelo que "interessa apenas em sociedade". Implica em dizer que é possível ser descrita em termos de cultivo, prática dos afetos comuns, de sensibilidades comuns.

Essa é uma das razões pelas quais Arendt insiste em nomear a *Crítica da faculdade do juízo* de a verdadeira obra política e ética de Kant. *Sensus communis* é um sentido "que torna pública as sensações ou sentimentos"([5]), não meramente por incidir em um sentimento que pode ser comunicado, mas sim, primeiramente, por garantir uma espécie de concordância e deleite sobre determinadas sensações, comprazimentos socialmente produzidos por meio do reconhecimento recíproco entre os sujeitos; e segundo, por se tratar de uma condição intersubjetiva que atinge graus mais desenvolvidos de interação por meio da prática. Em suma, a partir deste vocabulário, é possível aludir que aprendemos a sentir satisfação por aquilo que interessa apenas em sociedade. Tal qual "satisfação adicional", o *sensus communis* é retratado como a capacidade de eleger uma determinada reflexão mental. "O gosto é esse 'senso comunitário (*gemeinschaftlicher Sinn*)' e, aqui, senso significa 'o efeito de uma reflexão sobre o espírito (*the effect of a reflection upon the mind*)'. Essa reflexão me afeta *como se* fosse uma sensação, e precisamente, uma sensação de gosto, o sentido discriminador, de escolha. 'Poderíamos mesmo definir o gosto como a faculdade de julgar aquilo que converte nosso sentimento [como sensação] em uma dada representação [não percepção], comunicável em geral, sem a mediação de um conceito'" (Arendt, 1993, p. 92 [Kant, *Crítica da faculdade do juízo*, §40]). Enfatiza nossa natureza política como constituída de forma relacional e afetiva. Um dos aspectos insignes dessa natureza intersubjetiva no *sensus communis* arendtiano se assenta no fato de que os membros de uma comunidade reconhecem a manifestação de suas subjetividades como intersubjetiva a partir dos próprios juízos reflexivos realizados no espaço público.

([5]) No manuscrito original: "which makes sensations or feelings public". Arendt, 1964, p. 032264.

Imaginação, mentalidade alargada e espectador

No cerne do juízo crítico figura a capacidade de se relacionar com os pensamentos dos outros. Em ambos os casos, ou seja, não apenas nos seminários lecionados por Arendt sobre a analítica do belo a partir de Kant, nos quais o juízo é abordado em larga medida pela perspectiva do espectador, mas também em textos como "A crise da cultura", em que o juízo também é descrito em termos da figura do ator político, o *espaço-entre* postulado entre objetos e a subjetividade humana reivindica um certo "alargamento" crítico.

O papel da imaginação protagoniza tanto a apreciação do ator que julga em *práxis* e *lexis*, em conjunturas concretas, na esfera pública da ação; como do espectador, que se coloca no lugar do outro, na medida em que compara seus juízos não só com os julgamentos efetivos dos outros, mas também com os juízos possíveis dos outros. Esse protagonismo da imaginação sob o entendimento, na medida em que se caracteriza como a capacidade de levar em conta o ponto de vista dos outros, permite nomeá-la de *"imaginação ético-política"*. O espectador que julga precisa ser capaz de "pensar no lugar de todos os outros, como Kant descreve a 'mentalidade alargada' (*eine erweiterte Denkungsart*)" (Arendt, 2003, p. 275). Julgar com uma mentalidade alargada requer um treinamento contínuo da imaginação. Esta é a faculdade que torna tal *alargamento* possível. O significado de "alargada" corresponde à noção de considerar o ponto de vista dos outros. "Quanto mais posições de pessoas eu tiver presente em minha mente ao ponderar um lado do problema, e quanto melhor puder imaginar como eu sentiria e pensaria se estivesse em seu lugar, mais forte será minha capacidade de pensamento representativo e mais válidas minhas conclusões finais, minha opinião" (Arendt, 2003, p. 299). É esta capacidade de uma imaginação ético-política, por meio desse alargamento crítico e reflexivo, que nos torna aptos ao juízo crítico. De acordo com Arendt, a descrição de mentalidade alargada é uma das contribuições mais impactantes de Kant para o juízo ético e político. Vale frisar que o alargamento do nosso ponto de vista não conduz a uma compaixão generalizada tampouco a uma mera simpatia pelos interesses privados alheios, como se estivesse cunhada sob a capacidade de representação de um conjunto largo de (*pre*) conceitos privados possíveis. O pensamento alargado também não elimina nem divergência nem conflitos; ao revés, assegura e revela nossa singularidade, na medida em que aponta como nos posicionamos no espaço público, com o que nos indignamos, como nos deixamos afetar pelo outro, implica também em responsabilidade[6]. Libertar-se das condições privadas e realizar um alargamento da mentalidade são maneiras nas quais a imaginação figura como uma das virtudes específicas do juízo.

Validade exemplar, *doxa* e responsabilidade

Uma das implicações nos distintos papeis da imaginação nos juízos dominante e reflexivo diz respeito à analogia que Arendt estabelece entre o *schema* e o exemplo (Arendt, 1993, p. 106). O *schema* abstrato e universal é o principal produto da imaginação no juízo determinante, uma operação da nossa racionalidade cognitiva. Já no juízo reflexivo, em vez do intelecto fornecer a regra, a imaginação fornece uma instância *exemplar*. A imaginação, afetada pelos afetos comuns, é capaz de *re*-mover objetos e promover o alargamento representativo, sendo esta a condição para criar imagens do ponto de vista dos outros e para ser afetado pela "satisfação (comprazimento) desinteressada". Essa imaginação é o fundamento de uma operação subsequente, a saber, a reflexão, como se fosse um *re-pensar* (*afterthought*), "a verdadeira atividade de julgar alguma coisa" (Arendt, 1993, p. 88). Na medida em que somos capazes de nos colocarmos no lugar dos outros – e aqui esse lugar em larga medida compreende situações concretas nas quais estes outros se particularizam – o "pensamento alargado" é capaz de gerar

---

[6] "Condições privadas nos condicionam, imaginação e reflexão tornam-nos capazes de *liberarmo-nos* delas..".. Arendt, 1993, p. 94.

uma serie de reflexões comparativas dessas condições particulares de maneira a nos capacitar a alcançar a um certo ponto de vista geral[7].

Nas notas de seminário acerca da noção de validade exemplar, Arendt, apropriando-se de Kant, faz uso de um intrigante paralelo entre o juízo determinante "subsumir a um conceito" e o juízo reflexivo "conduzir a um conceito" (Cf. Arendt, 1993, p. 106 [Kant, *Critique of pure reason*, B104]). A autora argumenta que a exemplaridade conduz a um conceito, descreve um tipo de validação que deriva do ponto de vista geral, não objetiva a formação de verdade universal intersubjetivamente válida, mas sim o que a própria autora nomeia, de forma singular, de *doxa*, opinião. Nos escritos da década de 1960, Arendt desloca a noção de verdade do domínio do *noumena* para o *doxic* da ação política. De fato, nos ensaios mais tardios acerca da moralidade, ao descrever *doxa*, a autora não mais se refere à atividade de pensar, mas sim à faculdade de julgar. Essa transposição do relato da *doxa* da faculdade de pensar para a faculdade de julgar não resulta na perda do elo entre o *self* e o mundo, entre o indivíduo e o cidadão. Em boa parte dos manuscritos da década de 1960, o juízo e a opinião andam juntos, a ruína de um implica na ruína do outro. A exemplaridade surge da natureza participativa do ato de julgar fenômenos que são historicamente situados. Pela formação de um exemplo, o juízo reflexivo restaura a autoridade do singular. Um exemplo funciona como princípio norteador.

O cultivo de sentimentos públicos não conduz a um distanciamento neutro, de forma a equacionar sociabilidade com perspectiva unânime ou acordos razoáveis. A mentalidade alargada, o prazer desinteressado, o *sensus communis* dizem respeito à relevância ética e política de nossas escolhas, à legitimidade da nossa *doxa*, à validade da nossa opinião (Arendt, 1993, p. 95). A escolha das companhias no juízo conduz ao seu critério derradeiro: a validade exemplar. Este é um domínio amplo, dado que estamos constantemente escolhendo

---

[7] Arendt utiliza a expressão: "...a fim de chegar ao nosso próprio 'ponto de vista geral'". Arendt, 1993, p. 58.

particulares, mostrando nossas preferências, escolhendo nossas companhias ideológicas, éticas e históricas (Arendt, 2003, p. 299). Uma maior capacidade para a imaginação, para re-*presentar* os outros, contribui para a legitimidade de exemplos, apesar da quantidade de modo nenhum implicar automaticamente em validade exemplar. O exemplo fornece, contrário ao esquema, o que Arendt chama de uma *diferença de qualidade* (Arendt, 2004, p. 210): "embora ao julgar eu leve em consideração os outros, isso não significa que me adapte em meu julgamento aos julgamentos dos outros. Ainda falo com a minha própria voz e não conto votos para chegar ao que penso ser certo. Mas o meu julgamento já não é subjetivo, no sentido de que chegaria às minhas conclusões levando apenas a mim mesma em consideração" (Arendt, 2004, p. 207).

Em "Responsabilidade pessoal sob a ditadura", Arendt resume o papel do juízo na responsabilidade pessoal: "Pois, apenas se supomos que existe uma faculdade humana que nos capacita a julgar racionalmente sem nos deixarmos arrebatar pela emoção ou pelo interesse próprio, e que ao mesmo tempo funcione espontaneamente, isto é, não limitada por padrões e regras em que os casos particulares são simplesmente subsumidos, mas, ao contrário, produz os seus princípios pela própria atividade de julgar, apenas nessa suposição podemos nos arriscar nesse terreno moral muito escorregadio, com alguma esperança de encontrar um apoio para os pés" (Arendt, 2004, p. 98). A capacidade das experiências particulares de originar um juízo no ato próprio de julgar implica justamente em produzir uma *diferença de qualidade* à qual Arendt se refere. Depende da capacidade do juízo de identificar a *originalidade de uma ação* que a torna verdadeiramente exemplar. Na faculdade de julgar, a responsabilidade pressupõe a responsabilidade de julgar.

Referências

ARENDT, Hannah. Kant's Political Philosophy. *Hannah Arendt's Papers*. Seminar, Chicago University, Manuscript Division, Library of Congress, Washington DC, 1964 (manuscrito inédito).

ARENDT, H. Basic Moral Propositions. *Hannah Arendt's Papers*, Manuscript Division, Library of Congress, 1966 (manuscrito inédito).

ARENDT, H. "Critique of Judgment". *Hannah Arendt's Papers*. Seminar. New School for Social Research, Manuscript Division, Library of Congress, 1970 (manuscrito inédito).

ARENDT, Hannah. *Lições sobre a filosofia política de Kant*. Trad. André Duarte. Rio de Janeiro: Relume Dumará, 1993.

ARENDT, Hannah. *A vida do espírito* – O pensar, o querer, o julgar. 4ª Ed.Trad. Antônio Abranches, César Augusto, Helena Martins, Rio de Janeiro: Relume Dumará, 2002.

ARENDT, Hannah. *Entre o passado e o futuro*. Tradução M. W. Barbosa. 5ª Ed. São Paulo: Perspectiva, 2003.

ARENDT, Hannah. *Responsabilidade e julgamento*. Tradução R. Eichenberg. Edição e introdução americana J. Kohn. Edição e introdução brasileira B. Assy. São Paulo: Companhia das Letras, 2004.

ASSY, Bethania, *Ética, Responsabilidade e Juízo em Hannah Arendt*. São Paulo: Perspectiva, 2015.

BENHABIB, Seyla, "Judgment and The Moral Foundations of Politics in Arendt's Thought". In Political Theory 16/1 (February 1988).

BERNSTEIN, Richard, "Judging – the Actor and the Spectator". In *Philosophical Profiles* – Essays in a Pragmatic Mode, Philadelphia: University of Pennsylvania Press, 1986.

DOSTAL, Robert, "Judging Human Action: Arendt's Appropriation of Kant". In *The Review of Metaphysics*, n. 134, 1984.

FERRARA, Alessandro, "Judgment, identity and authenticity: a reconstruction of Hannah Arendt's interpretation of Kant". In: *Philosophy & Social criticism*, 1998, v. 24-2/3/

McCLURE, Kirstie, "The Odor of Judgment: Exemplarity, Propriety, and Politics in the Company of Hannah Arendt", In *Hannah Arendt and the Meaning of Politics*. Edited by Calhoun, Craig & McGowan, John, (Minneapolis e Londres: University of Minneapolis Press, 1997), pp. 53-84.

VILLA, "Thinking and Judgment", in *The Judge and the* Spectator – Hannah Arendt's Political Philosophy. Edited by Joke J. Hermesen & Dana R. Villa. Louvain: Peeters, 1999.

21.

JUSTIÇA

Christina Miranda Ribas
Universidade Estadual de Ponta Grossa

Uma questão de julgamento

Hannah Arendt, em seu esforço de pensar o novo de novas formas, explorou as condições existenciais da vida humana e o universo misterioso da vida do espírito, ocupando-se dos principais temas do pensamento político e filosófico; entretanto, nunca levantou a questão "o que é a justiça?". Em sua obra não é possível encontrar uma teoria da justiça, nem mesmo uma reflexão sobre ela, o que faz com que investigá-la no pensamento de Arendt se torne uma espécie de *pesca de pérolas*. Não obstante, Jerome Kohn afirma que nada importava mais a ela do que a realização da justiça (Kohn, 1996, p. 170), circunstância que parece corroborada pelo relato de Arendt do julgamento de Eichmann, no qual ela afirma não apenas que o propósito de um julgamento é realizar a justiça (Arendt, 1994, p. 253), mas que a própria justiça é uma questão de julgamento (Arendt, 1994, p. 296).

Julgar Eichmann e os novos criminosos nazistas constituiu-se num dilema jurídico tão sem precedentes quanto os próprios crimes por eles cometidos. Neste sentido, seu julgamento pode ser percebido como uma espécie de testemunho dramático da ruptura totalitária; nem o totalitarismo podia ser compreendido recorrendo à tradição do pensamento político ocidental, nem seus crimes poderiam ser punidos a partir das categorias jurídicas consagradas. Arendt afirmou que o genocídio era um crime inédito, na medida em que pretendia abolir a própria pluralidade humana, sem a qual a palavra humanidade não tem sentido; era diferente de crimes cometidos anteriormente, como a discriminação legalizada, a expulsão em larga escala e mesmo o massacre de povos inteiros (Arendt, 1994, p. 269). A originalidade do genocídio foi, para o direito, um problema ingente, contrapondo-se ao princípio *nulum crimen, nula poena sine previa lege*, que historicamente configurou-se como uma das maiores conquistas da legalidade contra o arbítrio. Além disso, era um paradoxal *crime legal*; não havia regras nem precedentes aplicáveis e as teorias jurídicas não eram adequadas para lidar com "a lei criminosa de um estado criminoso" (Arendt, 1994, p. 262). Desse modo, como ressalta Celso Lafer, o juízo da Corte "não poderia ser um juízo determinante baseado na subsunção. Isto não só porque não havia norma positiva aplicável, mas também porque não cabia nem a *analogia juris* de princípios gerais, pois estes eram inexistentes e fugidios, nem a *analogia legis*, pois esta pressupõe a semelhança relevante, e nada, no passado dos precedentes, era semelhante ao Holocausto" (2019, p. 10). Entretanto, havia um indivíduo no banco dos réus, um novo tipo de criminoso caracterizado não por alguma peculiar maldade, mas por uma ausência de pensamento (Arendt, 1994, p. 288). Competia aos juízes ponderar seus atos e mensurar sua responsabilidade, desafiados a enfrentar o que Hannah Arendt chama de demandas da justiça (Arendt, 1994, p. 298), às quais é preciso dar uma resposta, ainda quando a lei nos deixe ao desamparo (Arendt & Jaspers, 1993, p. 467). É possível dizer que o caso exigia que os juízes lidassem diretamente com a questão da justiça, com a qual o direito está sempre às voltas e que, numa situação-limite como aquela, não poderia ser abafada no emaranhado infindável e complexo das discussões de caráter técnico.

Arendt considerou a resposta dada pela Corte de Jerusalém insatisfatória, na medida em que, apegando-se a uma tradição esfacelada, os juízes não responderam aos desafios do inusitado (Arendt, 1994, p. 263), nem apresentaram respostas novas para os novos problemas com os quais se defrontaram, falhando em dar uma definição válida do genocídio enquanto crime contra a humanidade perpetrado no corpo do povo judeu e em reconhecer o novo tipo de criminoso que ali estava. A sentença não evidenciou a ruptura totalitária em toda sua extensão e consequências, entre elas a destruição dos padrões de juízo. Em consequência, a justiça da condenação de Eichmann – e, para ela, não obstante todos os problemas que relatou, a justiça foi feita em Jerusalém (Arendt, 1978b, p. 261) – não emergiu para ser vista aos olhos de todos, não tendo, portanto, se tornado significativa num mundo compartilhado.

É possível dizer que a questão da justiça surge imbricada à faculdade humana de julgar, da qual Arendt se ocupou nos últimos anos de sua vida e que considerou uma faculdade política, centrada na intersubjetividade. Embora voltado para o passado, o julgamento influencia a ação e, como esta, revela *quem é* aquele que julga, constituindo-se, assim, na ponte entre a vida ativa e a vida do espírito no pensamento de Arendt. É com o julgamento que podemos contar, num mundo em que todos os padrões morais faliram ou foram facilmente invertidos, porque as pessoas simplesmente possuíam um conjunto de regras sem pensar sobre elas. É o julgamento que, liberado pelo pensamento, permite ao ser humano lidar com a experiência e orientar-se num mundo comum, distinguindo bem e mal, certo e errado, em cada circunstância específica com a qual é confrontado, o que confere ao tema da justiça em Arendt uma importante dimensão ética. O julgamento pode apoiar-se em exemplos, mas estes não podem ser transformados em regra geral; no mundo político, "apenas afirmações particulares podem ser válidas" (Arendt, 1978a, p. 200). Assim, embora não tenha qualquer "essência fora da existência humana" (Ferraz, 2019, p. 15), a justiça pode aparecer no mundo liberada pela faculdade de julgar, através da qual o ser humano manifesta sua humanidade. Em consequência, não se pode encontrar uma resposta para a questão "o que é a justiça" na obra de Arendt; não porque a pergunta não tenha sentido ou precise ser reformulada, mas porque deve ser repetida a cada caso e a resposta só será válida enquanto permaneçam presentes os pressupostos sobre os quais se erigiu.

A primazia dos valores

A progressiva assimilação da ação pela obra, que correspondeu à absorção do político pelo social, caracteriza, para Hannah Arendt, o mundo moderno, no qual a esfera pública foi substituída pelo mercado. O *homo faber,* dominado pela noção de instrumentalidade, avalia todas as coisas por sua capacidade de produzir certos objetivos. Na esfera do *homo faber*, os fins justificam, produzem e organizam os meios (Arendt, 1958, p. 153) e tornam-se, por sua vez, meios em outras relações. A noção de utilidade é perfeitamente ajustada à atividade da fabricação; fora dela, entretanto, "degrada a natureza e o mundo a simples meios, privando-os de sua dignidade independente" (Arendt, 1958, p. 156). Nessa perspectiva, todas as coisas são vistas como mercadorias (Arendt, 1958, p. 164), cujo valor só pode ser determinado em relação a outras; nada aí tem valia intrínseca. Tomar a utilidade como significado engendra, para Arendt, a ausência de significado (Arendt, 1958, p. 154); a experiência do *homo faber,* generalizada, ameaça o mundo político, inserindo nele a violência e convertendo até mesmo o pensamento num cálculo de meios e fins.

Num mundo onde "todas as virtudes são pervertidas em valores" (Arendt, 1990, p. 276), a justiça é transformada num valor entre outros, numa escala sempre cambiante, conforme se postulem certos fins como mais ou menos desejáveis. Também aí é possível observar a ruptura da tradição, tema central para a compreensão do pensamento de Hannah Arendt; a concepção tradicional da justiça como uma virtude, que de algum modo abarcava todas as outras virtudes, foi uma entre muitas que deixou de fazer sentido. Como virtude, a justiça estava no terreno da ação, vivida como algo ligado ao aperfeiçoamento, à excelência. Para Arendt, a ação é uma atividade específica; só posso agir *com* os outros e *entre* iguais. Tal igualdade não é um dado, mas tem que ser estabelecida no mundo político, através da garantia recíproca de direitos iguais. A ação e o discurso (uma espécie de ação, que lhe confere o seu sujeito) criam uma teia de relações que permite a revelação da identidade de cada um e de todos num mundo comum.

Aí, a justiça como virtude poderia manifestar-se. Perdeu, entretanto, fundamento na experiência, da qual, para Arendt, o pensamento deve aflorar e à qual deve permanecer atento e conectado; para ela, não é possível cerzir as malhas diaceradas da tradição. Transformada em um valor, expressa ou implicitamente, a justiça passa a compartilhar a imensa relatividade de todos os valores. Nesse sentido, o exemplo de Hans Kelsen é significativo (*cf.* Ribas, 2019, *passim*). Ele trata todas as concepções de justiça que apareceram ao longo da história – entre outras as ideias platônicas, o ideal de felicidade, o *suum cuique tribuere*, o princípio da retribuição, a regra de ouro, o imperativo categórico, o costume, o meio termo aristotélico, o direito natural, o princípio da igualdade, a liberdade, o preceito do amor ao próximo, o contrato social e a justiça divina, a ideia de reciprocidade – como se tivessem se referido, originalmente, ao *valor* justiça. O problema da justiça como um valor, entretanto, é insolúvel em seus próprios termos. Como um valor, a justiça perde valia e, como tudo o mais, é envolvida no "processo de crescente ausência de significado" (Arendt, 1958, p. 154).

Arendt e a justiça distributiva

Entre as muitas polêmicas provocadas pelo pensamento de Arendt, uma das mais curiosas é justamente aquela em torno da teoria da justiça que ela não escreveu. Muitos críticos e comentadores censuram seu "silêncio sobre a justiça" (Wolin, 1994, p. 296), focados na ausência, em seu pensamento, de uma reflexão sobre a justiça distributiva ou de uma defesa da justiça social. Em linhas muito gerais, afirmam que a distinção arendtiana entre a esfera política e a esfera social excluiria as questões econômicas e sociais da vida pública.

Em conferência sobre a obra de Arendt realizada em 1972, Mary McCarthy deu voz a essa perplexidade (Arendt, 1979, pp. 315-6), perguntando-lhe sobre o que poderiam falar os cidadãos, dando início a um instigante debate no qual várias objeções e argumentos sobre a (in)consistência da distinção dessas esferas no mundo contemporâneo apareceram. De lá para cá, as controvérsias sobre esse assunto têm se multiplicado exponencialmente, sob variadas roupagens, entre autores de várias áreas e com pressupostos teóricas diversificados, que procuram aplicar ao pensamento de Arendt diversos rótulos, em polêmicas intermináveis que atestam a imensa riqueza e originalidade de sua obra.

Entre os críticos, alguns centram-se em passagens de *A condição humana*, entendidas como se ela tivesse sido capturada pelo elitismo ou caído nas malhas da nostalgia – mesmo tendo ela tantas vezes insistido que não é possível reatar o fio da tradição. Outros apegam-se a uma certa leitura de *Sobre a Revolução*, sem inseri-la numa visão abrangente de sua obra. É o caso, por exemplo, de Hanna Fenichel Pitkin que, em texto que teve considerável impacto entre os estudiosos de Arendt, afirmou que a suposta cegueira de Arendt em relação à justiça teria resultado de seu temor de que a vida pública fosse tomada pelos "esfomeados e apaixonados pobres que teriam destruído o que havia de ser salvo". Por essa razão, procurando "reviver e proteger o público", Arendt teria tornado "seu real valor incompreensível para nós" (Pitkin, 1994, p. 274). A análise de Pitkin atesta, de forma melancólica, o processo de completa instrumentalização do político, impedindo até que se admita a possibilidade de uma ação que não seja, imediatamente, dirigida à obtenção de resultados. O fato de que a ação livre, para Arendt, *transcende* motivos e finalidades (1993, p. 151) não autoriza a concluir que os desafios da igualdade material estejam excluídos da esfera política. A ação e o discurso geram o espaço *in between*, no qual os seres humanos podem aparecer e cuja realidade é intersubjetivamente garantida. Para Arendt, tudo que é considerado digno, em cada momento histórico, de aparecer e ser discutido nesse espaço, é político (Arendt, 1979, p. 316). Como afirma Odilio Aguiar, em referência à perspectiva de Arendt em *Sobre a Revolução*, "o desafio para Arendt era construir uma *novus ordo saeculorum* capaz de dar um sentido à vida para além da sua determinação biológica" (2004, p. 15). Concluir daí que ela tenha sido insensível às questões de justiça distributiva significa ignorar o contexto de seu pensamento e as experiências das quais aflorou, bem como as causas em que se engajou. Tal entendimento é reforçado, quando mais não seja, pela forma como ela trata a questão da liberdade. Para Arendt, experimentamos a liberdade quando agimos; ela exige, a um só tempo, a liberação temporária das necessidades da vida e a companhia de outras pessoas igualmente liberadas delas (1993a, *passim*). Nesse sentido, a liberdade só é possível quando as exigências da vida biológica estão satisfeitas; tal satisfação é sempre temporária, mas indispensável para que a própria cidadania seja possível (Arendt, 1993b, p. 225). Embora a satisfação das exigências do processo vital se imponha em sua urgência, para além de qualquer discussão, a preocupação com ela não é suficiente para fundar uma comunidade política nem para mantê-la. Tomar as distinções de Arendt como dogmas, sem levar em conta sua marca de *tentativa* na busca de compreensão, impede que se explorem os horizontes que sua obra descortina.

Também aqui Hannah Arendt não disse quais seriam as exigências da justiça, porque não julgava que elas pudessem ser estabelecidas *a priori*, nem por padrões externos à própria ação. Ela não pretendeu dizer aos seres humanos o que pensar nem como agir. Não há, no pensamento de Arendt, qualquer resposta definitiva para nossas angústias. Não há padrões absolutos, standards ou fórmulas de justiça a que possamos recorrer, nem quaisquer imperativos que possam reger a conduta humana de uma vez por todas. A justiça pode ser realizada em cada comunidade, por seus próprios membros e em seus próprios termos, na medida em que as pessoas compartilham seus julgamentos, esclarecem-se mutuamente e concordam com cursos comuns de ação. É o que significa sermos atores, autores e coautores em um mundo plural. Nossa vulnerabilidade, nossa extrema dependência uns dos outros, pode ser insatisfatória ou assustadora, mas aponta de forma inequívoca para a nossa responsabilidade pelo mundo que compartilhamos. Nesse sentido, como disse Arendt em outro contexto, se seremos bem-sucedidos ou se nos arruinaremos, depende de nós. E isso "é apenas justo, e essa é a única justiça que a política oferece" (2007, p. 611).

Referências

AGUIAR, Odilio Alves. A questão social em Hannah Arendt. *Trans/Form/Ação*, São Paulo, 27(2), pp. 7-20, 2004.

ARENDT, Hannah. *Eichmann in Jerusalem:* A report on the banality of evil. Nova York: Penguin Books, 1994.

ARENDT, Hannah. On Hannah Arendt. In: HILL, Melvyn A. Ed. *Hannah Arendt*: The recovery of the public world. Nova York: St. Martin's Press, 1979.

ARENDT, Hannah. *On revolution.* Nova York: Penguin Books, 1990.

ARENDT, Hannah. Rand School Lecture. In: *Essays in Understanding*: 1930--1954. Jerome Kohn (ed.). Nova York: Harcourt Brace, 1993a.

ARENDT, Hannah. "The formidable Dr. Robinson": a reply. In: *The Jew as Pariah:* Jewish identity and politics in the modern age. Ed. by Ron H. Feldman. Nova York: Grove Press, 1978b.

ARENDT, Hannah. *The Human Condition.* Chicago: The University of Chicago Press, 1958.

ARENDT, Hannah. *The life of the mind.* Nova York: Harcourt & Brace, 1978a.

ARENDT, Hannah. *The Origins of Totalitarianism.* Nova York: Harcourt Brace, 1973.

ARENDT, Hannah. The political organization of the Jewish people. In: *The Jewish Writings.* Nova York: Schocken Books, 2007. Ed. eletrônica.

ARENDT, Hannah. What is freedom. In: *Between past and future.* Nova York: Penguin Books, 1993b.

ARENDT, Hannah; JASPERS, Karl. *Hannah Arendt and Karl Jaspers:* correspondence, 1926-1969. Nova York: Harcourt Brace & Company, 1993.

FERRAZ JR., Tercio Sampaio. Prefácio. In: RIBAS, Christina Miranda. *Justiça em tempos sombrios:* a justiça no pensamento de Hannah Arendt. Ponta Grossa: TodaPalavra, 2019.

KOHN, Jerome. Evil and plurality: Hannah Arendt's way to the life of the mind. In: KOHN, Jerome; MAY, Larry. Ed. *Hannah Arendt:* Twenty Years Later. Cambridge, Massachusetts: The MIT Press, 1996.

LAFER, Celso. Apresentação. In: RIBAS, Christina Miranda. *Justiça em tempos sombrios*: a justiça no pensamento de Hannah Arendt. Ponta Grossa: TodaPalavra, 2019.

PITKIN, Hanna Fenichel. Justice: On Relating Private and Public. In: HINCHMAN, Lewis P. & HINCHMAN, Sandra K. *Hannah Arendt:* Critical Essays. Albany: State University of New York Press, 1994.

RIBAS, Christina Miranda. *Justiça em tempos sombrios:* a justiça no pensamento de Hannah Arendt. Ponta Grossa: TodaPalavra, 2019.

WOLIN, Sheldon. Democracy and political. In: HINCHMAN, Lewis P. & HINCHMAN, Sandra K. *Hannah Arendt:* Critical Essays. Albany: State University of New York Press, 1994.

22.

LEI

Ana Carolina Turquino Turatto
Universidade Estadual de Londrina

A concepção de lei para Arendt está diretamente relacionada com a questão de governo e o entendimento dela se opõe ao que apregoa a tradição – o governar e ser governado –, tanto que o estudo arendtiano da lei acaba por ser calcado em Montesquieu. O que é a lei para a filósofa, o que essa lei significa para os corpos políticos e em que medida a lei nos governos totalitários se afasta da noção arendtiana de lei é o que este verbete, de certo modo, busca elucidar.

A noção de lei apresentada por Arendt está intimamente relacionada à atividade da ação, à possibilidade de aparecimento no mundo comum e, novamente, em oposição à tradição, que preceitua que lei, poder e liberdade estariam em conflito. Conforme Arendt (1989, p. 517), "As leis circunscrevem cada novo começo e, ao mesmo tempo, asseguram a sua liberdade de movimento, a potencialidade de algo inteiramente novo e imprevisível [...]".

Arendt dirá que, após a experiência totalitária – que se pautava pela legalidade de modo que tudo o que foi perpetrado no III Reich estava em consonância com a lei vigente –, a dignidade humana precisava de "[...] nova garantia, somente encontrável em novos princípios políticos e em uma nova lei na terra, cuja vigência desta vez alcance toda a humanidade, mas cujo poder deve permanecer estritamente limitado, estabelecido e controlado" (Arendt, 1989, p. 13).

Arendt trata da lei tendo como perspectiva a crítica ao regime totalitário e seus mecanismos "legais" de governo, especialmente em razão da incapacidade de proteção, por essas leis, da vida e da dignidade dos seres humanos e da ausência de legitimidade dessas "leis", que passaram a ser o desejo do *Führer* em detrimento do arranjo e acordo mútuo entre os seres humanos. Segundo a filósofa, o governo totalitário mais do que sem precedentes, destruiu todas as possibilidades de definições já existentes da essência dos governos que, desde Platão, repousavam nos pilares lei e poder (Arendt, 1989, p. 513).

Em razão desses dois pilares, os governos poderiam ser diferenciados em legal (bom governo) ou ilegal (mau governo) e arbitrário (emprego do poder no interesse dos governantes – mau governo) ou legítimo (emprego do poder no interesse dos governados – bom governo). Arendt destacará que o governo totalitário não opera sem a orientação de uma lei ou de forma visivelmente arbitrária – esses regimes afirmam seguir rigorosa e inequivocamente as leis da natureza ou da história, de modo que "[...] longe de exercer o seu poder no interesse de um só homem, está perfeitamente disposto a sacrificar os interesses vitais e imediatos de todos à execução do que supõe ser a lei da história ou natureza" (Arendt, 1989, p. 514), leis estas que "[...] sempre acreditamos serem a origem de todas as leis" (Arendt, 1989, p. 513; 2011, p. 274).

A lei totalitária seria aplicada diretamente à humanidade sem atentar para as condutas humanas e o movimento totalitário visaria transformar a espécie humana em detentora dessa lei, à qual passivamente deveria se submeter. A lei em tal governo não está imbuída pela característica da estabilidade e esta é uma das críticas que Arendt tece aos regimes totalitários, pois toda hierarquia, por mais arbitrária e ditatorial que seja, "[...] tende a estabilizar-se e constituiria um obstáculo ao poder total do líder de um movimento totalitário" (Arendt, 1989, p. 414); por isso que a lei no governo totalitário é a lei do movimento.

A questão da lei no movimento totalitário é o seu não fundamento no *consensus iuris* que constitui o povo; o conceito totalitário de lei dispensa qualquer consenso e, em troca, promete libertar do cumprimento da lei todo ato ou desejo humano, dado que a humanidade passou a ser a encarnação da própria lei. Os seres humanos enquanto encarnação viva da lei serão sinônimo de legalidade e justiça (Arendt, 1989, pp. 514-515).

A grande diferença apontada por Arendt entre a lei totalitária e as leis de um mundo não totalitário – governo constitucional, que também pode ser chamado de republicano – é que, neste mundo, as leis positivas são elementos de estabilização para os movimentos dos seres humanos (Arendt, 1989, p. 515); já naquele caso, as leis são as leis de movimento, as leis não expressam a estrutura de estabilidade para as ações humanas, pelo contrário, o processo não pode ter fim, de modo que "[...] toda ação visa à aceleração do movimento da natureza ou da história, onde cada ato é a execução de uma sentença de morte que a natureza ou a história já pronunciou [...] o terror manterá o movimento [...]" (Arendt, 1989, p. 519). O terror será utilizado para proporcionar a estabilidade em razão do cerceamento de qualquer espontaneidade, cuja finalidade será a de acelerar o movimento das leis da natureza ou história.

Outro aspecto destacado por Arendt sobre as leis e que se torna mais grave em governos totalitários é o de que as leis não podem ser universalmente válidas; caracteristicamente, devem possuir uma validade limitada. A filósofa, então, explica que onde as leis não tenham por traço a estabilidade e não tenham validade limitada, haverá uma ilegalidade, apesar de não haver anarquia, uma vez que a ordem pode ser mantida por organizações coercitivas, cujo resultado poderá ser a criminalização de todo o mecanismo de governo (Arendt, 2013b, p. 72). É por essa acepção que se torna evidente o porquê de os governos totalitários serem criminosos ao ventilarem que a humanidade estaria inevitavelmente fadada às leis da natureza ou histórica, cujas interpretações seriam exclusivas daquele considerado apto, infalivelmente, para tal atividade.

Arendt dirá que entre as finalidades de uma lei positiva estão a de garantir tanto a estabilidade do mundo já existente – e apesar de a transformação ser inerente à condição humana, o ser humano possui necessidade de estabilidade (Arendt, 2013b, p. 71) – quanto a liberdade para a ação; "liberdade como realidade política viva" (Arendt, 1989, p. 518), pois será a lei instrumento apto a delimitar o espaço entre-os-homens. As leis serão as fronteiras estabelecidas entre os homens ou entre as "cidades" (Arendt, 2011, p. 276). Nesse sentido:

> [...] as leis positivas destinam-se a erigir fronteiras e a estabelecer canais de comunicação entre os homens, cuja comunidade é continuamente posta em perigo pelos novos homens que nela nascem. A cada nascimento, um novo começo surge para o mundo, um novo mundo em potencial passa a existir. A estabilidade das leis corresponde ao constante movimento de todas as coisas humanas, um movimento que jamais pode cessar enquanto os homens nasçam e morram. As leis circunscrevem cada novo começo e, ao mesmo tempo, asseguram a sua liberdade de movimento, a potencialidade de algo inteiramente novo e imprevisível; os limites das leis positivas são para a existência política do homem o que a memória é para a sua existência histórica: *garantem a preexistência de um mundo comum*, a realidade de certa continuidade que transcende a duração individual de cada geração, absorve todas as novas origens e delas se alimenta (Arendt, 1989, p. 517, grifo nosso).

As leis, portanto, estabelecem o âmbito da vida pública política (Arendt, 2008, p. 338) e conferem estabilidade a uma comunidade, já que o constante nascimento de novos seres ameaça a continuidade desse corpo; "[...] com cada novo nascimento um novo mundo potencialmente vem a existir" (Arendt, 2011, p. 277). As leis estruturam o mundo público comum – o mundo feito pelos seres humanos – conferindo-lhe, também, solidez diante das características de ilimitabilidade e imprevisibilidade da ação, o que de alguma forma tenta mitigar a fragilidade dos assuntos humanos, transcendendo o tempo de vida individual de cada geração.

Essa primeira concepção arendtiana de lei é retirada da noção de lei da cidade-Estado grega; a lei na antiguidade tinha por finalidade resguardar e circundar a vida política, o *nomos* grego possui característica essencialmente negativa. Para Arendt, sistemas legais – mais duradouros que modas, costumes e tradições – regulam as questões diárias entre os seres humanos e são fatores de estabilidade, mas tornam possível o fluxo das mudanças e impedem a dominação total dos indivíduos (2013b, p. 72).

Arendt explica que a criação da lei, para os gregos, era uma conduta a-política, tanto que o legislador (*nomothetes*) não precisava ser cidadão, mas que o início da vida política dependia da criação da lei, sem a lei não seria possível existir um domínio político: "A lei é a circunvalação-fronteira produzida e feita por um homem, dentro da qual nasce o espaço da verdadeira coisa política, no qual muitos se movem livremente" (Arendt, 2013c, p. 114).

Da concepção de *nomos* resulta que o legislador era equiparado a um "[...] escultor ou arquiteto a quem se podia encomendar o que fosse preciso para a cidade" (Arendt, 2013c, p. 112), era como o construtor dos muros que estabeleciam as fronteiras (Arendt, 2013a, p. 243) e, nesse sentido, a lei não era resultado da ação, mas apenas um produto da fabricação.

Arendt rompe com a equivocidade que se perpetua entre lei e poder diante da categoria tradicional de meios e fins, na qual se aprende que "Por um lado [...] o poder aplica a lei para efetivar a legalidade; por outro, a lei é concebida como limitação e a fronteira do poder, as quais nunca devem ser ultrapassadas" (Arendt, 2011, p. 274). Nesse sentido, o poder seria o instrumento para executar a lei e a lei seria o instrumento para manter o poder sob controle; a lei seria vista apenas como um muro que rodeia os homens poderosos, de modo a evitar que abusem de suas forças.

Essa interpretação equívoca de lei e poder, consoante Arendt, foi reforçada pela tradição judaico-cristã com sua concepção imperativa de lei, oriunda de um entendimento de que, havendo a lei, no caso os mandamentos de Deus, haveria apenas a relação de comando e obediência (Arendt, 2014, p. 55). Entretanto, assevera a autora que, para além dessa tradição, havia a tradição greco-romana, em que o conceito de poder e lei não se assentavam nas relações de mando-obediência e dominação — "subjugação daqueles que são em princípio desiguais" (Arendt, 2006, p. 452) —, não havendo identificação entre poder e domínio ou lei e mando (Arendt, 2014, p. 57).

Arendt, assim, apresenta o segundo significado para lei, complementar ao proporcionado pelo *nomos* grego com o estabelecimento de limitação e estabilidade, de caráter relacional, retomando a *lex* romana, como foi feito por Maquiavel e Montesquieu, que em sua própria etimologia "[...] indica uma relação formal entre as pessoas [...]" (Arendt, 2013a, p. 77). Esse sentido de lei é eminentemente republicano e pressupõe uma ideia de contrato e de aliança; explica Arendt (2013c, p. 112):

> [...] a *lex* romana, em completa diferença e até mesmo em oposição àquilo que os gregos conheciam por *nomos*, significa originalmente "ligação duradoura" e, em seguida, contrato tanto no direito de Estado como no privado. Portanto, uma lei é algo que liga os homens entre si e se realiza não através de um ato de força ou de um ditado, mas sim através de um arranjo ou um acordo mútuo.

Nesta segunda acepção, lei é algo que relaciona os seres humanos. A atividade legisladora e a lei em si eram fruto da ação conjunta dos seres humanos, *consensus omnium*, tratando-se de verdadeira coisa política porque surgia "[...] entre os homens no falar de duas partes e no agir e contra-agir" (Arendt, 2013c, p. 113). O fazer da lei era ligado à "[...] conversa e à réplica daí a algo que [...] estava no centro de tudo que é político" (Arendt, 2013c, p. 112).

Conforme Arendt, a lei não possui o condão de impor mudanças à realidade. As mudanças são oriundas da ação permeada por uma força de opinião pública que se sustenta no número de pessoas que se fazem ouvir em público, cujo interesse é o mundo. A lei apenas vai estabilizar e legalizar uma mudança já ocorrida (Arendt, 2013b, pp. 63-64; 73). Esse sentido republicano de lei pode inspirar as ações humanas, mas nunca as ditar, possibilitando as relações entre os seres humanos mortais. Assim, "As leis [...] não são eternas e absolutas [...], nem possuem fundamentos transcendentes e inquestionáveis, capazes de superar a relatividade essencial do jogo político" (Duarte, 2014, p. 146)

Para Arendt, então, a lei será concebida como limite, estabilidade (*nomos*) e como relação, resultado da ação plural dos cidadãos (*lex*). A partir desse retrospecto sobre a lei, a filósofa rompe com o entendimento de que tanto a lei quanto a política se reduziriam a relações de comando e obediência, de que governo e lei seriam coincidentes de modo que as leis governariam e o governante apenas administraria e obedeceria às leis. Essa submissão à lei perpetrada pela tradição é explicada por Arendt (2013c, p. 123):

> nós estamos acostumados a entender lei e direito no sentido dos dez mandamentos enquanto mandamentos e proibições, cujo único sentido consiste em que eles exigem obediência, que deixamos cair no esquecimento, com facilidade, o caráter espacial original da lei. Toda lei cria, antes de mais nada, um espaço no qual ela vale, e esse espaço é o mundo em que podemos mover-nos em liberdade. O que está fora desse espaço, está sem lei e, falando com exatidão, sem mundo; no sentido do convívio humano é um deserto.

Para essa análise, Arendt terá como fonte Montesquieu, autor que propôs uma vida política divorciada da violência, com a divisão do poder em três ramos relacionados às atividades políticas: criar leis, executar decisões e sentenciar judicialmente. Essa divisão é possível, visto que o filósofo trata o poder como originário nas capacidades múltiplas dos seres humanos para a ação enquanto o propósito imediato da ação dependerá das circunstâncias da vida humana e política, que se encontram em constante mudança em um corpo político vivo. Serão os propósitos dos cidadãos enquanto indivíduos que os unirão ou os separarão segundo interesses compartilhados ou conflitantes. Os interesses, de acordo com Arendt (2011, p. 282), constituem literalmente o "*inter-esse*, aquilo que está entre os homens" e esse espaço-entre que diz respeito a todos é o espaço onde a vida política ocorre. A filósofa dirá que Montesquieu não tinha por interesse as leis, mas sim as ações que seu espírito inspiraria; este filósofo definia as leis como "[...] *rapports* persistentes entre diferentes seres" (Arendt, 2013a, p. 238), porque *rapports* podem ser tanto um padrão mínimo da estrutura de entrelaçamento de um tecido como a possibilidade de se estabelecer sintonia ou empatia com outras pessoas de modo a se criar laços, relações.

A lei, de acordo com Arendt, será o alicerce do mundo comum, da política, e essa lei será entendida como uma estrutura necessária na teia de relações de modo a regular o âmbito político. Para a filósofa, as leis são mais diretivas do que imperativas, em razão de dirigirem o relacionamento humano – o espaço-entre do mundo humano – como as regras dirigem um jogo. Submeter-se às leis demonstra que os seres humanos desejam jogar o jogo e não há como participar se não as obedecerem; no entanto, deve ser indubitável que obedecer é apoiar. Por isso, a lei deve ser "a expressão da reciprocidade, do relacionamento e da responsabilidade recíproca; isso é o que garantimos um ao outro" (Arendt, 2006, p. 38, tradução nossa) de forma a abrigar a espontaneidade e a liberdade de participação do mundo público.

Referências

ARENDT, Hannah. *Sobre a violência*. Trad. André de M. Duarte. 5ª Ed. Rio de Janeiro: Civilização Brasileira, 2014.

ARENDT, Hannah. *A condição humana*. Trad. Roberto Raposo. rev. téc. Adriano Correia. 11ª Ed. Rio de Janeiro: Forense Universitária, 2013a.

ARENDT, Hannah. *Crises da República*. Trad. José Volkmann. 3ª Ed. São Paulo: Perspectiva, 2013b.

ARENDT, Hannah. *O que é política?* Trad. Reinaldo Guarany. Editoria Ursula Ludz. 11ª Ed. Rio de Janeiro: Bertrand, 2013c.

ARENDT, Hannah. A grande tradição. Trad. Adriano Correia; Paulo E. Bodziak Jr. *O que nos faz pensar*. Rio de Janeiro, n. 29, pp. 273-298, maio 2011.

ARENDT, Hannah. *Compreender:* formação, exílio e totalitarismo (ensaios). Trad. Denise Bottman. Org. int. notas Jerome Kohn. São Paulo: Companhia das Letras; Belo Horizonte: UFMG, 2008.

ARENDT, Hannah. *Diario filosófico*: 1950-1973. Trad. Raúl Gabas. Editoria Ursula Ludz; Ingeborg Nordmann. 2ª Ed. Barcelona: Herder, 2006.

ARENDT, Hannah. *Origens do totalitarismo*. Trad. Roberto Raposo. São Paulo: Companhia das Letras, 1989.

DUARTE, André. Poder e violência no pensamento político de Hannah Arendt: uma reconsideração. In: ARENDT, Hannah. *Sobre a violência*. Trad. André de M. Duarte. 5ª Ed. Rio de Janeiro: Civilização Brasileira, 2014.

23.

LIBERDADE

Lucas Barreto Dias
Instituto Federal de Educação, Ciência e Tecnologia do Ceará

O conceito de liberdade em Hannah Arendt possui três entradas distintas, embora relacionadas: 1. Liberdade filosófica, ligada às atividades do espírito, mais notadamente à vontade; 2. Libertação//liberação [*liberation*], vinculada à de liberdade de movimento; e 3. Liberdade política, designada como a razão de ser [*raison d'être*] da política. Entre os três usos acima, o conceito de liberdade política costuma se sobrepor aos demais, de modo que na obra arendtiana comumente se lê liberdade como liberdade política.

Segundo Hannah Arendt, a concepção filosófica sobre a liberdade tem sua origem datada na experiência de privação da liberdade mundana, de tal modo que Paulo (o apóstolo), ao se ver na situação de perseguido e sendo-lhe negada a liberdade que outrora possuía, refugia-se em uma outra experiência de liberdade: a da vontade. Esta experiência interna do espírito, por assim dizer, só seria possível em virtude da negação de uma existência anterior da liberdade enquanto algo vivido mundanamente. Após Paulo, segundo a autora, Agostinho seria então o responsável por formular a perspectiva da liberdade da vontade, desta vez por meio da noção de livre-arbítrio; em ambos os casos, trata-se de uma experiência religiosa de conversão que inaugura a perspectiva de uma liberdade interna. Há, ainda, a tentativa de Epicteto – um escravo estoico – de divorciar a liberdade de seu conteúdo político, elemento que possibilitaria a situação aparentemente paradoxal de ser livre ainda que escravizado.

Segundo Arendt, poder mover a vontade livremente é um modo de transpor metaforicamente a capacidade de se mover no mundo, isto é, a liberdade interior é derivativa das liberdades de movimento e política. Arendt ergue suas considerações sob a perspectiva de que a liberdade não tem sua origem nas capacidades do homem de pensar ou de querer, mas que esta experiência da liberdade tem sua origem primária no âmbito político. Tais concepções já fazem parte da letra arendtiana desde "Ideologia e terror" (Cf. Arendt, 1989), epílogo de *Origens do totalitarismo*, mas ganham uma formulação teórica mais consistente em "O que é liberdade?" (Cf. Arendt, 2009, pp. 188-197).

Afirmar, assim, a originariedade fenomênica da liberdade junto à política não é negar a liberdade do espírito (ou filosófica), mas de conferir primazia às experiências mundanas e plurais para compreendermos o fenômeno da liberdade. É no segundo volume de *A vida do espírito* que a liberdade da vontade volta a ser tematiza. Em "O querer", o pensamento de Arendt retém essa discussão sobretudo em sua interpretação de Duns Scotus. Para a autora, Scotus precisa afirmar a contingência do mundo – isto é, sua não ordenação definitiva e necessária – a fim de sustentar a liberdade humana (Cf. Arendt, 2010b, pp. 399-402). Tal posicionamento coloca em destaque o par "liberdade e necessidade", conceitos que designariam interpretações contrárias acerca da realidade. A contingência do mundo e da existência, todavia, não exclui o caráter de necessidade do passado, isto é, embora um determinado evento pudesse não ter ocorrido, na medida em que ele ocorre, ele passa a ser necessário e se torna imodificável, condição necessária para a própria existência presente. A liberdade da vontade, ainda que não surja no espírito a partir dele próprio, segundo Arendt, existe enquanto faculdade que se move para um futuro aberto e não se desvincula de suas necessidades passadas. Nesse sentido, a liberdade interior não apenas é derivativa das liberdades mundanas, mas depende delas, é condicionada por elas; a vontade só pode se mover espiritualmente pois o futuro se apresenta como contingente, sua liberdade tem como condicionante eventos mundanos passados em que a liberdade ou fora vivenciada e/ou fora negada (Cf. Arendt, 2010b, pp. 403-404). A contingência da realidade não é causa, mas se apresenta como condição para a existência da liberdade.

O segundo uso do termo liberdade, no vocabulário de Hannah Arendt, diz respeito a situações que ocorrem no mundo, mas que não estão localizadas na esfera política. Este assunto é tratado sobretudo no texto "O que é liberdade?" e em *Sobre a revolução*. A liberdade de movimento e a liberação [*liberation*] designam a possibilidade que o ser humano tem de se libertar das necessidades biológicas e sociais. Isto não significa, é claro, um abandono da natureza e da sociedade, mas antes, a possibilidade de delimitar o alcance de ambas as esferas na vida dos indivíduos. Poder se mover livremente no mundo não é responder ao automatismo da vida biológica que varia entre satisfação e prazer ou mesmo repetir os comportamentos sociais cotidianos; significa, na verdade, se ocupar com outros assuntos que ultrapassem tais preocupações. Estar liberado das necessidades significa, então, poder dirigir a existência para uma esfera que não está circunscrita no movimento circular da natureza. Nesse sentido, embora a liberação não possa ser confundida com a liberdade política, estar liberado da necessidade se torna uma condição para que haja uma preocupação com o mundo comum. A liberação não conduz inexoravelmente à liberdade política, mas se apresenta como uma das condições de sua existência.

A liberdade política, para Arendt, não diz respeito a uma substância que possuiríamos, não é um atributo intrínseco a cada um de nós. Ademais, a liberdade política também não se confunde com a liberação, ainda que esta seja sua condição, pois estar livre das necessidades não é o mesmo que atuar livremente. Em *Sobre a revolução*, Arendt explica que "a noção de liberdade implícita na libertação só pode ser negativa", assim, "a intenção de libertar não é igual ao desejo de liberdade" (Arendt, 2011, p. 57). A liberdade negativa expressa justamente a situação de não estar subjugado, não ser dominado, seu conteúdo se caracteriza pela passividade e não ação. A liberdade política, segundo a análise arendtiana, expressa uma experiência que ultrapassa a liberação, diz respeito à participação na vida pública e política.

Em "O que é liberdade?", Arendt define a liberdade como "*raison d'être* da política" e diz que "seu domínio de experiência é a ação" (Arendt, 2009, p. 192); ademais, a autora lança mão da noção de *virtuosidade* – a partir de Maquiavel – para ilustrá-la. Em suma, ao vincular a liberdade com a ação e com a *virtù*, a autora está descrevendo uma liberdade que não se reduz à não-opressão da liberação; não se trata apenas de estar liberado das necessidades e se ver livre das opressões. Cabe interpretar a liberdade em seu caráter positivo, em sua dimensão performativa: a virtuosidade é "uma excelência que atribuímos às artes de realização [...] onde a perfeição está no próprio desempenho e não em um produto final" (Arendt, 2009, p. 199). A ação, para ser livre, não pode se subjugar seja a motivos, seja a objetivos. Isto não significa que estes não existam, mas que "a ação é livre na medida em que é capaz de transcendê-los" (Arendt, 2009, p. 198). É por meio da ação em um espaço compartilhado, enquanto domínio [*realm*] de experiência da liberdade, que os homens podem vir a ser livres: "os homens *são* livres – diferentemente de possuírem o dom da liberdade – enquanto agem, nem antes, nem depois; pois *ser* livre e agir são uma mesma coisa" (Arendt, 2009, p. 199).

A partir do vocabulário de Montesquieu, Arendt nos diz que os "princípios não operam no interior do eu como o fazem motivos [...], mas como que inspiram do exterior", estão ligados com os eventos que ocorrem no mundo, de modo que "o princípio inspirador torna-se plenamente manifesto somente no próprio ato realizador", assim, a liberdade só passa a existir no mundo no qual estes "princípios são atualizados", isto é, quando se tornam atos, quando os homens agem (Arendt, 2009, pp. 198-199).

Ao conjugar liberdade e ação, o conceito de pluralidade humana também é mobilizado por Arendt. Definida pela autora como a condição da política (Cf. Arendt, 2010a, pp. 8-9), a pluralidade humana também é condição para a existência da liberdade. A relação entre os conceitos fica mais clara quando voltamos o olhar à compreensão de que a liberdade não provém de uma disposição interna, mas é estimulada a partir de princípios mundanos que só se manifestam enquanto os seres humanos agem. A ação política, todavia, não é um ato isolado, ela depende de um espaço onde possa ocorrer, bem como que esse espaço seja público: que a ação possa ser vista por outras pessoas. Agir é se inserir em um espaço público, em um local compartilhado com outros tantos indivíduos, de tal forma que nenhuma ação se possa chamar livre se não estiver na companhia de outros homens por sua vez também livres. A liberdade política só existe na medida em que seres humanos inspirados por princípios mundanos agem em um espaço público comum.

O espaço público é, portanto, o local de aparição da liberdade. Nessa perspectiva, pode-se ver como Arendt não aceita o conceito liberal de liberdade: a tradição liberal concebe a liberdade como um afastamento da política, um estar livre da política, de modo que o indivíduo é designado como livre apenas pela noção de estar liberado das necessidades, de não estar sob o domínio de ninguém. Esta concepção liberal, diz Arendt, conduz justamente a um esvaziamento do espaço público e uma derrocada da política em nome dos interesses privados. A definição arendtiana da liberdade enquanto uma experiência política plural e pública deve ser vista, portanto, como uma recusa do individualismo liberal.

A liberdade de movimento, a liberação da necessidade e da opressão, a busca pelos objetivos pessoais, "todas estas liberdades [*liberties*] [...] são [...] negativas; resultam da libertação [*liberation*], mas não constituem o conteúdo concreto da liberdade [*freedom*], que [...] é a participação nos assuntos públicos, ou admissão na esfera pública" (Arendt, 2011, p. 61). A definição do que é liberdade, segundo o pensamento político de Arendt, move-se em vista, portanto, da participação ativa de uma pluralidade humana nos negócios humanos. Ser livre é agir junto a outros enquanto membros de uma comunidade política. A noção de virtuosismo permanece importante, para a pensadora, pois indica a premência que a ação tem de retomar constantemente ao espaço público. Por não ser igual à obra [*work*] que produz como resultado um objeto durável, a ação não deixa nada de tangível que possa perdurar após o ato realizado, não há um produto efetivo que permaneça, aquilo que ela engendra precisa ser continuamente atualizado, isto é, posto em ato. A liberdade, portanto, não é um estado a que se chega para então poder tornar-se livre, mas é, antes, a própria forma da ação: ser livre é agir politicamente.

Em virtude disso, Arendt compreende que a noção de soberania auxiliou na decadência da política ao suplantar a noção de virtuosismo da liberdade. O poder soberano ascendeu como um modelo fundado na compreensão de livre-arbítrio, na capacidade de decisão (de um indivíduo, do Estado ou mesmo de um povo) independente da pluralidade humana que age livremente no espaço público. Para a pensadora, a identificação moderna de liberdade como soberania "conduz à negação da liberdade humana, [...] ou à compreensão de que a liberdade de um só homem, de um grupo ou de um organismo político só pode ser adquirida ao preço da liberdade, isto é, da soberania, de todos os demais" (Arendt, 2009, pp. 212-213). A compreensão moderna da política nascida junto ao advento do Estado-Nação acentuou um distanciamento dos indivíduos da vida política, identificando a liberdade tão somente com a liberação e com a preocupação com a segurança e manutenção da vida, de modo que caberia ao soberano decidir e governar. Em razão de tal estado de coisas, Arendt afirma que "se os homens desejam ser livres, é precisamente à soberania que devem renunciar" (Arendt, 2009, p. 213).

É, portanto, na chave crítica ao modelo liberal, ao paradigma da soberania e à recusa da liberdade cristã, que Arendt indica o tesouro perdido das revoluções. Segundo a autora, as revoluções modernas – em especial a estadunidense e a francesa – apresentaram não só uma recusa da opressão em busca da liberação, mas objetivavam fundar um novo corpo político, entendiam que "o desejo de liberdade como modo político de vida [...] demandava a instauração de uma forma de governo que fosse novo, ou, pelo menos, redescoberta; ele exigia a constituição de uma república" (Arendt, 2011, p. 61). É na república que as pessoas podem experimentar a liberdade não em seu caráter negativo – isso também seria possível em uma monarquia ou em qualquer outra forma de governo limitada por leis –, mas enquanto indivíduos que agem junto a outros, que discursam para outros, que julgam e apreciam as ações e palavras dos demais. A participação no governo, portanto, torna-se pedra de toque na redescoberta moderna das revoluções para a política, a instauração de uma liberdade na política e não fora dela.

É comum que Arendt faça uso dos verbos gregos e latinos vinculados ao *agir* para pensar o sentido da ação. Do lado grego, temos o "*archein* ('começar', 'liderar' e, finalmente, 'governar') e *prattein* ('atravessar', 'realizar' e 'acabar')"; do lado latino, respectivamente temos "*agere* ('pôr em movimento', 'liderar') e *gerere* (cujo significado original é 'conduzir')" (Arendt, 2010a, p. 236; Cf. Arendt, 2009, p. 214). O importante, para compreendermos aqui a sua vinculação à liberdade, é que agir significa iniciar e possui forte ligação com o conceito de natalidade. Tanto em grego quanto em latim (e o recurso a ambas as fontes provém da experiência da liberdade na democracia ateniense e na república romana), ser livre significa poder iniciar algo novo. Em Roma esta experiência se mostrava ainda mais premente, pois "sua liberdade ligava-se ao início que seus antepassados haviam estabelecido ao fundar a cidade" (Arendt, 2009, p. 215), o que indicava não apenas a capacidade dos indivíduos de começarem algo novo, mas de conservarem a própria noção de política pela qual Roma fora fundada. Há, aqui, a conjunção de novidade e conservação.

A questão do início, assim, ganha destaque na interpretação do fenômeno da liberdade no pensamento arendtiano. A autora lança mão de uma interpretação de Agostinho que ultrapassa a mera concepção do livre-arbítrio. Ao lembrar que o pensador cristão estava também vinculado com as experiências romanas, Arendt destaca que, em *A cidade de Deus*, "a liberdade é concebida [...] não como uma disposição humana íntima, mas como um caráter da existência humana no mundo" (Arendt, 2009, p. 216). Na compreensão agostiniana, o ser humano é ele próprio um começo e isso significa que os homens possuem a capacidade de iniciar, imprimir algo novo no mundo.

Arendt adapta esta concepção junto à sua definição de liberdade. Primeiro, ao assumir também que o ser humano possui a capacidade de iniciar algo novo, de interromper a simples causalidade da natureza e o comportamento automático e previsível junto à sociedade, isto é, de trazer à existência algo inesperado e imprevisível. Segundo, ao conceber que o problema do início diz respeito à própria fundação de comunidades políticas livres, da instituição imprevisível de um espaço em que novas ações podem ocorrer, à criação de um local adequado para os seres humanos continuarem a realizar novos inícios. Em última instância, trata-se da criação livre de um espaço público que permita a manutenção da liberdade de novas criações que – por sua vez – remontam ao próprio ato de fundação, mas se estendem na possibilidade do imprevisível.

O sistema de conselhos ao qual Arendt recorre em *Sobre a revolução* passa a ser um exemplo para a fundação de um corpo político livre. Os motivos que levam a autora a tal interpretação se vinculam à promoção da participação efetiva dos indivíduos na vida pública; na não nomeação dos cargos, mas na seleção feita entre os próprios cidadãos; e ao fato de que ninguém era impedido de atuar como cidadão, de modo que aqueles que não participavam eram justamente os que escolhiam se abster de tais questões. Tratava-se justamente de propiciar um espaço para que os indivíduos pudessem agir livremente junto a seus pares. A liberdade política seria, então, redescoberta na experiência moderna através das revoluções e do sistema de conselhos, da capacidade de fundar algo novo e de proporcionar um espaço em que os seres humanos pudessem ser livres, isto é, iniciar algo novo no mundo.

Referências

ARENDT, Hannah. *Sobre a revolução*. São Paulo: Companhia das letras, 2011.
ARENDT, Hannah. *A condição humana*. 11ª Ed. Rio de Janeiro: Forense Universitária, 2010a.

ARENDT, Hannah. *A vida do espírito*: o pensar, o querer, o julgar. 2ª Ed. Rio de Janeiro: Civilização Brasileira, 2010b.

ARENDT, Hannah. *Entre o passado e o futuro*. Trad. br. Mauro W. Barbosa. 6ª Ed. São Paulo: Perspectiva, 2009.

ARENDT, Hannah. *Origens do totalitarismo*: anti-semitismo, imperialismo, totalitarismo. São Paulo: Companhia das Letras, 1989.

24.

MAL

Nádia Souki
Faculdade Jesuíta de Filosofia e Teologia

A primeira vez em que Hannah Arendt refere-se ao problema do mal é em 1945, quando afirma: "o problema do mal será a questão fundamental da vida intelectual do pós-guerra" (Arendt, 2008, p. 163). Na verdade, ela estava equivocada, pois a maioria dos intelectuais europeus desse período evitou qualquer confrontação direta com o problema do mal (cf. Bernstein, 2000, p. 235). Mas, para Arendt, o problema do mal e seus significados se tornaram uma questão fundamental.

O mal ao qual ela se refere não é o da tradição filosófica, teológica e literária, em que é pensado como um conceito metafísico, pelo fato de buscar uma substância ou mesmo a ausência dessa, tampouco é o mal socrático, que é visto como ignorância, ou na visão de Agostinho como uma privação do bem. Arendt (1983) não procurou uma explicação da natureza do mal ou uma origem do mal no universo, dentro de uma teodiceia. O mal ao qual ela se refere é o moral, aquele que o homem faz ao homem.

Hannah Arendt começa a repensar o mal a partir dos horrores das guerras do século XX e do holocausto, quando tentou encontrar explicações em nível moral, dentro da filosofia, para esses fatos e se sentiu, segundo sua própria expressão, "sem apoio" para compreender tal fenômeno, porque o que estava acontecendo era "incompreensivel e inexplicável". As categorias da tradição não eram suficientes nem adequadas para a compreensão do terror e da lógica de funcionamento do totalitarismo. A ruptura da tradição, operada visivelmente pela novidade totalitária do século XX, pôs em xeque o legado político e moral do ocidente. Sob a luz da ruptura da tradição, Arendt reconhece a novidade dessa realidade, mas não recua diante do seu desejo de compreender, ao contrário, ela a defronta corajosamente e sem preconceitos.

Em 1951, ela expressa sua perplexidade em *Origens do totalitarismo*, quando recoloca a questão do mal, movida pela tentativa de compreender o que "não poderia ter acontecido", ou pela pergunta sobre "como pode ter acontecido" (Arendt, 1989, pp. 339-340; Arendt, 1993, p. 135). Nesse momento, ela recorre à filosofia moral de Kant, em busca de categorias que pudessem iluminar o que não era passível de explicação racional. Assim, afirma:

> é inerente a toda nossa tradição filosófica que não possamos conceber um "mal radical", e isso se aplica tanto à teologia cristã, que concedeu ao próprio Diabo uma origem celestial, como a Kant, o único filósofo que, pela denominação que lhe deu, ao menos deve ter suspeitado de que este mal existia, embora logo o racionalizasse no conceito de um "rancor pervertido" que podia ser explicado por motivos compreensíveis. (Arendt, 1989, p. 510)

A expressão "mal radical" remete a Kant, quem a introduziu em sua obra *A religião dentro dos limites da simples razão*, para referir-se a uma propensão da vontade a desviar-se dos imperativos morais da razão. Entretanto, em sua apropriação do conceito kantiano, Arendt emprega a expressão a fim de analisar os crimes perpetrados nos campos de concentração nazistas. Mesmo que não explique em que consiste a radicalidade desse mal, ela situa sua especificidade, ao dizer que se trata de algo "anteriormente desconhecido para nós", e que esse "mal absoluto, impunível e imperdoável", "já não podia ser compreendido nem explicado pelos motivos malignos do egoísmo, da ganância, da cobiça, do ressentimento, do desejo de poder e da covardia" (Arendt, 1989, p. 510).

Ao citar Kant, ela insinua uma discrepância importante: enquanto o mal radical designa, em Kant, uma perversão que podemos entender por referência aos motivos, o mal radical ao qual Arendt se refere não é compreensível pela razão. Arendt diz: "Eu não sei o que é o mal radical, mas sei que ele tem a ver com este fenômeno: a superfluidade dos homens enquanto homens" (Arendt; Jaspers, 1992, p. 166). Esse mal radical surgiu em relação a um mecanismo no qual todos os "homens se tornaram igualmente supérfluos, os que manipulam esse sistema acreditam na própria superfluidade tanto quanto na dos outros" (Arendt, 1992, p. 510). O lado mais perverso dessa "superfluidade" foi o fato de ela ter atingido tanto os que foram manipulados quanto os manipuladores, e "os assassinos totalitários são os mais perigosos, porque não se importam se estão vivos ou mortos, se jamais viveram ou se nunca nasceram" (Arendt, 1989, p. 510). A radicalidade do mal totalitário está em transformar os homens em seres supérfluos, tanto na sua singularidade, como seres únicos que trazem ao nascer uma novidade ao mundo, quanto em sua pluralidade, condição de sua existência mundana, que só se realiza e ganha sentido na convivência com os outros homens.

A partir daí, Arendt indica a mudança que vai operar em sua concepção de mal radical e prenuncia, mesmo de forma embrionária, seu conceito de banalidade do mal, que surgirá de forma mais sistematizada dez anos depois.

Em 1961, ao assistir ao julgamento de Eichmann, em Jerusalém, e posteriormente publicar o seu relato sobre *A banalidade do mal* (Arendt, 1983), sua análise acerca de tal fenômeno já tinha sofrido uma mudança decisiva, pois se apoiou em outro contexto de reflexão. Frente ao pressuposto de que iria encontrar um homem, no mínimo perverso, ou até mesmo um monstro ou um exemplar de malignidade humana, como fazia crer a mídia da época, foi surpreendida ao se defrontar com um homem absolutamente comum, que apenas podia ser caracterizado como tendo um "vazio de pensamento", sua reflexão sobre o mal ganha outra figura. Eichmann não era um monstro, mas um homem com extremo grau de heteronomia, um indivíduo que era um produto típico do Estado totalitário. A questão originária sofre aí um deslocamento radical: não se trata de explicar o fenômeno focando-se na questão moral ou na antropológica, mas sim de compreender, num enfoque político, de como um Estado pode ser capaz de produzir agentes heterônomos que funcionam tão eficientemente, como agentes reprodutores de seus objetivos (cf. Souki, 1998, p. 37).

O que ela constata é que Eichmann não é único ou um caso isolado, "pois havia muitos iguais a ele", e "a maioria não era nem pervertida nem sádica, eram e ainda são terrível e aterradoramente normais" (Arendt, 1983, p. 285). Essas "pessoas normais" aderiram, em massa, como cúmplices dos governantes no momento totalitário, em que a moral visivelmente colapsou. Nesse contexto, o mal radical ganha uma dimensão eminentemente política e pode ser considerado o "pior mal", porque adquire uma potência de proliferação, "onde se alastra como um fungo e pode contaminar o mundo. Nessa circunstância, ele é extremo, mas não é radical, porque 'não tem raízes', e por não estar enraizado, sua proliferação se dá na superfície, aí ele é visível e não tem limites" (Scholem, 1978, p. 288).

A tragédia da banalidade do mal reside no que Eichmann demonstrou no seu julgamento: uma ausência de pensamento, uma irreflexão (Arendt, 1993, p. 146; Arendt, 1995, p. 6). Essa inabilidade é decorrente da falta do hábito de parar para observar os outros e a si mesmo, de se questionar e de se posicionar criticamente diante da realidade. O hábito de resistir ao exercício do pensamento passa a ter uma implicação ética, na medida em que, ao renunciar a essa atividade, o sujeito foge da sua responsabilidade e do seu compromisso consigo mesmo e com os outros, permanecendo alienado em relação ao mundo e tendo uma existência apenas superficial.

Arendt aponta para as consequências desastrosas advindas do não pensar, do não refletir, do não julgar por si mesmo e ser guiado pelo que os outros pensam, não com o intuito de desculpar ou escusar os não pensantes, mas de demonstrar que situações gravíssimas e dramáticas podem ser geradas da irreflexão (Arendt, 1993, pp. 159-160).

O termo "banalidade do mal" foi motivo de muita controvérsia quando surgiu (Souki, 1998, pp. 72-81), e ainda hoje continua sendo polêmico. Frente às diversas e variadas críticas, Hannah Arendt insiste em esclarecer: "por trás desta expressão não procurei sustentar nenhuma tese ou doutrina, muito embora estivesse vagamente consciente de que ela se oponha à nossa tradição de pensamento – literário, teológico ou filosófico – sobre o fenômeno do mal" (Arendt, 1995, p. 5). Um dos ataques mais frequentes se deve a uma incompreensão do uso do termo "banal". Falar de uma banalidade do mal não é afirmar sobre sua essência, pois o mal, se é possível considerá-lo do ponto de vista ontológico, não é jamais banal. O mal banalizado se refere à sua aparência, enquanto fenômeno que se dá a aparecer. A aparência de banalidade tem justamente a função de ocultar o verdadeiro escândalo do mal. O mal pode ser banalizado por determinadas contingências históricas e políticas, em que se pode mostrar banal, não que, por si mesmo, seja banal (Souki, 1998, p. 104).

A questão sobre a relação entre a irreflexão e o mal acompanhou Arendt até o fim dos seus dias. Em suas reflexões sobre essa conexão, ela se inspira amplamente na descrição socrática do processo de pensamento, o "dois em um" (Arendt, 1995, pp. 135-145), que tem sua importância ética, porque é o momento em que descobrimos a pluralidade onde menos esperamos. Quando penso, sou meu próprio parceiro e posso confrontar comigo mesmo. Sendo assim, quando não penso estou praticando o mal, porque estou prejudicando ou corrompendo essa capacidade. Na questão sobre "se o pensamento é uma das condições que impedem as pessoas de fazer o mal", aparece a preocupação de Arendt com a dignidade humana e a responsabilidade com o mundo. O componente crítico do pensamento libera outra faculdade humana, a de julgar, "a mais política das habilidades espirituais do homem", a habilidade de dizer "isto é errado", "isto é belo" etc. Enquanto o pensamento lida com invisíveis, o juízo sempre envolve particulares (Cf. Arendt, 1993, p. 167).

Hannah Arendt deixa inconclusa, em virtude de sua morte em 1975, suas elaborações sobre a capacidade de julgar e suas implicações éticas e políticas, que complementariam sua última obra, *A vida do espírito*. Provavelmente, em sua busca de compreensão sobre o mal, em suas novas formas e significados, estariam em prosseguimento e atualização, enquanto fosse possível a ela o *inter homines esse* (estar entre os homens).

Referências

ARENDT, Hannah. *Eichmann em Jerusalém*: um relato sobre a banalidade do mal. Tradução de Sonia Orieta Heinrich. São Paulo: Diagrama e Texto, 1983.

ARENDT, Hannah. *Origens do totalitarismo*. Tradução de Roberto Raposo. São Paulo: Companhia das Letras, 1989.

ARENDT, Hannah. Pensamento e considerações morais. In: *A dignidade da política*: ensaios e conferências. Rio de Janeiro: Relume Dumará, 1993.

ARENDT, Hannah. *A vida do espírito: o pensar, o querer, o julgar*. Trad. Antonio Abranches e outros, Rio de Janeiro: Relume Dumará, 1995.

ARENDT, Hannah. Pesadelo e fuga. In: *Compreender*: formação, exílio e totalitarismo (ensaios) 1930-1954. São Paulo: Companhia das Letras; Belo Horizonte: Editora UFMG, 2008.

ARENDT, Hannah. Só permanece a língua materna. In: *A dignidade da política*: ensaios e conferências. Rio de Janeiro: Relume Dumará, 1993.

ARENDT, Hannah; JASPERS, Karl. *Correspondence*: 1926-1969. San Diego: Harcourt Brace, 1992. Carta de 4 de março 1951, p. 166.

BERNSTEIN, Richard. ¿Cambió Hannah Arendt de opinión?: del mal radical a la banalidad del mal. *In*: BIRULES BERTRAN, Josefina. *Hannah Arendt*: el orgullo de pensar. Barcelona: Editorial Gedisa, 2000.

KANT, Immanuel. *A religião dentro dos limites da simples razão*. Tradução de Tânia M. Bernkopt. São Paulo: Abril, 1974.

SCHOLEM, Gershom. Le procès Eichmann: un débat avec Hannah Arendt. In: *Fidélité et utopie*: essai sur le judaisme contemporain. Paris: Calmann-Levy, 1978.

SOUKI, Nádia. *Hannah Arendt e a banalidade do mal*. Belo Horizonte: Editora UFMG, 1998.

25.

MAL RADICAL

Éden Farias Vaz
Universidade Federal de Goiás

O "mal radical" é uma terminologia conceitual utilizada por Hannah Arendt nas suas reflexões sobre o problema do mal. Ao longo de sua obra, a noção se desdobra em pelo menos três abordagens distintas e em alguns casos conflitantes. A mais conhecida dessas leituras é originária de *Origens do Totalitarismo* [*The Origins of Totalitarianism*], de 1951. No texto, ela utiliza o conceito com o intuito de sintetizar o estatuto de novidade do problema do mal a partir das experiências totalitárias. Para a autora, o mal radical seria inicialmente resultante da criação de um sistema em que todos se tornariam igualmente supérfluos e descartáveis. Sua intenção é delinear o contexto da total insignificância dos seres humanos enquanto seres humanos. Ademais, ainda que o viés inicial sobre o exercício do mal na terminologia empregada seja ético – destoando, portanto, das percepções teológicas ou metafísicas sobre o tema –, a acepção arendtiana transcende o escopo estritamente moral ao se referir ao exercício do mal como efetivação de um modelo de gestão estatal de modo a já não mais se conceber o mal só como o fruto de inclinações e apetites individuais, mas da disponibilidade de vítimas e de carrascos em relação a um sistema, convertendo-se em uma categoria de mal de natureza política. Por essa razão, ela alega não haver parâmetros compreensíveis para compreender o fenômeno ao considerar que toda tradição filosófica, ao especular sobre os fatores capazes de motivar os indivíduos a cometer o mal, parte de qualidades pessoais vinculadas especialmente à impotência, à ignorância ou ao egoísmo. Conforme a filósofa, "o surgimento de um mal radical antes ignorado põe fim à noção de gradual desenvolvimento e transformação de valores" (Arendt, 1989, p. 494). Arendt diz que não há modelos políticos nem históricos de compreensão desse fenômeno porque o mal radical é algo que jamais deveria pertencer à política (que é o campo da pluralidade e interação humana em que no centro de seus interesses se localiza o mundo e não o *Eu*).([1])

> É inerente a toda tradição filosófica que não possamos conceber um "mal radical" – e isso se aplicaria tanto à teologia cristã, que concedeu até mesmo ao diabo uma origem celestial, como a Kant, o único filósofo que, pela denominação que lhe deu, ao menos deve ter suspeitado que esse mal existia, embora logo o racionalizasse no conceito de um "rancor pervertido" que podia ser explicado por motivos compreensíveis. Logo, não temos onde buscar apoio para entender um fenômeno que, inobstante, confronta-nos com sua realidade avassaladora e rompe com todos os parâmetros conhecidos. Só uma coisa parece discernível: pode-se dizer que esse mal radical surgiu em relação a um sistema no qual todos os homens se tornaram igualmente supérfluos (Arendt, 1989, p. 510).

Para Jerome Kohn, "ninguém tinha mais consciência do que Arendt de que as crises políticas do século XX podem ser vistas em termos de um colapso de moralidade" (Kohn, 2004, p. 10). E ele igualmente frisou que ao denominá-lo 'radical', Arendt queria dizer

---

([1]) Ainda que a ética seja um campo da alteridade, ela se determina em última instância pela relação do sujeito consigo mesmo. É referente à pergunta: "O que *Eu* devo fazer?". O mal radical seria a tendência de priorizar o *Eu* em detrimento dos demais, não sendo assim compatível com o ambiente da política na medida em que a humanidade já não se situa no centro dos interesses. Mesmo o mal praticado no espaço público resultaria de um desvio moral, como no caso das tiranias. No totalitarismo, o mal se deslocaria dos sujeitos ao sistema.

que a raiz do mal finalmente aparecera pela primeira vez no mundo. A colocação do Kohn é conveniente – sobretudo em termos de ilustração – já que revelar e expor raízes supõe desarraigar e Immanuel Kant, o responsável por cunhar essa denominação, concebe a expressão a partir do sentido etimológico de "raízes" que provém do latim *radix*. Ao se referir ao mal radical, o pensador não indica nenhuma maneira particular de manifestação do mal, "mas propriamente ao fundamento da possibilidade do mal moral" (Correia, 2005, p. 83). Só a partir de então que o autor investiga os agentes responsáveis por impelir a prática do mal e desenvolve um modelo esquemático elencando três fatores específicos capazes de motivar seu exercício: fragilidade, impureza e corrupção do coração humano. Em termos práticos, o homem comete o mal por fraqueza, engano ou egoísmo ao priorizar o amor-próprio em detrimento do dever. Assim, o mal radical é o articulador de oscilações desencadeadas por propensões em oposição ao uso da razão para concretização do dever.

O mal radical, do ponto de vista moral, é um elemento do conflito interno que sobrevém a partir das inclinações que brotam na alma humana. Por fragilidade se entende a impotência para concretizar aquilo que o indivíduo quer, que acaba por ceder ao desejo; por impureza se compreende a confusão entre as máximas que motivam o ato conduzindo os sujeitos ao autoengano; por corrupção se concebe a prática do mal como uma exceção concedida a si mesmo para transgredir a lei moral tirando dela proveito. O malfeitor seria aquele que adere à máxima contrária à ética, isto é, aquele que infringe a lei moral – dada *a priori* pelo princípio de universalização –, como exceção à forma do dever. A mediação é responsável por obstar automatismo ou deliberação, reforçando o argumento de que não é possível aos sujeitos nem fazer o bem automaticamente nem o mal deliberadamente. O bem é precedido por hesitação ao exigir a deliberação da vontade que, em vista da razão, decide o que quer enquanto o mal é produto de uma concessão ao se dar vasão ao impulso. O significado de mal radical proposto por Arendt extrapolaria o ambiente puramente ético conforme o maior infortúnio das vítimas do massacre era a própria inocência e a matança era efetuada pelos agentes totalitários com um semelhante desprendimento e desinteresse.

A razão de Arendt dizer que um mal radical jamais deveria pertencer à política é que, na seara moral, ainda que a externalização do mal radical sempre implique ofender a humanidade de alguém, pois a dignidade do outro é ignorada em relação às inclinações do amor-próprio, o exercício do mal é incapaz de nulificar em absoluto a importância da humanidade enquanto categoria responsável por conferir o valor existencial dos sujeitos. Mesmo no caso da impureza do coração humano, em que o transgressor infringe a lei para se beneficiar em detrimento de outro, o malefício causado à vítima tem razão instrumental em função daquilo que é almejado e é contingente em relação a essa finalidade específica. Seria o caso do roubo ou do furto, por exemplo: o ladrão ao furtar ou roubar não nulifica o direito de propriedade e o direito de posse. Uma vez consumado o crime com sucesso, o desejo do malfeitor é que a lei outrora transgredida valha para lhe proteger futuramente do mesmo furto e roubo. E as próprias noções de roubo e furto dependem ontologicamente de validação das noções de direito de propriedade e direito de posse, pois não é concebível haver furtos ou roubos na ausência ontológica desses conceitos. Assim, devido à natureza racional do homem, não é plausível para Kant que a transgressão nulifique o fundamento em que se assenta o sentido de humanidade por implicar situação prejudicial ao malfeitor. O mal moral seria insuficiente para romper um último vínculo compartilhado entre vítima e agressor alusivo a ambos pertencerem à mesma classe humana, pois o que se encontraria em jogo é não somente a moral, mas a própria razão que confere um valor último aos homens.

Para Arendt, a noção de superfluidade se refere ao estado de não-pertença ao mundo. "Ser supérfluo significa não pertencer ao mundo de forma alguma" (Arendt, 1989, p. 528). Extrapola-se o contexto moral na medida em que a superfluidade alude não só violências de todas as espécies, mas algo ainda mais básico da política referente à perda do direito de ter direitos. Desdobra-se, portanto, em um estado de total suscetibilidade ao mal que é independente de razões práticas e utilitárias porque aquilo que se faz com o que é supérfluo não exige explicações. A filósofa categorizou o mal radical inicialmente como absoluto porque uma das características do absoluto seria jamais recuar considerando que os agentes desses sistemas aceitariam sua própria superfluidade tanto quanto a dos demais e "os assassinos totalitários são os mais perigosos porque não se importam se eles próprios estão vivos ou mortos, se jamais viveram ou se nunca nasceram" (Arendt, 1989, p. 510). Assim, tais sistemas seriam capazes de tornar obsoletas até mesmo as relações de funcionalidade da transgressão na medida em que nos regimes totalitários o terror é adotado como prática de gestão, podendo recair sobre as vítimas independentemente do que fizerem, incorrendo na supressão de seu próprio sentido porque o terror é útil para amedrontar ou dissuadir os sujeitos em vista dos fins, mas "o medo perde a sua utilidade prática quando as ações que inspira já não ajudam a evitar o perigo que se teme" (Arendt, 1989, p. 220). As vítimas dos regimes totalitários eram supérfluas em razão da absoluta suscetibilidade nas mãos dos carrascos, que eram descartáveis em vista do regime de modo a Arendt concluir que os súditos ideais no totalitarismo seriam aqueles que já não possuíam a capacidade de pensar nem de sentir.

Em *Origens do Totalitarismo*, o mal radical pode ser, portanto, definido como dilatação do efeito prático do exercício do mal na perspectiva kantiana de modo a infundir por via hiperbólica a obliteração da dignidade a ponto da própria humanidade ser rejeitada – o que seria inconcebível nos moldes categoriais imaginados por Kant. As contingências e a correlação necessária entre meios e fins são ignoradas rompendo com o entendimento comum da maldade. As circunstâncias culminam na concepção de um mal como fim em si na medida em que o terror é efetivado independentemente das razões instrumentais e a única finalidade dos governos totalitários é se expandir, engolindo o mundo inteiro. Esse fenômeno se tornaria possível ao se deslocar dos indivíduos, os agentes capazes de motivar a prática do mal que passa a ser o resultado de um programa político de governo. A perda do caráter objetivo do mal está intimamente relacionada à supressão da subjetividade para fazê-lo. Todos são igualmente supérfluos devido às diretrizes determinadas pelo sistema.

Posteriormente, a noção de um mal como fim em si mesmo teria implicações embaraçosas em relação à segunda abordagem cedida por Arendt sobre o mal radical cuja exposição mais famosa se localiza em correspondências trocadas entre Arendt e Gershom Scholem. Na ocasião, ela falou em tom irritadiço que "o mal nunca é 'radical', ele é apenas extremo e não é dotado de nenhuma profundidade ou dimensão demoníaca" (Arendt, apud Young-Bruehl, 1982, p. 309).([2]) No sentido de elucidar, é oportuno explicar esse imbróglio. Ao mencionar demoníaco, ela acaba por aludir outra terminologia empregada por Kant ao versar sobre a possibilidade do mal pelo mal. Kant imediatamente descarta a hipótese ao frisar: "a malignidade da natureza humana não é, pois, maldade, se tomarmos essa palavra em sentido estrito, [...] como uma intenção de admitir o mal enquanto mal para o motivo de sua máxima" (Kant, 1974, p. 379). Se relacionarmos o que diz Arendt a Scholem à ponderação anterior de que Kant, ao optar pela nomenclatura específica, deve ter pelo menos suspeitado que tal tipo de mal existia, mas que logo ele o racionalizou em um rancor pervertido que poderia ser compreendido por motivos inteligíveis, poder-se-ia ter a impressão que ela confunde "mal radical" com "mal pelo mal" – sobretudo levando em conta que em *Origens do Totalitarismo* ela abordou o terror como fim em si e Kant a despeito de não aceitar a existência de um mal pelo mal momentaneamente o conjecturou.

Apesar disso, o elemento que possibilitaria conceber o sentido do terror como fim em si mesmo sem cair naquilo que Kant chama de mal pelo mal é a natureza categorial dos modelos conceituais. Ainda que descartado, o viés do mal pelo mal cogitado por Kant é estritamente moral, ao passo que Arendt, ao dissertar sobre o mal radical e ver no

---

([2]) "Evil is never 'radical', that it is only extreme, and that it possesses neither depth nor any demonic dimension". Tradução nossa.

terror como fim em si sua concretização, desenvolve uma abordagem política da prática do mal que não se desdobra de inclinações e muito menos é dependente da perversão de máximas. O colapso civilizatório decorrente da nulificação dos parâmetros morais da ação incidiria no surgimento de um novo modelo de mal absoluto e incompreensível por já não indicar a presença de nenhum móbil necessário para sua efetivação. A superfluidade humana diz respeito, assim, à total irrelevância dos sujeitos em relação ao mal que praticam e sofrem. Ao revelar suas raízes no mundo, um mal extremo se tornou possível mesmo desarraigado da alma humana – o que seria impensável não apenas para Kant, mas para toda a tradição. O sentido exposto, todavia, não deve ser confundindo com a concepção de banalidade do mal circunscrita a Adolf Eichmann porque apesar do igual desarraigamento de um agente discernível – Arendt não identificou em Adolf Eichmann sinais de crueldade, patologia ou determinação política como motivação de seus crimes – a impelir a prática do mal, no caso do réu em Jerusalém o exercício do mal extremo é resultante da sua superficialidade e incapacidade de pensar, enquanto no contexto de *Origens de Totalitarismo*, tal ausência de fatores subjetivos resulta antes do poder da ideologia ao delimitar as possibilidades de ação padronizando as condutas e as reações em função das determinações do poder total.

Por fim, considerando todo conjunto da obra, somos levados a concluir que a confusão seria tanto mais um deslize decorrente de um lapso de impaciência e grosseria com o colega por insistir que preferia quando ela falava sobre mal radical em meio a todos os ataques e críticas que a filósofa estava a sofrer na época por motivo da publicação de *Eichmann em Jerusalém: um relato sobre a banalidade do mal* [*Eichmann in Jerusalem: a report on the banality of evil*]. A afirmação parece ser bem mais um descuido periférico motivado pelos ânimos do momento que uma afirmação realmente categórica ou algo que ela de fato sustentaria, pois após o episódio ela passou a adotar em conferências e escritos subsequentes um terceiro sentido cedido ao mal radical se reconciliando com os preceitos inicialmente empregados por Kant: "como as inclinações e a tentação estão arraigadas na natureza humana, embora não na razão humana, Kant denominava o fato de o homem ser tentado a fazer o mal e a seguir as suas inclinações de o 'mal radical'" (Arendt, 2004, p. 126). De forma geral, essa última compreensão de mal radical passaria a ser recorrente como um contraponto da banalidade do mal na medida em que Arendt dizia que o mal no caso do Adolf Eichmann não possuía raízes, chegando a se questionar, ao fim de sua vida, se "o *fazer-o-mal* seria possível não só por 'motivos torpes', mas na ausência de qualquer estímulo particular ao interesse e à volição" (Arendt, 2000, p. 06). O mal radical continuaria a influenciar as reflexões da pensadora acerca do problema do mal como uma das maneiras pela qual o mal pode se manifestar no cerne pessoal, embora a partir disso a autora já não mais utilizasse a terminologia no sentido de um mal político depois da banalidade do mal.

Referências

ARENDT, Hannah. *A vida do espírito:* o pensar, o querer, o julgar. Tradução de Antônio Abranches, Cesar Augusto R. de Almeida e Helena Martins. Revisão técnica Antônio Abranches. 4ª Ed. Rio de Janeiro: Relume Dumará, 2000.

ARENDT, Hannah. *Eichmann em Jerusalém:* um relato sobre a Banalidade do Mal. Tradução de José Rubens Siqueira. São Paulo: Companhia das Letras, 2006.

ARENDT, Hannah. *Origens do totalitarismo.* Tradução de Roberto Raposo. São Paulo: Companhia das Letras, 1989.

ARENDT, Hannah. *Responsabilidade e Julgamento.* Edição de Jerome Kohn; tradução de Rosaura Eichenberg; revisão técnica de Bethânia Assy e André Duarte. São Paulo: Companhia das Letras, 2004.

CORREIA, Adriano. "O conceito de mal radical". *Trans/Form/Ação*: Revista de Filosofia. 28 (2), 2005.

KANT, Immanuel. *A religião dentro dos limites da simples* razão (1ª parte). Tradução de Tânia M. Bernkopf. Coleção Os Pensadores. São Paulo: Abril Cultural, 1974.

YOUNG-BRUEHL, Elisabeth. *Hannah Arendt:* for love of the world. New Haven, Connecticut: Yale University Press, 1982.

26.

MILAGRE E POLÍTICA

Kathlen Luana de Oliveira
Instituto Federal de Educação, Ciência e Tecnologia do Rio Grande do Sul
Campus de Osório

Há vários temas presentes no pensamento de Arendt como amor, mal, perdão, sacrossantidade da vida, Jesus, milagre que são investigados majoritariamente pelo âmbito teológico. Imersa nas leituras de Agostinho, na tradição judaica e tendo realizado estudos de teologia, Arendt apropria-se de conteúdos marcadamente religiosos, porém os mobiliza à sua compreensão política. Em algumas definições políticas mais densas, imagens e conceitos teológicos são postos como denúncia da redução do mundo e, também, em outros momentos são deslocados como afirmação do mundo comum. Arendt não está preocupada com uma relação doutrinária, apologética ou teísta, mas elabora uma compreensão que dialoga com a tradição do pensamento.

A noção de milagre aparece em vários momentos da obra arendtiana vinculados à ação, à pluralidade, à natalidade, à liberdade, à política. O termo se apresenta como uma qualificação à política e à condição humana. Com a perspectiva do milagre no pensamento arendtiano, há uma ruptura com determinismos, com automatismos, com a causalidade, com discursos de controle sobre os assuntos humanos. A pertinência do milagre apresenta-se diante do pensar nos acontecimentos de violência totalitária. "[...] É o desastre e não a salvação que acontece sempre automaticamente e que parece sempre, portanto, irresistível" (Arendt, 2007b, p. 219). Se a morte, a massificação, a bomba atômica, os campos de concentração estiveram presentes na história, a ruptura com a probabilidade da ruína da vida no mundo aparece como um milagre. Milagre não é uma atitude frívola, ingênua ou tola. Se a violência leva a acreditar no fim, surgem possibilidades de novos começos, mesmo que estes pareçam improváveis.

Milagre, em Arendt, é percebido como algo *inédito, extraordinário, não previsto, não esperado, uma ruptura do nexo causal*. O não previsto, ou as improbabilidades, é posto como uma perspectiva de compreender o milagre além de preconceitos que restringem a uma definição de "[...] fenômenos autenticamente religiosos por meio dos quais algo sobrenatural e sobre-humano intervém nos eventos naturais ou no curso dos assuntos humanos" (Arendt, 2008, p. 165). O acontecimento do milagre não é, então, algo externo, sobre-humano ou percebido como uma postura de passividade e de não compreensão. Há um estranhamento ao se falar de milagres no campo político, pois, além de preconceitos que merecem ser superados, há uma dificuldade filosófica em investigá-los e compreendê-los. Ao referir-se a Bergson, Arendt evidencia que "a maioria dos filósofos [...] é incapaz [...] de conceber uma novidade radical e a imprevisibilidade" (Arendt, 2010b, p. 293).

Arendt traz a perspectiva de que milagres são "[...] interrupções de uma série qualquer de acontecimentos, de algum processo automático, em cujo contexto constituam o absolutamente inesperado" (Arendt, 2007b, p. 217). Essas interrupções, distintamente da compreensão religiosa, referem-se aos milagres como algo que se vincula à ação humana, aos eventos e acontecimentos. Isso implica afirmar que o que está no cerne não é uma ação externa, ou uma intervenção além do humano que age, modifica, ou provoca um fenômeno, mas, como Arendt afirma, "[...] conhecemos o autor dos 'milagres'. São os homens que os realizam" (2007b, p. 220). Todavia, apesar da autoria do milagre ser ação humana, não há uma maneira exata, segura, única de controlar ou prever milagres. Há improbabilidades que cercam os eventos e como a vida humana se dá neste mundo.

Ciclos de repetição, processos, automatismos são constitutivos da vida. Não há como ignorá-los, nem os desconsiderar. Mesmo na política, repetições e automatismos tendem a ser constantes. O problema percebido é que, quando as construções humanas passam a ser repetitivas e automáticas, elas passam a ser destruidoras. Naturaliza-se, essencializa-se, reifica-se, impossibilitando sua mudança, ou mesmo, confundindo a mudança com um "produto", como ter "posse" de um direito, como resultado de racionalidade. Tornadas automáticas, as construções humanas "[...] não são menos destruidores que os processos vitais naturais que dirigem nosso organismo e que em seus próprios parâmetros, isto é, biologicamente, conduzem do ser para o não-ser, do nascimento para a morte" (Arendt, 2007b, p. 217).

Milagres relacionam-se à *natalidade*. Milagres acontecem a partir da vinda de seres humanos únicos e diferentes ao mundo. Na história do pensamento político, há um "profundo ressentimento contra o incômodo milagre contido no fato de que cada um de nós é feito como é – único, singular, intransponível" (Arendt, 2007d, pp. 334-335). Enquanto novas vidas chegarem, há imensas possibilidades da chegada do novo. Isso remete à categoria da natalidade que é central no pensamento político arendtiano. O nascimento e a natalidade estão imersos em *improbabilidades infinitas*. É "[...] o fato da natalidade, o ser-nascido, que é o pressuposto ontológico para que, em princípio, possa haver algo como ação" (Arendt, 1960, p. 243). Num primeiro aspecto, o nascimento – a chegada de novas vidas biológicas a Terra – constitui uma novidade que surge de improbabilidades estatisticamente esmagadoras da própria formação da vida orgânica. O aparecimento da terra e da vida orgânica em si já poderia ser considerado um evento miraculoso. Como estranhos, as pessoas nascem *no* mundo e, chegam ao mundo, como um aparecimento físico, biológico, singular e original. A chegada de novas pessoas é uma promessa, uma possibilidade. Seres humanos singulares, distintos, irrepetíveis, únicos aparecem organicamente, biologicamente e as gerações aqui presentes apresentam-lhes o mundo.

Num segundo aspecto, a natalidade se refere a um aparecimento biográfico do ser singular *entre* as pessoas. A natalidade, diferente do nascimento, é a possibilidade, através de palavras e ações, de cada pessoa revelar o seu *quem* ao mundo. Isso implica em ser visto, ver, ouvir, escutar, agir, narrar-se. A presença singular apresenta-se a um mundo compartilhado. Trata-se de um nascer *para* o mundo. O ser humano "[...] faz o mundo e torna a si mesmo uma parte do mundo [...]. A própria vida humana, acomodando-se na criação pré-existente na qual ele nasceu, torna a criação [fabrica Dei], por esse meio, o mundo [*mundus*]" (1998, p. 79). Assim, política é "[...] como um segundo nascimento no qual confirmamos e assumimos o fato simples do nosso aparecimento físico original" (2010a, p. 221). A vida humana, que aparece e desaparece, constituindo-se como eventos mundanos "[...] é que ela é plena de eventos que no fim podem ser narrados como uma estória (*story*) e estabelecer uma biografia; era a esta vida, *bios*, em contraposição à mera *zoe*, que Aristóteles dizia ser, 'de certa forma, uma espécie de *praxis*'" (2010a, p. 120). O impredizível e o imprevisível surgem quando pessoas aparecem no mundo, agem no mundo.

Milagres decorrem da *pluralidade humana*. Contra as abstrações e as generalizações da ideia de Humanidade, o aparecimento singular e original abre horizontes à presença da pluralidade. Se todos os seres humanos fossem uma mesma cópia de uma matriz primária, não haveria algo novo. Se todos fossem uma repetição de um "homem" primeiro, as ações, os pensamentos e os acontecimentos seriam os mesmos. Assim, o milagre relaciona-se com a pluralidade humana, pois abre possibilidades de novas e imprevisíveis ações. A pluralidade como constituinte da política irrompe contra a noção da violência a qual uniformiza opiniões e estabelece relações de mando-obediência.

A pluralidade não poderia ser dissolvida e padronizada de acordo com um ideal de ser humano. A pluralidade interrompe discursos e determinações únicas de como o ser humano deve ser ou de como o ser humano deve habitar o mundo. Sendo assim, a pluralidade apresenta-se como um milagre, pois, na medida em que as pessoas se encontram e agem em concerto, o inédito e o imprevisto podem surgir. Há um duplo aspecto na pluralidade que traz distinção da igualdade e da diferença. Como iguais, os seres humanos podem se compreender, aprender com o passado e planejar o futuro. Como diferentes, a ação e o discurso são fundamentais para que cada ser único e singular se apresente (Arendt, 2007a, p. 188). Pela pluralidade que o compartilhar o mundo não se restringe a mera repetição de fatos e dados e requer palavras e ações para que as pessoas se revelem ao mundo. A "pluralidade é a lei da Terra" (2010b, p. 35) e "a Terra é a própria quintessência da condição humana" (2007a, p. 10).

Milagres surgem porque a ação possui a característica da *irreversibilidade e da imprevisibilidade*. O que foi feito e dito é irreversível, não pode ser desfeito. E o que virá a ser feito está imerso em inúmeras incertezas. Tais características indicam que a ação não é repetição ou reação ao que acontece nem é algo controlável, está repleta de surpresas e improbabilidades. Nesse sentido, Arendt fundamenta a importância da faculdade de perdoar e prometer na esfera pública. Sem poder perdoar, a ação ficaria limitada a um único ato, sem chance de recuperação "[...] seríamos para sempre as vítimas de suas consequências [...]" (Arendt, 2010a, p. 300). Sem poder perdoar, as pessoas estariam condicionadas pela vingança, sem a oportunidade de começar algo diferente. Para Arendt, Jesus foi o descobridor do papel do perdão para a esfera pública. No perdão em Jesus, "[...] *o que* foi feito é perdoado em consideração a *quem* fez [...]" (2010a, p. 301). Perdão consiste no oposto de vingança, cuja característica é de re-ação a uma ofensa, à transgressão. Somente com a constante disposição de mudar de ideia e recomeçar, há a possibilidade de surgir algo novo. Nesse sentido, o perdão rompe com o automatismo da re-ação (vingança) e possibilita um novo começo.

Se perdoar está para a irreversibilidade da ação, o poder de prometer refere-se a sua imprevisibilidade. Fazer promessas "[...] serve para criar, no futuro, que é por definição um oceano de incertezas, certas ilhas de segurança, sem as quais não haveria continuidade, e menos ainda durabilidade de qualquer espécie nas relações humanas" (2010a, p. 295). Prometer surge devido à impossibilidade de se prever as consequências de um ato. Prometer é a tentativa de tornar menos imprevistas as ações, constituindo-se como única alternativa frente a uma supremacia do domínio de si ou do governo de outros. O poder de prometer perde seu sentido, quando há a pretensão de se transformar em oceanos de certezas, como se fosse possível controlar o futuro. Os seres humanos não podem ser totalmente controlados ou totalmente postos como previsíveis. A habilidade de agir em concerto é definida por Arendt como *poder*. "O poder emerge onde quer que as pessoas se unam e ajam em concerto" (Arendt, 1994, p. 41). Pertencendo a um grupo, promessas empreendem a "capacidade de dispor do futuro como se este fosse o presente, isto é, do enorme e realmente milagroso aumento da própria dimensão na qual o poder pode ser eficaz" (Arendt, 2007a, p. 257).

Milagres acontecem porque a *liberdade* acontece. Pensar liberdade, em Arendt, é enxergar outras possibilidades, principalmente, porque liberdade não é posse de sujeitos singulares nem "sujeitos" coletivos. Liberdade é um aparecimento numa relação plural entre os seres humanos na vida pública. Liberdade não é o que estabelecem teorias liberais ou nas heranças antipolíticas do livre arbítrio. Para Arendt, liberdade é o sentido da política (2002) e não uma renúncia da ação. Liberdade, conjugada à fala e à ação, acontece entre-nós, num ser-junto no mundo que é comum. Os seres humanos, pela ação e pelo discurso, "[...] mostram quem são, revelam ativamente suas identidades pessoais e singulares, e assim apresentam-se ao mundo humano" (Arendt, 2008. p. 192). Não há liberdade sem este revelar-se, sem o espaço intersticial, sem um mundo interposto, como uma mesa com pessoas sentadas ao seu redor (Arendt, 2007c). Nessas relações, se revela um *quem*, e não um *o que*, e este quem se apresenta em atos e falas. Refletindo sobre Agostinho, a vontade não se volta a si mesma, pois é pelo amor que ela afirma o mundo. "Não há maior afirmação de algo ou de alguém do que amar este algo ou alguém, isto é, do que dizer: quero que sejas – Amo: *Volo ut sis*" (Arendt, 2010b, p. 368). Nessa direção, a ação, no sentido da liberdade, volta-se ao amor ao mundo. Liberdade aparece como interrupção dos automatismos e repetições, e da perspectiva de quem age, é um milagre. "Se o significado da política é a liberdade, isso quer dizer que nessa esfera – e em nenhuma outra – nós temos efetivamente o direito de esperar milagres" (Arendt, 2008, p. 168).

Milagres acontecem, pois *os seres humanos são livres, porque são um começo*. Dialogando com Agostinho, Arendt assevera que liberdade significa "[...] um caráter da existência humana no mundo. Não se trata tanto de que o ser humano possua a liberdade como de equacioná-lo, ou melhor, equacionar sua aparição no mundo, ao surgimento da liberdade no universo" (Arendt, 2007b, p. 216). O ser humano é um começo, foi criado para começar. "Porque *é* um começo, o ser humano pode começar; ser humano e ser livre são uma única e mesma coisa. Deus criou o ser humano para introduzir no mundo a faculdade de começar: liberdade" (Arendt, 2007b, p. 216). A iniciativa humana pode interromper os processos históricos. A cada chegada de novos seres humanos no mundo, há possibilidades de interrupção de eventos históricos. Nesse aspecto, milagres não seriam algo escasso. Eles ocorrem o tempo todo. "Mas o motivo da frequência está simplesmente no fato de que os processos históricos são criados e constantemente interrompidos pela iniciativa humana, pelo *initium* que é o ser humano enquanto age" (Arendt, 2007b, p. 219). O imprevisível e o impredizível surgem em meio ao tremor e à esperança.

Para Arendt, os milagres ou o inesperado, o imprevisto "[...] são mais extraordinários que a ficção" (Arendt, 2007b, p. 219). O milagre, quando acontece, é uma surpresa, era algo improvável, não inteiramente antecipado. Quando acontece, parece até inexplicável, e permanece não sendo inteiramente explicado, "[...] sua fatualidade transcende em princípio qualquer antecipação" (Arendt, 2007b, p. 219). O milagre, quando acontece, não é algo artificial, produzido, nem algo arbitrário. Para Arendt, milagre beira "a uma trivialidade na vida ordinária" (Arendt, 2007b, p. 219). Apesar de esperados, devido ao temor ou à esperança, os milagres surpreendem, e ocorrem a todo o momento. "Se é verdade que ação e começo são essencialmente idênticos, segue-se que a capacidade de realizar milagres deve ser incluída também na gama de faculdades humanas" (Arendt, 2000, p. 218).

Liberdade é o evento do novo que se instaura entre as pessoas, que se interessam umas pelas outras, que se interessam pelo mundo. Apesar dos ciclos de repetição, das impossibilidades, há possibilidades de se reafirmar o dom da liberdade e da ação, construindo a esperança em milagres, abrindo horizontes para o novo acontecer. Os autores dos milagres são conhecidos e "são os seres humanos que o realizam – seres humanos que, por terem recebido o dúplice dom da liberdade e da ação, podem estabelecer uma realidade que lhes pertence de direito" (Arendt, 2007b, pp. 219; 220).

Referências
ARENDT, Hannah. *Vita activa oder Vom tätigen Leben*. Munique: Piper, 1960.
ARENDT, Hannah. *Sobre a violência*. Rio de Janeiro: Relume Dumará, 1994.
ARENDT, Hannah. *O conceito de amor em Santo Agostinho*: Ensaio de interpretação filosófica. Lisboa: Instituto Piaget, 1998. (Pensamento e Filosofia).
ARENDT, Hannah. *A dignidade da política*: ensaios e conferências. 3ª Ed. Rio de Janeiro: Relume Dumará, 2002.
ARENDT, Hannah. *A condição humana*. 10ª Ed. Rio de Janeiro: Forense Universitária, 2007a.
ARENDT, Hannah. *Entre o passado e o futuro*. São Paulo: Perspectiva, 2007b.
ARENDT, Hannah. *O que é política?* 7ª Ed. Rio de Janeiro: Bertrand Brasil, 2007c.
ARENDT, Hannah. *Origens do totalitarismo*: antissemitismo, imperialismo, totalitarismo. 7. reimp. São Paulo: Companhia das Letras, 2007d.
ARENDT, Hannah. *A promessa da política*. Rio de Janeiro: DIFEL, 2008.
ARENDT, Hannah. *A condição humana*. 11ª Ed. Rio de Janeiro: Forense Universitária, 2010a.
ARENDT, Hannah. *A vida do espírito*. 2ª Ed. Rio de Janeiro: Civilização Brasileira, 2010b.

27.

MODERNIDADE

Cícero Oliveira
Universidade Federal de Goiás

No pensamento de Hannah Arendt a modernidade abrange um amplo e complexo quadro histórico, especialmente marcado por: a) um processo duplo de alienação do homem, b) a ruína completa da esfera pública com a emergência de movimentos totalitários e c) eclosões de fenômenos revolucionários articulados pela redescoberta da política em suas determinações originárias e fundamentais.

a) Quando no prólogo para *A condição humana* Hannah Arendt explicita o itinerário teórico que ela propõe para "pensar o que estamos fazendo", estabelece os marcos temporais e as duas etapas de um só fenômeno que, ao mesmo tempo, vincula e distingue a "era moderna" do "mundo moderno". A análise da condição humana, que examina as atividades fundamentais ao alcance de todo ser humano, o trabalho, a obra e a ação, e discute suas configurações hierárquicas ao longo da história desde a antiguidade clássica, termina com um estudo detido do quadro característico com o qual tal configuração define a modernidade. Arendt considera que seu traço mais forte é um modo secular e inteiramente novo de "alienação do mundo". Distinta da além-mundanidade típica das expectativas escatológicas do cristianismo, que concebeu o mundo como vale de lágrimas, a moderna alienação do mundo caracteriza a "dupla fuga da Terra para o universo e do mundo para o si-mesmo [*self*]" (Arendt, 2016, p. 7).

O "mundo moderno", a era nova e ainda desconhecida na qual vivemos hoje, nasce com as primeiras explosões atômicas do século XX. Apoiados nos avanços técnico-científicos, os eventos típicos dessa nova era expressam diferentes formas do desejo de escapar às condições da vida na Terra. Sua manifestação síntese é a promessa científica de produção do "homem futuro", com características, capacidades e longevidade otimizadas a partir do controle técnico da própria vida. Uma de suas principais metas, em estágio avançado de implementação, é a isenção do trabalho pela automação: a solução técnico-científica para o problema das fadigas e penas da condição humana. Três são as suas mais notórias contradições ou efeitos ameaçadores: a possibilidade técnica de destruição da própria Terra, o divórcio entre o conhecimento técnico e o pensamento (em consequência de uma linguagem cifrada das ciências que não permite ser vertida adequadamente em discurso) e a liberação do trabalho em sociedades cujo aspecto marcante é justamente a sobrevalorização desta atividade em detrimento da obra e da ação; atividades cruciais para existência em sentido propriamente humano.

Esse estado de coisas, isto é, "nossas mais novas experiências e nossos temores mais recentes" (Arendt, 2016, p. 6), é exposto por Arendt a título de pano de fundo para o intento de rastrear desde a origem, e à luz da fenomenologia das atividades humanas fundamentais, o processo moderno de alienação. A análise histórica que em *A condição humana* encontramos particularmente centrada na "era moderna", busca investigar as origens desse fenômeno, pois a despeito das diferenças de sua forma característica com respeito ao "mundo moderno", a alienação articula toda a modernidade como fuga da condição humana: das condições naturais da vida biológica e do mundo como artifício humano.

O "mundo moderno" é, portanto, o recente curso temporal que abrange a segunda etapa de um processo moderno mais amplo de denegação da condição humana. Seu primeiro grande curso, sucedido em meados do século XX por eventos que traduzem a fuga humana da Terra para o universo (essa espécie de revolta cientificamente armada contra as condições da vida como nos é naturalmente dada), teve início no século XVII com uma retração progressiva do mundo humano, em consequência da dilatação não-natural do processo vital que nos liga à natureza. De sorte que o resultado de tal retirada humana do mundo, enquanto artifício, é um ensimesmamento elementar de tipo biológico.

A maneira mais direta de referir o modo próprio de alienação da "era moderna" aparece na sexta seção de *A condição humana* como o "advento do social". A esfera social, o "domínio curiosamente híbrido que chamamos de 'sociedade' no qual os interesses privados assumem importância pública" (Arendt, 2016, p. 43), traduz a compreensão propriamente moderna da política como uma função da sociedade. Sua consequência decisiva é o fato de questões privadas relativas à sobrevivência e à aquisição serem alçadas ao status de *as* questões políticas. Com o prevalecimento moderno de determinações econômicas atinentes às necessidades e ao incremento da riqueza social sobre os assuntos públicos, a esfera social promoveu a indistinção entre os domínios público e privado. Ao tempo em que se firmou como organização coletiva do processo vital ou do mero viver. Por sua composição híbrida, a esfera social implicou ainda uma indistinção das próprias atividades humanas fundamentais em favor do trabalho.

Desse modo, a "sociedade é a forma na qual o fato da dependência mútua em prol da vida, e de nada mais, adquire importância pública, e na qual se permite que as atividades relacionadas com a mera sobrevivência apareçam em público" (Arendt, 2016, p. 57). Neste cenário em que "até presidentes, reis e primeiros-ministros concebem seus cargos como um emprego necessário à vida da sociedade e, entre os intelectuais, restam somente indivíduos solitários que consideram o que fazem como uma obra, e não como meio de ganhar o próprio sustento" (Arendt, 2016, p. 06), a sociedade de massas é o fenômeno correlato ao âmbito em que o homem reina como animal social. Aqui a *emancipação do trabalho* significa a liberação da própria atividade, não dos trabalhadores. Politicamente ela corresponde ao fato de que o animal social humano, o *animal laborans* enquanto *animal laborans*, foi admitido na esfera pública.

O domínio social é o mais recente testemunho de que o caráter da esfera pública corresponde ao das atividades que nela são admitidas. Comprometida com a palavra e ação a esfera pública grega constituiu o espaço da liberdade, enredada pelo trabalho ou a satisfação dos interesses econômicos da sociedade, quando da ascensão política dos interesses privados relativos à sobrevivência, a esfera pública moderna serviu ao alargamento do âmbito das necessidades que atendem ao processo biológico. Ao mesmo tempo, impulsionada com o aumento acelerado da produtividade do trabalho, no contexto do capitalismo industrial, a era moderna também instaurou uma economia do desperdício: "um mundo onde a industrialização rápida extermina constantemente as coisas de ontem para produzir os objetos de hoje" (Arendt, 2016, p. 64).

Na confluência desses acontecimentos modernos registra-se a transformação factual de toda a sociedade em uma sociedade de trabalhadores-consumidores, fundamentalmente impulsionada por uma extensão indiscriminada das relações de consumo e saciedade à esfera pública e ao universo das coisas. A emancipação do trabalho ou a moderna abrangência de seu domínio corresponde ao fato de que o imperativo da necessidade, suas relações organizacionais e a efemeridade que governa o ciclo metabólico a que ele responde, acaba por minar a estabilidade mundana e por reduzir a política à gestão burocrática dos interesses econômicos da sociedade.

O *animal laborans* como o tipo humano vencedor na modernidade não é equivalente ao homônimo representante da condição humana da vida. Trata-se de uma figura cuja promoção histórica implica o deslocamento de princípios da esfera privada para a pública e a transferência da interminabilidade do processo de trabalho para a obra. Mais do que uma da desarticulação da vida ativa, o que está em causa na vitória moderna do *animal laboras* é uma transformação na natureza mesma das atividades fundamentais, igualmente sujeitadas à necessidade e ao consumo, ao ciclo metabólico da sociedade.

Numa passagem do ensaio *Consumismo é mais do que consumo*, Zygmunt Bauman afirma que ao contrário do consumo "o consumismo tem o significado de transformar seres humanos em consumidores e rebaixar todos os outros aspectos ao um plano inferior, secundário, derivativo. Ele também promove a reutilização da necessidade biológica como capital comercial. Às vezes, inclusive, como capital político" (Bauman, 2011, p. 83). No mesmo espírito, em *Entre o passado e o futuro*, Arendt adverte que, no limite, o risco é que "uma sociedade de consumidores possivelmente não é capaz de saber como cuidar de um mundo e das coisas que pertencem de modo exclusivo ao espaço das aparências mundanas, visto que sua atitude central em relação a todos os objetos, a atitude de consumo, condena à ruína tudo em que toca" (Arendt, 2005, p. 264).

b) De uma forma particularmente brutal e assassina, os regimes totalitários equivalem à mais violenta obliteração da política e da condição humana que lhe é correlata. No ensaio *Ideologia e terror: uma nova forma de governo*, incorporada à segunda edição de *Origens do totalitarismo*, Arendt afirma que "sempre que galgou o poder, o totalitarismo criou instituições políticas inteiramente novas e destruiu todas as tradições sociais, legais e política do país" (Arendt, 2006, p. 512). Essencialmente, a novidade do regime totalitário consiste numa forma nova e radical de dominação cujo escopo de "fabricação da humanidade" passa pela supressão da pluralidade enquanto condição fundamental de qualquer ação inteiramente nova e imprevisível.

Com efeito, ao supor um recurso direto à "fonte de autoridade da qual todas as leis positivas recebem sua legitimidade final", a lei da Natureza ou a lei da História, o movimento totalitário "pretende ser uma forma superior de legitimidade" (Arendt, 2006, p. 513) capaz de estabelecer a justiça na terra ao fazer da humanidade *o produto final* e a própria encarnação desta lei. A ideologia que interpreta o sentido global do curso histórico como uma força motriz de evolução (partindo da premissa de que existe um movimento inerente à ideia de raça ou à ideia de história), tem no terror totalitário a contrapartida para sua viabilização mais célere em benefício da verdadeira humanidade, cuja fabricação implica eliminar certos indivíduos em nome da espécie ou uma parte em prol do todo.

O terror é a própria essência do governo totalitário e o expediente "político" que empresta à lei da natureza ou da história as forças necessárias para apressar a consumação de seu movimento. Pois embora essa realização seja irrefreável, está sujeita aos obstáculos interposto pela ação e pela vontade dos homens. Daí que o terror total, a disposição para executar as sentenças de morte supostamente proferidas pela Natureza ou pela História, também "tem de eliminar do processo não apenas a liberdade em todo sentido específico, mas a própria fonte da liberdade que está no nascimento do homem e na sua capacidade de começar de novo" (Arendt, 2006, p. 518).

À diferença da tirania que se funda no isolamento dos indivíduos, o "tipo de experiência básica na vida humana em comum que inspira uma forma de governo cuja essência é o terror e cujo princípio de ação é a lógica do pensamento ideológico" (Arendt, 2006, p. 526) é a solidão. A experiência política do isolamento que leva à impotência ou à frustração a capacidade humana de agir em concerto, em vista do interesse comum, não chega a destruir a esfera da vida privada na qual os homens mantêm contatos e cultivam em relativa liberdade capacidades como sentir, inventar e pensar. Ao passo que a solidão organizada dos regimes totalitários, para além do domínio político, refere-se à vida humana como um todo: ao isolamento político dos domínios tirânicos o governo totalitário acresce a destruição da vida privada.

Uma vez que destruir a vida privada corresponde a solapar o derradeiro cenário que a tirania (organizando o isolamento) reservou à liberdade em sua forma elementar de, pela criatividade, o homem poder acrescentar algo de si mesmo ao mundo com o qual permanece ligado, Arendt associa a experiência do isolamento – mesmo sob condições tirânicas – ao envolvimento fundamental do *homo faber* com o mundo. Ao passo que o trabalho como atividade pela qual o homem reina como *animal laborans*, desprovido de espaço público e de mundo – como ocorre nas circunstâncias modernas examinadas em *A condição humana* –, é afeito à solidão que o totalitarismo transformou em fenômeno de massa. Pois não ter um lugar entre os outros (desarraigamento) e não pertencer de modo algum ao mundo (superfluidade) traduz a generalização "política" da solidão cujo precedente histórico são as condições sociais do trabalho emancipado.

Por essa razão, Arendt afirma que "o que prepara os homens para o domínio totalitário no mundo não totalitário é o fato de que a solidão, que já foi uma experiência fronteiriça, sofrida geralmente em certas condições sociais marginais como a velhice, passou a ser em nosso século, a experiência diária de massas cada vez maiores" (Arendt, 2006, p. 530). A fim de bem avaliarmos a dramaticidade da experiência comum da solidão, organizada no governo para o qual a essência é o terror e o princípio de ação é a lógica do pensamento ideológico, "basta que nos lembremos que um dia teremos de deixar este mundo, que continuará como antes, e para cuja continuidade somos supérfluos, para que nos demos conta da solidão e da experiência de ser abandonados por tudo e por todos" (Arendt, 2006, p. 528).

c) Apesar de *Origens do totalitarismo* concluir, ao fim e ao cabo, que a solidão organizada do domínio total é mais perigosa do que a impotência organizada da tirania, e ainda sugerir que seu potencial de ameaça, doravante sempre presente, é tal que pode devastar o mundo antes de um novo início ser deflagrado, a obra termina de fato nos lembrando a faculdade do novo no homem. Não por acaso, tal destaque pode ser referido sem prejuízo a partir da obra *Sobre a revolução*, de 1963. Citando e desdobrando uma frase presente em *A cidade de deus* de Agostino, Arendt afirma que "'para haver um início, criou-se o homem' – *Initium ergo ut esset, creatus est homo*. [...] A ideia [...] de que os homens estão capacitados para a tarefa, que é um paradoxo em termos lógicos, de criar um novo início porque eles mesmos são novos inícios e, portanto, iniciadores, que a própria capacidade de iniciar se radica na natalidade, no fato de que os seres humanos aparecem no mundo em virtude do nascimento" (Arendt, 2011, p. 270).

Ao caráter sombrio que sua reflexão crítica identifica na modernidade, desde a retração da esfera pública em favor dos interesses econômicos da sociedade até a perda consumada da política nas condições do domínio total, Hannah Arendt contrapõe a capacidade humana de trazer a novidade ao mundo. Em *Sobre a revolução* ela enfatiza que o elemento de novidade inerente à ação humana é o aspecto mais decisivo dos eventos revolucionários modernos. Na verdade, o próprio "conceito moderno de revolução [está] indissociavelmente ligado à ideia de que o curso da história de repente se inicia de novo, de que está para se desenrolar uma história totalmente nova, uma história jamais narrada ou conhecida antes" (Arendt, 2011, p. 156).

Arendt sustenta que o fato do homem ser portador de novidade foi particularmente evidenciado durante as revoluções modernas. Pois além da confiança básica na capacidade humana de inovação – na faculdade de irromper novos começos na história – os fenômenos revolucionários sempre implicaram a redescoberta e a revitalização da política em suas determinações originalmente democráticas e participativas, mediante a novidade moderna do "sistema de conselhos" como espaço público para a liberdade. Das Revoluções Americana e Francesa até os conselhos operários na Alemanha de 1918 e a Revolução Húngara de 1956, assistimos tentativas repetidas e inovadoras, embora malogradas, de reaver para os cidadãos a participação democrática por atos e palavras. A persistência da novidade política moderna é outro sinal de que um novo começo pode irromper a qualquer momento na história.

Referências
ARENDT, Hannah. *Origens do totalitarismo*. Trad. Roberto Raposo. São Paulo: Companhia das Letras, 1998.
ARENDT, Hannah. *Entre o passado e o futuro*. São Paulo: Perspectiva, 2005.
ARENDT, Hannah. *A condição humana*. 13ª Ed. Trad. Roberto Raposo. Revisão técnica e apresentação de Adriano Correia. Rio de Janeiro: Forense Universitária, 2016.
BAUMAN, Zygmunt. *44 Cartas do mundo líquido moderno*. Rio de Janeiro: Jorge Zahar Editor, 2011.

28.

NATALIDADE

Daiane Eccel
Universidade Federal de Santa Catarina

Em maio de 1952, após assistir a Orquestra Filarmônica de Munique executando o Aleluia, de Händel, Hannah Arendt escreve em seu *Diário de Pensamento*([1]):

> O Messias de Händel. Compreende-se o Aleluia somente a partir da seguinte passagem: um menino nasceu para nós. A verdade profunda deste momento da vida de Cristo é: todo começo é salvação; é por amor ao começo, é por amor a salvação, que Deus criou o homem dentro do mundo. Cada novo nascimento é como uma garantia de salvação que se dá no mundo, é como uma promessa de redenção para aqueles que já não são mais um começo (2016, p. 208, tradução nossa).

O que Arendt assinala nesta anotação e na carta, passa a ser uma constante nas suas obras a partir da década de cinquenta: sua atenção para a questão do nascimento ou natalidade. O interesse

---

([1]) A anotação está em consonância com sua carta ao marido, Heinrich Blücher, de 18 de maio do mesmo ano: [a Orquestra Filarmônica de Munique] ainda sabe fazer música, estava cheio, muito bom, embora as partes solo não estivessem a cargo de nenhuma voz grandiosa; musical, respeitável, gratificante. E que obra! Ainda tenho meus ouvidos e meu corpo no Aleluia. Compreendi claramente, pela primeira vez, como é grandiosa a mensagem: uma criança nasceu para nós. [...] (1999, p. 270).

demonstrado pela autora já na primeira metade dos anos cinquenta, toma forma em *A condição humana*, publicada em 1958 e não abandona o conjunto dos seus conceitos fundamentais, mesmo quando ela passa a tratar, no final da sua vida, a respeito das atividades invisíveis em *A vida do espírito*, reforçando a primazia do aparecer, que é possibilitado pela chegada dos homens ao mundo através do nascimento.

É em sua tese de doutorado *O conceito de amor em Santo Agostinho*, defendida em 1929, na Universidade de Heidelberg, sob orientação de Karl Jaspers, que o aparato para a temática da natalidade é construído, mas é na revisão de parte deste escrito, com vistas à tradução ao inglês entre 1964-65, que o conceito ganha lugar de destaque: o tema aparece na parte dois, intitulada Criador-Criatura: o passado relembrado. Em sua revisão, não há rupturas com relação à primeira versão da tese no que diz respeito ao tema, mas reformulações e acréscimos. Na primeira versão, a problemática aparece sob a ideia de início ou novos começos, na segunda sob o termo natalidade, associando-se também à semântica do início. No contexto pós-totalitário e depois da escrita de *A condição humana*, a ênfase da natalidade recai, invariavelmente, no seu aspecto político. Scott e Stark, que comentam as diferenças entre a tese original de Arendt e sua posterior revisão, afirmam que "todos os termos que têm seu significado adicionado ou expandido na cópia B [tese revisada] (fundação, *principium*, *initium*, *novitas*, natalidade e *caritas*) evocam o pensamento político de Hannah Arendt" (1996, p. 172). A revisão de sua tese, portanto, não deve ser lida apenas como uma revisão dos conceitos agostinianos investigados por ela no período do doutorado. Ao invés disso, nota-se que este trabalho está em consonância com seus próprios escritos da década de cinquenta e sessenta nos quais a natalidade aparece como uma potência contra a ameaça do mundo causada pelo totalitarismo e como elemento primordial na fundação de novos corpos políticos. Assim, Arendt eleva a categoria do nascimento ou natalidade a um outro estágio, sobretudo quando comparado à tradição ocidental, que desde Platão, incluindo Heidegger, vinculou o ato de filosofar ou a autenticidade da vida à mortalidade e ao fim, mas não ao início.

Logo na primeira versão da tese sobre Agostinho, aparece a relação entre nascimento e temporalidade, o que reforça o marco diferencial entreposto com o pensamento de Martin Heidegger. Ao deslocar o eixo para a natalidade e negar-se a assumir a posição da tradição, a autora rompe com seu antigo professor com relação a este elemento e retoma sua querela com Platão e com a filosofia, conforme aponta o amigo de Arendt, Hans Jonas[2]: importa a natalidade porque ela é, em última instância, a possibilidade de ação no mundo público, aquela que segundo Arendt havia sido relegada a uma posição inferior na hierarquia das atividades desde Platão[3]. Em novembro de 1953, escreve a autora em seu *Diário de Pensamento*: "É como se os homens, desde Platão, não pudessem levar a sério o fato de terem nascido, mas somente o fato de que vão morrer. Pelo nascimento, o humano se estabelece como um reino terreno que diz respeito a cada um, no qual cada um procura e encontra seu lugar, sem pensar que um dia partirá novamente" (2016, p. 463)[4]. A partir da década de cinquenta, portanto, natalidade, ação e política compartilham o mesmo espaço conceitual, denotando a resistência arendtiana contra a metafísica tradicional[5].

Na primeira versão da tese em 1929, o nascimento aparece como uma forma de entrada ou de chegada no mundo, um fato que é comum

---

[2] Este é o argumento de Hans Jonas, amigo de Arendt, exposto em seu artigo de 1977, *Acting, Knowing, Thinking: Gleanings from Hannah Arendt's Philosophical Work*, publicado na Social Research.

[3] Comentadores como Bowen-Moore (1989), Young-Bruhel (1997), Bárcena (2009) e Fry (2020), enfatizam o aspecto de resistência arendtiana à tradição de pensamento ocidental a partir da questão da natalidade.

[4] A passagem aparece em sua forma acabada em *A condição humana*: "[…] a ação é a atividade política por excelência, a natalidade, e não a mortalidade, pode ser a categoria central do pensamento político, em contraposição ao pensamento metafísico" (2010, p. 10).

[5] Este é o ponto que permite com que comentadores como Bowen-Moore (1989) e Bárcena (2006) defendam uma filosofia da natalidade em Hannah Arendt.

a todos que nascem e, por nascer, tornam-se mortais – o que também se revela no trabalho de Arendt sobre Rahel Varnhagen, no início da década de 30[6]. Na versão revisada de sua tese, há um certo caráter de valoração desse fato, que faz com que o nascimento seja mais do que um mero acontecimento biológico necessário à vida enquanto *bíos*: há uma volta ao início. A natalidade relaciona-se o com o início ou começo, tem seu correspondente na palavra grega *archein*, mencionada por Arendt em *A condição humana* (2010, p. 221), que indica também a palavra agir. O nascimento é o momento no qual uma vida nova inicia e com ela, toda gama de possibilidades e contingências da biografia de alguém que chega ao mundo[7].

---

[6] Em *Rahel Varnhagen: a vida de uma judia na época do romantismo alemão*, iniciado no final da década de 20 e publicado somente na década de cinquenta, o nascimento também ocupa lugar de reflexão, já que Rahel *nasce* judia. O nascimento de Rahel na condição de judia é a forma de ingresso no mundo. O fator do nascimento neste caso, que não é apenas biológico, é irreversível na biografia de Rahel, mas a natalidade é também potência para que a própria protagonista reconheça seu lugar de pária. O posicionamento de Rahel se insere no campo da liberdade, fruto da potência da natalidade, o que constitui um paradoxo com o fator irreversível de seu nascimento.

[7] Arendt marca a diferença entre *initium* e *principium* via Agostinho. O primeiro se dá com a chegada dos homens ao mundo e sua capacidade em si de iniciar algo, enquanto o segundo diz respeito à própria origem do mundo no sentido bíblico. Vide nota 3, capítulo V, de *A condição humana*. É digno de nota que Arendt utiliza a mesma citação de Agostinho já no texto *Compreensão e política*, de 1953, em *A condição humana*, em *Sobre a revolução*, bem como seu texto *Que é liberdade?*: "*Initium ergo ut esset creatus est homo* – Para haver um início, criou-se o homem". A respeito da diferença entre *initium* e *principium*, também importa observar que em *Sobre a revolução*, Arendt marca a simultaneidade de ambos: "o que salva o ato de iniciar de sua própria arbitrariedade é que ele traz dentro de si seu próprio princípio, *principium* e princípio, não só estão relacionados entre si, mas são simultâneos (2011, p. 272). É neste contexto, que Arendt remete à palavra *arché*, na qual início e princípio coincidem e, curiosamente invoca Platão para corroborar sua tese. Em todos estes escritos, permanece o elo de ligação entre natalidade e ação ou natalidade e política. Conferir o texto "Compreensão e política", 1993, p. 51; *A condição humana*, 2010, p. 222; "Que é liberdade?", 2005.

NATALIDADE

O momento do nascimento biológico indica um marco no passado para o qual é possível retornar pela lembrança ou rememoração, assim como ocorre com a entrada dos homens na esfera pública quando se dá o segundo nascimento, isto é, quando "nos inserimos no mundo humano [...], no qual confirmamos e assumimos o fato simples do nosso aparecimento físico e original" (Arendt, 2010, p. 221). Como a ação é sempre ameaçada pela fugacidade que lhe é inerente, precisa se tornar história para se tornar perene. Pela narração do poeta, da testemunha ou do historiador, a volta ao passado se faz possível pela memória. Assim, diferente de Heidegger para quem o *da-sein* é um ser para a morte, a teoria política de Arendt, enxerga no acontecimento primordial do nascimento, do início a potencialidade da ação humana e seu posterior registro. A temporalidade marcada pelo passado, presente e futuro pode ter na figura do nascimento e da natalidade um elemento chave. Ao comentar o pensamento de Agostinho, na primeira versão de sua pesquisa, Arendt afirma: "o passado é presentificado pela memória como aquilo através do qual se pode refazer a experiência. Ele é, pois, retido no presente, e perde o seu caráter de passado definitivo. O passado é guardado na memória porque nesta presentificação torna-se um devir possível" (1997, p. 67). Na revisão da tese, natalidade vincula-se ao *amor mundi*, associada à gratidão por estar no mundo (Fry, 2020), o que é coerente não somente com o conteúdo de a *Condição humana*, mas com alguns de seus textos publicados em *Entre o passado e o futuro*, sobretudo "A crise na educação" e "Que é liberdade?".

Até a década de cinquenta, ou seja, por meio da primeira versão de sua tese e da obra sobre Rahel, a problemática do nascimento e da natalidade havia se desenhado de forma embrionária. A reflexão sobre a ascensão dos regimes totalitários, no entanto, fez com que Arendt se atentasse para a questão de outra maneira – aquela que toma sua forma em *A condição humana* e que se revela na revisão de sua tese na década de sessenta. O mesmo acontece com a terceira parte referente ao totalitarismo anexada no final da década de cinquenta, em *Origens do Totalitarismo*. Na seção "Ideologia e terror", a ideia do nascimento aparece relacionada à potencialidade de novos inícios e à liberdade, o que novamente se revela nos textos posteriores:

> do ponto de vista totalitário, o fato de que os homens nascem e morrem não pode ser senão um modo aborrecido de interferir com forças superiores. O terror, portanto, como servo obediente do movimento natural ou histórico, tem de eliminar do processo não apenas a liberdade em todo sentido específico, mas a própria fonte de liberdade que está no nascimento do homem e na sua capacidade de começar algo novo (2004, p. 518).

As considerações de Arendt em "Que é a liberdade?", têm a mesma tônica da revisão de sua tese: a relação inequívoca entre começo, lido aqui sob o signo do nascimento ou natalidade, e liberdade. O interlocutor de Arendt é novamente Agostinho, mas sua ideia de livre arbítrio é rejeitada pela autora. A ênfase recai novamente na introdução do homem no mundo, já que por ela se dá a potência da natalidade – não no sentido de associação entre o ato biológico de nascer, o nascimento ele mesmo, que é certamente muito mais condicionado à necessidade da natureza do que a contingência da liberdade, mas à potencial liberdade de começar algo novo, proporcionada pelo fato do homem *estar* no mundo e tê-lo adentrado por ter nascido. Invocando Agostinho, Arendt afirma: "porque *é* um começo, o homem pode começar; ser humano e ser livre são uma única e mesma coisa. Deus criou o homem para introduzir no mundo a faculdade de começar: a liberdade" (2005, p. 216).

Em outro texto presente em *Entre o passado e o futuro*, "A crise na educação", de 1958, o vínculo entre nascimento/natalidade, liberdade e *amor mundi* são expostos por meio de uma formulação bastante madura. Nele aparece o cuidado de Arendt com aquele sujeito que é o novo por excelência: o recém-nascido, a criança, bem como a instância que a recebe no mundo e se propõe a formá-la: a educação. Segundo a autora: "a essência da educação é a natalidade" (2005, p. 223). A educação, elemento que Arendt possivelmente inclui na gama da *techné* é a ferramenta que atua sobre os novos que chegam. Ela é o mecanismo fundamental de acolhida por parte dos mais velhos com relação aos recém-chegados, já que estes novos sempre chegam em um mundo que já é velho[8].

Tanto em *A crise na educação* quanto em *A condição humana*, do mesmo ano, está presente a associação entre natalidade ou início e milagre: "o novo sempre aparece na forma de um milagre" (2010, p. 222). Neste sentido, o marco histórico do nascimento de Jesus de Nazaré – que confere um novo começo na contagem do tempo no Ocidente – ocupa lugar de destaque. A mensagem que Arendt compreendeu quando ouvira o *Aleluia* de Händel surge em *A condição humana* com uma conotação bastante política: a ação se radica ontologicamente na natalidade (2010, p. 308), porque seu agente chega ao mundo por meio do primeiro nascimento, a saber, a necessidade biológica de nascer, e nasce pela segunda vez quando se expõe no mundo público. Enquanto Jesus de Nazaré aparece como o fenômeno paradigmático para ilustrar a questão do nascimento em *A condição humana*, o tema é retomado em *Sobre a revolução* por meio de outro recurso literário: a quarta Écloga de Virgílio, poema que nas palavras de Arendt se revela como:

> [...] um hino à natividade, um louvor ao nascimento de uma criança e o anúncio de uma nova geração, uma *nova progenies*; mas longe de ser a profecia da vinda de um salvador divino, é, ao contrário, a afirmação da divindade do nascimento em si, e de que a salvação potencial do mundo está no próprio fato de que a espécie humana se regenera sempre e para sempre. (2011, p. 270).

A interpretação arendtiana secularizada do milagre do nascimento de Jesus de Nazaré que aparece em *A condição humana*, radicaliza-se

---

[8] Para a relação entre natalidade e educação em português, conferir os textos de Vanessa Sievers de Almeida, por exemplo: "Natalidade e educação: reflexões sobre o milagre do novo em Hannah Arendt", de 2013.

nesta obra publicada cinco anos mais tarde quando Virgílio é o poeta escolhido para tratar do problema da fundação de novos corpos políticos, problema este que, necessariamente aponta para as questões do início, da *arché*, do ponto fundamental para o qual se volta todo corpo político.

A capacidade de ação, que nasce em potencial com cada novo ser-humano em forma de milagre, confere fé e esperança ao mundo (Arendt, 2010, p. 308). O início da vida que se dá por meio do nascimento constitui justamente a chegada do homem ao mundo, passando a estar entre os demais, não somente sob o ponto de vista de uma pluralidade numérica, mas sobretudo política. O milagre do novo configura-se justamente aí: na manutenção da pluralidade, "*a* condição de toda vida política" (Arendt, 2020, p. 9) e "a lei da Terra" (Arendt, 2009, p. 35) que, em parte faz os homens iguais enquanto espécie, mas por outro lado, permite a singularidade de cada um por meio de feitos e discursos, já que por eles, o agente da ação se revela de forma singular. Radicar-se ontologicamente (Arendt, 2010, p. 308) significa afirmar que "a ação, como início, corresponde ao fato do nascimento e é a efetivação da condição humana da natalidade" (Arendt, 2010, p. 223). A célebre referência que Arendt faz aos romanos, "o povo mais político que conhecemos" (2010, p. 9) em *A condição humana*, ressaltando que para eles viver significava estar entre os homens e morrer era sinônimo de deixar de estar entre os homens, indica a tônica política de tal estadia no mundo. A ideia é retomada na primeira parte de *A vida do espírito*, momento no qual a autora opera por meio de uma fenomenologia do aparecer. O adentrar ao mundo por meio do nascimento confere ao homem uma condição irreversível: a de aparecer. O aparecer, contrário à tradição filosófica ocidental, ganha *status* ontológico em Arendt, na medida em que a autora afirma que ser e aparecer coincidem (Arendt, 2009, p. 35). Da mesma forma que Arendt reage aos escritos platônicos ao enfatizar a natalidade, há uma primazia do aparecer frente ao *modus operandi* filosófico platônico da retirada e desaparecimento do mundo. O aparecer é condicionado ao nascimento ao passo que o desaparecer, à morte. No ínterim entre ambos se dá aquilo que denominamos vida, possibilitada pelo nascimento e tempo no qual é permitido ao homem escolher como deseja apresentar-se a si mesmo e ao mundo e agir, isto é, nascer novamente por atos e palavras.

Referências

ARENDT, Hannah. *Rahel Varnhagen:* a vida de uma judia alemã na época do Romantismo. Trad. Antônio Trânsito, Gernot Kludasch. Rio de Janeiro: Relumé Dumará, 1994.

ARENDT, Hannah. *Love and Saint Augustine.* Chicago: The University Press, 1996.

ARENDT, Hannah. *O conceito de amor em Santo Agostinho.* Lisboa: Instituto Piaget, 1997.

ARENDT, Hannah. *Origens do totalitarismo.* Trad.: Roberto Raposo. São Paulo: Companhia das letras, 2004.

ARENDT, Hannah. *Entre o passado e o futuro.* Trad.: Mauro W Barbosa. São Paulo: Perspectiva, 2005.

ARENDT, Hannah. *A vida do espírito:* pensar, querer e julgar. Trad.: César A. de Almeida, Antônio Abranches, Helena Martins. Rio de Janeiro: Civilização Brasileira, 2009.

ARENDT, Hannah. *A condição humana.* 11ª Ed. Trad.: Roberto Raposo. Rio de Janeiro: Forense Universitária, 2010.

ARENDT, Hannah. *Sobre a revolução.* Trad.: Denise Bottmann São Paulo: Companhia das Letras, 2011.

ARENDT, Hannah. *Denktagebuch.* 1950-1973. Vol. 1. Munique: 2016.

ARENDT, Hannah; BLÜCHER, Heinrich. *Briefe 1936-1968.* Munique: Piper, 1999.

ALMEIDA, Vanessa Sievers de. Natalidade e educação: reflexões sobre o milagre do novo na obra de Hannah Arendt. In *Pro-posições*, v. 24, n. 2, 2013, pp. 221-237.

BÁRCENA, Fernando. *Hannah Arendt:* una filosofia de la natalidade. Barcelona: Herder, 2006.

BOWEN-MOORE, Patricia. *Hannah Arendt's philosophy of natality.* Londres: Macmillan, 1989.

CORREIA, Adriano. Arendt e Agostinho: natalidade e política. Acessível em: <http://estudoshannaharendt.com.br/site/acervo/docslide.com.br_adriano--correia-ufg.pdf>. Acesso em: 05 nov. 2021.

FRY, Karin. Natalidade. In HAYDEN, Patrick. *Hannah Arendt:* conceitos fundamentais. Petrópolis: Vozes, 2020, pp. 37-52.

JONAS, Hans. Acting, Knowing, Thinking: Gleanings from Hannah Arendt's Philosophical Work. *Social Research* 44, no. 1 (1977), pp. 25-43. Accessed March 12, 2021. http://www.jstor.org/stable/40970269.

MARCHART, Oliver. Natalität/Anfangen. In HEUER, Wolfgang; HEITER, Bernd;

ROSENMÜLLER, Stefanie. *Arendt-Handbuch:Leben-Werk-Wirkung.* Stuttgart: Metzler, 2011.

SCOTT, Joanna Vecchiarelli; STARK, Judith Chelius, Rediscovering Hannah Arendt. In

ARENDT, Hannah. *Love and Saint Augustine.* Chicago: The University Press, 1996, pp. 115-210.

YOUNG-BRUEHL, Elisabeth. *Por amor ao mundo:* a vida e a obra de Hannah Arendt. Rio de Janeiro: Relume Dumará, 1997.

29.

OBRA

Cícero Samuel Dias Silva
Universidade Federal do Ceará

> "Não se pode pendurar um acontecimento na parede, somente um quadro"
>
> Mary McCarthy

Se houve alguma espécie de desvio na trilha da recepção brasileira dos conceitos postos na obra Hannah Arendt (1906-1975), o mais significativo deles foi o caminho sinuoso e ainda enveredado do termo *work* [obra]. É certo que sua pouca fixidez se deve menos ao talento dos tradutores e intérpretes de Arendt do que àquela linha de sombra, por vezes quase intransponível, que é a responsabilidade da tarefa de apresentar um termo correspondente em outra língua, porém, mais do que isso, tentar com ele transportar o sentido de um conceito e uma de ideia no jogo complexo da argumentação.

A discussão em torno do melhor correspondente em português para o termo *work*, em sua melhor aproximação do uso que dele faz Arendt, ganhou forma a partir da leitura que Magalhães (1985) propõe em seu "A atividade humana do trabalho [labor] em Hannah Arendt". Ao investir em uma leitura crítica do terceiro capítulo de *A condição humana* (1958), o ensaio acaba não só por explicitar e tensionar a crítica de Hannah Arendt a Marx, a partir do conceito de trabalho, mas acaba por lançar luz à diferença fundamental entre *labor*, que corresponde na estrutura da argumentação a *trabalho*, e *work* que passa a ter não só um, mas dois correspondentes: obra ou fabricação – a partir de então tomados como símiles.

A assertiva dessas reflexões, conduziu a literatura sobre Arendt nas décadas seguintes e, certamente, inspirou a revisão, proposta por Correia (2010), à tradução brasileira de *A condição humana*, realizada por Raposo (1981), na qual o conceito de obra [*work*] não ocupava seu devido lugar. É significativo que a primeira edição a que o leitor lusófono brasileiro teve acesso, optou por uma tradução mais literal a partir do original em inglês, *The human condition* (1958), e manteve os três principais conceitos da argumentação como labor (*labor*), trabalho [*work*] e ação [*action*]. As escolhas aí postas, antes de indicarem qualquer elemento de devaneio ou descuido, apontam antes para a complexidade e o folego argumentativo da questão posta pelo escrito de Arendt.

O projeto que deu origem as reflexões de *A condição humana* está ligado, de modo elíptico, a *Origens do totalitarismo* (1951). Entretanto, se em *Origens* vemos o esforço de compreensão da natureza radicalmente nova do evento totalitário, buscando traçar não suas causas, mas antes apontar o conjunto de elementos que teriam se cristalizado no nazismo e no stalinismo. Em *A condição humana*, a atenção de Arendt realiza uma curva em direção à reflexão filosófica centrada nas atividades mais genuínas e características da *vida activa*; àquelas atividades capazes de resistir mesmo ao conjunto de transformações radicais operados pela Modernidade.

A análise da *vida activa* se orienta pela pergunta central "o que estamos fazendo?" e se estrutura na investigação minuciosa de cada uma de suas atividades separadamente, posta nos três capítulos centrais da obra. Essa estrutura deixa claro que, para Arendt, se trata de atividades distintas e insolúveis. Nesse quadro, cada atividade expressa em si uma das três dimensões distintas da condição humana, respectivamente: a vida, a mundanidade e a pluralidade. Arendt realiza ainda, no plano de análise, a divisão entre as atividades exercidas no âmbito privado, o trabalho e a obra, cujos resultados são sempre previsíveis, e a atividade pública da ação, que marcada por sua imprevisibilidade expressa a experiência da liberdade e é "única atividade que ocorre diretamente entre os homens" (Arendt, 2010, p. 8).

A ação, a atividade expressamente política, possui um campo definido e sua feita marca a existência única de cada indivíduo no encontro com outro e na partilha do mundo comum. Expressando a pluralidade como condição da existência humana. Trabalho [*labor*] e obra [*work*], por outro lado, ao se desenrolarem no campo da relação do indivíduo consigo mesmo e no pertencimento ao mundo de coisas tangíveis por ele criado, tiveram, de modo lato, sua diferenciação negligenciada ao longo da tradição filosófica. Deste modo, qualquer esforço de definição do conceito de *work* [obra ou fabricação] na obra de Hannah Arendt aponta, em um primeiro momento, para a distinção, própria de sua teoria, entre *work* [obra, fabricação] e *labor* [labor, trabalho].

Arendt reconstrói essa diferenciação retomando dois termos do grego arcaico: πονεῖν [*ponein*] que deriva do verbo é πονέω [*ponéō*] e está ligado ao "trabalho pesado", podendo ser utilizado também para descrever alguém aflito ou desesperado, e provavelmente guarda relação com Πόνος [*ponos*], substantivo que designa a "a pena", "a fadiga" ou mesmo o "fruto do trabalho extenuante"; e ἐργάξεσθαι [*ergazesthai*] derivado do verbo ἐργάζομαι [*ergazomai*] que está ligado ao ato de "fabricar algo" ou mesmo "praticar" e "exercitar" uma habilidade, um verbo mais dinâmico, que implica em uma concepção de trabalho como construção e comércio e não como punição.

A distinção entre *ponein* e *ergazesthai*, se encontra, de modo análogo, na diferença estabelecida entre o latim *labore* [labuta, trabalho laboral] e *facere* [fazer, criar, produzir] e no alemão *Arbeit* [trabalho agrícola, serviu] e *Werk* [obra, trabalho, artesanato, produto]. A presença de termos distintos para trabalho e obra permanece, respeitadas suas sutilezas semânticas, nas línguas neolatinas. No entanto, é curioso que o dicionário de Francisco Ferreira dos Santos Azevedo (2010), provavelmente o principal dicionário analógico da Língua

Portuguesa, nos mostre que *obra* ['construção, trabalho, produção' XIII. Do latim *operera –ae*] pode ser tomado, sem muito esforço, no mesmo campo semântico não só de trabalho, mas também de labor e ação. O que exige do leitor de Arendt uma atenção aos sentidos e modos próprios de suas conceituações.

O conceito de trabalho [*labor*], tão caro às filosofias modernas, é utilizado por Arendt em *A condição humana* para designar um tipo de atividade que é, antes de tudo, uma reação ao estar vivo, posto que "a dimensão humana do trabalho é a própria vida" (Arendt, 2011, p. 8). Vida aqui tomada como processo biológico e a reposição perene de seus ciclos laborais, que nos animaliza e nos universaliza como espécie ao lado de todas as outras espécies viventes. Ao designar o metabolismo do *animal laborans* – do manter-se vivo – o trabalho nunca supera o âmbito da necessidade e o resultado de sua atividade está fadado a desaparecer no consumo do corpo, na relação do indivíduo da espécie com sua natureza.

De modo distinto do *trabalho de nosso corpo*, que "se mistura com" e se deixa consumir, *a obra* [*work*] *de nossas mãos* "opera sobre" a matéria e é capaz de produzir a mundanidade [*worldliness*], uma espécie de cisão no ciclo metabólico e estritamente limitante do homem com a natureza. Enquanto *homo faber*, o homem é capaz de criar um espaço artificial e nele introduzir uma nova relação com o tempo das coisas; onde cada ser humano pode aparecer como indivíduo e não apenas como exemplar da espécie. É neste sentido que *work* se coloca como fabricação, cujo produto é uma experiência espaço temporal puramente humana dada na durabilidade de seus construtos. O mundo tangível em que homens e mulheres podem aparecer, falar, agir, discutir e serem vistos.

Embora não seja tarefa do *homo faber* criar o mundo como "a comunidade dos homens" – papel desempenhado pela ação – é só atividade da obra que pode produzi-lo como artifício humano. O *homo faber* cria e expressa a mundanidade na medida em que fabrica *a durabilidade do mundo*, um espaço artificial de objetos que atestam, auxiliam e aliviam o fardo humano, cuja relação já não se dá no consumo, mas o uso que deles fazemos. A *reificação* é a grande tarefa da atividade da obra e seu esforço sobre a matéria, sempre voltado à imagem que precede e orienta o seu produto, cria o mundo de instrumentos que faz com que possamos ver e tomar a natureza como algo objetivo.

A atividade da obra estabelece, assim, a relação entre *a instrumentalidade e o animal laborans*, que fora significativamente remodelada na Era Moderna pelos avanços tecnológicos e pela Revolução Industrial. Numa linha que vai desde o instrumento mais rudimentar a serviço da mão humana à complexa teia produção e acúmulo, dada na Modernidade que, marcada pelo compasso da máquina, automatizou os processos produção. Nesse conjunto de transformações Arendt vê o imbricamento complexo e deturpador entre trabalho e obra, uma vez que, potencializada, a sanha metabólica do *animal laborans* alcança sua cota de "emancipação" no poder lhe concedido pelo novo aparato instrumental.

Orientada pela categoria dos meios e fins, a mentalidade do *homo faber* desemboca em um utilitarismo sistemático, que marca e reelabora a própria relação entre *a instrumentalidade e o homo faber*, na qual o ideal de utilidade e uso se institui em um argumento cíclico, em que todo fim parece mesmo poder doravante ser utilizado como meio. Para Arendt, à medida que cada fim se deixa capturar na cadeia infinita de meios e fins, a própria significação do mundo se torna turva, posto que já não podemos encontrar um princípio que justifique a própria utilidade. A consequência mais imediata da circularidade entre meios e fins é a dissolução da diferença entre a utilidade e a significância, uma vez que já não podemos distinguir entre o "a fim de" e o "em razão de" que sempre marcou essa distinção.

Em um mundo onde tudo deve ter seu uso, servir de instrumento para a obtenção de outra coisa, "a significação desse mundo, que realmente está fora do alcance do *homo faber*, torna-se para ele o paradoxal 'fim em si mesmo'" (Arendt, 2010, p. 193). Arendt aponta, contudo, uma saída para o dilema da ausência de significado, que marca toda a mentalidade utilitária do *homo faber,* indicando que é preciso que nos voltemos à subjetividade do próprio uso, antes de nos determos no mundo objetivo de coisas destinadas ao uso.

No contexto das transformações modernas, a instrumentalização empreendida pelo *homo faber* parece implicar na redução de todas as coisas a meios, negando a estas seu valor e seu significado intrínseco e independente, a tal ponto que o valor da Terra e dos recursos da natureza só pode se determinar na reificação resultante da obra. Todavia, é preciso ter clareza de que o que Arendt busca elucidar não é somente a instrumentalidade em si – o emprego de meios em vistas de um fim – mas antes a generalização da experiência da fabricação "na qual a serventia e a utilidade são estabelecidas como critérios últimos para a *vida* e para o *mundo* dos homens" (Arendt, 2010, p. 196, grifo nosso).

A instrumentalização generalizada de todo o mundo e de toda Terra, que traz consigo a inerente desvalorização de tudo que é dado, numa crescente ausência de significado e que só cessa quando o próprio homem se faz amo e senhor de todas as coisas, não provém diretamente da atividade da obra. Ela é antes uma deturpação que se dá na medida em que o processo vital e metabólico do *animal laborans* toma para si todas as coisas produzidas, tragando-as em seus processos. É só nesse sentido que instrumentalidade limitada e produtiva da fabricação, própria ao *homo faber*, pode ser compreendida como a instrumentalização ilimitada de tudo que existe.

À revelia de toda confusão engendrada no bojo da modernidade, a atividade da obra não se dissolve no metabolismo do trabalho, tampouco se confunde com a ação política. Distintamente do *animal laborans* "cuja vida social é sem mundo e gregária, e que, portanto, é incapaz de construir ou habitar o domínio público, mundano" (Arendt, 2010, p. 200), o *homo faber*, através da atividade da obra, produz um domínio público próprio: *o mercado de trocas* onde seus produtos podem ser exibidos e valorados. O mundo como o espaço de troca, que se radicaliza na expressão das sociedades comerciais modernas, ainda se regula pelos critérios do *homo faber* e justamente por isso nunca supera a lógica da privatividade exigida para feitura de sua obra. Desse modo, o *homo faber* só pode ocupar a cena pública de modo a-político, posto que todo seu gesto é marcado pelo isolamento que dá origem a seus construtos e pela incapacidade de fundar àquela comunidade dos pares dada na *ação* política. Mas se por um lado o *homo faber* não pode fundar o espaço público, é somente sua capacidade suprema, aquela de produzir *a permanência do mundo e a obra de arte*, que pode produzir a durabilidade capaz de expressar a presença humana sobre a terra.

 É certo que todo o conjunto de coisas feitas pelo homem só pode se tornar um lar para os mortais, suficientemente permanente e estável; capaz de suportar e resistir ao movimento de constantes mudanças inerentes a suas vidas e ações, apenas quando este transcende tanto a funcionalidade das coisas produzidas para o consumo, quanto a simples utilidade daqueles objetos que são produzidos para o uso. Nenhum outro objeto pode expressar tal exigência tanto quanto a *obra de arte*.

 A durabilidade é o traço definidor da atividade da obra ou fabricação realizada pelo *homo faber*, uma vez que tanto o trabalho laborioso da manutenção do corpo executado pelo *animal laborans*, quanto os feitos e os discursos dados pela *ação* na vida política, não podem deixar vestígios de sua atuação no mundo que possam perdurar, passado o momento da ação e da palavra falada ou do metabolismo o corpo.

 Cada um a seu modo, o *animal laborans* e o *homem de ação* se diferenciam e necessitam do auxílio do *homo faber*. Para pensarmos com Arendt,

> [...] se o *animal laborans* necessita da ajuda do *homo faber* para facilitar seu trabalho e remover sua dor, e se os mortais necessitam de sua ajuda [do *homo faber*] para edificar um lar sobre a Terra, os homens que agem e falam necessitam da ajuda do *homo faber* em sua capacidade suprema, isto é, da ajuda do artista, dos poetas e historiadores, dos construtores de monumentos ou escritores, porque sem eles o único produto da atividade dos homens, a estória que encenam e contam, de modo algum sobreviveria. (Arendt, 2010, p. 217)

A "ajuda do *homo faber*", isto é, a atividade da obra, se dá como auxílio na labuta do corpo e a na condução da efemeridade da ação e do discurso à permanência no mundo, o que acontece à medida que seus "feitos grandiosos" são narrados, preservados tornando-se de tal sorte suficientemente objetivos e capazes de compor o desdobrar-se da história humana.

É preciso que salientemos que não há para Arendt nenhuma espécie de prevalência ou hierarquização do fazer artístico sobre as demais atividades da *vida activa*. Basta que recobremos que o mundo produzido pelo homem só pode ser preservado e ser, efetivamente um lar sobre a terra para a humanidade, somente quando as ações daqueles que o partilham atuam de modo a também preservar o espaço público de aparência no qual as próprias obras de arte podem aparecer. O que o estatuto da obra de arte, tal como a toma Arendt, nos demonstra é que é insuficiente tentar delimitar o conceito de *work* [obra] apenas por alguma espécie de via negativa que o distingue do conceito de trabalho [*labor*] e da ação [*action*] e que sua designação no todo das reflexões arendtianas não se esgota em qualquer leitura atenta de *A condição humana*.

Em "A crise da cultura: sua importância social e política" (1968), ensaio que compõe a coletânea *Entre o passado e o futuro*, ao se inserir no debate em torno das transformações culturais e artísticas que ocupavam a pauta dos círculos intelectuais novaiorquinos, Arendt acaba por estabelecer uma relação imbricada entre arte e política através de uma reflexão ante as transformações culturais do século XX. Em sua argumentação, "cultura indica que arte e política, não obstantes seus conflitos e tensões, se inter-relacionam e até são dependentes" (Arendt, 2007, p. 272). Essa imbricação repõe o próprio sentido da ideia de *obra*, que requer também seu sentido como *obra-de-arte-ação*. Não podemos, contudo, afirmar com isso que a atividade da *obra*, realizada pelo *homo faber*, se confunde ou substitui o fazer político do homem de *ação*, sua relação se dá fato de arte e política "serem, ambos, fenômenos do mundo público" (Arendt, 2007, p. 272). A partilha do mundo público engendra o campo das possibilidades ao artista e ao político, reafirmando a capacidade dos inícios e nascimentos, das lutas e suas memórias, onde mulheres homens aparecem, constroem e contemplam a beleza da imperecibilidade do mundo.

A *obra*, como expressão mais singular da vida e da atuação humana, é retomada ainda por Arendt como fio delineador dos perfis traçados em *Homens em tempos sombrios* (1983). Ao se voltar aos biografados, importa a Arendt muito menos o encadeamento historiográfico do "espírito-do-tempo", mas antes a força das figuras humanas diante de um mundo a obscurecer-se e a crença de que a iluminação "pode bem provir, menos das teorias e conceitos, e mais da luz incerta, bruxuleante e frequentemente fraca que alguns homens e mulheres, nas suas vidas e *obras*, farão brilhar em quase todas as circunstâncias" (Arendt, 2008, p. 8. Grifo nosso). A vida e obra, tomadas aí em ensaios biográficos, se colocam como via de articulação da própria a relação homem/mundo, compondo a forma original e corajosa com que Hannah Arendt interpreta as questões políticas do século XX.

Referências

ARENDT, Hannah. *Origens do totalitarismo*. Trad. Roberto Raposo. São Paulo: Companhia das Letras, 1989.

ARENDT, Hannah. A crise da cultura: sua importância social e política. In. *Entre o passado e o futuro*. 6ª Ed. Trad. Mauro W. Barbosa. São Paulo: Perspectiva, 2007.

ARENDT, Hannah. *Homens em tempos sombrios*. Tradução: Denise Bottmann. Posfácio de Celso Lafer. São Paulo: Companhia das letras, 2008.

ARENDT, Hannah. *A condição humana*. 11ª Ed. Tradução: Roberto raposo, revisão técnica: Adriano Correia. Rio de Janeiro: Forense Universitária, 2010.

H. G. LIDDELL, R. SCOTT & H.S JONES. *A Greek-English Lexicon*. Revised and augmented throughout, with a supplement. Londres: Oxford University Press, 1968.

HOMERO. *Ilíada*: tradução Manuel Odorico Mendes, prefácio e notas verso a verso Sálvio Nienkötter. Cotia, SP: Ateliê Editorial; Campinas, SP: Editora Unicamp, 2010.

HOMERO. *Odisseia*. Tradução e introdução de Carlos Alberto Nunes. São Paulo: Editora Hedra Ltda, 2011.

ISIDRO, Pereira, S. J. *Dicionário Grego-Português e Português-Grego*. 8ª Ed. Porto: Livraria Apostolado da Imprensa. 1998.

OBRA. In. AZEVEDO, Francisco Ferreira dos Santos. *Dicionário analógico da língua portuguesa*: ideias afins/thesaurus. 2ª Ed. atual. e revista. Rio de Janeiro: Lexikon, 2010.

OBRA. In. CUNHA, Antônio Geraldo da. *Dicionário etimológico da língua portuguesa*. 4ª Ed. revista pela nova ortografia. Rio de Janeiro: Lexikon, 2010.

TRABALHO. In. AZEVEDO, Francisco Ferreira dos Santos. *Dicionário analógico da língua portuguesa*: ideias afins/thesaurus. 2ª Ed. atual. e revista. Rio de Janeiro: Lexikon, 2010.

ROSENBERG, Harold. Os Actions Painters norte-americanos. In. ROSENBERG, Harold. *A tradição do novo*. Tradução, Cesar Tozzi; revisão, Vera de Campos Toledo. São Paulo: Editora Perspectiva: 1974.

McCARTHY, Mary & ARENDT, Hannah. *Entre amigas*: a correspondência entre Hannah Arendt e Mary McCarthy, 1949-1975. Org. Carol Brigthman. Trad. Sieni Maria Campos. Rio de Janeiro: Relume Dumará, 1995.

MAGALHÃES, Theresa Calvet. A atividade humana do trabalho [labor] em Hannah Arendt. In. *Ética e Filosofia Política*, v. 9, n. 1. Juiz de Fora: junho de 2006. Disponível em < https://www.ufjf.br/eticaefilosofia/files/2010/03/9_1_theresa.pdf>. Acesso em: 05 nov. 2021.

30.

ORIGENS DO TOTALITARISMO

Celso Lafer
Universidade de São Paulo

Ponto de partida

Hannah Arendt, em conhecida entrevista de 1964 dada à televisão alemã sobre o seu percurso, afirmou: "para mim, o essencial é compreender.... escrever é uma questão do processo de compreender" (Arendt, 2008, p. 33).

Compreender foi o que levou H. Arendt a escrever *Origens do totalitarismo*. Teve como instigação a experiência de um choque com a realidade provocado ao tomar conhecimento em 1943, em N. York, da existência dos campos de concentração. Auschwitz e a fabricação de cadáveres não devia ter acontecido, como afirma nesta entrevista de 1964 (Arendt, 2008, p. 43).

"Os homens normais não sabem que tudo é possível" é a epígrafe que abre a Parte III do seu livro, dedicada especificamente ao totalitarismo. Provém da experiência com o universo concentracionário narrada em livro de David Rousset. A ele e à sua narrativa Hannah Arendt se refere para apontar a ruptura da "normalidade do mundo normal" (Arendt, 1989, p. 487), inerente à dinâmica do totalitarismo.

A empreitada a que se dedicou Hannah Arendt na elaboração do seu livro foi compreender o significado desta ruptura com a "normalidade do normal" que configurou o século XX como uma era de extremos. Buscou desvendar "os mecanismos que dissolveram os tradicionais elementos do nosso mundo político e espiritual numa amálgama onde tudo parece ter perdido o seu valor específico" (Arendt, 1989, p. 12).

Em ensaio de 1954, ela analisa as dificuldades da compreensão. Destaca que se trata de algo distinto da informação correta e do conhecimento científico. É um processo complexo que almeja chegar, também com informações e conhecimento, mas não só com eles, a uma conciliação com os desafios de como o mundo no século XX, desintegrou os tradicionais critérios e categorias de julgamento e de pensamento (Arendt, 2008, p. 330, 336).

Este contexto exigiu de Hannah Arendt para escrever Origens do Totalitarismo, como de resto em toda a sua obra, a *fermenta cognitionis* do pensar pela própria cabeça, o *Selbstdenken* que ela admirava em Lessing, sem poder recorrer ao corrimão de conceitos consagrados (Arendt, 1987, p. 17; Arendt, 2018, p. 473).

É por essa razão que Hannah Arendt, no seu empenho em compreender, não se enquadra nos usuais cânones políticos (esquerda//direita; revolucionária/liberal/conservadora). Nem a sua obra, a começar por Origens do Totalitarismo, amolda-se ao âmbito mais estrito das consagradas disciplinas acadêmicas (Teoria Política, Filosofia, História) (Arendt, 2018, pp. 470-471), não obstante o amplo domínio que tinha dos seus repertórios. É o que faz de Origens do Totalitarismo uma obra singular, de grande originalidade, que mescla com imaginação conceitual o pluralismo de uma excepcional erudição.

A obra

The origins of totalitarianism foi publicado em 1951, em N. York pela editora Harcout Brace. Foi, também em 1951, lançado na Inglaterra com o título *The burden of our time*. Traduzido pela própria Hannah Arendt e com prefácio de Jaspers foi publicado na Alemanha em 1955.

A publicação do livro projetou Hannah Arendt como notável estudiosa dos extremos do século XX. Ingressou no espaço público e tornou-se conhecida muito além do circuito mais restrito dos meios universitários e de suas especializações acadêmicas. *Origins* foi seu primeiro grande livro, constitutivo de sua abordagem inaugural da crise do mundo contemporâneo, que como uma inquietação permanente, ilumina o fio condutor da sua obra.

Origins organiza-se em três partes: antissemitismo, imperialismo e totalitarismo. O propósito do livro não é o de construir nexos de causalidade entre as duas primeiras partes e a terceira. No empenho de compreensão, Hannah Arendt identifica, com imaginação conceitual, no antissemitismo laico do século XIX e no imperialismo europeu do século XIX, ingredientes da cristalização histórica de componentes que adquiriram vida própria no sem precedentes do exercício do poder da dinâmica do totalitarismo (Arendt, 2008, pp. 417-424; Arendt, 2004a, pp. 617-618).

Na análise arendtiana, o antissemitismo laico do século XIX, fruto da secularização das sociedades na Europa, converteu-se num instrumento de manipulação política do poder, catalizador, nas transformações da modernização, das insatisfações das massas. Cristalizou ingredientes provenientes do subterrâneo da História europeia que tiveram vigência no totalitarismo (Arendt, 1989, p. 21).

Hannah Arendt aponta o uso da mentira, exemplificado na ampla divulgação propagandista de uma conspiração judaica de dominação universal, construída na falsificação de pseudos "Protocolos dos Sábios de Sião", elaborados pela polícia secreta da Rússia czarista. Também realça a prefiguração do conceito de inimigo objetivo, pois o combate aos judeus não se travou na crítica e na conduta de pessoas e indivíduos. Alcançou todos os judeus que foram, de maneira generalizada estigmatizados como inimigos da sociedade.

Mentira, falsificação e a onipresente sombra de conspiração, assim como a discricionariedade da escolha dos "inimigos objetivos" do regime, independentemente da conduta das pessoas, foi uma semente dos subterrâneos da História europeia que impregnou a mentalidade dos nazistas e do comunismo na era de Stalin. Caracterizou a postura de suspeita generalizada que mobilizou o exercício do poder na dinâmica do totalitarismo examinada na Parte III de *Origins*.

A Parte I de *Origins* encerra-se pela análise do caso do processo do capitão Dreyfus na França, acusado sem fundamentação de traição à pátria e condenado sem provas válidas e devido processo legal, pela mobilização social do ódio aos judeus da opinião pública francesa. Foi um ensaio geral, no século XIX, do desastroso e amplo espetáculo que veio a ocorrer no século XX (Arendt, 1989, p. 30).

Imperialismo é a Parte II de *Origins* e, à semelhança da Parte I, tem como foco identificar ingredientes de cristalização que frutificaram no Totalitarismo.

No imperialismo europeu do século XIX, "surgido do colonialismo e gerado pela incompatibilidade do sistema de Estados nacionais com o desenvolvimento econômico e industrial" (Arendt, 1989, p. 147), a análise arendtiana realça o seu expansionismo sem limites. "A expansão é tudo" afirmou Cecil Rhodes (Arendt, 1989, p. 154), antecipando a vocação para a dominação global do totalitarismo e o ímpeto do movimento que caracteriza a sua dinâmica.

A burocracia como meio de administração de populações colonizadas, substituiu a lei por decisões provisórias e mutáveis que obedeciam somente ao ímpeto da expansão (Arendt, 1989, p. 246). Prenunciou a herança da ilegalidade da ubiquidade da gestão da dominação totalitária.

"A dança da morte e do comércio" no continente negro que Joseph Conrad relatou em *Heart of darkness*, gerou as insensibilidades em relação ao diferente dos povos colonizados. Isto ensejou que europeus pudessem se assumir como seres "ocos por dentro, arrojados sem atrevimento, cobiçosos sem audácia e cruéis sem coragem" (Arendt, 1989, pp. 215-219). Daí um racismo que, ao generalizar-se, facilitou no totalitarismo nazista o genocídio.

Ao tratar na sequência dos movimentos do pangermanismo e do pan-eslavismo e da ideologia que os animava, Hannah Arendt salienta que a Alemanha nazista e a Rússia comunista neles tiveram inspiração no que veio a ser seus propósitos de conquista (Arendt, 1989, p. 253). Estes se viram facilitados pois o imperialismo continental, em contraste com o de ultramar, no seu ímpeto de expansão, é amalgamador pois elimina a distância geográfica dos métodos que separam colonizadores e colonizados. Começou na casa europeia (Arendt, 1989, p. 254) e nela frutificou com o totalitarismo.

O último capítulo da Parte II trata das consequências da liquidação no pós-Primeira Guerra Mundial dos dois Estados multinacionais europeus – A Rússia czarista e a monarquia Austro-Húngara. O sistema interestatal europeu, que se seguiu por obra da força do princípio das nacionalidades e o vigor dos nacionalismos que o alentava, deu guarida ao direito dos povos. Foi o que levou a povos sem estado que passaram a ser as minorias linguísticas, étnicas e religiosas. Estas se viram deslocadas no âmbito interno dos estados que se sucederam aos impérios multinacionais. Converteram-se pela intolerância de políticas ideológicas, juridicamente em refugiados e apátridas. A sua escala numérica tornou-os *indesejáveis* em todos os lugares. Viraram o refúgio a terra (Arendt, 1989, pp. 300-302) o que facilitou a sua descartabilidade nos campos de concentração do totalitarismo. Foi o que instigou a sua heurística elaboração do conceito do direito a ter direitos, que requer a efetiva presença de uma ordem jurídica tuteladora dos direitos humanos que transcenda o âmbito interno das soberanias, e tem como pressuposto uma garantia jurídica da própria humanidade (Arendt, 1989, pp. 13; 330-332).

Data de 1958 a segunda edição ampliada de *Origins*. No prefácio de 1958, Hannah Arendt explica a razão dos ajustes e revisões que procedeu. Não alterou a Parte I sobre o antissemitismo. Aprimorou a Parte II sobre o imperialismo, agregando considerações sobre os fenômenos pré-totalitários de transformação de partidos em movimentos e adensando elementos sobre os refugiados sem pátria, ressalvando que estes aprimoramentos não alteravam a análise e os argumentos da primeira edição. Na Parte III, valeu-se de informações sobre o totalitarismo, que não estavam disponíveis na época da redação inicial de *Origins*. Deixou de lado os "*concluding remarks*" da primeira edição, substituindo-os por um novo capítulo da Parte III: Ideologia e Terror: uma nova forma de governo" e incluindo um epílogo com reflexões sobre a Revolução húngara de 1956 (Arendt, 1958, p. XI, XII). Essas reflexões posteriormente não foram incluídas em edições subsequentes.

O novo capítulo, "Ideologia e Terror: uma nova forma de governo" é muito importante e torna mais precisa a contribuição de *Origins* para a teoria política, que era um dos seus grandes objetivos. Nele, Hannah Arendt sublinha o novo da ruptura do totalitarismo que não se enquadra nas clássicas formas más de governo, como a tirania, a oligarquia, a oclocracia, o despotismo e também a ditadura, o autoritarismo, nem se amolda à natureza caracterizadora de um governo, e aos princípios que os inspiram e movem, estudados por Montesquieu em *O espírito das leis*. O totalitarismo almeja uma dominação total que, pelas suas especificidades, escapa do corrimão de conceitos consagrados. Exigia a *fermenta cognitionis* para a elaboração de um novo conceito. À sua fundamentação Hannah Arendt se dedicou na Parte III de *Origins*, iluminando as modalidades operacionais de regimes baseados na organização burocrática de massas; na sua expansão, na lógica de distorções ideológicas e escorados no generalizado emprego do terror.

Data de 1973 uma nova edição de *Origins*. Esta conta com três novos prefácios da década de 1960 que precederam a publicação em inglês e depois em alemão e francês em três volumes separados das três partes de *Origins*.

A publicação em separado em três volumes tinha a sua razão de ser. A análise do antissemitismo e do imperialismo empreendido por Hannah Arendt vai muito além de suas cristalizações no totalitarismo que foram destacadas. Tem o mérito de uma elaboração original que comporta leitura própria.

A primeira edição brasileira traduzida por Roberto Raposo e editada aos cuidados de Marcos Marguliès seguiu esta linha de três volumes próprios, porém interconectados. A sua editora Documentário, do Rio de Janeiro, publicou em 1975, *O antissemitismo, instrumento do poder*; em 1976, *Imperialismo, expansão no poder* e, em 1979, *Imperialismo, o paroxismo do poder*.

A edição integrada de *Origins* em inglês com as revisões de 1958 e os três prefácios da década de 1960, publicada em 1973, consolidou o texto da obra nas edições subsequentes, inclusive nas publicações em outras línguas. É a base da edição brasileira, também em tradução de Roberto Raposo, da Cia. das Letras, de 1989, que circula em muitas reedições.

No prefácio à Parte III de *Origins*, que trata do totalitarismo, Hannah Arendt esclarece que a sua análise tem como objeto o nazismo na Alemanha – que se estende até o fim da segunda guerra mundial com a morte de Hitler – e o período stalinista na União Soviética de 1929 até a morte de Stalin em 1953. Esta deu início a um sinuoso processo de destotalitarização que foi convertendo o país numa ditadura unipartidária. Esclarece também que a especificidade do totalitarismo não se prolonga na China de Mao Tse Tung (Arendt, 1989, pp. 339, 340, 341, 350, 351).

Muitos estudiosos, em especial os mais vinculados às especializações acadêmicas, apontaram a existência de um desequilíbrio na equiparação arendtiana do nazismo ao stalinismo, argumentando inclusive que o lastro da análise do nazismo era mais abrangente. Na recepção do livro, a equiparação do nazismo e do stalinismo como formas de governo totalitário, quando da sua publicação, gerou críticas da esquerda ortodoxa, agravadas pelo fato de que a impugnação ao stalinismo serviu aos propósitos do combate político à União Soviética no período mais agudo da guerra fria.

Hannah Arendt evidentemente tinha ciência das diferenças entre a Alemanha nazista e a União Soviética stalinista. Em ensaio, fruto de aulas dadas nos anos 60, publicado com o título "Algumas questões da filosofia moral", aponta que estas diferenças merecem ser mencionadas. Pontua que na ótica da moral, vale dizer dos valores, o nazismo e o que o estrépito da sua engazopadora ideologia alimentou é muito mais extremo e mais revelador do ímpeto sem disfarces ou hipocrisia de fábricas de mortes que redundaram no extermínio em larga escala. No stalinismo, nos campos de concentração russos, as pessoas não foram dizimadas pela gratuidade do terror (Arendt, 1989, p. 343) e a falsidade do duplo sentido da criminalidade do regime era justificada como uma luta, de outra envergadura intelectual e ideológica, motivada por uma "boa causa" (Arendt, 2004, pp. 116-117).

Estas ressalvas não podem afastar na análise arendtiana a realidade do totalitarismo stalinista. Nenhuma "boa causa", como ela afirma no prefácio datado de 1966, pode minimizar "a gigantesca criminalidade do regime de Stalin, que afinal de contas, não consistiu meramente na calúnia e no assassinato de umas poucas milhares de figuras importantes do campo político e literário 'reabilitáveis' postumamente, mas no extermínio de um número literalmente sem conta de milhões de pessoas que ninguém, nem mesmo Stalin, podia acusar de atividades 'contrarrevolucionarias'" (Arendt, 1989, p. 344).

Os movimentos totalitários, esclarece Hannah Arendt, preparatórios de um regime de natureza totalitária voltam-se para organizar massas de indivíduos atomizados e isolados, oriundos de processos da diluição das classes sociais. São aqueles a serem mobilizados pela orquestração da propaganda. O objetivo da propaganda não é a persuasão pela discussão e pelo argumento. É o da acumulação da força de organização das massas. Baseia-se na ideologia, literalmente concebida como lógica de uma ideia a realizar que prescinde de antenas voltadas para captar os dados da realidade. A ideologia tem como função desvendar com suas ficções processos em andamento de conspirações – por exemplo a conspiração judaica mundial e as conspirações "contrarrevolucionárias" –, que seriam impeditivos da expansão do poder. É uma dinâmica destituída de tradicionais considerações utilitárias e da lógica de meios e fins que caracterizam o também conhecido realismo da razão de estado.

A propaganda e seus desdobramentos são parte de uma batalha política da afirmação do totalitarismo, mas não se circunscrevem à captura de mentes das pessoas. A ela o totalitarismo no poder adiciona o terror que alcança a todos e que é o princípio que move a dinâmica do totalitarismo. Como enfatiza Hannah Arendt, o terror é da própria essência de uma forma totalitária de governo. Atinge sua perfeição na situação-limite dos campos de concentração (Arendt, 1989, pp. 358, 393, 395, 411, 491, 516, 517).

Para tornar viável a implantação do terror, um estado totalitário afirma-se por meio da disciplina um Partido único e monopolizando, pelo controle dos meios de comunicação, a expressão da verdade. Esta é sempre a expressão de uma mutável verdade oficial, vocalizada pelo Partido e lastreada na ideia a realizar de ideologia. Esta, no seu ímpeto, busca congelar o potencial da pluralidade da condição humana. É um dos instrumentos de controle de todas as atividades da sociedade, o que significa que nada pode permanecer no espaço do privado, que nas tiranias pode oferecer algum abrigo ao alcance da dominação total. (Arendt, 1989, pp. 390 e seguintes; p. 527). O súdito ideal do governo totalitário não é o nazista convicto nem o comunista convicto, mas aquele para quem já não existe a diferença entre o fato e a ficção (isto é, a realidade da experiência) e a diferença entre o verdadeiro e o falso (isto é, critérios de pensamento) (Arendt, 1989, p. 526).

O emprego do terror faz da polícia secreta uma das principais instituições de um regime totalitário. O papel da polícia secreta não é o de detectar ou encarcerar adversários de um regime, como ocorre nas ditaduras autoritárias. É na atmosfera de suspeita generalizada, alimentada por "teorias" de conspiração, ocupar-se de "inimigos objetivos". A identificação de "inimigos objetivos" vai se modificando de acordo com as circunstâncias, ao alvedrio do líder do regime. Daí uma insegurança permanente que alcança os próprios quadros do partido único e das lideranças do regime, que se veem atingidas pela prática dos expurgos. (Arendt, 1989, pp. 469-488).

A estrutura burocrática de um regime totalitário não é a tradicional pirâmide de poder. Assemelha-se, para preservar o segredo dos desígnios do poder, a uma cebola. Nesta, a fachada externa de uma multiplicidade de órgãos com a mesma função formal, encobre com camadas sucessivas o poder real que está no seu centro e obedece à sua dinâmica e determinação (Arendt, 1989, p. 445 e seguintes). Como Hannah Arendt destacou mais adiante em *Entre o passado e o futuro*, com remissão a *Origins*, no centro da cebola, em uma espécie de vazio, localiza-se o líder, e o que quer que ele faça, ele o faz de dentro e não de fora ou de cima, propagando-se para a sociedade, os membros do

Partido, a burocracia, as elites e atenuando para as suas respectivas esferas o extremismo que os engloba. "A estrutura da cebola torna o sistema organizacional à prova de choque contra a factualidade do mundo real" (Arendt, 1972, pp. 136-137).

Os campos de concentração e de extermínio são o paradigma da dominação totalitária, comprovador de que tudo é possível no seu âmbito. Deter-se nos seus horrores é indispensável para compreender o totalitarismo (Arendt, 1989, pp. 488 e 491). Os que neles se encontram situam-se fora da vida e da morte e a incredibilidade dos horrores, voltados para causar o maior tormento possível se magnifica com a sua inutilidade econômica e política. (Arendt, 1989, pp. 494-495-496).

A fabricação sistemática em massa de cadáveres é precedida pela preparação de cadáveres vivos por meio de sua prévia aniquilação moral, destruidora de sua individualidade, pelos mecanismos da cassação dos seus direitos. É a maneira pela qual se leva adiante o esquecimento sistemático das vítimas, tornando suas mortes anônimas. Rouba-se da morte o significado do desfecho de uma vida realizada. Os campos de concentração são "fábricas de morte", mas são igualmente "poços de esquecimento" voltados para apagar os vestígios da existência de suas vítimas. Nos campos, os seus internos, no desamparo de sua solidão, vivem o desespero da experiência de não pertencerem ao mundo (Arendt, 1989, pp. 493, 494, 495, 498, 502, 503, 506, 510, 527).

No campo de concentração o totalitarismo na sua especificidade nazista alcança a dominação total, o poder ilimitado sobre todos os aspectos da vida. Logra o ineditismo do tudo é possível de tornar os seres humanos supérfluos e descartáveis. (Arendt, 1989, p. 507, 509, 510), que com outras modalidades permeia o totalitarismo stalinista.

Conclusão

Hannah Arendt, conclui *Origins* apontando que o término dos governos totalitários de Hitler e Stalin não exclui os riscos que a sua experiência e as suas "cristalizações", para usar a sua linguagem, tendem a ficar presentes no mundo contemporâneo. Tendem a ficar presentes da mesma maneira que tiranias, ditaduras e despotismos a despeito de suas derrotas persistem no repertório da vida política. (Arendt, 1989, 531). É por isso que *Origins* não é apenas uma notável empreitada intelectual de compreensão do que foi o fenômeno do totalitarismo, mas um livro que retém a atualidade analítica de uma advertência do que pode colocar em questão a pluralidade da condição humana constitutiva de um mundo, que perde substância e se aniquila com o extermínio dos povos, estados e pessoas.

Referências
ARENDT, Hannah. *The origins of totalitarianism.* Nova York, Meridian Books, 1958.
ARENDT, Hannah. *Entre o passado e o futuro.* trad. de Mauro W. Barbosa de Almeida, introdução de Celso Lafer, São Paulo: Perspectiva, 1972.
ARENDT, Hannah. *The Origins of Totalitarianism.* New edition with added prefaces. Nova York: Harvest Book, 1973.
ARENDT, Hannah. *Homens em tempos sombrios.* Posfácio de Celso Lafer, trad. Denise Bottmann, São Paulo: Cia. das Letras, 1987.
ARENDT, Hannah. *Origens do Totalitarismo* – Antissemitismo, imperialismo, totalitarismo. Trad. de Roberto Raposo. São Paulo: Companhia das Letras, 1989.
ARENDT, Hannah. *Responsabilidade e julgamento.* Edição e introdução americana de Jerome Kohn, edição e introdução brasileira Bethânia Assy, Trad. R. Eichenberg, São Paulo: Companhia das Letras, 2004.
ARENDT, Hannah. *The origins of totalitarianism.* With a new introduction by Samantha Power. Nova York: Schocken Books, 2004 (a).
ARENDT, Hannah. *Compreender* – Formação, exílio e totalitarismo – Ensaios (1930-1954). Org., introd. e notas Jerome Kohn, trad. Denise Bottmann. São Paulo: Companhia das Letras; Belo Horizonte: UFMG, 2008.
ARENDT, Hannah. *Thinking without a banister* – Essays in Understanding – 1953-1975. Edited with an introduction by Jerome Kohn, Nova York: Schocken Books, 2018.

31.

PENSAR

Fábio Abreu dos Passos
Universidade Federal do Piauí

A explicitação das características da Faculdade do Pensamento foi elaborada por Hannah Arendt no Volume I de sua obra *A vida do espírito* (1975). Contudo, em obras anteriores é possível antever formulações acerca do Pensar, as quais seriam aprofundadas por Arendt em sua obra derradeira.

O percurso arendtiano pelas sendas da Faculdade do Pensamento adentra obras como *Origens do totalitarismo* (pp. 520-531); *Journal de pensée* (pp. 243, 305, 675, 935); *A dignidade da política* (pp. 39ss, p. 89 e 145ss); *A Condição Humana* (p. 406); *Entre o passado e o futuro* (Prefácio); *Eichmann em Jerusalém*: um relato sobre a banalidade do mal (pp. 37; 43; 60-62 e 274); *Responsabilidade e Julgamento* (pp. 112ss e 226ss) e *A vida do espírito* (Vol. I).

No interior das reflexões de Hannah Arendt, o Pensar não se apresenta como uma benesse concedida a alguns privilegiados, os "filósofos profissionais" que, do alto de sua "Torre de Marfim", contemplam as medidas não aparentes, do intuito de modelar o mundo sensível, dirimindo o caos e a desordem que há nele. Ao contrário, o Pensamento pode ser ativado por qualquer pessoa e, do mesmo modo, pode ser negligenciado até mesmo por grandes intelectuais que, ao se afastarem em demasia do *mundo comum*, não conseguem compreender o seu tempo e, muitas vezes, aliam-se, a tiranos e a líderes *totalitários*, a exemplo de Heidegger.

A Faculdade do Pensamento difere-se da *ideologia totalitária*, a qual Arendt define como "a lógica de uma ideia", uma vez que o Pensamento, sendo a "mais livre e a mais pura das atividades humanas, é exatamente o oposto do processo compulsório da dedução lógica" (Arendt, 1989, p. 526), que se constrói a partir de uma premissa. A *ideologia*, com sua força coercitiva, é mobilizada para que ninguém comece a Pensar, fazendo com que se troque a necessária insegurança da atividade do Pensar pela explicação total da "lógica de uma ideia" e, assim, haja a substituição da liberdade inerente à Faculdade do Pensamento pela camisa-de-força da ideologia, que subjuga homens e mulheres com tamanha eficácia quanto forças externas.

Para Arendt a pluralidade humana é antevista no diálogo sem som do Pensar, formulação cara para a compreensão dessa faculdade espiritual, que é apresentada em suas primeiras elaborações em anotações de agosto de 1952, contidas em seu *Journal de pensée*, e aprofundada em texto publicado em 1954, mais de duas décadas antes da publicação de *A vida do espírito*. Neste texto, intitulado "O interesse pela política no recente pensamento filosófico europeu", coletado na obra *A dignidade da política*, Arendt aponta para a existência de uma relação entre política e Faculdade do Pensamento com a seguinte formulação: "seria crucial para uma nova filosofia política uma investigação sobre o significado político do pensamento, isto é, sobre o significado e as condições do pensamento para um ser que jamais existe no singular e cuja pluralidade está longe de ser explorada quando se acrescenta uma relação Eu-Tu à compreensão tradicional do homem e da natureza humana" (Arendt, 2002b, p. 89). A relação entre política e Pensamento se explicita, na medida em que o trecho aponta para a existência de uma imbricação de duas categorias importantes à filosofia arendtiana, ou seja, a *pluralidade* e o Pensar. A pluralidade humana, que é a "Lei da terra", atesta que não é o homem no singular que habita o mundo, mas os homens e essa pluralidade se manifesta, sobretudo, no espaço público através das palavras e das ações em concerto. Essa mesma pluralidade, cujo domínio performativo é a esfera dos assuntos humanos, é antecipada no "dois-em-um" socrático, como Arendt define o

Pensamento, pois, quando se ativa essa faculdade espiritual, há uma interação do eu consigo mesmo, em um diálogo sem som que antecipa a certeza de que o mundo é habitado pelo "nós", instaurando uma diferença na unicidade do "eu". Contudo, Arendt nos adverte que não podemos gerar uma terceira pessoa do diálogo do eu consigo mesmo, o que aponta haver um entrave na relação do Pensar com a *ação* política. Percebemos, a partir dessa advertência, haver um empecilho na relação entre a Faculdade do Pensamento e a política, o qual é aguçado por outra formulação apresentada em *A vida do espírito*, em que Arendt nos diz que o Pensar não nos dota com padrões ou regras que ditem as ações que serão realizadas no espaço público, muito menos faz alguém melhor pelo simples fato de Pensar. A impossibilidade do Pensar em nos conceder ferramentas para a *ação* deve-se ao fato dessa atividade espiritual não nos dotar de conhecimentos exatos a respeito de nada, mas somente de perplexidades e incertezas, ou seja, o Pensamento não nos diz o que é certo ou errado a se fazer, mas possui um poder de nos deixar atordoados diante da "certeza" de que nada se sabe de maneira indubitável. Talvez o aspecto político de todo Pensamento seja puramente a manifestação da pluralidade no Pensar, aspecto que, ao ser desdobrado, apontaria para a implicação política da Faculdade do Pensamento e a consequente relação entre o Pensar e o agir. Contudo, essa é uma tópica que as reflexões de Arendt não conseguiram iluminar suficientemente.

No desenlace de *A condição humana*, obra dedicada a explicitar as atividades da *vita activa* (*trabalho, obra* e *ação*), Arendt nos adverte que a atividades do Pensar, "sem dúvida está presente onde quer que os homens vivam em condições de liberdade política", pois é mais fácil agir do que Pensar em um cenário de tirania (Arendt, 2010, p. 406). Ainda, nas últimas linhas desta mesma obra, publicada em 1958, há um importante demarcador para compreendermos a Faculdade do Pensamento, o fato de que o Pensar não pode ser tomado como pura quietude contemplativa, como a tradição metafísica nos legou, mas deve ser compreendido como uma atividade, pois, para Arendt, Catão estava absolutamente correto quando disse que "nunca se está mais ativo que quando nada se faz, nunca se está menos só que quando se está consigo mesmo" (Arendt, 2010, p. 406).

Embora haja, em *A condição humana*, um apontamento acerca do projeto filosófico vindouro que seria elaborado em *A vida do espírito*, o *thaumadzein* derradeiro, que impulsionou Arendt a "pensar sobre o pensar", foi uma figura banal, preso em uma caixa de vidro durante o seu julgamento: Adolf Eichmann e sua incapacidade de Pensar, que o levou a cometer crimes envoltos pela *banalidade do mal*. Estar diante de um sujeito que possuía, como marca indistinta de seu caráter, a "incapacidade de olhar qualquer coisa do ponto de vista do outro", arrebatou Arendt, deixando-a perplexa. Esta atrofia da *mentalidade alargada* era fruto de seu cômodo aprisionamento no interior da ideologia nazista que, por intermédio de frases prontas e clichês, salvaguardava o mundo fictício, edificado pelo *III Reich*, das ameaças advindas das imprevisibilidades e contradições do *mundo comum*. Para Arendt, "quanto mais se ouvia Eichmann, mas óbvio ficava que sua incapacidade de falar estava intimamente relacionada com sua incapacidade de Pensar, ou seja, de Pensar do ponto de vista de outra pessoa" (Arendt, 1999, p. 62). Portanto, o uso de clichês e frases prontas era a exteriorização de uma motivação interna: a de obedecer a ordens com um empenho cadavérico, de alguém que não se importava com as consequências de seus atos, pois não era capaz de significá-los, pois não era hábil na arte de parar-para-pensar. Sua consciência não lhe pesava em relação a sua tarefa de embarcar milhares de pessoas para os campos de concentração, mas, ao contrário, "só ficava com a consciência pesada quando não fazia aquilo que lhe ordenavam" (Arendt, 1999, p. 37). Os atos absolutamente burocráticos implementados por Eichmann levaram Arendt a cunhar o conceito de *banalidade do mal*: um mal sustentado não por motivações maléficas ou ódios, mas fruto do vazio de Pensamento. Foi, portanto, a "ausência de pensamento – uma experiência tão comum em nossa vida cotidiana, em que dificilmente temos tempos e muito menos desejo de *parar* e pensar – que despertou" (Arendt, 2002, p. 06) o interesse de Hannah Arendt em investigar as características constitutivas do Pensar.

Em seu conjunto, os quatro capítulos que compõem o Volume I d'*A vida do espírito*: "Aparência", "As atividades espirituais em um mundo de aparências", "O que nos faz pensar?" e "Onde estamos quando pensamos?" constituem uma *demarché* capaz de iluminar as características fundantes do Pensar, que embora já tenham sido antevistas em obras precedentes, ganham profundidade e pujança nesta obra inacabada de Arendt.

Hannah Arendt, em *A vida do espírito*, explicitamente se une à fileira daqueles que pretendem desmontar a metafísica e suas falácias: discursos que fomentaram compreensões enganosas acerca de alguns tópicos da filosofia, a exemplo da dicotomia entre *ser* e *aparência*, na qual o primeiro possui um estatuto ontológico privilegiado, além de ser o sustentáculo do segundo. Contudo, ela compreende que essas mesmas falácias constituem as melhores vias de acesso para se percorrer o caminho que leva a uma compreensão mais acurada acerca do Pensar, pois essas falácias são preciosos fios condutores para se implementar uma análise acerca da prioritária atividade espiritual – Pensar –, pois essas, embora apontem na direção de errôneas concepções acerca da Faculdade de Pensamento, nascem de autênticas experiências do ego pensante.

Outra falácia metafísica é a convicção de que o propósito final do Pensamento é a verdade e a cognição. Para desfazer tal falácia, Arendt se utiliza da distinção kantiana entre Pensamento (*Vernunft*) e intelecto (*Verstand*), distinção que constitui um dos pontos nevrálgicos na compreensão da atividade de Pensar no interior das investigações arendtianas. A partir das leituras feitas da *Crítica da Razão Pura*, Arendt pôde perceber que o intelecto (*Verstand*), que Kant identificou com a faculdade do conhecimento, tem como propósito de sua atividade conhecer, ou seja, apreender o que é dado aos sentidos, no intuito de saciar sua curiosidade de desvendar os mistérios do mundo e, assim, dotar mulheres e homens com o poder de dominá-lo. Já o Pensamento (*Vernunft*) procura significar o mundo. O Pensar não pergunta se algo existe; seu "há" já é, de antemão, dado. A atividade do Pensar busca o significado, a compreensão desse algo.

Arendt enfatiza que *"Ser e Aparência coincidem"*, assertiva que aponta para o fato de que, embora todas as atividades espirituais tenham em comum uma *retirada* do mundo, em um movimento para trás em direção do eu, continuamos a ser uma aparência em meio a outras aparências quando ativamos o Pensar, "porque entre as principais características do pensamento, que se dá em um mundo de aparências e é realizado por um ser que aparece, está que ele próprio é invisível" (Arendt, 2002, p. 40). Quando ativamos o Pensamento não nos endereçamos para fora do mundo, mas realizamos um movimento momentâneo de distanciamento. Além de continuarmos a ser uma aparência em meio a outras aparências, quando pensamos, permanecemos lidando com a matéria bruta constitutiva do *mundo comum*: fatos e eventos que embora se encontrem ausentes dos sentidos, estão presentes no ego pensante como *objetos-de-pensamento* (*thought-objects*): os sensíveis, que ao passarem pelo processo de de-sensorialização (*de-sense*) e de-sespacialização (*de-spatialize*), transformam-se em alimento para o Pensamento. A "imaginação reprodutiva" transforma um objeto visível em uma imagem invisível que, guardada, está à disposição para que o espírito, através da "imaginação produtiva", ativa e deliberadamente, relembre, recorde e selecione do arquivo da memória o que lhe apraz em sua busca incessante de significação. Esse movimento do Pensar aponta para o fato de que essa atividade sempre implica em lembrança, ou seja, Pensar é sempre re-pensar, Pensar o já pensado, desfazendo e refazendo incessantemente significações acerca do "há" do *mundo comum*, pois "[...] a atividade de pensar é como a teia de Penélope: desfaz toda manhã o que tinha acabado na noite anterior" (Arendt, 2002, p. 69; Arendt, 2004, p. 234).

Para Arendt, "o que nos faz pensar" é a necessidade humana de ativar a mais livre das faculdades espirituais. Essa necessidade é insuflada constantemente pelo espanto admirativo, pelo *pathos* que não é produzido, mas se sofre. O espanto, que se configura como o ponto de partida da atividade do Pensamento, é uma admiração por aquilo que nos inquieta e nos impele no intuito de significá-lo. O espanto funciona como um gatilho a impulsionar a Faculdade do Pensamento, a qual dota nossas existências de sentido e de vivacidade. "Uma vida sem pensamento é totalmente possível, mas ela fracassa em fazer desabrochar a sua própria essência – ela não é apenas sem sentido; ela não é totalmente viva. Homens que não pensam são como sonâmbulos" (Arendt, 2002, p. 143).

"Onde estamos quando pensamos", quando sofremos os impactos do espanto? Estamos no âmago do *nunc stans,* o agora permanente, uma categoria construída por Arendt a partir de um entrecruzamento de um conceito agostiniano e uma parábola de Fraz Kafka, intitulada "Ele" (Arendt, 2002, p. 153; ARENDT, 1997, p. 33). O *nunc stans* é a lacuna que se constitui a partir da batalha travada pelo homem-pensamento contra seus antagonistas: passado e futuro. Passado e futuro são considerados antagonistas do ego pensante, na medida em que o primeiro o empurra para frente a partir do peso morto de sua existência, enquanto o segundo, veda o caminho à frente, a partir da incerteza do que há de vir. O ego pensante, nessas circunstâncias, necessita defender sua posição, no intuito de não ser esmagado por essas forças antagônicas e equipotentes, mas, ao contrário, significá-las. Essa batalha formará um paralelogramo de forças, em que o futuro é o componente Y, o passado o componente X e do ponto de intersecção, onde essas duas forças antagônicas se encontram, nasce a terceira via: uma diagonal denominada por Arendt de "cadeias de pensamento". Essa lacuna diagonal, o lar do ego pensante, pode ser descrita como um "eterno presente", que surge do choque entre o não-mais e o ainda-não. A lacuna entre o passado e o futuro só se abre para a atividade de Pensar, cuja temática é aquilo que se encontra ausente e que, contudo, existe como *objetos-de--pensamento*.

O Pensamento, que é a mais radical das atividades espirituais, realiza-se de um modo crítico, levando o indivíduo a questionar e a desarticular as regras rígidas e os padrões imutáveis. Para Arendt, "não há pensamentos perigosos; o próprio pensar é perigoso" (Arendt, 2002, p. 132). Essa assertiva explicita a *axio* da ativação da Faculdade do Pensamento, ao mesmo tempo em que nos alerta para os riscos constantes que levam à sua ausência, muitas vezes fruto de práticas impeditivas, oriundas de governos de exceção, como os *totalitários* e os ditatoriais, ou do torpor generalizado das *sociedades de massa*.

Referências

ARENDT, Hannah. *A Condição Humana.* Trad. Roberto Raposo. Revisão e Apresentação Adriano Correia. 11ª Ed. Rio de Janeiro: Forense Universitária, 2010.

ARENDT, Hannah. *A vida do espírito*: o Pensar, o Querer e o Julgar. Trad. Antônio Abranches e Helena. Rio de Janeiro: Relume Dumará, 2002 (Vol. I).

ARENDT, Hannah. *A dignidade da política.* 3ª Ed. Trad. Helena Martins, Frida Coelho, Antonio Abranches, César Almeida, Claudia Drucker e Fernando Rodrigues. Rio de Janeiro: Relume Dumará, 2002b.

ARENDT, Hannah. *Eichmann em Jerusalém*: Um Relato Sobre a Banalidade do Mal. Trad. José Rubens Siqueira. São Paulo: Companhia das Letras, 1999.

ARENDT, Hannah. *Entre o Passado e o Futuro.* 2ª Ed. Trad. Mauro V. Barbosa. São Paulo: Perspectiva, 1997 (Prefácio).

ARENDT, Hannah. *Origens do totalitarismo.* Trad. Roberto Raposo. São Paulo: Companhia das Letras, 1989.

ARENDT, Hannah. *Journal de pensée,* (1950-1973). (2 Vol.). Paris: Seuil, 2002.

ARENDT, Hannah. *Responsabilidade e Julgamento.* Trad. Rosaura Eichenberg. São Paulo: Companhia das Letras.

32.

PENSAMENTO SEM CORRIMÃO

André Duarte
Universidade Federal do Paraná

O "pensamento sem corrimão" (*Denken ohne Geländer/thinking without a banister*) designa a "metáfora" (2010; 2018; 2021) com a qual Hannah Arendt definiu o modo como ela própria exerceu sua atividade de pensar. Não se trata, portanto, de um conceito arendtiano, mas da metáfora com a qual a autora designou o exercício do pensar subjacente à formulação dos seus conceitos. A metáfora do "pensamento sem corrimão" traz consigo um importante aporte metodológico quanto aos pressupostos teóricos que informaram sua reflexão. Finalmente, esta metáfora articula a avaliação arendtiana acerca do problema da ruptura da *tradição* e aquilo que ela denominou como ruptura *totalitária*. Trata-se do princípio hermenêutico a partir do qual Arendt refletiu sobre o problema das difíceis articulações e tensões entre filosofia e política, entre pensamento e acontecimentos particulares, tema que perpassa toda sua obra.

A única menção de Arendt ao "pensamento sem corrimão" ocorre em uma discussão coletiva de sua obra, ocorrida em Toronto, em 1972. A referência se encontra no texto *"Hannah Arendt on Hannah Arendt"*, que relata os debates entre Arendt e os participantes do seminário, publicado atualmente numa coletânea de ensaios cujo título é, justamente, "Pensar sem corrimão" (2018; 2021). Este texto já fora publicado anteriormente em português (2010) e seu interesse consiste no fato de que as perguntas dos participantes forçam Arendt a revelar alguns pressupostos teóricos que ela guardara ciosamente para si. A expressão aparece no decurso de sua resposta a duas perguntas e o contexto no qual ela faz sua aparição é relevante. Ao responder a Hans Morgenthau, que perguntara se Arendt se considerava uma "conservadora" ou o uma "liberal" (2010, p. 156), ela respondeu não saber, visto não se encaixar dentre aquelas ou outras possibilidades contemporâneas de filiação política e reflexiva: "Suponho que nunca tive uma posição como essa. Você sabe que a esquerda pensa que sou conservadora e os conservadores algumas vezes pensam que eu sou de esquerda, uma dissidente, ou Deus sabe o quê. Devo dizer que não me importo. Não penso que as verdadeiras questões deste século recebam qualquer tipo de iluminação por esse tipo de coisa" (2010, p. 157). Na sequência, em resposta à escritora e amiga Mary McCarthy, que lhe perguntara qual sua posição em relação ao "capitalismo" (2010, p. 158), Arendt afirmou que não se considerava partidária nem do capitalismo nem do socialismo, entendendo a ambos como fenômenos históricos relativos a um longo processo histórico de expropriação e produção de sofrimentos em larga escala. Marcava-se, assim, sua independência de pensamento em relação aos debates e polêmicas de seu tempo, muito embora Arendt não tenha cessado de pensar sobre os principais acontecimentos políticos do mundo em que viveu.

Pouco adiante, ao mencionar a ideia de Stan Spiron Draenos acerca de um "pensamento sem fundamentos" (2010, p. 160; *groundless thinking*), Arendt afirmou que o compreendia à luz de uma "metáfora" que ela jamais tornara pública, a do "pensamento sem corrimão" (2010, p. 160). Ela se explicou assim: "Ou seja, enquanto você sobe e desce as escadas, sempre se apoia no corrimão para que não caia no chão. Acontece que perdemos esse corrimão. Este é o modo como digo isto a mim mesma, e é isto o que de fato tento fazer. Este assunto de que a tradição está rompida e que o fio de Ariadne se perdeu. Bem, isto não é tão novo quanto eu fiz parecer. Afinal, foi Tocqueville quem disse que 'o passado cessou de lançar sua luz sobre o futuro e a mente do homem vagueia nas trevas'. Esta é a situação desde a metade do século XIX (...). Sempre pensei que se tem de começar a pensar como se ninguém tivesse pensado antes e a partir de então começar a aprender com os demais" (2010, p. 160). Em momento anterior, respondendo a uma crítica de Hans Jonas, Arendt já referira a metáfora do "corrimão" a um conjunto de valores transcendentes, aos quais qualquer um poderia recorrer quando circunstâncias políticas demandassem critérios bem fundados para agir, pensar e julgar: "Estou, por exemplo, perfeitamente segura de que toda essa catástrofe totalitária poderia não ter acontecido se as pessoas ainda acreditassem em Deus, ou antes no inferno – ou seja, se ainda houvesse algo último. Não há tais coisas últimas, e você sabe tanto quanto eu que não existiam tais coisas últimas às quais se poderia apelar de modo válido. (...) Se quiséssemos fazer uma generalização, poderíamos então dizer que aqueles que ainda estavam muito firmemente convictos em relação aos chamados valores antigos foram os primeiros a estarem prontos a trocar seus valores antigos por um novo conjunto de valores, contanto que lhes fosse dado um. Tenho receio disto, porque penso que no momento em que se dá a alguém um novo conjunto de valores – ou este famoso 'corrimão' – se pode imediatamente trocá-lo. A única coisa a que o sujeito está acostumado é a ter um 'corrimão' e um conjunto de valores, não importa qual" (2010, p. 136). Temos aqui todos os elementos importantes para compreender o significado que Arendt atribuiu à metáfora complexa do "pensamento sem corrimão": o fenômeno *totalitário* como acontecimento sem precedentes e que pôs em xeque a validade das categorias morais e políticas do ocidente; bem como a ruptura da *tradição* e a exigência subsequente de pensar por si mesmo (*Selbstdenken*), em diálogo crítico com os autores do passado, a fim de *compreender* os acontecimentos de um mundo contemporâneo em que antigos valores transcendentes perderam seu fundamento.

Ao refletir sobre as implicações teóricas derivadas de suas análises sobre o fenômeno *totalitário*, Arendt concluiu que a "originalidade do totalitarismo é terrível" não porque "alguma 'ideia' nova veio ao mundo", mas "porque as próprias ações desse movimento constituem uma ruptura com todas as nossas tradições; elas claramente destruíram as categorias de nosso pensamento político e nossos padrões de julgamento moral" (1993a, p. 41). Para a autora, depois de Auschwitz e do Gulag nenhuma crença racional no progresso, nenhuma filosofia da história, nenhuma definição metafísica acerca do humano, nenhuma ética prescritiva, nenhum valor transcendente, poderiam nos garantir certezas quanto ao futuro do mundo ou proteção em caso de crises políticas: "o aparecimento de um mal radical antes ignorado põe fim à noção de gradual desenvolvimento e transformação de valores" (2000, p. 494). Para Arendt, o *totalitarismo* – em suas versões nazista e estalinista – configurou-se como evento político único e singular, o qual não se deixava compreender por meio de conceitos políticos tradicionais, como tirania, ditadura, dominação de classe etc. Tais conceitos perderam sua validade teórica diante da inédita irracionalidade, de caráter antiutilitário, dos campos de concentração e extermínio, verdadeiras fábricas da morte acionadas por motivações que, no limite, encerram algo de humanamente incompreensível, por mais que a exigência de compreender tal acontecimento seja premente e incontornável.

Estas ideias foram retomadas no ensaio "A Tradição e a Época Moderna", contido na coletânea *Entre o Passado e o Futuro*, em que Arendt afirmou que "A dominação totalitária como um fato estabelecido que, em seu ineditismo, não pode ser compreendida mediante as categorias usuais do pensamento político, e cujos 'crimes' não podem ser julgados por padrões morais tradicionais ou punidos dentro do quadro de referência legal de nossa civilização, quebrou a continuidade da História Ocidental. A ruptura em nossa tradição é agora um fato acabado. Não é o resultado da escolha deliberada de ninguém, nem sujeita a decisão ulterior" (2005, p. 54). Por certo, Arendt não atribuía a ruptura da tradição exclusivamente ao acontecimento totalitário. Por outro lado, ela entendia o totalitarismo como a consumação de um longo processo histórico que, gradativamente, criara algumas das condições para que aquele fenômeno político viesse um dia a ocorrer. Ainda no prefácio à coletânea *Entre o passado e o futuro*, Arendt declarou que "não é segredo para ninguém o fato desta tradição ter se esgarçado cada vez mais à medida que a época moderna progrediu.

Quando, afinal, rompeu-se o fio da tradição, a lacuna entre o passado e o futuro deixou de ser uma condição peculiar unicamente à atividade do pensamento e adstrita, enquanto experiência, aos poucos eleitos que fizeram do pensar sua ocupação primordial. Ela tornou-se realidade tangível e perplexidade para todos, isto é, um fato de importância política" (2005, p. 40). Ou seja, ao mesmo tempo em que o fenômeno totalitário só pôde ocorrer como o ponto final do longo processo histórico de crise e perda de validade da tradição, o qual levou à perda de referências ou valores transcendentes, fossem eles de natureza religiosa ou não, o acontecimento do totalitarismo também acabou por generalizar a perda de critérios conceituais e morais para a compreensão das realidades políticas contemporâneas, ensejando novas exigências para quem quer que se dedique a pensar e compreender os principais acontecimentos de nosso tempo. É nesse sentido que é preciso compreender a metáfora de que perdemos o corrimão quando tentamos nos mover em pensamento na lacuna entre o passado e o futuro, lugar sem lugar em que, para a autora, se situa o *ego pensante* quando procura pensar.

Após a ruptura da tradição filosófica ocidental, consumada na ruptura totalitária, Arendt tinha diante de si uma história fragmentada, desprovida do fio condutor a partir do qual se poderia atribuir sentido a seus acontecimentos. Em meio à perda da conexão entre presente e passado, Arendt temia pelo acesso aos tesouros do passado e pela consequente impossibilidade de compreender o próprio presente. Para ela, era inegável que as perdas contemporâneas da *tradição*, da *autoridade* e da religião trouxeram consigo uma considerável perda de profundidade, estabilidade e durabilidade para o mundo, que então se viu sujeito a transformações cada vez mais rápidas, radicais e contínuas. Essas perdas que marcam e distinguem o presente equivalem a uma "perda do fundamento do mundo" (2005, p. 132), a qual, por sua vez, trouxe consigo a própria dificuldade para refletir criticamente sobre o presente na ausência de fundamentos últimos. No entanto, uma vez rompida a tradição, a autora também estava certa de que não se poderia mais pretender reconstruir o seu fio partido. Sem poder buscar amparo em qualquer pensador ou doutrina do passado, Arendt se inspirou em um aforismo do poeta e resistente francês, René Char: "nossa herança nos foi legada sem nenhum testamento" (*"Notre héritage n'est précédé d'aucun testament"*; 2005, p. 28). Para Arendt, o aforismo de Char elucida as condições teóricas nas quais ela própria procurou exercitar o pensamento e a compreensão acerca do presente e do passado. Como proceder na *compreensão* dos eventos políticos do presente sem poder fiar-se plenamente nas categorias teóricas do passado? Como evitar que, na ausência de um testamento, de uma tradição consolidada, de um corrimão, o passado não se nos torne inacessível e seja, portanto, esquecido? Como superar o desejo passadista que procuraria reconstituir a tradição e reafirmar sua sabedoria passada, trazendo-a de volta a fim de acondicioná-la em um contexto totalmente novo?

Diante das questões acima colocadas, a atitude teórica assumida por Arendt é o oposto daquela que pretenderia restaurar no presente a antiga tríade composta pela religião, pela tradição e pela autoridade. Ao contrário dos tradicionalistas, Arendt não apenas pensava que a separação entre religião e política era um "fato" consumado e irreversível, mas, também, que tal separação possuía "vantagens únicas, tanto para os religiosos quanto para os não religiosos", visto que qualquer tentativa contemporânea para recorrer à religião como instrumento político se arriscaria a transformá-la e pervertê-la em mais uma "ideologia" (1993a, pp. 70-71). Além disso, para Arendt o passado não se confundia nem se reduzia à tradição, cujo próprio aparecimento poderia ser datado historicamente. Se a tradição não existiu desde sempre, isto é, se houve povos que foram capazes de compreender sua própria experiência política no mundo sem necessitar do recurso a uma instância autorizada, então a sua perda atual não poderia significar a impossibilidade da compreensão crítica do passado e do presente: "a perda inegável da tradição no mundo moderno não acarreta, de modo algum, uma perda do passado, pois tradição e passado não são a mesma coisa, como os que acreditam na tradição, por um lado, e os que acreditam no progresso, de outro, nos teriam feito crer, pelo que não faz muita diferença que os primeiros deplorem esse estado de coisas e os últimos estendam-lhe congratulações" (2005, p. 130). A constatação e discussão da ruptura da tradição assume nas reflexões de Arendt um contorno nitidamente político, pois implica reconhecer que os desafios impostos pelas questões políticas e morais de nosso próprio tempo não mais encontram respostas ou fundamentos na tradição. Arendt viu-se assim diante da urgência de forjar uma nova relação para com o passado, exercitando uma forma de pensar capaz de enfrentar a destituição contemporânea de fundamentos firmes e seguros: "com a perda da tradição, perdemos o fio que nos guiou com segurança através dos vastos domínios do passado; esse fio, porém, foi também a cadeia que aguilhoou cada sucessiva geração a um aspecto predeterminado do passado. Poderia ocorrer que somente agora o passado se abrisse a nós com inesperada novidade e nos dissesse coisas que ninguém teve ainda ouvidos para ouvir" (2005, p. 130).

Na difícil tarefa de encontrar uma maneira de pensar os acontecimentos políticos após o advento da ruptura da tradição, Arendt inspirou-se em Kant e cultivou uma forma peculiar de "pensar por si mesma" (*Selbstdenken*), sem jamais se subjugar à autoridade das escolas e das seitas, mas em constante diálogo crítico com outros autores. Tanto quanto para Kant, também para Arendt o *Selbstdenken* resulta da atividade crítica, a qual permite compreender que "não são apenas a tradição e a autoridade que nos desencaminham" (1993b, p. 43), mas que o próprio pensamento pode se extraviar e se perder no emaranhado de suas abstrações, caso o pensador não estabeleça um cuidadoso movimento de distanciamento e de aproximação para com os acontecimentos políticos em sua particularidade: "qual o objeto do nosso pensamento? A experiência! Nada mais! E se perdermos a base da experiência, chegaremos a todo tipo de teorias" (2010, p. 130). O pensamento crítico, ou o pensar sem corrimão, não se contenta com a liberdade para especular filosoficamente sobre o que quer que seja, mas quer compreender os acontecimentos políticos e discuti-los publicamente. Assim, o pensar sem corrimão, ainda que silencioso e solitário, almeja entrar em comunicação com os outros.

Por fim, cabe considerar que o pensamento sem corrimão de Arendt se dedicou a "desmontar (*dismantle*) a metafísica e a filosofia, com todas as suas categorias, do modo como as conhecemos, desde o seu começo, na Grécia, até hoje" (1991, p. 159). Por meio de seu diálogo crítico com Heidegger e Benjamin, Arendt concentrou-se tanto na identificação da gênese de certas heranças conceituais que assumiriam traços de continuidade ao longo da tradição do pensamento político ocidental, quanto na recuperação dos fragmentos de eventos e de pensamentos que infligem cisões e descontinuidades nessa mesma tradição.

Referências

ARENDT, Hannah. *A vida do espírito*: o Pensar, o Querer e o Julgar. Trad. Antônio Abranches; César Augusto R. de Almeida; Helena Martins. Revisão Técnica de Antonio Abranches. Rio de Janeiro: Relume Dumará, 1991, (Vol. I).

ARENDT, Hannah. *A dignidade da política*. Trad. Helena Martins, Frida Coelho, Antonio Abranches, César Almeida, Claudia Drucker e Fernando Rodrigues. Rio de Janeiro: Relume Dumará, 1993a.

ARENDT, Hannah. *Lições sobre a filosofia política de Kant*. Tradução de André de Macedo Duarte. Rio de Janeiro: Relume Dumará, 1993b.

ARENDT, Hannah. *Origens do totalitarismo*. Trad. Roberto Raposo. São Paulo: Companhia das Letras, 2000.

ARENDT, Hannah. *Entre o Passado e o Futuro*. 5ª Ed. Trad. Mauro V. Barbosa. São Paulo: Perspectiva, 2005.

ARENDT, Hannah. "Sobre Hannah Arendt". Tradução de Adriano Correia. In *Inquietude*. Goiânia: vol. 1, n. 2, ago/dez, 2010.

ARENDT, Hannah. *Thinking without a banister*. Essays in Understanding 1953--1975. Editado por Jerome Kohn. Nova York: Schocken Books, 2018. Edição Kindle.

ARENDT, Hannah. *Pensar sem corrimão. Compreender. 1953-1975*. Editado por Jerome Kohn. Tradução por Pedro Duarte; Beatriz Andreiuolo; Daniela Cerdeira; Virginia Starling. Revisão técnica por Eduardo Jardim de Morais. Rio de Janeiro: Bazar do Tempo, 2021.

33.

PERDÃO

Laura Mascaro
Universidade São Judas Tadeu

O perdão na obra de Arendt vem indissoluvelmente ligado à promessa, sendo que ambos aparecem em *A Condição Humana* como remédios para e imprevisibilidade e irreversibilidade da ação. Diferente do trabalho e da obra, que possuem uma finalidade predefinida e se constituem como atividades-meio para alcançá-la, a ação não é regida pela categoria meios e fins e carrega seu sentido em sua própria realização. Não agimos porque queremos alcançar uma finalidade, mas a ação em si tem o sentido de revelar quem somos e possibilitar o exercício da nossa liberdade pública. Embora muitas vezes tenhamos a impressão de que a ação produzirá determinados resultados concretos, conforme a intenção do agente, a verdade é que as suas consequências são em última análise imprevisíveis, e também por esse motivo a ação deve carregar um sentido em si própria.

A ação se dá em uma teia de relações contínuas entre agentes plurais que se condicionam mutuamente e por conta disso é caracterizada pela imprevisibilidade e pela irreversibilidade que marcam o domínio dos assuntos humanos. Aquilo que acontece no passado é irremediável e ainda reverbera de formas que não poderíamos prever no presente e no futuro, seja pela ideia de que os males causados devem ser retribuídos, seja pela ideia de que "[f]az parte da própria natureza das coisas humanas que cada ato cometido e registrado pela história da humanidade fique com a humanidade como uma potencialidade" (Arendt, 1999, p. 295).

Desse modo, a faculdade de perdoar funciona como o remédio específico para a irreversibilidade de nossas ações e de suas consequências, visto que não podemos desfazer o que está feito. Perdoar teria o poder de levantar o peso deixado pelas ações passadas, tanto no presente como no futuro, possibilitando que nos libertemos do fio de consequências e reverberações daquilo que já aconteceu. Trata-se de um novo começo, condição para que os seres humanos sejam livres em sua ação: caso o perdão não existisse, ficaríamos paralisados ao pensar em todos os impactos possíveis de nossas ações que fogem ao nosso controle e que não podem ser remediados.

Percebemos que não há como entender a faculdade de perdoar de maneira independente daquilo para o que ela serve de remédio, a irreversibilidade da ação. Nesse sentido, Arendt alerta que um dos motivos pelos quais não se deve *agir* fora do campo dos assuntos humanos – como por exemplo quando a ciência *age* sobre a natureza desencadeando efeitos imprevisíveis – é que o remédio para as vicissitudes da ação, dentre as quais a irreversibilidade, não é efetivo fora desse âmbito, uma vez que seu efeito depende da pluralidade, da presença e da ação de outros.

Para Arendt, o perdoar – assim como o prometer – só são possíveis a partir da condição da pluralidade humana, uma vez que ninguém pode perdoar a si próprio, visto que o perdão é um dom concedido ao outro. Nesse sentido, o perdão contribui, em sua obra, para a constituição de uma moral que se constrói como *nomos* em um contexto político e plural, e que não depende de padrões morais universais e superiores. Arendt observa que toda a filosofia moral, desde Sócrates até Kant, fora construída do ponto de vista do eu, da consciência enquanto consciência de si e, em seu sentido moral, de proposições dirigidas ao indivíduo. Para ela, do ponto de vista da comunidade e do mundo em que vivemos, isso seria irresponsável (Arendt, 2004, pp. 140-143), motivo pelo qual se esforça para estabelecer as bases de um pensamento moral que seja construído não exclusivamente a partir do eu e das capacidades individuais da mente, mas também a partir das experiências que ninguém pode ter exclusivamente consigo mesmo.

É interessante observar como Arendt utiliza a figura de Jesus de Nazaré enquanto "o descobridor do papel do perdão no domínio dos assuntos humanos" (Arendt, 2014, p. 297), não como referência dogmática ou religiosa, mas como um exemplo de experiência política, em um sentido estritamente secular. Jesus transformou o perdão de uma faculdade divina em faculdade humana, que deve ser mobilizada pelos próprios homens entre si. No entanto, aqui se estabelece uma diferenciação entre, de um lado, as ações daqueles que não sabem o que fazem e suas consequências e, de outro, os crimes e o mal intencional ("mal radical"). Estes últimos, nas palavras de Jesus, receberiam tratamento divino – baseado na retribuição, não no perdão – na ocasião do Juízo Final, ao passo que as ofensas cotidianas e não intencionais seriam uma decorrência natural do fato de que é da própria natureza da ação que todos os dias se estabeleçam novas relações que reverberam reciprocamente de forma imprevisível e irreversível, e essas dependeriam do perdão humano.

O perdão aparece como uma ação que interrompe o fluxo retributivo da vingança e institui um novo começo, libertando tanto aquele que é perdoado, como aquele que perdoou, das consequências de suas ações. A punição seria uma alternativa ao perdão, uma vez que busca o mesmo efeito, qual seja: interromper um ciclo retributivo que poderia se perpetuar. O perdão nos assuntos humanos apenas pode ser outorgado às ofensas que podem ser punidas no limite das capacidades humanas, e de maneira correlata, apenas aquilo que se revela perdoável pelos seres humanos pode ser punido. O "mal radical" de Kant (*skandala*) escapa à compreensão humana e à esfera dos assuntos humanos, transcendendo as potencialidades dos seres humanos para punir ou perdoar. Neste ponto, é importante esclarecer que Arendt não normatiza ou prescreve quais ações estariam na categoria de puníveis e perdoáveis e quais não estariam, sendo essa diferenciação ilustrativa da lacuna normativa característica de seu pensamento.

Outra característica importante do perdão em Arendt é sua pessoalidade, no sentido de que uma ação é perdoada de maneira relacionada a *quem* a executou. Em outra ocasião ela escreve sobre Eichmann: "misericórdia estava fora de questão não por razões jurídicas [...], mas porque misericórdia é aplicável à pessoa e não ao feito; o ato de misericórdia não anistia o assassinato, mas perdoa a pessoa à medida que ela, como pessoa, possa ser mais do que qualquer coisa que tenha feito. Isto não era verdade no caso de Eichmann" (Arendt, 2016, p. 763). Diferentemente da concepção cristã do perdão, em que este é fruto do amor, em um contexto mundano e político, o perdão surge do respeito (*philia politike*), que se traduz em uma consideração pelo outro, com quem não temos necessariamente proximidade ou intimidade, mas com quem compartilhamos o mundo.

Embora tenha sido em *A condição humana* que Arendt abordou de forma mais sistematizada suas considerações sobre o perdão, enquanto um dos remédios da ação, não é apenas nesta obra que o tema é mencionado. A menção mais antiga ao perdão parece ser em seu *Diário de Pensamento*, mais precisamente na primeira anotação no início da década de 1950. No diário, ela traça uma comparação entre o perdão de um lado, e a reconciliação de outro. Aqui, sua ideia de perdão ainda estava muito distante do que viria a se delinear em *A condição humana*. Na realidade, em sua concepção mais madura, o perdão se aproxima muito do que ela considera como reconciliação nessas primeiras reflexões.

No diário, o perdão é visto exclusivamente a partir de sua perspectiva cristã e não poderia ter qualquer dimensão política, uma vez que o único perdão autêntico seria o divino. Nesse sentido, para ela, o perdão entre os homens seria nada mais do que um simulacro: "o perdão, ou o que chamamos assim ordinariamente, não é na verdade nada além de um simulacro no qual uma pessoa se comporta como superior, enquanto a outra exige algo que os homens não podem nem dar nem receber" (Arendt, I, 1, 2005, p. 15, tradução nossa). Entre os homens, esse simulacro estabelece uma desigualdade irreparável

– entre aquele que perdoa e aquele que demanda o perdão –, porque o perdão mundano significa a renúncia à vingança; e aquele que renuncia e aparentemente libera o outro de seu peso, só pode fazê-lo a partir de uma posição de superioridade.

Reconciliar-se, por seu turno, é não afastar o olhar, não passar ao largo, mas enfrentar a realidade, as coisas como aconteceram. Diferentemente do perdão, a reconciliação não busca realizar o impossível: ela não promete o alívio do fardo do ofensor ou daquele que perdoa, pois se trata do compartilhamento de um fardo, o que significa que a reconciliação restabelece a igualdade (Arendt, I, 1, 2005, p. 16).

Nos diários, o perdão também tem certa relação com a igualdade e com a solidariedade, mas esta não está naquilo que é gerado pelo ato do perdão, mas em seu fundamento. Aqui a igualdade não ocorre na distribuição do fardo, mas, antes, no reconhecimento de que todos somos pecadores (ideia do pecado original), e de que, portanto, há uma igualdade da natureza humana: "uma igualdade – senão de direitos, ao menos de natureza" (Arendt, I, 1, 2005, p. 16). Em suma, aquele que perdoa renuncia à vingança porque também poderia ter cometido a mesma falta.

A solidariedade que se estabelece com a reconciliação decorre do compartilhamento não da culpa, enquanto um sentimento, mas sim da responsabilidade efetiva pelo que se passou. Como exemplo concreto, podemos citar uma carta enviada por Arendt a Gershom Scholem em 1963, na qual ela discute a controvérsia gerada por *Eichmann em Jerusalém: um relato sobre a banalidade do mal,* especificamente sua posição em relação à conduta dos *Judenräte* (a cooperação desses conselhos judaicos com a "solução final":) "Isso constitui nossa parte do assim chamado passado não superado e [...] eu acredito que só poderemos nos acertar com esse passado se começarmos a julgar e a ser francos com relação a ele" (Arendt, 2016, p. 760). O que ela propõe aqui nada mais é do que uma reconciliação dos judeus com seu "passado não superado", que nada tem a ver com culpa pessoal, mas sim com o julgamento e a assunção de responsabilidade.

Importa esclarecer que a responsabilidade, em Arendt, possui sempre uma dimensão relacional, ou seja, ultrapassa a esfera da intimidade e da moralidade individual, sendo este o âmbito da culpa, não da responsabilidade. A pergunta que devemos fazer, nesse caso, não é se o indivíduo é bom, mas se suas ações são boas para o mundo em que vive. Como vimos, na medida em que atuamos no mundo, por feitos e palavras, interferimos e transformamos o estado das coisas, sendo que nem sempre nossas ações acarretam consequências previsíveis ou desejáveis. A responsabilidade pode ser pessoal (individual) ou política (coletiva). Na dimensão pessoal somos individualmente responsáveis pela coletividade na qual nascemos e vivemos; e na dimensão política, determinadas ações ou omissões não dependem apenas do indivíduo, mas suas consequências se produzem na medida em que são posturas de uma coletividade que compartilha com outras pessoas, como por exemplo uma organização ou um Estado. Desse modo, podemos não ser responsáveis juridicamente ou moralmente por uma ação, mas carregamos uma responsabilidade política: um exemplo seria a ocasião em que a Igreja Católica Romana assumiu a responsabilidade pelos crimes cometidos ao longo da Inquisição. Um ponto importante relacionado à assunção de responsabilidade é o cuidado para que erros similares não se repitam no futuro, o que passa necessariamente pela compreensão e julgamento do passado e das ações de todos os envolvidos.

Finalmente, no que diz respeito aos limites da reconciliação, estes são muito semelhantes aos limites do perdão em *A condição humana*, o que indica a proximidade entre o que Arendt denomina perdão nessa obra e a reconciliação de seu diário de pensamento: "a reconciliação tem um limite inescapável que o perdão e a vingança não conhecem, qual seja, o limite acerca do qual é preciso dizer: isso jamais poderia ter acontecido. [...] O mal radical é o que não deveria ter acontecido, isto é, aquilo com o que não podemos nos reconciliar, o que sob nenhuma circunstância podemos aceitar como missão [...]. É aquilo cuja responsabilidade não podemos assumir, porque suas consequências são imprevisíveis e porque sob essas consequências nenhuma pena é adequada" (Arendt, 2011, p. 7, tradução nossa).

Referências

ARENDT, Hannah. *Eichmann em Jerusalém*: um relato sobre a banalidade do mal. São Paulo: Companhia das Letras, 1999.

ARENDT, Hannah. *Responsabilidade e julgamento*. São Paulo: Companhia das Letras, 2004.

ARENDT, Hannah. *Journal de pensée (1950-1973)*. Paris: Éditions du Seuil, 2005. v. 1.

ARENDT, Hannah. *Diário Filosófico* (1950-1973). Barcelona: Herder, 2011.

ARENDT, Hannah. *A condição humana*. Rio de Janeiro: Forense Universitária, 2014.

ARENDT, Hannah. A controvérsia Eichmann: uma carta a Gershom Scholem. In.: ARENDT, Hannah. *Escritos judaicos*. Barueri: Amarylis, 2016, pp. 755-763.

CORREIA, A. A trajetória do perdão na obra de Hannah Arendt. *Cadernos CRH*, v. 33, pp. 1-11, 2020.

34.

PLURALIDADE

Maria Cristina Müller
Universidade Estadual de Londrina

A pluralidade é o ponto central da política. A compreensão de Hannah Arendt é arrojada e original, pois contrapõe a concepção tradicional que, desde Platão, entende a política a partir do uno, do individual. Em carta dirigida a Karl Jaspers em março de 1951, Arendt argumenta que: "[...] a filosofia ocidental nunca teve um conceito claro do que constitui o político e não poderia ter, porque, por necessidade, falava do homem como indivíduo e lidava com o fato da pluralidade de forma tangencial" (Arendt; Jaspers, 1992, p. 166, tradução nossa). Arendt rebate a tradição ao asseverar que a política tem por base a pluralidade dos seres humanos, não a necessidade e o interesse – individual e privado – ou o domínio – quem domina quem.

A discussão acerca da pluralidade aparece, inicialmente, na obra *Origens do totalitarismo* (1951), na descrição sobre o domínio totalitário, que almejava extinguir a pluralidade e a diversidade humana ao transformar os seres humanos em massa amorfa, "[...] como se a sua pluralidade se dissolvesse em Um-Só-Homem, de dimensões gigantescas" (Arendt, 1997, p. 518). Os governos totalitários, por meio, principalmente, do terror e da ideologia, pretendiam despersonalizar os seres humanos – morte das personalidades jurídica, moral e humana – e obstaculizar a identidade própria de cada ser único – singularidade – ao impossibilitar o aparecimento das distinções que se efetivam pelo discurso no espaço público-político. O totalitarismo, ao impor a solidão (*loneliness*), arranca a possibilidade da distinção por meio do discurso, destruindo as qualidades básicas da condição humana: pluralidade, espontaneidade e natalidade. O totalitarismo impede a pluralidade pela esterilidade da solidão, uma vez que, em solidão, o ser humano perde o sentido comum e a realidade. "O domínio total, que procura sistematizar a infinita pluralidade e diferenciação dos seres humanos como se toda a humanidade fosse apenas um indivíduo, só é possível quando toda e qualquer pessoa seja reduzida à mesma identidade de reações" (Arendt, 1997, p. 488). Destruída a identidade própria de cada ser humano, a personalidade, a pluralidade está extinta e, com ela, extingue-se a dignidade humana e a liberdade, construídas no espaço que surge *entre-os-homens* enquanto atuam, discursam e convivem entre si, ou seja, no espaço público-político.

Na obra *A condição humana* (1958), Arendt explicita o significado da pluralidade. A palavra aparece vinte e nove vezes ao longo do texto, sendo fundamental, desde o primeiro capítulo, para a composição dos principais conceitos apresentados na obra, tais como ação e discurso, poder, mundo e espaço público. Todos esses conceitos convergem para a explicitação do significado da política, sendo a pluralidade o elemento que permite elucidar o espaço próprio da política no sentido de que, se não há respeito à pluralidade, o espaço não é político. Além disso, a pluralidade é conceito central na obra *A condição humana*, pois se diferenciam os espaços privado, social e público ao relacioná-los com ela; também se diferenciam as atividades do trabalho (*labor*), da obra (*work*) e da ação (*action*) a partir da relação que estabelecem com a pluralidade.

As atividades do trabalho e da obra não dependem da pluralidade, podem se realizar em solidão, no desamparo de si (*loneliness*) ou no isolamento (*isolation*). Há de se distinguir que os seres humanos vivem na presença de outros nas atividades do trabalho e da obra, mas é um mero estar junto (*togetherness*). Os encontros e as relações humanas estabelecidas nas atividades do trabalho e da obra não são frutos do respeito à pluralidade. Esta distinção alerta para a não confusão entre multidão e pluralidade, a mera presença de outros – multidão – não corresponde à pluralidade. Somente a atividade da ação exige pluralidade, sendo a imprescindível condição prévia da ação e do discurso, bem como sua razão de ser. Na atividade da ação é essencial a constante presença dos demais.

O primeiro argumento de Arendt para explicar a condição humana da pluralidade remete ao "[...] fato de que os homens, e não o Homem, vivem na Terra e habitam o mundo" (Arendt, 2010, p. 8). Trata-se do evento inequívoco da existência da pluralidade de seres humanos para além da mera multidão de seres idênticos; não se trata de uma espécie e seus exemplares – parte da natureza – mas da singularidade humana, da identidade própria de cada ser, confirmada no estar *entre-os-homens* (*inter homines esse*). A presença de outros é fundamental, pois é o outro que atesta a existência singular ao ver e ouvir aquele que age e discursa, como explicitado na sétima lição do curso *Lições sobre a filosofia política de Kant* (1970): "[...] 'por que há os homens e não o Homem?', Kant teria respondido: a fim de que possam falar uns aos outros. Pois aos homens no plural [...] 'é uma vocação... natural comunicar e exprimir o que se pensa' [...]" (Arendt, 1993, p. 54). A mesma ideia aparece em anotação no *Diario filosófico:* "os homens só existem no plural. [...] [Deus] os criou como homem e mulher" (Arendt, 2006, p. 287, tradução nossa). Na quarta lição, Arendt esclarece que é preciso distinguir a que perspectiva se faz referência quando se aborda os negócios humanos – espécie humana, homem moral, homens no plural. A partir de Kant, Arendt delimita que Homens diz respeito àquelas criaturas reais que habitam a Terra estando limitadas a ela, vivem em comunidade, são dotadas de senso comum – *sensus communis* – e precisam da companhia do outro.

Segue-se, em *A condição humana*, elucidando o argumento anterior, a ideia de que a "[...] pluralidade é a condição da ação humana porque somos todos iguais, isto é, humanos, de um modo tal que ninguém jamais é igual a qualquer outro que viveu, vive ou viverá" (Arendt,

2010, p. 9 e 10). A igualdade a que Arendt se refere não é a jurídica, mas a igualdade própria da condição humana no sentido de que não há seres idênticos, nem uma única identidade para a totalidade dos seres humanos, mas somente a pluralidade de identidades, tantas quanto são as pessoas que já existiram, existem ou existirão na face da Terra.

Os argumentos iniciais apresentados acima se esclarecem no capítulo cinco da obra *A condição humana,* que trata especificamente da atividade da ação. Como primeiro parágrafo do capítulo, Arendt pronuncia:

> a pluralidade humana, condição básica da ação e do discurso, tem o duplo aspecto da igualdade e da distinção. Se não fossem iguais, os homens não poderiam compreender uns aos outros e os que vieram antes deles, nem fazer planos para o futuro, nem prever as necessidades daqueles que virão depois deles. Se não fossem distintos, sendo cada ser humano distinto de qualquer outro que é, foi ou será, não precisariam do discurso nem da ação para se fazerem compreender. (Arendt, 2010, p. 219 e 220).

Arendt trabalha com o antagonismo igualdade e distinção, tendo como base a comunicação. Esse antagonismo não é excludente, tampouco leva a uma síntese; o que há é a relação entre as duas noções. Os seres humanos – os Homens – são capazes de discurso e é essa capacidade que os iguala. Por meio do discurso, cada ser humano pode narrar sua trajetória de vida exclusiva, sua história única, sua biografia distinta; pode apresentar aos demais, no espaço público político, suas escolhas e posicionamentos e, desta maneira, distinguir-se dos demais a partir da perspectiva única que tem sobre o mundo. Nisso reside uma das alegrias da pluralidade: "[...] o fato de que o mundo nunca se mostra a dois homens sob aspectos exatamente iguais" (Arendt, 2006, p. 381, tradução nossa). Na pluralidade, a distinção diz respeito a ser único – singular – entre iguais: "[...] o discurso corresponde ao fato da distinção e é a efetivação da condição humana da pluralidade, isto é, do viver como um ser distinto e único entre iguais" (Arendt, 2010, p. 223).

A distinção (*distinctness, Verschiedenheit*) é característica da atividade da ação e do mundo público político. A distinção diz respeito a *quem* se é, *quem* que se revela nas ações, no atuar no mundo, no espaço público-político, no sentido de que a distinção ocorre pelas ações, pela expressão, pela performance, pelo estilo único ineludível de *quem* cada um é. A distinção precisa da palavra, do discurso, do mesmo modo que ação e discurso são inseparáveis. A revelação do agente, do ator, só faz sentido na presença do outro, pois em solidão não tem significado. É preciso a testemunha, o espectador que reconhece o *quem* daquele que se mostra em palavras e ações.

As personalidades humanas têm opiniões e pontos de vista distintos uma das outras e a confrontação dessas opiniões é a garantia de que o espaço da política está preservado. A palavra – discurso – é a principal característica da pluralidade humana. Toda e qualquer tentativa de impedir o discurso, de conter a espontaneidade e de uniformizar as identidades é contrária à pluralidade, de modo que a manutenção do espaço público-político ocorre pela preservação da pluralidade. O espaço público-político como espaço *entre-os-homens* e, desse modo, espaço da pluralidade, não sucumbe diante das infinitas possibilidades próprias do plural e da imprevisibilidade da atividade da ação, principalmente, porque os seres humanos plurais podem estabelecer pactos e cumprir as promessas feitas.

Ainda em *A condição humana*, Arendt argumenta que "[...] o poder humano corresponde, antes de tudo, à condição humana da pluralidade" (Arendt, 2010, p. 251). Arendt compreende que o poder brota sempre que os seres humanos se lançam em comum, sendo o poder, nesse sentido, o fenômeno original da pluralidade. Quando o indivíduo está sozinho, ele é impotente, sendo a impotência a experiência fundamental de quem está em solidão, em desamparo de si. Somente em união com os outros, na pluralidade, é que surge o poder, como Arendt explica no *Diario filosófico*: "O poder brota no *entre* da pluralidade" (Arendt, 2006, p. 154, tradução nossa).

O preço que os seres humanos pagam pela pluralidade e pela realidade é "[...] a impossibilidade de permanecerem como senhores únicos do que fazem, de conhecerem as consequências de seus atos e de confiarem no futuro" (Arendt, 2010, p. 304). Aqui está mais uma das alegrias advindas da pluralidade: "[...] coabitarem com outros em um mundo cuja realidade é assegurada a cada um pela presença de todos" (Arendt, 2010, p. 304). Esta é a última menção à pluralidade na obra *A condição humana*.

A pluralidade é o princípio ineludível da política, a condição e a razão de ser da atividade da ação. Arendt enfatiza que a pluralidade é condição suficiente – não apenas a condição necessária – do modo de vida político: "[...] essa pluralidade é especificamente *a* condição – não apenas a *conditio sine qua non*, mas a *conditio per quam* – de toda vida política" (Arendt, 2010, p. 8 e 9). Percebe-se como Arendt oferece um caráter emancipatória à política a partir da pluralidade.

Arendt discute, em *A vida do espírito* (1978), um modo diverso de pluralidade. Trata-se da pluralidade advinda do pensamento tido como o diálogo silencioso do eu-comigo-mesmo próprio das atividades da vida contemplativa. Metaforicamente, é como se em pensamento houvesse dois, o eu e o eu-mesmo, que dialogam em um exercício reflexivo. O estar só (*lonely*) da contemplação supõe diálogo e companhia do eu-comigo-mesmo: "[...] o dois-em-um socrático cura o estar só do pensamento; sua dualidade inerente deixa entrever a infinita pluralidade que é a lei da Terra" (Arendt, 1995, p. 141). Contudo, o *eu pensante* não possui qualquer impulso próprio para se mostrar em um mundo de aparências – fenomênico –, muito menos como dois, cindido. O impulso de se mostrar decorre do fato de o ser humano ser do mundo, de o mundo ser a sua morada. Deste modo, a pura contemplação não é suportada por muito tempo e, quando se retorna para o mundo, o modo de apresentação sempre é do ser humano inteiro, nunca cindido. Do ponto de vista do mundo da aparência, o *ego pensante* é oculto, invisível. Embora este modo de pluralidade seja fundamental para a reflexão, pois é diálogo, o que aparece no mundo é a identidade única, singular, do ser humano. Importante observar o final da citação acima – "a pluralidade é a lei da Terra" –, denotando que o mundo humano é feito de distintos seres únicos que aparecem uns aos outros em pluralidade.

O ser humano é um ser de reflexão, não só de cognição, que se constitui individualmente em personalidade por referência ao outro. Na pluralidade que esses outros representam, o ser humano se constitui em personalidade humana, em pessoa humana, com identidade própria e única, como singular. A pluralidade deriva do fato de que o ser humano não está só, de que existem homens e mulheres aos quais a ação e o discurso singular de cada um são dirigidos. A presença constante de seres humanos distintos e únicos que possam ver e ouvir os atos uns dos outros atesta a existência singular de cada um, oferecendo sentido a ela. Nas anotações do *Diário Filosófico,* de outubro de 1950, Arendt explica que, sem pluralidade, não haveria política e que, na comunidade política, tudo é recíproco – mútuo. Mais adiante, em anotação de julho de 1955, escreve: *"Amor mundi*: trata do mundo, que se forma como dimensão espacial e temporal a partir do momento em que os homens estão no plural [...] basta a pluralidade pura (O puro *entre*)" (Arendt, 2006, p. 524, tradução nossa). É neste mundo em que se é no plural que cada um quer deixar sua marca, agir e dizer *quem* é. O que impele a ação é o respeito à pluralidade que compõe o mundo humano, isso é, o amor, a amizade – *philia* – pelo diverso, pelo distinto, e a compreensão de que o mundo só é mundo se houver pluralidade, aquilo que Arendt nomeia de *amor-mundi*. Se a pluralidade for aniquilada, destrói-se o mundo.

Referências

ARENDT, Hannah. *A condição humana*. 11ª Ed. Tradução de Roberto Raposo. Revisão e apresentação de Adriano Correia. Rio de Janeiro: Forense Universitária, 2010.

ARENDT, Hannah. *Diario filosófico*: 1950-1973. Barcelona: Herder, 2006.

ARENDT, Hannah. *O que é política?* 3ª Ed. Tradução Reinaldo Guarany. Rio de Janeiro: Bertrand Brasil, 2002.

ARENDT, Hannah. *Origens do Totalitarismo*: anti-semitismo, imperialismo, totalitarismo. Tradução Roberto Raposo. São Paulo: Companhia das Letras, 1997.

ARENDT, Hannah. *A vida do espírito*: o pensar, o querer, o julgar. Tradução de Antonio Abranches, César Augusto R. de Almeida, Helena Martins. 3ª Ed. Rio de Janeiro: Relume Dumará, 1995.

ARENDT, Hannah. *Lições sobre a filosofia política de Kant*. Tradução de André Duarte de Macedo. Rio de Janeiro: Relume Dumará, 1993.

ARENDT, Hannah; JASPERS, Karl. *Hannah Arendt Karl Jaspers*: Correspondence 1926-1969. Edited by Lotte Kohler and Hans Saner. Translated from German by Robert and Rita Kimber. San Diego, Nova York, Londres: Harvest Book 1992.

35.

PODER

Eduardo Jardim de Moraes
Pontifícia Universidade Católica do Rio de Janeiro

O poder foi assunto de Hannah Arendt em várias passagens de sua obra. (1) Em *A condição humana*, aparece no contexto da reconstrução da teoria política em sua relação com a ação – a matéria de que é feita a política. (2) Também é abordado em *Sobre a violência*, na discussão com a Nova Esquerda e sua valorização do papel da violência na política. (3) Em *Sobre a revolução* e no relato da revolução húngara de 1956, "A Revolução Húngara e o imperialismo totalitário", o poder é considerado em sua efetividade.

A dificuldade de abordagem do conceito de poder se deve ao fato de que não há, nas principais vertentes da teoria política, referências para dar conta de seu estatuto próprio: ele sempre foi referido a esferas da experiência desprovidas de significado político.

Na visão dominante ao longo da história, o poder foi identificado ao mando. Ele seria o instrumento com o qual algum ou alguns asseguram o governo sobre outros. Sendo entendido como um instrumento, o poder incluiria também a violência. Hannah Arendt faz menção à afirmação de Max Weber, em *A política como vocação*, de que em todos os tempos os agrupamentos políticos mais diversos recorreram à violência como instrumento normal de poder. Essa convicção predominou ao longo do século XX em diversas correntes, à direita e à esquerda. Como afirmou C. Wright Mills: "Toda política é uma luta pelo poder: a forma definitiva do poder é a violência" (1956, p. 171).

Já em outra direção, desde Platão, e, mais tarde, no cristianismo, o mundo das aparências, em que a política acontece e o poder é exercido, foi desprestigiado. Todas as atividades que dependem do desempenho, como a política, foram vistas como as menos importantes, já que não promovem a produção de algum bem ou produto.

Nessa medida, a falência da tradição, que se manifestou do ponto de vista político no surgimento dos regimes totalitários no século XX, mas que também liquidou o modo tradicional de se pensar, especialmente a política, pode favorecer uma aproximação da noção de poder que contemple sua dignidade. No final do ensaio dedicado à crise da autoridade, incluído em *Entre o passado e o futuro*, Hannah Arendt observou que "viver em uma esfera política sem autoridade...significa ser confrontado de novo...sem a proteção de padrões de conduta tradicionais...com os problemas elementares da convivência humana" (Arendt, 2009b, p. 187).

(1) *A condição humana* (1958) concentra a reconstrução da teoria política. A primeira parte do livro examina as três atividades que compõem a *vita activa*, a vida do homem inserido no mundo: o trabalho, a fabricação e a ação.

O trabalho é o âmbito da produção de bens que servem para a manutenção da vida do homem, aqui chamado de *animal laborans*. É onde se dá o metabolismo do homem com a natureza.

Já a atividade fabricadora é organizada segundo um critério instrumental. O *homo faber* toma por base um modelo e mobiliza os meios para realizá-lo. Ele persegue resultados. Assim é construído um mundo de utensílios, cuja durabilidade pode ser maior do que a de seu produtor. Na tradição filosófica, a atividade da fabricação de bens duráveis foi a que mais despertou confiança.

O processo de fabricação envolve também violência e destruição. É preciso cortar uma árvore para se obter a madeira de que será feita a mesa.

A ação é uma atividade que se dá entre os homens, criando entre si uma teia de relações. Essa teia é intangível, mas nela os homens se inserem com palavras e atos. Na ação revela-se quem alguém é. Os processos desencadeados pela ação são dotados de imprevisibilidade e de irreversibilidade. A ação se dá em um contexto de publicidade e de pluralidade.

A distinção entre fabricação e ação é decisiva para se definir o que é poder. O poder se distancia dos critérios instrumentais próprios do fabricar e insere-se no âmbito da ação.

O poder tem a ver com a ação, mas não é seu produto ou resultado, já que não está em jogo um processo produtivo. O poder se origina na ação, mas mantém-se aí como uma potencialidade. Ele pode ser mobilizado quando os homens estão juntos e agem em concerto. As palavras grega e latina, *dínamis* e *potentia*, que designam poder, dão conta desse caráter de potencialidade. Quando se diz que alguém está no poder significa que ele foi empossado por um grupo para agir em seu nome. No momento em que esse grupo se dissolve, desaparece também o poder desse alguém.

(2) Desprender a definição de poder da referência à violência é o propósito central de *Sobre a violência*. Para Hannah Arendt, não basta afirmar que poder e violência são diferentes. Na verdade, o oposto da violência não é a não-violência, mas o poder. O texto é contemporâneo das revoltas estudantis de 1968, da Primavera de Praga, no mesmo ano, e do aparecimento de uma Nova Esquerda que valorizava a violência como arma política. Sartre e Frantz Fanon também são visados. De novo está presente a referência à posição dominante no pensamento político que identifica poder e mando. Para essa posição, seria indiferente usar expressões como poder, força, vigor, autoridade e violência para se referir à política, já que todas remeteriam a modos diferentes de formular a única questão que interessa: "quem domina quem".

Como acontece ao longo de sua obra, Hannah Arendt recorre a distinções em sua argumentação. A distinção entre poder e mando ocupa um lugar central. Por sua vez, ela depende da distinção entre ação e fabricação, tal como proposta em *A condição humana*.

Decorre daí também a distinção entre poder e força. A força pode destruir o poder, especialmente quando alguém ou um grupo se apodera dos meios de violência, seus implementos. Tiranias são regimes de força. Elas se sustentam na impotência, quando cessa todo intercâmbio político entre os homens, impedidos de falar e de agir.

Outras distinções também concorrem para a caracterização do poder. O poder se distingue do vigor físico ou intelectual. Em contraste com o poder que depende da pluralidade, o vigor é um dom natural de um indivíduo isolado. O vigor é ineficaz contra o poder, mas pode ser destruído por ele.

O poder também se distingue da autoridade. A autoridade não depende da coerção para se firmar. Ela pode ser acatada por uma dada comunidade. Nessa medida, um regime autoritário não se confunde com uma ditadura ou uma tirania que dependem da violência para se manterem. Por outro lado, a autoridade também não resulta do entendimento obtido entre iguais, o que caracteriza a gestação do poder.

(3) Em diversas passagens, Hannah Arendt faz referência à existência de uma outra tradição que não reduz o poder ao mando ou ao domínio.

Ela teve seu marco inaugural na Antiguidade, quando os gregos instauraram a pólis com base no princípio da isonomia e os romanos conceberam seu governo como *civitas*. Essa tradição foi retomada pelas revoluções americana e francesa, no século XVIII, para fundar uma forma republicana de governo, que depende da obediência à lei e não a alguém. Obediência ainda, mas com o sentido de apoio, o qual é obtido por meio de compromissos assumidos pelos cidadãos. Esse apoio confere poder às instituições. Logo, quando ele falta, as instituições não se sustentam.

Hannah Arendt reconstituiu a história das revoluções modernas em *Sobre a revolução*. As revoluções atestam a capacidade dos homens de iniciar novos processos. Uma felicidade pública é experimentada nessas ocasiões. Mas como fazê-los perdurar? A história mostra que nos processos revolucionários a tomada do aparato estatal coincidiu sempre com a suspensão da atividade política. Thomas Jefferson se deu conta de que "a constituição dera todo o poder aos cidadãos sem lhes dar a oportunidade de ser republicanos e de agir como cidadãos" (Arendt, 1988, p. 318). Por esse motivo, chegou a imaginar a possibilidade de a constituição ser renovada a cada geração.

Hannah Arendt observou que em todos os episódios revolucionários brotaram órgãos espontâneos, os conselhos populares, nos quais se experimenta uma nova forma de governo em que o poder se manifesta. Isso ocorreu nas revoluções francesa e americana, na França, em 1848, na Comuna de Paris, em 1871, nas revoluções russas, em 1905 e 1917, na Alemanha, depois da Primeira Guerra, e na revolução na Hungria, em 1956. Os conselhos surgiram não por iniciativa de partidos, também não foram inspirados por alguma plataforma política ou ideologia. Seus membros se reuniam naturalmente por vizinhança, por serem companheiros de trabalho, por alguma outra forma de afinidade. Eles elegiam representantes avaliados por sua integridade, coragem e discernimento pessoais para os conselhos superiores. No topo de uma escala haveria um conselho nacional cujos membros eram indicados pelos mesmos critérios.

Hannah Arendt acompanhou atenta e entusiasmada os acontecimentos na Hungria em 1956. Um movimento de estudantes que pretendia demolir uma estátua de Stalin em uma praça pública foi o estopim de uma revolta que mobilizou todos os setores da população. Em poucas horas o governo desmoronou e conselhos foram criados em nível nacional. Mesmo que por um período curto de tempo, a voz do povo foi ouvida e foi provada a possibilidade do aparecimento da única alternativa propriamente democrática ao sistema de partidos. Como é sabido, a repressão pelos tanques soviéticos levou menos de duas semanas para liquidar a revolução húngara. O extermínio da revolução atingiu primeiramente a liberdade de ação e em seguida a liberdade de pensamento.

A avaliação por Hannah Arendt dos acontecimentos na Hungria não tem um tom pessimista. Ao contrário, a revolução é vista como uma luz flamejante que ilumina o cenário político da época. Era uma luz instável, ela irrompia e cintilava, mas era a única luz que havia naquele momento.

Referências
ARENDT, Hannah. *Sobre a revolução*. São Paulo: Companhia das Letras, 1988.
ARENDT, Hannah. *Sobre a violência*. Rio de Janeiro: Civilização Brasileira, 2009a.
ARENDT, Hannah. *Entre o passado e o futuro*. São Paulo: Perspectiva, 2009b.
ARENDT, Hannah. *A condição humana*. Rio de Janeiro: Forense Universitária, 2010.
ARENDT, Hannah. *Pensar sem corrimão*. Rio de Janeiro: Bazar do tempo, 2021.
MILLS, C. Wright. *The power elite*. Nova York, 1956.

36.

POLÍTICA

Wolfgang Heuer
Instituto Otto-Suhr de Ciência Política da Universidade Livre de Berlim/Alemanha

A definição do que é a política está no centro do esforço de Arendt para redefinir a existência humana após a ruptura da tradição intelectual na época moderna e o evento do Holocausto. Essa redefinição foi tão radical quanto sua crítica ao totalitarismo como nova forma de governo e aos seus elementos e origens (imperialismo, a questão das minorias, assimilação) na era moderna pré-totalitária. Nos anos 50, Arendt abandonou o seu plano de escrever uma "Introdução à Política" e, em vez disso, escreveu uma crítica muito mais ampla à época moderna em *A condição humana*. Para além deste escrito, que é fundamental para a compreensão da política, ela também escreveu ensaios sobre aspectos atuais da política: "Reflexões sobre Little Rock", sobre a relação entre igualdade política e diferença social; "Verdade e política", por ocasião do julgamento de Eichmann; "A mentira na política", acerca da ilegalidade da guerra norte-americana contra o Vietnã; "Sobre a violência", por ocasião de manifestações violentas; e "Desobediência Civil" sobre a relação entre consenso e dissidência na política. Os fragmentos remanescentes da "Introdução à Política" foram publicados postumamente, com o título *O que é a política?* O que Arendt entendeu por política emerge da soma destes escritos e também das entradas em seu *Diário de pensamento*, que só foi publicado após sua morte.

Fundamentos da política

Arendt desenvolve o que é a política a partir de uma determinação quase antropológica da condição humana, com a qual contorna uma determinação essencialista da natureza do homem e da política. O homem não é um ser político, mas na melhor das hipóteses é capaz de ação política, e a política não tem essência, mas é um fenômeno que só aparece na ação comum. Assim, a pluralidade, que se expressa na igualdade e na diversidade, pertence decisivamente a esta condição humana, para que a compreensão seja não só possível, mas também necessária. (Arendt, 1981, § 24). Tal pluralidade não é definida numérica e quantitativamente, e também não é expressa em termos de comportamento, mas é uma grandeza qualitativa que diz respeito à ação ativa de pessoas que se reconhecem. Essa ação ocupa um espaço de destaque na distinção que Arendt promove das principais atividades humanas (trabalho, obra e ação), em especial quando comparado com a atenção que é em geral dada à política partidária, ao governo e à dominação.

Agir e ser livre são a mesma coisa (Arendt, 1994, p. 206). Aqui Arendt distingue entre ser livre de restrições e da opressão e ser livre para agir, também descrita em "Sobre a Revolução" como a distinção entre libertação e a fundação da liberdade na comparação das Revoluções Francesa e Americana. A liberdade não se trata de mera liberdade de expressão, mas da unidade entre discurso e ação. Essa liberdade não está sujeita a nenhuma necessidade, nenhum meio para um fim e nenhuma crença no progresso, mas é um fim em si mesma (Arendt, 1993, p. 39). A liberdade só surge entre aqueles que agem, apenas na pluralidade prática da política. Portanto, o significado da política é a liberdade (Arendt, 1993, p. 28). Para Arendt, ação é sempre ação entre si, para consigo, e não ação de uns contra os outros, como nos casos de inimigos ou de assaltantes, ou ainda ação de uns pelos outros, como ocorre com filantropos ou benfeitores. Portanto, não é uma questão de preocupação pelo outro, mas de preocupação pelo mundo, ou seja, pelas condições de liberdade.

A política não é uma arte ou uma ciência (Arendt, 2000c, p. 207); ao contrário do que apregoa Maquiavel, não se trata da virtuosidade do estadista, nem da política como ciência que Max Weber descreve, mas sim da livre atividade de muitos. Suas ações individuais raramente levam ao objetivo pretendido, mas fazem parte de um "tecido de assuntos humanos" comum (Arendt, 1981, § 25), no qual aqueles que agem são também aqueles que sofrem. Tal ação é caracterizada pela imprevisibilidade e irreversibilidade, bem como pela ausência de uma autoria específica. Portanto, ninguém "faz" história, e os atos, na sua imutabilidade, exigem promessa e perdão para que a ação política seja fiável e continue a ser possível. Essencial para Arendt é a característica da espontaneidade e dos novos começos, que frequentemente na sua improbabilidade, como a Revolução Húngara de 1956, parecem um milagre (Arendt, 1981, § 34) e contêm a confiança de que a mudança é possível mesmo numa situação que parece completamente desesperada. Aqui, como na ação pública em geral, a mais política de todas as virtudes, a coragem, é necessária. (Arendt, 2000c, p. 208). A condição fundamental da ação livre é a indispensável responsabilização (Arendt, 2003a).

Todos os fenômenos políticos aparecem em pluralidade, não só a liberdade, mas também o poder ou a autoridade. A abordagem intersubjetiva de Arendt aumenta o sentido das limitações da pluralidade e da liberdade através do privilégio, do abuso de poder e do pensamento instrumental. Todos eles introduzem formas estruturais de exclusão e violência no espaço político.

A política e a liberdade exigem um espaço público que se assemelha a um teatro para o seu aparecimento. No entanto, esse espaço deve ser limitado, uma vez que toda a ação constitui poder e tem uma tendência inerente ao excesso. Assim, são necessárias formas institucionais que criem espaço político e permitam o estabelecimento da igualdade política, como aparece na tradição oculta da isonomia grega, na qual não há governantes nem governados. Ao mesmo tempo, esse espaço não permite apenas a formação do poder, mas também o seu reforço através da divisão do poder, conforme apontado em relação à influência de Montesquieu na fundação da liberdade na Revolução Americana em *Sobre a revolução* (Arendt, 1963). Ao mesmo tempo, uma sociedade livre deve proteger as diferenças étnicas, culturais e religiosas em consonância à igualdade política, como Arendt descreveu em "Reflexões sobre Little Rock" (Arendt, 2000f). Na sua controversa crítica à abertura forçada de escolas pela Guarda Nacional às crianças afro-americanas nos estados do sul dos EUA, escolas que eram anteriormente frequentadas apenas por crianças brancas, Arendt distinguiu entre espaço público, social e privado, destacando que o espaço público se baseia na igualdade política, enquanto o espaço social, que incluiria as escolas, se baseia na diferença cultural. Por mais que concordemos com a tese resultante de que a política não deve impor a igualdade social porque isso promoveria o ódio às minorias, e que os pais devem ser livres para escolher com quem os seus filhos são educados, falta a Arendt qualquer consideração sobre os limites da diferença cultural, por exemplo, a violação dos direitos humanos ou o racismo (Gines, 2014).

Menos, mas também controversa, é a distinção igualmente rigorosa de Arendt entre política e sociedade em *A condição humana* (Pitkin, 2000). A sociedade, de acordo com Arendt, formada nos tempos modernos com a sociedade industrial e a burocracia política, conquistou o espaço político e parte da esfera privada, dando origem às ciências sociais dominantes, tais como o behaviorismo e a psicologia moderna. A Ciência Política é, nesse sentido, também entendida como ciência social. A definição de política e ação de Arendt contradiz, assim, as noções modernas de política de administração, como a crítica de Foucault à governabilidade, afirmando uma seleção negativa de políticos nos partidos modernos (Arendt, 1994, p. 268ss.). O conceito de política de Arendt, ao contrário, encontra uma contrapartida na emergência e na ação de iniciativas de cidadãos.

De acordo com Arendt, a política não é sobre verdade, mas sobre opinião. Por conseguinte, deve ser feita uma distinção rigorosa entre verdades da razão e verdades de fato. Mas como os fatos na política não são comprovados por si mesmos, sendo frágeis na sua contingência, eles precisam de testemunhas (Arendt, 2000d, p. 324). Na política, é então a interpretação dos fatos que é contestada. Neste processo, a verdade factual parece ser um obstáculo devido à sua imutabilidade, pois atrasa a imaginação e o impulso para a ação, enquanto a mentira parece muito mais consistente com uma ação política imaginativa. Arendt discutiu como a mentira pode ser desastrosa na política, utilizando a Guerra do Vietnã como exemplo. Essa guerra se baseou na mentira, numa teia de imagens de uma suposta superpotência invencível, mentiras ao público, autoengano do governo, proteção do presidente frente à realidade até mesmo em autoengano, ou seja, em mentira para si mesmo. A confiança dos políticos na guerra computadorizada sacrificou a habilidade mais crucial dos atores políticos: o julgamento. O juízo político deve tomar nota da diversidade, de diferentes pontos de vista, a fim de formar o seu próprio juízo, que está enraizado na realidade. Os políticos devem, portanto, consultar diferentes especialistas sobre um problema factual a fim de fazer, com base em suas opiniões, um julgamento independente.

Outros aspectos da política

Os elementos positivos da política descritos até este ponto implicam na crítica de Arendt a elementos de uma compreensão tradicional da política, diametralmente oposta à sua compreensão: em vez da ausência de governantes e governados em isonomia, a compreensão tradicional assume uma regra hierárquica; em lugar de compreender a ação como um fim em si mesma, assume uma interpretação instrumental frente à ação; em vez da pluralidade dos que atuam, assume uma espécie de comando platônico de um timoneiro, assim como a ação de uma burocracia uniforme e anônima; e em vez de julgamentos críticos individuais, assume conclusões e processos lógicos. Esse entendimento negativo da política substitui a ação pelo fazer, falar e agir uns com os outros pela norma e pela administração; a coragem pelo conformismo; e recorre à violência muda sempre que necessário.

A liberdade é mal compreendida enquanto livre vontade individual em vez de uma liberdade intersubjetiva, vivenciada em pluralidade. Relaciona-se de forma diferente com a liberdade de pensamento, a liberdade de vontade e a liberdade artística em condições totalitárias, sob as quais ainda indica um elemento político (Arendt, 2010, p. 204). Finalmente, a prioridade na política interna da segurança sobre a da liberdade e o princípio da soberania não pluralista da política externa decorrem de uma compreensão da política como dominação e produção.

No que diz respeito à questão indiretamente colocada de quem atua, o conceito arendtiano de pluralidade sublinha a importância da pessoa no caráter distintivo da sua aparência. Nisto, o seu "quem" como pessoa é distinto daquele dos seus talentos e qualidades. A forma como Arendt coloca o "quem" de uma pessoa acima do "quê" dessa pessoa como profissional é mostrada no obituário que escreveu para seu amigo Waldemar Gurian (Arendt, 1970). O oposto dessa pessoa é Eichmann, caracterizado por Arendt como um "ninguém".

A pluralidade de agentes espontâneos encontra a sua forma adequada de organização nos conselhos, que representam uma nova forma de governo (Arendt, 1963). Podem incluir órgãos de co-determinação de trabalhadores, associações espontâneas em tempos revolucionários ou ainda assembleias de autogoverno formada por cidadãos.

Segundo Arendt, o federalismo é mais adequado para a institucionalização política da pluralidade, que, na Ciência Política, é predominantemente entendida como um problema institucional, e não como um fenômeno político-filosófico. Nesse contexto, o federalismo exerce a mesma função de reforço de poder a nível territorial que a divisão do poder proposta por Montesquieu: ao dividir, reforça-se o poder. Mas aqui se torna claro até que ponto a pluralidade viva é preservada e perpetuada e, portanto, o federalismo representa a alternativa adequada à soberania, ao nacionalismo e à lógica dualista amigo-inimigo. Em 1940, para superar os problemas das minorias na Europa, Arendt propôs a criação de uma federação europeia com um parlamento comum no qual o povo judeu estaria representado em pé de igualdade com outros povos (Arendt, 2000g, Klusmeyer, 2010). Da mesma forma, antes da fundação do Estado de Israel, Arendt apelou a uma solução federal (Heuer, 2016).

O juízo político reflexivo de Arendt, baseado no "modo de pensar alargado" de Kant, tem validade global. Dessa forma, já em 1957, ela podia abordar as consequências da globalização, cujos "imensos perigos e fardos insuportáveis da "política mundial" podem conduzir a uma "apatia política", a um "nacionalismo isolacionista ou uma rebelião desesperada contra a tecnologia moderna" e que, para criar uma solidariedade positiva "em uma escala gigantesca, é necessário um processo de compreensão mútua e autoexplicação progressiva" (Arendt, 2010, p. 92).

Finalmente, a crítica feroz de Arendt ao distanciamento em relação à Terra e ao mundo promovido pela ciência e tecnologia modernas (Arendt, 1963, §35ss.) sugere uma virada radical na temática da relação humana com a natureza. Tal percepção aponta para uma virada semelhante àquela que Arendt promoveu na política, mas em um campo em que já não é mais o da natureza (Heuer, 2019).

Referências

ARENDT, Hannah. *Über die Revolution*. Munique: Piper, 1963.

ARENDT, Hannah. Waldemar Gurian 1903-1954. In: *Men in dark times*. Nova York: Harvest Book, 1970, pp. 251-262.

ARENDT, Hannah. Thoughts of politics and revolution. A commentary. In: *Crises of the republic*. Harcourt Brace Jovanovich, 1972, pp. 199-232.

ARENDT, Hannah. *Vita activa oder Vom tätigen Leben*. Munique: Piper, 1981.

ARENDT, Hannah. *Was ist Politik?* Munique: Piper, 1993.

ARENDT, Hannah. The Aftermath of Nazi Rule: Report from Germany. In: *Essays in understanding*: 1930-1954. Ed. by Jerome Kohn, Harcourt, Brace & Company, 1994, pp. 248-269.

ARENDT, Hannah. Ziviler Ungehoram. In: *In der Gegenwart*. Munique: Piper, 2000a, pp. 283-321.

ARENDT, Hannah. Wahrheit und Politik. In: *Zwischen Vergangenheit und Zukunft*. Munique: Piper, 2000b, pp. 327-370.

ARENDT, Hannah. Freiheit und Politik. In: *Zwischen Vergangenheit und Zukunft*. Munique: Piper, 2000c, pp. 201-226.

ARENDT, Hannah. Die Lüge in der Politik. In: *In der Gegenwart*. Munique: Piper, 2000d, pp. 322-353.

ARENDT, Hannah. Macht und Gewalt. In: *In der Gegenwart*. Munique: Piper, 2000e, pp. 145-208.

ARENDT, Hannah. Little Rock, in: *In der Gegenwart*. Munique: Piper, 2000f, pp. 258-279.

ARENDT, Hannah. Zur Minderheitenfrage. In: *Vor Antisemitismus ist man nur noch auf dem Monde sicher*. Munique, Zurique: Piper, 2000g, pp. 225-234.

ARENDT, Hannah. *Denktagebuch*, 1950-1973. Ed. por Ursula Ludz, Ingeborg Nordmann. Munich: Piper, 2002.

ARENDT, Hannah. Collective Responsibility. In: *Responsibility and judgment*. Ed. by Jerome Kohn. Schocken Books, 2003a, pp. 147-158.

ARENDT, Hannah. Reflections on Little Rock. In: *Responsibility and judgment*. Ed. by Jerome Kohn. Schocken Books, 2003b, pp. 193-213.

ARENDT, Hannah. Peace or Armistice in The Near East? In: *The Jewish writings*. Nova York: Schocken Books, 2007, pp. 423-450.

ARENDT, Hannah. Karl Jaspers: cidadão do mundo. In: *Homens em tempos sombrios*. São Paulo: Ed. Schwarcz Ltda., 2010, pp. 90-104.

GINES, K. T. *Hannah Arendt and the Negro Question*. Indiana: University Press, 2014.

HEUER, W. *Föderationen – Hannah Arendts politische Grammatik des Gründens*. Hannover, 2016. Disponível em: <http://www.ha-bib.de/debatte/berichte.htm>. Acesso em: 05. Nov. 2021.

HEUER, W. Cosmos and Republic: A Hidden Dialogue between Hannah Arendt and Alexander von Humboldt. In: *Russian Sociological Review*, vol. 18, n. 4, p. 284–298, 2019.

KLUSMEYER, D. Hannah Arendt's Case for Federalism. In: *Publius*, Vol. 40, n. 1, , pp. 31-58, 2010.

PITKIN, H. F. *The attack of the blob*: Hannah Arendt's concept of the social. University of Chicago Press, 2000.

37.

PROMESSA

Cláudia Perrone-Moisés
Universidade de São Paulo

Como afirma Hannah Arendt, "a força estabilizadora inerente à faculdade de prometer sempre foi conhecida em nossa tradição" e segundo ela, encontra suas origens em duas fontes: a primeira é situada no sistema legal romano que definiu a regra da inviolabilidade dos acordos e tratados *(pacta sunt servanda)*. A formulação inicial – *Pax servertur, pacta custodiantur* (o fiel deve ser fiel a sua palavra) – se encontra no Canon Antigonus pelo qual o primeiro concílio de Carthage (348) pronunciou-se acerca das consequências de uma convenção celebrada entre dois padres relativa aos limites das dioceses respectivas. Os canonistas medievais criaram então a regra do *pacta sunt servanda*. Posteriormente, esse princípio se torna uma virtude cara aos romanos, a confiança ou *fides*, de onde se origina a fé (boa-fé), a fidelidade, e toda a teoria dos contratos (Supiot, 2005, pp. 153-154).

A segunda fonte de Arendt é o Velho Testamento (Gênesis 22.16), com Abrão que segundo ela, experimentou "o poder da promessa recíproca até que o próprio Deus, finalmente consentiu em firmar com ele uma Aliança" (Arendt, 2019, p. 302). No final da cena do sacrifício Deus, ao confirmar a fé de Abrão, que estaria disposto a prometer sacrificar o único filho, lhe promete, a seu turno, bênçãos e uma imensa descendência. Na filosofia moderna, é em Nietzsche que Arendt encontra sua base para pensar a promessa. De acordo com Arendt Nietzsche, com sua extraordinária sensibilidade para os fenômenos morais [..] viu na faculdade de prometer a verdadeira diferença entre a vida animal e a humana" (Arendt, 2019, pp. 303-304). A promessa é um remédio contra o esquecimento cujo exercício é capaz de instituir uma memória de um tipo particular. Essa memória é dirigida para o futuro, que Nietzsche chamou de "memória da vontade".

Arendt inicia sua análise lembrando que o poder estabilizador da promessa sempre esteve presente nas relações humanas. Com efeito, o poder de fazer promessas ocupou, ao longo dos séculos, o centro do pensamento político e o mesmo pode ser dito em relação ao pensamento da própria Arendt: para ela a força que mantém a pluralidade dos indivíduos unidos no "agir conjunto", capaz de gerar o poder, é a força da promessa. A promessa é um tema que se relaciona de forma íntima com outros tratados por Arendt ao longo de sua obra: a importância da ação, a pluralidade como lei da terra e a possibilidade de uma comunidade política.

> Sem estarmos obrigados ao cumprimento de promessas, jamais seríamos capazes de conservar nossa identidade: seríamos condenados a errar, desamparados em sem rumo, nas trevas do coração de cada homem, enredados em suas contradições e seus equívocos – trevas que só podem ser dissipadas pela luz derramada no domínio público pela presença dos outros, que confirmam a identidade entre aquele que promete e aquele que cumpre" (Arendt, 2019, p. 293).

Para Arendt a promessa está inserida e depende necessariamente da pluralidade pois a promessa feita a si mesmo, na "solitude" (diálogo do eu consigo mesmo, diferente, na concepção Arendtiana, da solidão) ou no isolamento, não pode ser real, e só poderia ser entendida como um papel que desempenhamos para nós mesmos. A promessa cria, para os homens, ilhas de previsibilidade e marcos de confiabilidade. A função da faculdade de prometer consiste em dominar a dupla obscuridade dos assuntos humanos: "a obscuridade do coração humano, ou seja, a inconfiabilidade fundamental dos homens que jamais podem garantir hoje quem serão amanhã, e a (obscuridade que advém da) impossibilidade de se prever as consequências de um ato em uma comunidade de iguais onde todos têm a mesma capacidade de agir" (Arendt, 2019, p. 302).

Na análise de François Ost (2017, pp. 438-440), Arendt tem como uma de suas preocupações centrais a de entender e encontrar as condições aptas a produzir a confiança entre as pessoas. Encontra na promessa um instrumento dinâmico. Uma força é colocada em prática que engaja o futuro em determinada direção. A durabilidade dos acordos e das instituições é garantida pelo elemento da confiança. Para Arendt a questão consiste em pensar as condições de uma ação humana conjunta inevitavelmente inovadora e, portanto, arriscada, mas que apesar disso, seja aceitável e legítima.

Lembremos ainda que para Arendt o poder é fundado nas potencialidades da promessa por oposição à violência. A moralidade que decorre da promessa provém da vontade de viver com os outros na modalidade do falar e do agir. Em seu ensaio *Da Violência* (Arendt, 1985, p. 24) ela define o poder como sendo correspondente à habilidade humana de agir em uníssono, em comum acordo. O que mantém uma comunidade política não é o espaço público nem o poder do agir conjunto, mas sim a promessa do contrato mútuo (Lafer, 1988, p. 222).

Arendt afirma ainda que: "o poder brota onde quer que as pessoas se unam e atuem de comum acordo, mas obtém sua legitimidade mais do ato inicial de unir-se do que de outras ações que possam surgir" (Arendt, 2001, pp. 215-216). Tal afirmação remete ao tema da fundação que é analisado por Arendt, a partir do exemplo da colonização norte-americana. É a partir da experiência da relação entre os colonos americanos e o sistema legal inglês que a autora faz uma distinção importante entre dois gêneros de contrato social: o primeiro é o contrato mútuo, aquele celebrado entre os cidadãos que compartilham o espaço público comum e que se estabelece através de promessas mútuas baseando-se na reciprocidade e na igualdade, enquanto o segundo é aquele celebrado entre os cidadãos e seus governantes. Neste segundo tipo, que Arendt chama de "ato primitivo fictício" há a aceitação, por parte dos membros da sociedade, da soberania dos governantes cujo poder consiste na soma das forças de cada pessoa (Arendt, 2001, pp. 207-208).

A promessa está no coração da concepção de Arendt do direito. Para ela a *lex romana* conferiu uma extensão formidável à capacidade humana de construir um mundo comum. A evidência, segundo a qual as regras e instituições jurídicas têm por função estabilizar os assuntos e as relações humanas, é lembrada por Arendt ao longo da sua obra. Um sistema jurídico baseado na promessa, no preceito do *pacta sunt servanda*, constitui um remédio ao caráter imprevisível da ação e as incertezas do curso dos acontecimentos. Para Arendt, se é a promessa que funda a comunidade política o direito parece ser o que garante de sua durabilidade no mundo dos assuntos humanos. Em *Homens em tempos sombrios*, encontramos a seguinte passagem: "A política refere-se a homens que provém de muitos países e aos herdeiros de numerosos passados; suas leis são como cercas estabelecidas de forma positiva que delimitam e protegem o espaço no qual a liberdade não é um conceito, mas uma realidade política viva" (Arendt, 1987, p. 75).

Arendt nos lembra que se a promessa tem um valor especial para os seres humanos é porque ela implica na decisão de afirmar nossa responsabilidade perante o mundo e na nossa aptidão em responder pela palavra dada. É um ato ético por excelência. Mas não podemos esquecer, por outro lado, que a promessa é também imprevisível, implica sempre em indeterminação e numa aposta na confiança entre os homens.

Referências
ARENDT, Hannah. *A condição humana*. Rio de Janeiro: Forense Universitária, 2019.
ARENDT, Hannah. *Sobre a revolução*. Lisboa: Antropos, 2001.
ARENDT, Hannah. *Homens em tempos sombrios*. São Paulo: Cia. Das Letras, 1987.
ARENDT, Hannah. *Da violência*. Brasília: EdUnb, 1985.

LAFER, Celso. *A reconstrução dos direitos humanos.* Um diálogo como pensamento de Hannah Arendt. São Paulo: Companhia das Letras, 1988.

OST, François. *À quoi sert le droit? Usages, fonctions, finalités.* Bruxelles: Bruylant, 2017.

SUPIOT, Alain. *Homo juridicus. Essai sur la fonction anthropologique du droit.* Paris: Seuil, 2005.

38.

QUESTÃO JUDAICA

Ricardo George de Araújo Silva
Universidade Estadual Vale do Acaraú e Universidade Federal do Ceará

A questão Judaica em Hannah Arendt emerge, ao nosso entendimento, a partir de duas vertentes, a saber: a histórica e a político//filosófica. A perspectiva histórica diz respeito à condição de todo judeu que se viu lançado a outras nações após a diáspora. "Neste contexto, refere-se à situação problemática de um povo [...] vivendo em uma terra que não é sua" (Kohn, 2008, p. 24). Em outras palavras emergia a figura do judeu errante, disperso. Nesse contexto, a questão judaica clama aceitação, reconhecimento e um retorno a suas raízes, na perspectiva de preservar os elementos culturais de uma nação. A outra vertente é a político/filosófica. Neste segundo seguimento temos a dimensão do antissemitismo e do assimilacionismo como pontos nevrálgicos da discussão, bem como o papel do pária como uma figura de resistência.

De alguma forma essas duas linhas se tocam. Todavia, parece-nos que a segunda direção é determinante para o posicionamento político e teórico de Hannah Arendt. Nossa autora, em uma entrevista, chega a pontuar que a questão judaica era seu problema e seu problema político, apenas político (Arendt, 2008, p. 42). Essa assertiva coloca a questão judaica sob o olhar de Arendt como um vetor de orientação que, de alguma maneira, iluminará suas posições políticas no mundo e implicará sua forma de pensar, uma vez que suas reflexões filosóficas ficam marcadas por essa condição de judia e por toda a problemática que envolveu a questão judaica e a necessidade de agir e de pensar no interior desta.

Nesse panorama, seguindo os passos de Hannah Arendt, é relevante pensar a questão judaica a partir de figuras e situações históricas que tocam o problema judaico. Desse modo, entender o refugiado/ /pária como um ser humano sem mundo e o totalitarismo como forma de governo negadora de mundo implica voltar-se a dois elementos fulcrais para Arendt: a compreensão e a experiência. Hannah Arendt antes de tudo quis compreender. Em *Origens do Totalitarismo* deixa isso de forma clara ao asseverar que: "compreender não significa negar o ultrajante, subtrair o inaudito do que tem precedentes, ou explicar fenômenos por meio de analogias e generalidades tais que se deixa de sentir o impacto da realidade e o choque da experiência. Significa antes examinar e suportar conscientemente o fardo que os acontecimentos colocaram sobre nós – sem negar sua existência nem vergar humildemente a seu peso, como se tudo o que de fato aconteceu não pudesse ter acontecido de outra forma. Compreender significa, em suma, encarar a realidade, espontânea e atentamente, e resistir a ela – qualquer que seja, venha a ser ou possa ter sido" (Arendt, 1989, p. 21). Desta forma, a pensadora revela que compreender não se resume a um exercício intelectual, mas, pelo contrário, indo além, implica ação de resistência.

Posto isso Hannah Arendt destaca a importância da experiência para o tratamento da questão judaica. A autora ressalva: "não acredito que possa existir nenhum processo de pensamento sem experiência pessoal. Todo pensamento é um pensamento posterior, isto é, uma reflexão sobre algum fato ou assunto" (Arendt, 2008, p. 50).

Desta feita, é possível depreender que a questão judaica em Hannah Arendt não é tomada a partir de uma postura intelectualista de idealizações conceituais, ao contrário, emerge da sua própria condição de mulher judia e, portanto, de uma experiência que foi vivenciada ao extremo na dor, através de perseguição, prisão e expurgo pátrio. Dito de outra forma, a questão judaica nasce da vida refletida de todo judeu perseguido e de modo especial da própria Hannah Arendt.

Assim, podemos afirmar que a experiência de Hannah Arendt como judia determinou sua teoria política e toda a sua reflexão. De tal maneira que a questão judaica não deve ser reduzida a explicações ideais e estanques, mas sendo catalizadora de eventos históricos emerge como uma potente base de onde se ergue o estatuto teórico de Hannah Arendt. Não como uma camisa de força, que não possibilite outras incursões teóricas, mas como alicerce que sempre lembra do porquê se está pensando o mundo e a política. Nessa direção, concordamos com Kohn (2016, p. 44) quando afirma que: "É nesse sentido que a identidade de Arendt como judia, ou, como eu preferiria chamar, sua experiência como judia, é literalmente a fundação de seu pensamento: sustenta suas ideias mesmo quando ela não está pensando sobre os judeus ou questões judaicas".

Antes de continuarmos, cabe esclarecer que quando asseveramos que na teoria de Hannah Arendt o pária é um ser sem mundo, implica dizer que é um ser sem pertencimento a uma comunidade política, com direitos e deveres estabelecidos. Nesse sentido, estar sem mundo é estar sem pertença política e, portanto, sem raízes de cidadania que possam conferir proteção e segurança jurídica e, sobretudo, política.

Dito isto, podemos adentrar no antissemitismo como um dos pontos agudos da questão judaica. Entre tantos elementos possíveis, queremos aqui destacar o ódio como afeto propulsor do racismo capitaneado pelo antissemitismo ideológico, a história do antissemitismo é uma história do ódio aos judeus, fato asseverado por Hannah Arendt (Arendt, 2016, p. 211).

Arendt aponta para a existência de dois momentos do antissemitismo. Um primeiro desenvolvimento é aquele antissemitismo de base religiosa que vigorou fortemente na idade média e que tratou o judeu como pessoa de segunda ordem. No entanto, ela destaca que o ódio ao judeu ganha força com o antissemitismo ideológico da modernidade, pois este não se contentava em ter o judeu como pessoa de segunda classe, mas o queria exterminado.

Nesta direção, o antissemitismo aparece como contraponto ideológico a todo e qualquer pertencimento ao mundo dos judeus. Nesse contexto, a questão judaica se situa em seu flanco de decisão mais agudo. Assim, diante do ódio sistemático capitaneado e disseminado pelo antissemitismo, esperava-se, segundo Hannah Arendt, um posicionamento político de resistência dos judeus, sob pena de se assim não o fizessem, sucumbirem aos objetivos desse afeto de destruição.

Ressaltando os aspectos do antissemitismo racista da modernidade, nossa autora chama a atenção para o risco de explicações apressadas que se espalharam pela história ao tratar da questão judaica, são elas: a tese do "bode expiatório" e a do "eterno antissemitismo". Nestas explicações, subjaz uma postura conformista e determinista que anula toda e qualquer possibilidade de tomar a questão judaica pelo que ela é, ou seja, como uma questão política. Nesta perspectiva, nossa autora se revela contra essas teses e aponta que esta deve ser tratada como uma questão em nome da liberdade. Assim, a resistência é o caminho a ser trilhado.

Corrobora esse entendimento o reconhecido comentador da filósofa, ao destacar que "Arendt era uma crítica implacável da doutrina fatalista do eterno antissemitismo e rejeitou todas as teorias do antissemitismo de bode expiatório" (Bernstein, 1996, p. 181). Para a pensadora, ambas as explicações carregam consigo a simplificação aligeirada dos fatos, uma vez que não consideram a fundo a questão judaica e o problema do ódio ao judeu em sua inteireza dos fatos. Para a nossa autora, a tese do bode expiatório "escamoteia a complexidade do antissemitismo" (Arendt, 2016, p. 176).

Desta feita, a lógica antissemita, em nosso entender, tem elementos que se cristalizaram na prática do preconceito racial e que, posteriormente, vão ser elementos cristalizadores do totalitarismo. Esse ódio que se ramificou em toda a Europa e ganhou extensão embora não tivesse raiz, uma vez que não tinha razão de ser, em vista de sua banalidade, fez do judeu "o pária do mundo moderno" (Bernstein, 1996, p. 47), e, ao se constituir assim, crivou-o de ódio e perseguição sistemática.

Outro aspecto marcante no interior da questão judaica foi a assimilação. A postura assimilacionista foi criticada por Hannah Arendt.

As razões dessa crítica apontam para uma leitura errada do que seria a questão judaica por parte de intelectuais e líderes da cúpula judaica. Estes tomaram a questão judaica como problema religioso e apostaram na saída via emancipação social, negligenciando a natureza da questão judaica, que para a pensadora alemã é política.

Considerando as estratégias da assimilação, um dos equívocos que logo salta aos olhos é o fato de terem lançado a "questão judaica como um problema do judeu individual" (Arendt, 2016, p. 139). Desta feita, perde-se a força de resistência diante do antissemitismo e de todo o processo de exclusão. Emerge a figura do *parvenu,* isto é, do judeu que apostou na superação de toda a problemática via salvaguarda pessoal e com foco na escalada social.

Essa estratégia lançava o judeu na perspectiva de tornar-se um judeu de exceção que via que seu brilhantismo poderia gozar das graças da sociedade e ser aceito no mundo. Hannah Arendt destaca que por não entender que a questão judaica era uma questão política e não social, a assimilação fracassa e acaba por se apresentar como elemento de cristalização do antissemitismo. Diz ela: "Essa é uma das mais importantes origens do antissemitismo moderno" (Arendt, 2016, p. 260).

Neste contexto, muitos visaram a salvaguarda pessoal e trocaram favores financeiros com o Estado em nome de uma aceitação social, sem considerar o direito de pertencimento a uma comunidade política. A comunidade política em Arendt é "uma ilha de liberdade" (Arendt, 2021, p. 16). Portanto, a liberdade é o alvo estratégico. Destarte, a postura entreguista e personalista é contrária à posição de resistência política que deveria ter sido a estratégia escolhida.

A postura assimilacionista era antipolítica. A negação de si para ser aceito implica negociar uma aceitação sem pertença a uma comunidade, via neutralidade. Expressa bem isso a postura de Moses Mendelssohn "que conseguiu alcançar um *status* extraordinário como judeu protegido, embora isso não se aplicasse sequer a seus filhos" (Arendt, 2016, p. 214). Agudiza essa assertiva o destaque de Courtine-Denamy (2004, p. 46), a qual lembra que "Moses Mendelssohn recomendava a seus compatriotas: Adaptem-se às leis e aos costumes do país onde estão exilados. Suportem sem fraquejar esses dois fardos, tão bem quanto puderem". E a comentadora destaca que a assimilação seria, portanto, uma "segunda natureza". Toda essa estratégia contraria a visão de Hannah Arendt em relação ao enfrentamento da questão judaica.

Fruto da postura assimilacionista é o judeu individualista, o *parvenu*. Em oposição ao *parvenu*, Hannah Arendt apresenta o pária rebelde. O pária rebelde é o judeu consciente, que compreendeu a questão judaica como um problema agudo e, sobretudo, um agudo problema político, de tal maneira que a própria experiência de Hannah Arendt demonstra isso. Após o incêndio no *Reichstag* e as prisões ilegais, a pensadora entendeu que não podia mais se contentar com o papel de expectadora. Agir era a saída para tal situação de horror e violência.

Nessa direção, Hannah Arendt apresenta o pária rebelde como uma postura de resistência e ação política no enfrentamento da questão judaica. Assim, o pária rebelde é aquele que se entende com o mundo. Não foge dele ou busca saídas egoístas, ao contrário, toma o problema do ódio racial e todo o processo de exclusão como um gargalo a ser diluído politicamente. Portanto, para nossa autora, a questão judaica se inscrevia na tradição da ocupação dos espaços políticos de atuação e manifestação de aparência pública em prol de direito a ter direitos, isto é, de ter implicado suas reivindicações o direito à pertença política a uma comunidade.

Para tanto, tal conquista só pode se dar se a questão judaica superar a assimilação como estratégia e entender que é preciso suplantar o interesse pessoal em nome de uma liberdade pública em detrimento de conquistas particulares. De modo que se faz necessário que o pária entenda que: "Agir, de algum modo, é correr riscos na cena pública (Arendt, 2008, p. 52).

Desse modo, o enfrentamento implica coragem, ao molde de Bernard Lazare. Lazare foi o jurista que defendeu o injustiçado judeu Dreyfus das acusações que lhe imputaram. Lazare se lançou em nome de algo maior do que ele, vislumbrou a liberdade e o enfrentamento do problema como uma questão política. Dessa forma, a coragem e mesmo a audácia já estão presentes no ato de alguém que abandona seu esconderijo privado para mostrar quem é, desvelando-se e exibindo-se a si próprio. (Arendt, 2014, p. 231).

Destarte, o pária rebelde, por ser consciente,

> entra na arena política e traduz o seu estatuto em termos políticos, ele se torna necessariamente um rebelde. A ideia de Lazare foi, portanto, que o judeu deva sair abertamente como representante do pária, *"uma vez que é dever de cada ser humano resistir à opressão"*. Ele exigindo isto, solicita ao pária abdicar de uma vez por todas a prerrogativa de *schlemiel*, saltar do mundo da fantasia e da ilusão, renunciar a proteção confortável da natureza, e se entender com o mundo dos homens e mulheres (Arendt, 2016, p. 506).

Por fim, podemos pontuar que a questão judaica em Hannah Arendt se consolida como o alicerce de seu pensamento político. Assim, entendemos que a questão judaica, que ganha contornos de horror e destruição com o totalitarismo, acaba por levar Arendt a despertar para a teoria política. Nesse sentido, o presente tema é, em nossa autora, uma questão também de ordem teórica, mas, sobretudo, é uma questão de ordem política.

Referências

ARENDT, Hannah. *Compreender*: formação, exílio e totalitarismo. Trad. Denise Bottmann. Org. Jerome Kohn. São Paulo: Companhia das Letras. 2008.

ARENDT, Hannah. *Origens do totalitarismo*. Trad. Roberto Raposo. São Paulo: Companhia das Letras. 1989.

ARENDT, Hannah. *Escritos judaicos*. Trad. Laura Degaspare Monte Mascaro, Luciana Garcia de Oliveira, Thiago Dias da Silva. Barueri, SP: Amarilys. 2016.

ARENDT, Hannah. *A condição humana*. Trad. Roberto Raposo. Revisão: Adriano Correia. Rio de Janeiro: Forense Universitária. 2014.

ARENDT, Hannah. *Pensar sem corrimão* – compreender 1953-1975. Trad. Beatriz Andreiuolo [*et.al*]. Org. Jerome Kohn. Rio de Janeiro. Bazar do Tempo. 2021.

BERNSTEIN, Richard. *Hannah Arendt and the Jewish question*. Cambridge: The Mit Press, 1996.

COURTINE-DENAMY, Sylvie. *O cuidado com o mundo* – diálogo entre Hannah Arendt e alguns de seus contemporâneos. Trad. Maria Juliana Gambogi Teixeira. Belo Horizonte: Ed. Ufmg. 2004.

KOHN, Jerome. Prefácio: uma vida judaica: 1906-1975. In: *Escritos Judaicos*. Trad. Laura Mascaro *et.al*. Barueri, SP: Amarilys, 2016.

39.

QUESTÃO SOCIAL (POBREZA)

Adriano Correia
Professor de filosofia da UFG e pesquisador do CNPq

Em *Origens do totalitarismo* (1951), Arendt buscou identificar os elementos que se cristalizaram no projeto totalitário de expansão ilimitada rumo a uma dominação mundial e encontra no imperialismo tanto a identificação de política com dominação como a instrumentalização da força estatal para a superexploração justificada pelo racismo. Arendt identifica no imperialismo a solução da classe burguesa para o problema da reprodução sistemática de dinheiro supérfluo e de gente supérflua sob o capitalismo. Quando as fronteiras dos Estados-nação se evidenciaram como um obstáculo para a expansão econômica, a tensão latente entre a classe burguesa e as instituições políticas se tornou uma "luta aberta pelo poder", devida à pretensão da burguesia de "usar o Estado e os seus instrumentos de violência para seus próprios fins econômicos" (Arendt, 2004, p. 154) e de tornar a expansão o objetivo final dos governos, engajada então "em buscas predatórias empreendidas em todo o mundo por novas possibilidades de investimentos" (Arendt, 2004, p. 162).

Arendt observa que "a expansão imperialista havia sido deflagrada por um tipo curioso de crise econômica: a superprodução de capital e o surgimento do dinheiro 'supérfluo', causado por um excesso de poupança, que já não podia ser produtivamente investido dentro das fronteiras nacionais" (Arendt, 2004, p. 164). A burguesia jamais manifestou antes um real interesse por participação política, compreendida como perda de tempo e, claro, dinheiro. Para a classe burguesa, "o Estado havia sido sempre uma força policial bem-organizada" (Arendt, 2004, p. 168) cuja finalidade era a proteção de sua vida e de sua propriedade por meio do controle social. Esta concepção do Estado como a violência monopolizada a seu serviço definirá, junto ao racismo, a dominação e a superexploração extremas levada a cabo pelos países europeus na Ásia e principalmente na África.

O capital era supérfluo devido à extraordinária ampliação da riqueza das classes proprietárias resultante de um "excesso de poupança" "em um sistema social baseado na má distribuição" (Arendt, 2004, p. 177) – um excesso que não podia ser reinvestido no âmbito das fronteiras nacionais habitadas por populações desempregadas e empobrecidas por crises sistemáticas: "mais antigo que o capital supérfluo era outro subproduto da produção capitalista: o entulho humano, que cada crise, seguindo-se invariavelmente a cada período de crescimento industrial, eliminava permanentemente da sociedade produtiva" (Arendt, 2004, p. 180). O capital supérfluo dos parasitas sociais foi exportado junto com a mão-de-obra das pessoas tornadas socialmente supérfluas, a quem o desemprego e a miséria não deixavam muita alternativa. Juntos, estabeleceram primeiramente na África do Sul "o primeiro paraíso de parasitas, cujo sangue vital era o ouro" (Arendt, 2004, p. 181). Os aventureiros que afluíram em busca do ouro sul-africano eram o "subproduto da sociedade civilizada", *"um resíduo inevitável do sistema capitalista, representantes de uma economia que originava e produzia incessantemente homens e capital supérfluos"* (Arendt, 2004, p. 219, grifos meus).

Convertido pelo imperialismo de um sistema de produção em um sistema de especulação financeira – realizando, por meio da violência, o sonho burguês de fazer dinheiro gerar dinheiro sem precisar se dar ao trabalho de produzir coisa alguma – o capitalismo reproduzia sistematicamente a miséria, assim como seus efeitos sociais e políticos fundamentais, o desarraigamento e a superfluidade: "não ter raízes significa não ter no mundo um lugar reconhecido e garantido pelos outros; ser supérfluo significa não pertencer ao mundo de forma alguma. O desarraigamento pode ser a condição preliminar da superfluidade" (Arendt, 2004, p. 528). Ainda em *Origens do totalitarismo* Arendt chamará atenção para a superfluidade dos apátridas, expostos à morte quando não encontram sequer quem se interesse por oprimi-los (2004, p. 329), e para o sentimento de desesperada superfluidade do homem de massa (2004, p. 361), ciente da própria descartabilidade. Essas condições e esse sentimento serão decisivos para a constituição do regime totalitário. A disponibilidade de massas supérfluas é fundamental para o regime, e se ele herdou do capitalismo a superfluidade sistematicamente reproduzida, mas colateral, uma vez estabelecido ele passará a fabricá-la por si mesmo nos campos de extermínio. Com efeito, "o totalitarismo não procura o domínio despótico dos homens, mas sim um sistema em que os homens sejam supérfluos", "e isso só se consegue nos campos de concentração" (Arendt, 2004, p. 508). Nisto consistiria o mal absoluto ou extremo que em *Origens do totalitarismo* Arendt chama de mal radical (Arendt, 2004, p. 510).

No contexto do imperialismo, afirma Arendt, em *Origens do totalitarismo*, "vários governos nacionais viam com apreensão a crescente tendência de fazer dos negócios uma questão política e de identificar os interesses econômicos de grupos, mesmo pequenos, com os interesses nacionais" (Arendt, 2004, p. 166). Em *A condição humana* (1958) ela identificará tal tendência em um contexto muito mais amplo que se confunde com a própria era moderna. Para Arendt, é característico da era moderna o surgimento da esfera social, distinta do espaço privado e do espaço público. Este surgimento coincidiu historicamente com a conversão "do interesse privado pela propriedade privada em uma preocupação pública. Logo que ingressou no domínio público, a sociedade assumiu o disfarce de uma organização de proprietários [*property-owners*], que, ao invés de requererem o acesso ao domínio público em virtude de sua riqueza, exigiram dele proteção para o acúmulo de mais riqueza" (Arendt, 2016a, p. 83). Como já havia assinalado em *Origens do totalitarismo*, "a vida pública assume o aspecto enganoso de uma soma de interesses privados, como se estes interesses pudessem criar uma nova qualidade mediante a mera adição" (Arendt,

2004, p. 175). Que a única coisa que as pessoas têm em comum sejam seus interesses privados é um dos mais destacados aspectos da "moderna alienação do mundo" e da perda do mundo como algo compartilhado.

Para Arendt, a esfera social reflete a articulação coletiva dos interesses privados e tem por característica fundamental "uma irresistível tendência a crescer, a devorar os domínios mais antigos do político e do privado, bem como a esfera da intimidade, instituída mais recentemente" (Arendt, 2016a, p. 56). Apesar de consistir na organização pública do processo vital que se dava até então na esfera privada, a esfera social expande-se corroendo a fronteira que distinguia e opunha o privado e o público/político, assimilando e dissolvendo igualmente a ambos. Com efeito, "a sociedade é a forma na qual o fato da dependência mútua em prol da vida, e de nada mais, adquire importância pública, e na qual se permite que as atividades relacionadas com a mera sobrevivência apareçam em público" (Arendt, 2016a, p. 57). No domínio social, "o processo da vida estabeleceu seu próprio âmbito público, desencadeou um crescimento artificial, por assim dizer, do natural" (Arendt, 2016a, p. 58). A distinção entre o público e o privado traduz a oposição entre liberdade e necessidade, e a esfera social, ao corroer a fronteira entre estes âmbitos, permite que a dinâmica de carência e saciedade do processo vital torne-se a articulação fundamental da vida coletiva. À excelência, à singularidade e à pluralidade dos agentes no espaço público político a esfera social contrapõe o conformismo, o anonimato e a uniformidade dos indivíduos na luta competitiva pela vida nas sociedades de massas, na unificação antipolítica dos muitos em um só.

O surgimento da esfera social culmina com a articulação dos proprietários do capital, no contexto imperialista, para instrumentalizar os Estados para seus fins, por um lado, e, por outro, com a correspondente auto-organização da classe operária na defesa da melhoria de suas condições de vida e de trabalho, chocando-se frontalmente com a articulação promíscua entre capital e Estados a reproduzir e legitimar a precariedade destas mesmas condições. Arendt sublinha que o movimento dos trabalhadores foi protagonista de "reivindicações econômicas e sociais extremas", como os sindicatos e partidos operários, mas ao contrário deles propunha ainda uma nova forma de governo: o sistema de conselhos populares, abertamente em confronto com as burocracias estatais e partidárias e com a demanda de conformismo da sociedade de massas.

O entusiasmo de Arendt com "um dos mais gloriosos capítulos da história recente, e possivelmente o mais promissor" (Arendt, 2016a, p. 267), escrito pela classe operária europeia, se traduziu em sua referência entusiasmada aos movimentos revolucionários de 1848 à Revolução Húngara, em 1956. Na segunda edição de *Origens do totalitarismo*, Arendt acrescentou um capítulo sobre a Revolução Húngara, no qual há certa esperança de que o totalitarismo não seja a palavra final para os problemas extremos de nossa época. Com efeito, em uma palestra de apresentação desta segunda edição, do mesmo ano de lançamento de *A condição humana*, Arendt afirma que a Revolução Húngara e o papel que o sistema de conselhos desempenhou nela lhe ensinou uma lição: se de um lado temos o totalitarismo como correspondente a tendências evidentes das sociedades de massas (e do imperialismo), de outro "o sistema de conselhos tem sido claramente, por muito tempo, o resultado dos desejos do povo, e não das massas, e é quase impossível que nele estejam os próprios remédios contra a sociedade de massa e a formação de homens-massa que procuramos por todos os outros lugares, em vão" (Arendt, 2021, p. 197).

Este entusiasmo com o movimento dos trabalhadores da Europa contrasta de modo marcante com a análise da "questão social" e sua relação com o fenômeno revolucionário por Arendt em *Sobre a revolução* (1963). A mesma esfera social que promoveu a colonização do espaço público pela dinâmica privada do trabalho, do consumo e da acumulação permitiu a emersão da questão social da existência da pobreza como um problema politicamente relevante e não como um inevitável dado da natureza. A pobreza – "um estado de carência constante e miséria aguda cuja ignomínia consiste em sua força desumanizadora" – mobilizou a multidão a acorrer em socorro à

Revolução Francesa: ela "inspirou-a. levou-a em frente e acabou por conduzi-la à ruína, pois era a multidão dos pobres" (Arendt, 2011, p. 93), fazendo com que a nova república surgisse natimorta pela sujeição da liberdade à necessidade, à urgência do próprio processo vital. Para Arendt, as preocupações revolucionárias com a fundação de uma nova comunidade política e a definição de um regime político republicano foram tragadas pelas urgências da miséria, de modo que a revolução passou a ter como meta não a libertação da opressão rumo à liberdade, mas a libertação da pobreza rumo à felicidade.

A ruína da revolução, com a escalada do terror, teria sido provocada precisamente pela centralidade da miséria do povo na determinação do seu curso, pois "se violência contra violência conduz à guerra, externa ou civil, violência contra condições sociais sempre tem conduzido ao terror" (Arendt, 2016b, p. 158). Teria sido Marx, "o maior teórico das revoluções de todos os tempos" (Arendt, 2011, p. 94), quem, distintamente de Arendt, primeiro interpretou o fracasso da revolução em instaurar a liberdade como decorrência do seu fracasso em resolver a questão social. Marx transformou a questão social em força política ao conceber a pobreza como um fenômeno político, resultado da exploração em "uma economia baseada no poder político e, portanto, passível de ser subvertida por uma organização política e por meios revolucionários" (Arendt, 2011, p. 96) – com ele, insiste Arendt, "o objetivo da revolução não era mais liberdade e sim a abundância" (Arendt, 2011, p. 98).

O problema é que, mesmo considerado de um ponto de vista estritamente político, como Arendt mesma reconhece, a emancipação da opressão política trouxe liberdade política apenas para uma minoria, uma vez que "a maioria continuou vergada sob o peso da miséria" (Arendt, 2011, p. 111). Seria necessário ainda, para estatuir a liberdade política para todo o povo, vencer a questão social, mas, para Arendt, a Revolução Francesa teria sido a prova cabal de que "todas as tentativas de solucionar a questão social por meios políticos leva a revolução à ruína", embora assinale que "dificilmente poderíamos negar que é quase impossível evitar esse erro fatal quando uma revolução eclode sob condições de miséria de massa" (Arendt, 2004, p. 155).

A questão que permanece é se é possível fundar a liberdade política em condições de miséria – e, se a resposta for não, como Arendt parece conceder, que soluções que não as políticas poderiam ser empregadas para enfrentar a questão social. Para Arendt, como a revolução abriu as portas da esfera política aos pobres, esta esfera se tornou social, "assolada por preocupações e cuidados que, na verdade, pertenciam à esfera doméstica e que, mesmo autorizados a ingressar na esfera pública, não poderiam ser resolvidos por meios políticos, pois eram questões administrativas, a ser entregues às mãos de especialistas, e não questões passíveis de solucionar com o duplo processo de decisão e de persuasão" (Arendt, 2011, p. 130).

Arendt sustenta pela primeira vez que "só a tecnologia guarda a solução para a questão social" (Arendt, 2021, p. 399) em uma palestra sobre a revolução em 1961. Um ano depois ela conclui o texto "A guerra fria e o Ocidente", pouco antes de publicar *Sobre a revolução*, sustentando que "a revolução envolve tanto a liberação da necessidade, de forma que as pessoas possam andar com dignidade, como a constituição de um corpo político que possa permitir que ajam com liberdade" (Arendt, 2021, p. 298). Aí ela pondera que nenhuma revolução será bem-sucedida em um contexto de miséria e precisamente por isto deve ser reconhecida a "relevância política da questão social", e "a luta contra a pobreza, mesmo conduzida por meios técnicos e não políticos, também deve ser entendida como uma luta de poder, como a luta contra as forças da necessidade para preparar a via para as forças da liberdade" (Arendt, 2021, p. 298). O naufrágio da liberdade sob as urgências da necessidade já não seria algo incontornável, como na Revolução Francesa, porque com o avanço científico e tecnológico seria então possível resolver problemas econômicos como a questão social sem qualquer consideração de ordem política.

Em flagrante contraste com seu diagnóstico do capitalismo em *Origens do totalitarismo*, Arendt, dirigindo-se ao público estadunidense, afirma o seguinte: "nossa economia produz abundância e superabundância de forma tão automática como a economia do início da era moderna produzia pobreza em massa. Nossos atuais recursos técnicos nos permitem lutar contra a pobreza, e nos forçam a lutar contra a superabundância, em uma neutralidade política completa", de modo a que "os fatores econômicos não precisam de modo algum interferir nos desenvolvimentos políticos" (Arendt, 2021, p. 296). Em *Sobre a revolução* Arendt sustentará, na mesma direção, que quando Lênin definiu o objetivo da Revolução Russa como "Eletrificação+sovietes" estaria sustentando "uma separação totalmente não marxista entre economia e política", pois sito implicaria que a "pobreza não se resolveria pela socialização e pelo socialismo, e sim por meios técnicos; pois é evidente que a tecnologia, em contraste com a socialização, é politicamente neutra; ela não prescreve nem exclui nenhuma forma específica de governo" (Arendt, 2011, p. 100).

Para a compreensão ampla da posição arendtiana sobre a questão social é importante ter em conta ainda um evento que ela não considera em *Sobre a revolução*, mas que tem em conta em outros textos em que pensa a revolução: a Revolução Cubana. Arendt insiste no significado não tanto da solução da miséria do povo cubano pela revolução, mas do quanto a visibilidade desta situação a tornou uma questão a ser enfrentada por todos, permitindo assim que as pessoas desfrutassem de dignidade: os cubanos afligidos pela miséria "são de repente livrados não de sua pobreza, mas da obscuridade e da mudez de sua miséria – e, portanto, da incompreensibilidade dela –, quando ouvem pela primeira vez sua condição ser discutida às claras e são convidadas a participar na discussão" (Arendt, 2016b, p. 143). A posição final de Arendt sobre o tema, infelizmente divulgada em um âmbito mais restrito, aparece muito claramente em uma intervenção sua em uma série de conferências na Universidade Columbia, em 1974: "se falamos de igualdade, a questão é sempre a seguinte: quanto temos de transformar as vidas privadas dos pobres? (...) Antes de exigirmos idealismo dos pobres, devemos antes torná-los cidadãos: e isto implica transformar as circunstâncias de suas vidas privadas para que sejam capazes de usufruir do 'público'" (Arendt, 2021, p. 563).

Quando sustenta que o desenvolvimento tecnológico aponta para a solução da questão social Arendt acaba por permitir supor que a miséria tenha sido até então resultado do precário desenvolvimento tecnológico e não da fabricação sistemática da superfluidade resultante do processo de acumulação ilimitada e da consequente superexploração sob o capitalismo, que constituiria uma estrutura de poder a regular a sistemática má distribuição a que ela faz referência em *Origens do totalitarismo* (Arendt, 2004, p. 177). A questão que permanece é como uma "sociedade de jogadores" em uma economia capitalista convertida em um sistema de especulação financeira (Arendt, 2004, p. 164) decidiria empregar os meios técnicos necessários e fazer os investimentos correspondentes para solucionar a questão social da miséria.

Em *Sobre a revolução* Arendt assevera que "era tão impossível desviar os olhos da miséria e desgraça da grande maioria da humanidade no século XVIII em Paris ou no século XIX em Londres, onde Marx e Engels iriam refletir sobre as lições da Revolução Francesa, quanto hoje em alguns países europeus, em muitos latino-americanos e em quase todos os asiáticos e africanos" (Arendt, 2011, p. 109). Se não se deve solucionar a pobreza por meios políticos, e ela é um obstáculo incontornável para a liberdade política, onde a decisão de empregar os meios técnicos para solucioná-la será tomada? O relevo dado por Arendt à importância política da libertação da miséria, como pré-condição para a liberdade política, é certamente bom ponto de partida para uma resposta política, e não "técnica", a esta questão.

Referências

AGUIAR, Odilio. A questão social em Hannah Arendt. *Trans/form/ação*, 27 (2), 2004, pp. 7-20.

ARENDT, Hannah. *As origens do totalitarismo*. Trad. R. Raposo. São Paulo: Companhia das Letras, 2004.

ARENDT, Hannah. *Sobre a revolução*. Trad. D. Bottmann. São Paulo: Companhia das Letras, 2011.

ARENDT, Hannah. *A condição humana*. 13ª Ed. rev. Trad. R. Raposo. Rev. téc. e apres. A. Correia. Rio de Janeiro: Forense Universitária, 2016a.

ARENDT, Hannah. "Revolução e liberdade". Ed. e trad. A. Correia. *Cadernos de Filosofia Alemã*, v. 21, n° 3, dez 2016b, pp. 141-164.

ARENDT, Hannah. *Pensar sem corrimão*. Compreender – 1953-1975. Trad. B. Andreiuolo, D. Cerdeira, P. Duarte e V. Starling. Rev. téc. E. Jardim. Rio de Janeiro: Bazar do Tempo, 2021.

BERNSTEIN, Richard. Rethinking the social and the political. In: *Philosophical Profiles*: essays in a pragmatic mode. Pennsylvania: University of Pennsylvania Press, 1986.

CORREIA, Adriano. "Política e pobreza: com Arendt, contra Arendt". *Cadernos de Ética e Filosofia Política*, n° 28, v. 1, 2016, pp. 109-121.

D'ENTRÈVES, Maurizio P. *The political philosophy of Hannah Arendt*. Londres/Nova York: Routledge, 1994.

HURTADO, Jordi C. A força como único conteúdo da política. O capitalismo segundo Hannah Arendt. *Philósophos*, vol. 20, n° 1, pp. 163-183, jan/jun 2015.

40.

RALÉ

José Luiz de Oliveira
Universidade Federal de São João del-Rei

Arendt trata da chamada "ralé" com maior densidade no seu importante livro intitulado *The Origins of Totalitarianism* (1951). Nessa obra, tal tópico perpassa as suas abordagens referentes à tríade: antissemitismo, imperialismo e totalitarismo. Na tradução brasileira de *Origens do Totalitarismo* encaminhada por Roberto Raposo, concebe-se o termo "ralé" para designar o que Arendt denomina *mob*. No conhecido Dicionário de Cambridge, a palavra *mob* significa um grande grupo de pessoas, que é, muitas vezes, violento ou não organizado; é também compreendida como turba ou multidão.

Na nossa língua portuguesa, o entendimento de "ralé" se refere às classes mais baixas que compõem a pirâmide social de um país, tornando-se, dessa maneira, difícil de compreender que se trata de um grupo de pessoas constituídas de forma não organizada e ao mesmo tempo apresentando características de adesão a ações de violência. Portanto, "ralé", no sentido arendtiano, diferentemente do que se estabelece trivialmente, não pode ser concebida como classe desfavorecida do ponto de vista econômico, uma vez que o seu significado ocorre no campo das manifestações, as quais são direcionadas às instituições de natureza política.

Tal direcionamento às instituições políticas teve sua origem no imperialismo, tratado por Arendt como algo firmado na expansão permanente no campo econômico. No seu curso, o imperialismo buscava um tipo de expansão do processo de produção sem limites bem como era também ilimitada a capacidade de organização, fornecimento e consumo admitida pelos homens. O imperialismo, em termos de esfera econômica, caracterizava-se por um tipo de expansão, que correspondia ao crescimento industrial. Tal expansão, desejada e exequível, significava aumentar a produção de bens para serem consumidos. Buscava-se um tipo de expansão do processo de produção sem limites. Da mesma maneira, era também ilimitada a capacidade de organização, produção, fornecimento e consumo demandada pelos homens. Nesse caso, admite-se, por meio dessa abordagem, a confirmação do entendimento arendtiano acerca do imperialismo no seu âmbito econômico. No entanto, quando se reduzem tanto a produção quanto o crescimento de natureza econômica, as implicações são mais políticas que econômicas, porque se considera que a produção depende da demanda apresentada por muitos povos diferenciados, que, por sua vez, se organizam em corpos políticos diversos, nos quais a produção e o consumo ocorrem de modo incontrolado e marcado pela desigualdade.

Assim, tem-se uma abordagem que chama a atenção para a existência de intervenções de caráter político no campo da produção, que se estendem para além do processo do crescimento econômico. Conforme Arendt (1989, p. 164), o imperialismo surgiu a partir do momento quando a classe detentora da produção capitalista passou a rejeitar as fronteiras nacionais, que se constituíam como barreiras ao processo de expansão econômica. Consequentemente, a necessidade de expansão econômica levou a burguesia a ingressar na esfera dos assuntos da política.

Contudo, chegou-se a um momento no qual se tornou evidente que os imperialistas almejavam uma forma de expansão, que foi deflagrada por um tipo curioso de crise de caráter econômico, centrado na superprodução de capital bem como no surgimento do dinheiro "supérfluo". Esse dinheiro surgiu do excesso de poupança, que já não podia mais ser investido dentro das fronteiras nacionais

Em termos arendtianos, a partir do momento quando o capitalismo permeou toda a estrutura econômica, e todas as camadas sociais passaram a pertencer à sua órbita de produção e consumo, para evitar um colapso no sistema, os capitalistas tiveram que procurar outros mercados. Daí, passa-se a essa fase do capitalismo, que significa "penetrar em outros países que ainda não estivessem sujeitos ao capitalismo e, portanto, pudessem proporcionar uma nova oferta e procura de características não capitalistas". Dessa forma, estaria a burguesia, na sua ânsia capitalista, promovendo a busca de espaços de oferta e procura em países de estruturação econômica ainda em estágio bastante diferenciado; portanto, sujeita ao processo de expansão imperialista.

A aventura em outros continentes almejados pelos donos do capital buscava ampliar de modo ilimitado o capital supérfluo. É nesse contexto que garimpeiros, aventureiros e a chamada escória, até então pertencentes às grandes cidades, emigraram para o continente africano de mãos dadas com o capital dos países industrialmente desenvolvidos. É a partir daí que a "ralé" [*mob*], fruto da incontrolada acumulação do capital, acompanhava os donos do capital supérfluo em busca de novas possibilidades de investimento. Ou seja, esses donos do capital supérfluo eram os únicos atores capazes de usar os homens supérfluos oriundos de todos os cantos do mundo. A aliança entre dinheiro e gente supérfluos produziu bens muito supérfluos e irreais. Essa foi uma das principais características do imperialismo.

Nota-se que, na perspectiva arendtiana, a chamada "ralé" [*mob*] é apresentada como fruto da monstruosa acumulação de capital. Aqui, verifica-se que aquilo que se traduz como "ralé" [*mob*] é associado ao processo de expansão imperialista; isto é: "A aliança entre a 'ralé' e o capital está na gênese de toda política imperialista". Por essa razão, Arendt chama a atenção para a associação entre o surgimento da "ralé" [*mob*] e a organização do capitalismo expansionista. Afirma a pensadora que o crescimento da "ralé" [*mob*] era um fato notado por grandes historiadores do século XIX. Os historiadores teriam deixado de perceber que a "ralé" [*mob*] não se identificava com o crescimento da classe trabalhista industrial e não tinha nada a ver com o povo como um todo. A definição de "ralé" [*mob*] passa pela concepção arendtiana de que ela era composta pelo refugo de todas as classes e que era também o subproduto da sociedade burguesa, da qual foi diretamente gerada e nunca separável dela completamente. Nesse sentido, existe um sentimento de parentesco alimentado pela junção entre os genitores e a prole; isto é, entre a burguesia e a "ralé" [*mob*].

Existem possibilidades de se confundir o sentido de "ralé" [*mob*] com o de povo. Porém, o entendimento que Arendt (1989, p. 129) possui acerca da "ralé" [*mob*] insiste em diferenciá-la da concepção de povo. Ao afirmar que "a ralé é fundamentalmente um grupo no qual são representados resíduos de todas as classes", Arendt parece apontar, a partir daí, para um dos principais motivos, que pode levar a confundir o que se compreende como "ralé" [*mob*] com o significado de povo, pois o povo "também compreende todas as camadas sociais". Para a autora, um dos exemplos a ser dado na diferenciação entre "ralé" [*mob*] e povo encontra-se na experiência vivida no seio das grandes revoluções. Pois, como ator em todas as grandes revoluções, o povo luta por um sistema no qual ele se sente representado. De maneira diferenciada, a "ralé" [*mob*] sempre brada pela ascensão do "homem forte", isto é, pelo "grande líder". Considerando que a "ralé" [*mob*] demonstra sentimento de ódio pela sociedade da qual é excluída, esse ódio se estende ao parlamento onde ela não se percebe representada. Por essa razão, os plebiscitos, com os quais os líderes modernos da "ralé" [*mob*] têm obtido resultados bastante satisfatórios, correspondem aos interesses de líderes políticos que se apoiam na "ralé" [*mob*]. Líderes grandes e fortes buscam, insistentemente, fomentar a oposição ao parlamento, e, consequentemente, se voltam para a adesão à realização constante de plebiscitos.

Para além do imperialismo, pode-se dizer que a insatisfação da "ralé" [*mob*] se apresentou também como elemento fundamental para criar condições para o advento e a consolidação do movimento totalitário do século XX. Tal movimento provocou certa atração sobre os elementos da "ralé" [*mob*] da sociedade a ponto de garantir que os seus líderes bem como os governantes totalitários apresentassem traços característicos dessa porção da população. Antes de se configurar como domínio total, o totalitarismo foi um movimento que atraía simpatizantes, a exemplo da "ralé" [*mob*]. Na condição de movimento, o totalitarismo se cercou de atores ansiosos por mudança no seio da estrutura política europeia, especialmente a alemã, estabelecida nas primeiras décadas do século XX. Arendt (1989, p. 381) salienta que "esses homens sentiam-se atraídos pelo pronunciado ativismo dos movimentos totalitários, pela curiosa e aparentemente contraditória insistência no primado simultâneo da ação pura e da força irresistível da necessidade".

Esse ativismo se traduzia em ações políticas pautadas na violência, uma vez que ele se desenvolveu até mesmo no que tange à preferência pelo terrorismo. Isto é, no exercício do protagonismo de sua ação política violenta, a "ralé" [*mob*] se sentiu atraída por um tipo de terrorismo, que se configurava numa espécie de filosofia, na qual era possível demonstrar a expressão de formas de frustração, ressentimento e ódio. Daí, a ânsia da "ralé" [*mob*] em propagar ações violentas. Ou seja, era necessário para o movimento seguir adiante demonstrando um terrorismo alicerçado numa espécie de expressionismo político, no interior do qual os seus atores estavam atentos à publicidade provocada por seus feitos estrondosos. Nesse caso, até mesmo o uso de bombas é apresentado como forma de linguagem. Tratava-se de um tipo de terrorismo, que estava, de maneira absoluta, disposto a pagar com a vida, assentando-se no fato de tentar buscar impingir às ditas camadas normais da sociedade o reconhecimento da existência de alguém que clamava em ser ouvido bem como deixar marcas evidenciadas por meio de suas ações violentas. Nessa perspectiva, o que a "ralé" [*mob*] buscava era obter o acesso à história, porque se almejava um tipo de reconhecimento, que não se importava com o preço da destruição.

Em termos arendtianos, a "ralé" [*mob*] acreditava que suas pretensões de poder seriam seguidas pelo conjunto das massas. Desse modo, supunha-se que, mais cedo ou mais tarde, a maioria dos povos europeus seguiria esse mesmo rumo no sentido de considerarem que estariam prontos para efetivar a tomada do poder. Ao admitir que a "ralé" [*mob*] esperasse galgar o poder por meio do apoio de massas impotentes, o que se buscava era a ajuda dessas massas para que a "ralé" [*mob*] promovesse os seus interesses de caráter privados. Admitida como um submundo da classe burguesa, a "ralé" [*mob*] pretendia substituir as camadas mais antigas da sociedade burguesa com o objetivo de introduzir nelas o espírito mais dinâmico desse submundo.

Mas, para Arendt (1989, pp. 387-388), se, por um lado, a "ralé" [*mob*] teve um importante papel no fortalecimento do movimento totalitário, por outro, ao assumir o poder, o totalitarismo se sentiu ameaçado pela capacidade de iniciativa dessas camadas. Devido a esse sentimento de ameaça, bastava os movimentos totalitários alcançarem o poder que todo um grupo de simpatizantes era descartado. Dito de um outro modo, acreditava-se que o poder de iniciativa típico do comportamento da "ralé" [*mob*] podia ameaçar o domínio total dos homens. Ou seja, os movimentos totalitários, no momento em que ascendiam ao poder, tornavam-se incapazes de conviver com elementos da "ralé [*mob*], que possuíam a capacidade de se mobilizar contra o poder constituído, pois camadas da sociedade, que se apresentam como portadores da capacidade de tomar iniciativas, não se incluem na moldura do domínio totalitário, que, por sua vez, necessitam para se manterem fortalecidos no poder do suporte da lealdade, cuja característica é mais comum em pessoas com falta de inteligência e criatividade. A criatividade comum em pessoas com capacidade de iniciativa, característica típica da "ralé" [*mob*], serviu para exaltar o movimento totalitário, porém já não se enquadrava mais no âmbito do domínio total do poder alcançado. Não é por menos o alerta de que "sempre que os movimentos totalitários tomavam o poder, todo esse grupo de simpatizantes era descartado antes mesmo que o regime passasse a cometer os seus piores crimes" (Arendt, 1989, p. 389). Nesse sentido, tem-se o totalitarismo efetivando o ato de devorar os seus próprios filhos. Os mecanismos de pressão social assumidos pela "ralé" [*mob*] só seriam preservados caso ela se abdicasse de se opor ao regime, que, devido à sua natureza totalitária pautada na cega lealdade, não admite refutações.

Enfim, ressalta-se que, em termos arendtianos, a gênese da "ralé" [*mob*] ocorreu no interior do imperialismo e sua ação efetivou-se nas manifestações que contribuíram para o fortalecimento dos movimentos totalitários, que, consequentemente, levariam à consolidação e à instauração de regime político institucional de domínio total. Assim, originada no interior do imperialismo e admitida como subproduto da burguesia, a "ralé" [*mob*] se apresenta na condição de conceito relevante para se compreenderem as diversas tópicas do campo da filosofia política contemporânea abordadas por Arendt relacionadas ao ponto de partida de seu pensamento: o fenômeno totalitário.

Referências

ARENDT, Hannah. *Origens do Totalitarismo*. Tradução Roberto Raposo. São Paulo: Companhia das Letras, 1989.

CORREIA, Adriano. *Hannah Arendt*. Rio de Janeiro: J. Zahar, 2007.

41.

REIFICAÇÃO

Nuno Pereira Castanheira
Pontifícia Universidade Católica do Rio Grande do Sul

A palavra *reificação* remete para o étimo latino *res*, o qual significa *coisa*, num sentido que não se refere apenas a tudo o que existe ou pode existir, em termos individuais – aos entes ou entidades intramundanas propriamente ditas –, mas também, num sentido mais genérico, às circunstâncias, situações ou condições do seu aparecimento – a própria ordem de coexistência ou mundo que constitui o seu lugar de aparecimento. Em alemão, *coisa* traduz a palavra *Ding*, da qual deriva a palavra *Verdinglichung* – *reificação*.

Em *A condição humana* (Arendt, 1959, 1994a, 2014), Hannah Arendt dedica uma breve seção à caracterização da reificação (seção 19), incluída na sua análise da noção de *obra* (*Work/Herstellen*) enquanto atividade humana. No entanto, elementos significativos para a compreensão da noção e dos problemas que lhe estão subjacentes estão dispersos pelo livro. As seções 12-14 e 18-23 de *A condição humana* são especialmente relevantes para compreender a noção de reificação, a possibilidade de desreificação que sempre a acompanha, as questões, experiências, práticas e pressupostos que lhe estão associados, bem como os seus limites e origem. Em *A vida do espírito* (Arendt, 1978, 2009, cap. O que nos faz pensar?), podem ser encontrados elementos decisivos para o esclarecimento da noção de *eidos*, do seu papel no processo de reificação e da atividade de pensamento como condição de possíveis práticas de desreificação e de restituição da liberdade enquanto sentido da coexistência humana através da ação e do discurso.

A referência clássica na análise da reificação é Georg Lukács e a obra *História e consciência de classe* (Lukács, 2003), na qual o autor recupera a noção de fetichismo da mercadoria, de Karl Marx (Marx, 2013), retomando a sua crítica das práticas capitalistas e da correspondente quantificação das relações sociais no mercado, para a generalizar, de forma a abranger toda a sociedade. Para Marx, o modo de produção capitalista tem a sua base na produção de mercadorias, bens primariamente produzidos não em função do seu valor de uso – i.e. para a satisfação das necessidades dos seus produtores –, mas em função do seu valor de troca no mercado, parecendo adquirir uma vida autônoma, com uma normatividade própria, independente dos seus produtores (Marx, 2013, seç. 1).

O resultado desta quantificação é a alienação dos produtores relativamente aos produtos do seu trabalho e a reificação das relações sociais, as quais são subsumidas, no modo de produção capitalista, ao mercado. Este processo transforma os trabalhadores e as relações sociais em meios ou funções da reprodução e sustentação dos produtos por si criados – as mercadorias. Esta reificação da vida torna-se particularmente evidente num sistema produtivo mecanizado, o qual parece operar de acordo com uma lógica e um movimento próprios, dividindo o trabalho em partes cada vez mais simples e desligadas do produto acabado, assim alienando os trabalhadores do mundo e do próprio sistema produtivo, ao mesmo tempo que transforma as suas vidas em funções de reprodução dos implementos da sua própria coisificação e dominação (Marx, 2013, seç. 1).

Lukács apropria-se desta análise marxiana, mostrando como esta dominação das relações sociais, baseada no fetichismo da mercadoria, assume a forma de uma racionalidade reificada em instituições e quadros normativos, racionalidade constituída à imagem da dominação e do controle individual que preside às ciências modernas da natureza e que resulta na naturalização das relações sociais (Lukács, 2003, p. 193–411). A teoria da reificação de Lukács estende a crítica marxiana do capitalismo e da mercadoria à crítica do individualismo da racionalidade técnico-científica, cujo modelo normativo invadiu a sociedade, impondo as suas formas objetivantes e reificadas (*Gegenständlichkeitsformen*) – não puramente lógicas, mas tecnológicas, abstraídas de relações e práticas sociais concretas – à vida social. O resultado é a redução da vida em sociedade a uma espécie de segunda natureza, aí para ser dominada e submetida a tecnologias de controle social por parte de um indivíduo soberano concebido como originalmente isolado, de mentalidade cientificamente orientada e constitutivamente independente das relações sociais e do seu caráter transformador (Feenberg, 2020; Lotz, 2020; Lukács, 2003, pp. 193-411).

Embora não seja mencionada por Arendt e a sua relação não possa ser explorada aqui, a perspectiva de Lukács – retomada nas obras de Theodor Adorno, Max Horkheimer, Herbert Marcuse e, mais recentemente, de Axel Honneth e Rahel Jaeggi, entre outros (Adorno e Horkheimer, 1985; Honneth, 2008; Jaeggi, 2014; Marcuse, 1991) – constitui um horizonte incontornável para compreender o que está em questão na análise da reificação por parte da autora.

Embora retome elementos centrais das análises marxianas e marxistas da sociedade capitalista, a abordagem arendtiana adota uma metodologia de cariz fenomenológico, atravessada de elementos genealógicos e ontológico-políticos. O seu propósito é fazer remontar os fenômenos e as formas de objetividade que são suas condições de possibilidade à sua origem na própria vida humana, bem como nas experiências sociais e políticas que lhe conferem sentido. Fenomenologicamente falando, a esfera social – a vida – constitui já uma articulação de uma compreensão preliminar (Arendt, 1994b), não-tematizada do significado de ser. Assim, Arendt reposiciona a questão ontológica tradicional da distinção entre Ser e Ente (influenciada por Heidegger, 2012), inscrevendo-a no campo das relações humanas e conferindo-lhe uma fundação não já metafísica, mas ontológico-política.

Seguindo esse movimento do mais familiar e quotidiano – a vida – para a origem ou fundamento, a discussão arendtiana da reificação em *A condição humana* pode ser dividida em quatro momentos fundamentais: (1) uma definição de reificação, das suas características e dos seus produtos (seções 12, 18 e 19); (2) a relação da instrumentalidade ou das formas reificadas com o sujeito do processo vital, incluindo as relações sociais nas quais decorre (seção 20); (3) a relação das formas reificadas com o sujeito da fabricação (seção 21); (4) o significado mais originário de "coisa" como obra de arte.

Na Seção 12, Arendt estabelece o ponto de partida da sua distinção entre trabalho e obra e, consequentemente, da distinção entre os seus produtos, respectivamente, bens de consumo e coisas. Esse ponto de partida é a linguagem, a qual articula e manifesta a diferença entre produtos do trabalho – bens ou possibilidades de ser disponíveis nos processos imanentes da subjetividade social – e as coisas intramundanas porque, neste segundo caso, se dirige para a transcendência, isto é, para o mundo, compreendido simultaneamente como em-comum e como espaço público. Falar é falar sobre algo, um dizer em que algo é articulado e comunicado (Arendt, 2014, seç. 12; Heidegger, 2012, parag. 34), um ato de transcender e colocar-se à distância da imanência muda do processo vital. Assim, falar pressupõe, como suas condições, algo mais ou menos estável e duradouro sobre o qual se fala e a presença de outros que não só vejam, ouçam e recordem – tornem presente o que está ausente (Arendt, 2009, cap. O que nos faz pensar?) – o que o falante vê, ouve e recorda, mas que partilhem com ele uma compreensão preliminar, genérica e não-tematizada do mundo – enquanto lugar da sua coexistência, do seu co-aparecimento – e das coisas do mundo – referenciais comuns para a articulação e comunicação de sentido. Para Arendt, os bens de consumo – possibilidades de ser produzidas pelo e consumidas no processo vital – derivam a sua coisidade dos objetos de uso, a forma mais imediata de aparecimento de coisas (Arendt, 2014, seç. 12).

As seções 18 e 19 desenvolvem este primeiro momento, abrindo com a distinção entre *Homo faber* – aquele que, emancipando-se das suas condições, dá sentido e dispõe de tudo o que existe – e *animal laborans*, no qual a distinção entre existência, genericamente falando, e existentes está ausente, diluindo-se no metabolismo do processo vital. Arendt afirma que as coisas são majoritariamente, mas não exclusivamente, objetos de uso duráveis e relativamente independentes cuja permanência confere estabilidade e solidez ao mundo, compreendido como artifício humano, isto é, como ordem de coexistência (Arendt, 2014, seç. 18).

Na edição alemã de *A Condição Humana*, Arendt introduz uma sutileza que se perde na edição em inglês e na tradução portuguesa, jogando com dupla designação para a palavra "objeto": *Gegenstand* e *Objekt*. Para a autora, é a "objetividade" – a sua *"'objektive' Gegenständlichkeit"* – das coisas do mundo que lhes permite resistir e suportar as investidas consumistas do processo vital, acrescentando que é a "objetividade" – *"Objektivität"* – das coisas do mundo que estabiliza a vida humana, permitindo aos seres humanos que se certifiquem da sua identidade referindo-se às mesmas coisas. Arendt acrescenta que é a objetividade – *"die objektive Gegenständlichkeit"* – erigida pelos seres humanos a partir da natureza que lhes permite considerar a natureza como algo "objetivo" (Arendt, 1994a, p. 125). Dito de outro modo, são as formas categoriais (*"objektive"*) – normas, leis, instituições etc. – que tornam possível e materializam (*"vergegenständlichen"*) a diversidade dos objetos da experiência (*"Gegenstände"*), articulando-se num mundo humano, numa totalidade de sentido com referenciais compartilhados mais ou menos permanentes e duráveis, contrapondo-se à instabilidade do processo metabólico da vida social.

Na seção 19, Arendt trata diretamente do processo de reificação – *Verdinglichung* –, começando justamente por dizer que a solidez das coisas deriva dessa materialização que permite a sua manipulação pelo *Homo faber*. Mas Arendt acrescenta que essa materialização – as formas ou referenciais produtores de sentido que conferem ordem e estabilidade ao mundo – não é pura e simplesmente dada, que ela é já um produto constituído pela atividade humana, material extraído do processo vital por meio do exercício de violência. Essa violência é condição de possibilidade do processo criativo humano, o qual – ao contrário de Deus, que cria *ex nihilo* – necessita que lhe seja dada uma substância – um ser – a partir da qual constituir um sentido e erigir o mundo, revoltando-se contra os seus processos e sobre a qual possa exercer a sua soberania (Arendt, 2014, seç. 19). Esta violência é a experiência mais básica da força humana (Arendt, 2014, seç. 19), a experiência de emancipação relativamente a condições sociais dadas, de tomar a existência nas suas próprias mãos e de lhe constituir – em sentido fenomenológico (Husserl, 1989) – um significado e um ordenamento próprios.

Toda a emancipação procura constituir e articular um sentido para o mundo enquanto artifício humano; por outras palavras, todo o ensaio de emancipação decorre sob orientação de uma antecipação da possibilidade de constituição de um sentido próprio para a existência, isto é, de um projeto de libertação e de liberdade que preside às diferentes tentativas da sua materialização no mundo. Segundo Arendt, essa prefiguração (*Vorbild*) está fora do fabricante, isto é, transcende-o, precedendo o processo efetivo de fabricação e nunca se esgotando nele – a existência do fabricante é finita, a prefiguração que guia o processo de constituição do mundo visa a permanência deste último para lá da finitude do fabricante e do seu processo de reificação (Arendt, 2014, seç. 19). Isso permite que o projeto de constituição de um mundo próprio, a configuração – *eidos* – que preside à força emancipatória e lhe confere unidade e permanência devido ao seu caráter inesgotável se torne concreta numa multiplicidade de experiências e suas respectivas formas objetivas. Assim, todo o produto das mãos humanas e o processo de reificação correspondente têm um começo e um fim definidos, a saber, constituir um mundo de coisas estáveis – referenciais normativos, critérios, instituições etc. – que sirvam de instrumentos da certificação do domínio do *Homo faber* sobre a existência, liberto das necessidades do processo vital (Arendt, 2014, seç. 19). E isso implica que aquele que constituiu esses produtos pode, de igual forma, emancipar-se deles e destruí-los, isto é, desreificá-los.

Assim, é preciso ter presente que uma das condições do processo de reificação é que a durabilidade, permanência e existência dos seus produtos e do próprio mundo seja relativamente independente do seu produtor. Na medida em que o processo de reificação que os trouxe à existência e lhes conferiu sentido enquanto resultados do projeto de emancipação humana se extingue neles, há sempre o risco de esses produtos – referenciais normativos, instituições etc. – se apresentarem como instrumentos autónoma e automaticamente aplicáveis ao *animal laborans*, isto é, ao quotidiano das relações sociais e ao metabolismo do processo vital, assumindo o lugar de soberanos sobre a vida, nomeadamente sob a forma burocratizada da dominação tecnológica e da maquinaria social. A discussão deste ponto constitui o segundo momento de análise da reificação (Arendt, 2014, seç. 20). Esse processo de constituição dos instrumentos em sujeitos autónomos (Arendt, 2014, seç. 20, nota 12) resulta na reificação das próprias relações sociais e dos seus protagonistas, os quais se tornam meros meios de produção, reprodução e sustentação de processos de um mundo que lhes aparece como estranho (ver alienação do mundo, Arendt, 2014, seç. 35). No entanto, isto não significa que o ser humano esteja perante a alternativa de ser colocado ao serviço da maquinaria social que ele próprio produziu no seu projeto emancipatório ou de buscar uma liberdade incondicionada, utópica; significa, isso sim, que essa maquinaria precisa de ser reconhecida como parte da sua condição existencial e que, como tal, a sua operação e o seu significado devem depender de um mundo em que ela seja compreendida como material para a concretização de um projeto renovado de constituição da liberdade.

A não-aceitação do caráter condicionado e finito da existência humana por parte do *Homo faber* resulta na compreensão do mundo não como um ensaio de constituição da liberdade, mas como meio para uma libertação supramundana do humano, absoluta, sem limitações (Arendt, 2014, Prólogo). O antropocentrismo presente nesta visão estritamente instrumental e utilitarista do mundo confunde o significado da obra humana – a liberdade que procura constituir-se em conteúdo e sentido do mundo – com a utilidade. A consequência é o despojamento de todas as coisas da sua existência independente, da sua dignidade ou ser próprio enquanto entidades (Arendt, 2014, seç. 21). Este aviltamento do mundo e das coisas intramundanas relativiza a dignidade intrínseca de todos os existentes. De fato, relativiza até os próprios seres humanos enquanto entes intramundanos, concretos, cuja dignidade passa também a estar subsumida e a ser aferida em termos de um referencial que não lhes é já intrínseco, mas abstrato que faz depender o seu "valor" do mercado de trocas (Arendt, 2014, seç. 22).

A saída desta perplexidade passa pelas obras de arte, cuja inutilidade intrínseca é indicativa de uma durabilidade que transcende qualquer ensaio de atualização da sua dignidade inerente por parte do ser humano, não se esgotando nele (Arendt, 2014, seç. 23). Nas obras de arte, o significado resiste ao aviltamento do uso, remetendo a sua configuração finita como entidades intramundanas para a sua origem no processo de constituição – de reificação – que esteve na sua origem e para o projeto de liberdade – *eidos* – que presidiu à constituição do seu conteúdo. O pensar, enquanto atividade que torna presente a vida que está ausente na "letra morta" das obras de arte (Arendt, 2014, seç. 12 e 23), em particular o mundo compreendido como artifício humano, reenvia o mundo e o conteúdo do mundo para a sua origem ou fundação nos atos discursivos entre seres humanos, restaurando a possibilidade de renovação do seu sentido, isto é, da liberdade, através da ação e do discurso (Arendt, 2009, cap. O que nos faz pensar?, 2014, cap. V).

As reflexões de Arendt sobre a reificação permitem pensar numa alternativa política ao capitalismo e ao socialismo burocratizado de estado, a qual ficou por pensar em Lukács, alternativa que permitiria lidar com a predominância tecnológica das sociedades contemporâneas, preservando a constituição da liberdade e a participação política democrática através do sistema de conselhos (ver Arendt, 1990).

Referências

ADORNO, Theodor W.; HORKHEIMER, M. *Dialética do esclarecimento –* fragmentos filosóficos. Rio de Janeiro: Jorge Zahar Ed., 1985.

ARENDT, Hannah. *The human condition.* Chicago: University of Chicago Press, 1959.

ARENDT, Hannah. *The life of the mind*. One Volume ed. Nova York: Harcourt, Inc., 1978.

ARENDT, Hannah. *On revolution*. Londres: Penguin Books, 1990.

ARENDT, Hannah. *Vita activa oder Vom tätigen Leben*. Munique: Piper, 1994a.

ARENDT, Hannah. Understanding and politics (The difficulties of understanding). In: *Essays in understanding*: 1930-1954 – Formation, exile, and totalitarianism. 1930-1954. Ed. by Jerome Kohn, Harcourt, Brace & Company, 1994b, pp. 307-27.

ARENDT, Hannah. *A vida do espírito*. Rio de Janeiro: Civilização Brasileira, 2009.

ARENDT, Hannah. *A condição humana*. 12ª Ed. Rio de Janeiro: Forense Universitária, 2014.

FEENBERG, Andrew. Lukács's theory of reification: an introduction. In: *Confronting reification*. Leiden: BRILL, 2020, pp. 13-24.

HEIDEGGER, Martin. *Ser e Tempo*. São Paulo: Editora da Unicamp; Petrópolis, RJ: Vozes, 2012.

HONNETH, Axel. *Reification:* a new look at an old idea. Oxford: Oxford University Press, 2008.

HUSSERL, Edmund. *Ideas pertaining to a pure phenomenology and to a phenomenological philosophy*. Second Book. Dordrecht: Kluwer Academic Publishers, 1989.

JAEGGI, Rahel. *Alienation*. Nova York: Columbia University Press, 2014.

LOTZ, Christian. Categorial Forms as Intelligibility of Social Objects: Reification and Objectivity in Lukács. In: *Confronting Reification*. Leiden: BRILL, 2020. p. 25-47.

LUKÁCS, Georg. *História e consciência de classe*: estudos sobre a dialética marxista. São Paulo: Martins Fontes, 2003.

MARCUSE, Herbert. *One-dimensional man* – studies in the ideology of advanced industrial society. 2ª Ed., Londres and Nova York: Routledge, 1991.

MARX, Karl. *O capital* – Livro I. São Paulo: Boitempo Editorial, 2013.

42.

REPUBLICANISMO

Newton Bignotto
Universidade Federal de Minas Gerais

Uma boa parte dos trabalhos de Arendt foram escritos nos trinta anos que se seguiram ao final da Segunda Guerra mundial. Nesses anos, também foram publicados os escritos de Hans Baron (1900--1988) e de Eugenio Garin (1909-2004), que contribuíram para colocar na ordem do dia os debates sobre o surgimento do pensamento político moderno, em particular do republicanismo. Ambos chamaram a atenção para a importância do humanismo cívico, corrente do pensamento italiano do Renascimento, que deslocou o eixo do pensamento medieval, centrado no elogio da vida contemplativa, para a defesa da participação dos cidadãos na vida das cidades. Nos Estados Unidos, historiadores como Gordon Wood (1933-) e Bernard Baylin (1922-2020), por meio de suas investigações sobre as origens da Revolução americana, mostraram que as contribuições da chamada tradição republicana na formação das ideias e no desenvolvimento institucional da jovem nação foi muito maior do se supunha até então. Com isso, abriram uma brecha na corrente majoritária da historiografia, que tendia a enxergar no nascimento dos EUA um puro produto das ideias liberais.

Arendt certamente teve contato com a obra de autores que de uma maneira ou de outra se interessaram pelas ideias associadas ao republicanismo. Seu caminho, no entanto, foi outro. Sua aproximação do republicanismo não se deu pela adesão a uma pauta de pesquisa ou a uma corrente de pensamento específica, que reivindicasse diretamente a herança da tradição republicana. Ao longo dos anos em que construiu sua obra, foram surgindo questões e problemas que a levaram a se utilizar da obra de pensadores que são normalmente associados ao republicanismo. A melhor maneira de estudar seus vínculos com essa corrente de pensamento é recorrer aos temas centrais de alguns de seus livros para aí descobrir os vínculos que ela teceu com um grande número de filósofos, historiadores e escritores republicanos. Num sentido estrito, nossa pensadora nunca se disse "republicana". Avessa a rótulos, não lhe interessava recorrer a esse tipo de filiação para estruturar sua reflexão. O republicanismo de Arendt se encontra disseminado no corpo de seus argumentos e nas escolhas teóricas que a guiaram ao longo de sua carreira. Para desvelá-lo, vamos procurar indicar os temas e problemas que a ligam à tradição que estamos investigando nesse verbete (Silva, 2019, p. 10).

O primeiro tema é o da separação entre a esfera privada e a esfera pública. Em *A condição Humana*, ela mostra que é fundamental distinguir as duas esferas para pensar a natureza da ação política e suas especificidades. Se o público aponta para o que é comum a todos e que, ao mesmo tempo, permite que cada um possa forjar a própria identidade, ele é, como afirma a pensadora, «o próprio mundo». Já o privado diz respeito ao espaço da intimidade e da particularidade da vida de cada um de nós. A necessidade de separação das duas esferas não significa que a vida privada seja destituída de valor e que apenas o que se faz em público deva ser considerado como valoroso. O importante para Arendt é mostrar que, para que exista uma vida política plena, é preciso que as duas esferas estejam bem separadas. No espaço da vida privada, muitas vezes identificada com a necessidade, o ser humano realiza tarefas das quais não pode abdicar sob pena de colocar em risco a própria sobrevivência. Da mesma maneira, o espaço público não pode pretender absorver tudo o que é humano com o risco de fazer desaparecer uma dimensão sem a qual não podemos viver nossa vida em comum. Dizendo de outra maneira. Para nossa autora, precisamos das duas esferas para realizar plenamente nossa humanidade. Por isso, é necessário manter a separação entre elas se quisermos continuar a viver como seres da política. O desaparecimento dessa separação está no centro dos regimes totalitários, como ela mostra em vários de seus textos.

Aceita essa premissa, é possível interrogar a natureza da ação em sua figuração pública. Em *A condição humana*, Arendt afirma que, para que haja ação, é preciso que haja pluralidade. Sem levar em conta a igualdade e diferença entre os seres humanos não podemos falar em política no sentido estrito. Como resume a autora: "Por outro lado, a vida sem discurso e sem ação –único modo de vida em que há sincera renúncia de toda vaidade e aparência na acepção bíblica da palavra – está literalmente morta para o mundo; deixa de ser uma vida humana, uma vez que já não é vivida entre os homens" (Arendt, 2010, p. 189). Isso conduz a autora a fazer da ação e do discurso eixos centrais de seu pensamento político. É só nesse espaço em comum que podemos criar algo novo e modificar a própria vida na terra.

Na transição do século XIV para o XV, autores como Collucio Salutati (1331-1406)) e Leonardo Bruni (1370-1444) realizaram um giro teórico que teve grandes consequências para o desenvolvimento do pensamento político moderno. Sem confrontar diretamente os pressupostos da filosofia tomista, eles, junto com um conjunto de pensadores, que vieram a ser conhecidos como humanistas cívicos, afirmaram a primazia da vida ativa sobre a vida contemplativa e, a partir daí, se lançaram na aventura de recuperar a dignidade da vida política. Esse movimento foi levado a cabo, sobretudo a partir da recuperação das ideias de autores como Cícero, Salústio, Tito Lívio, Sêneca e muitos outros. O herdeiro mais conhecido desses pensadores, Maquiavel, acabou se transformando num dos pilares centrais do republicanismo moderno.

Arendt não se apoia explicitamente nesses autores, mas é evidente que segue seus passos quando confere à vida ativa um lugar relevante em seu pensamento. Diferente de muitos pensadores marxistas, ou de formação liberal, ele sempre afirmou que o mundo em comum é o resultado da combinação entre as forças da necessidade com aquelas da liberdade. Isso só se realiza no espaço da pluralidade humana. Em sintonia com os republicanos do Renascimento Italiano, Arendt sustenta que o caráter criativo da ação advém também do fato de que: "o motivo pelo qual jamais podemos prever com segurança o resultado e o fim de qualquer ação é simplesmente que a ação não tem fim" (Arendt, 2010, p. 245). Não é sem razão que nossa autora pensou em intitular seu livro *Vita Activa*. Ao recorrer a conceitos como o de ação, de pluralidade e mundo, ela operou para devolver à noção de ação um alcance que só pode ser encontrado no território da cidade e nunca na pura meditação sobre o eu. Ao realizar esse giro, ela se aproximou de maneira clara do movimento levado a cabo pelos pensadores italianos que contribuíram para o renascimento do republicanismo.

Um segundo ponto de convergência do pensamento de Arendt com essa corrente de pensamento se encontra em seu tratamento da questão da liberdade. Em um texto de seu livro *Entre o passado e o futuro*, ela faz uma afirmação lapidar: "a liberdade como fato demonstrável e a política coincidem e são relacionadas uma à outra como dois lados da mesma matéria" (Arendt, 1972, p. 195). O objetivo principal do texto é mostrar que o aparecimento da ideia de livre arbítrio na Idade Média e, depois, a eclosão das filosofias da consciência, jogou no esquecimento a ideia de liberdade associada à política tal como a pensavam os gregos e os romanos. Com a separação que a modernidade impôs entre as duas noções, foi a ideia de política que acabou sendo afetada. Para nossa autora, a liberdade se conecta diretamente com a ação. Somos livres quando agimos e não simplesmente quando exercitamos nossa vontade em abstrato. Dessa maneira, a liberdade de consciência não garante aos seres humanos o exercício da faculdade de começar, que os caracteriza como seres políticos. A aproximação de Arendt de pensadores como Maquiavel e Montesquieu, que detectamos nessa afirmação, não tem nada de fortuita. Ela revela uma das faces de sua inclusão na longa tradição republicana, que é sintetizada pela afirmação da autora de que: "somente quando o quero e o posso coincidem a liberdade se consuma" (Arendt, 1972, p. 208).

Talvez a consequência mais direta dos dois pontos assinalados acima é que Arendt, à imagem de pensadores como Rousseau, se preocupa em dignificar a política sem cair na armadilha dos que acreditam que ela pode ser o mero exercício da força. O filósofo francês define a república como um regime de leis. A pensadora toma esse ponto de partida para meditar sobre a natureza do poder em seu livro *Crises da República*. Investigando as fronteiras entre a noção de poder e outras, que normalmente lhe são associadas, ela conclui que: "o poder não necessita de justificação, sendo inerente à própria existência de comunidades políticas; o que realmente necessita é legitimidade" (Arendt, 1973, p. 129). Para a pensadora, é preciso separar poder de noções como fortaleza, força, autoridade e, sobretudo, violência. Esse esforço para encontrar definições precisas de cada um dos termos se justifica pelo fato de que "poder e violência, ainda que fenômenos distintos, quase sempre aparecem juntos" (Arendt, 1973, p. 129). Acreditar que um regime político pode se conservar recorrendo o tempo todo à violência é algo que foi refutado por muitos autores republicanos, assim como por Arendt. No contexto do século XX, no entanto, suas formulações permitiram dar um passo que não podia ser dado pela tradição.

No Renascimento, os pensadores republicanos, como Maquiavel, afirmavam que a principal oposição no terreno dos regimes políticos era entre república e tirania. No terreno das ideias, isso correspondia à contraposição entre o polo da liberdade e o polo da servidão, que também era o polo da violência. Na modernidade, o regime tirânico foi substituído pelo despotismo, ainda que a tirania continuasse a servir para designar as ações dos governantes autoritários e suas conexões com o uso da violência na arena pública. Com as análises feitas pela autora do surgimento dos regimes totalitários, ficou claro que as antigas classificações das formas políticas deviam ser modificadas. Surgiu assim uma nova contraposição entre totalitarismo e república, que apontou para uma nova maneira de abordar a questão da liberdade e de seus opostos. Os trabalhos de Arendt contribuíram de maneira decisiva para o que podemos considerar como uma nova tópica conceitual do republicanismo.

Um quarto ponto de aproximação entre o republicanismo e o pensamento de Arendt é o tratamento dado pela autora ao problema da criação dos regimes políticos. Desde a Antiguidade, essa questão é abordada por meio do recurso ao tema da fundação e do legislador. Encontramos esses termos ao longo dos séculos e até mesmo nas obras de Rousseau. O filósofo genebrino ainda se serve deles para falar, por exemplo, do momento de criação do contrato social. Arendt preservou o tema da fundação, mas soube ver que, a partir da modernidade, os conceitos deveriam ser outros. Para operar esse resgate, ela se debruçou sobre o tema da revolução em um de seus trabalhos mais conhecidos. Refletindo sobre a natureza das transformações revolucionárias na modernidade, Arendt apontou para o caráter radical do surgimento das novas ordens políticas (Arendt, 2011, p. 233ss). Isso se dá pelo fato de que as velhas ordenações políticas são destruídas por atores que acreditam que devem começar tudo de novo para não repetir os vícios e defeitos do regime que desapareceu. Esse foi o caso dos revolucionários franceses a partir de 1789. Num certo sentido, a pensadora se une à tradição republicana, que sempre se preocupou com o problema da fundação e do legislador. Ao estudar, no entanto, a Revolução americana, Arendt se deu conta de que o modelo francês não esclarecia plenamente o significado do fenômeno revolucionário em nossa época. A grande transformação conceitual se deu na afirmação da importância das constituições surgidas do cenário de mudanças profundas que acompanham as revoluções. Se autores como Rousseau associavam república ao império das leis; com Arendt, a formação de uma república se dá por meio da aprovação de uma constituição, que passa a reger a vida em comum dos homens. Com esse passo, ela introduziu uma tópica essencial no pensamento republicano contemporâneo.

Os temas e argumentos aludidos até aqui estão longe de conter todos os elementos da relação existente entre o pensamento de Arendt e o republicanismo. Eles ajudam a ver, no entanto, que essa aproximação é mais profunda do que pensaram alguns de seus intérpretes. Ela se dá no contexto do renascimento da filosofia política contemporânea, para o qual nossa autora contribuiu de forma decisiva. Sua obra não testemunha apenas sua proximidade com autores da tradição republicana. Ela é parte fundamental do desenvolvimento do republicanismo contemporâneo. Com ela, essa tradição multissecular de pensamento político escreveu mais um capítulo de sua longa história.

Referências

ARENDT, Hannah. *Entre o passado e o futuro*. Trad. São Paulo: Perspectiva, 1972.

ARENDT, Hannah. *A condição humana*. Trad. de Roberto Raposo e revisão de Adriano Correia. Rio de Janeiro: Forense Universitária, 2010.

ARENDT, Hannah. *Crises da república*. São Paulo: Perspectiva, 1973.

ARENDT, Hannah. *Sobre a revolução*. Trad. Denise Bottmann. São Paulo. Companhia das Letras, 2011.

BRUGGER, Bill. *Republican theory in political thought* – virtuous or virtual. Nova York: St. Martin's Press, 1999.

CANOVAN, Margareth. *Hannah Arendt*: a reinterpretation of her political thought. Cambridge University Press, 1992.

SILVA. Elivanda de Oliveira. *Hannah Arendt e o republicanismo*. A redescoberta dos tesouros políticos da Antiguidade e a primazia da ação política. Tese de doutorado, Universidade Federal de Minas Gerais, 2019.

VILLA, Dana. *Politics, philosophy, terror*: essays on the thought of Hannah Arendt. Nova Jersey: Princeton University Press, 1999.

43.

RESPONSABILIDADE

Alexandrina Paiva da Rocha
Universidade de São Paulo

Em 1961, Hannah Arendt empreendeu uma viagem a Israel para atuar como correspondente da revista "The New Yorker" no processo de julgamento de Adolf Eichmann. A partir desta experiência publicou *Eichmann em Jerusalém – um relato da banalidade do mal*, em 1962, gerando uma série de controvérsias, o que interferiu em suas amizades íntimas e a isolou de quase toda a comunidade judaica. Em 1964, Arendt revisou a obra, adicionando um novo pós-escrito em resposta às críticas endereçadas a ela e seu trabalho. Entre suas respostas, destaca-se o texto "Responsabilidade pessoal sob a ditadura", pertencente à obra póstuma *Responsabilidade e julgamento*. No citado volume, figuram ensaios e artigos extraídos de conferências, cursos, palestras, textos encomendados por revistas e pronunciamentos proferidos por Arendt durante os anos de 1960 até meados da década de 1970.

Como podemos observar por suas considerações em uma carta a Carl J. Friedrich em 11 de janeiro de 1962, embora Arendt estivesse preocupada em tratar temas relacionados ao Tribunal de Eichmann de um modo não profissional por não possuir uma formação jurídica, o evento do julgamento de Eichmann no Tribunal de Jerusalém fez com que nossa autora fornecesse uma relevante contribuição para as questões jurídicas ao suscitar elementos específicos dessa esfera, tais como: tribunal *ad hoc* ou de exceção, Tribunal Penal Internacional, estabelecimento de competência e jurisprudência, tribunais nacionais, processo de extradição, tipificação de crimes internacionais, prescrição de crimes internacionais, culpabilidade e responsabilidade do indivíduo. Esse último conceito, já presente nos escritos de Arendt em *Origens do totalitarismo*, teve mais visibilidade e relevância para nossa autora a partir de *Eichmann em Jerusalém* e da coletânea de textos *Responsabilidade e julgamento* ao traçar uma linha divisória entre as responsabilidades pessoal e a política (coletiva), de um lado, e as culpas moral (pessoal), legal e coletiva, de outro.

De acordo com Arendt, o conceito de responsabilidade está relacionado à moralidade e a uma das faculdades da vida do espírito, pois, de acordo com nossa filósofa, as "questões legais e morais não são absolutamente idênticas, mas possuem uma certa afinidade, porque ambas pressupõem o poder de julgamento" (Arendt, 2004, p. 84). As questões levantadas sobre o julgamento de Eichmann, em sua maioria, eram morais, trazendo implicações para o direito e para a capacidade de julgar: a primeira relacionada a COMO realizar nossa capacidade de julgar distinguindo entre o certo e o errado, mesmo que a maioria ou a totalidade dos indivíduos em nossa sociedade já tivesse prejulgado a questão e a como julgar sem padrões concebidos de normas para que os casos particulares pudessem se moldar a regras gerais de comportamento e a segunda relacionada a QUEM deve exercer essa capacidade de julgar, mesmo que os acontecimentos ou ocorrências não tenham sido presenciadas por aqueles que julgam.

Tal faculdade sempre carregou um fardo por ser algo considerado pejorativo, um ponto de controvérsias em nossa sociedade que difundiu um medo de julgar alicerçado em um postulado moral religioso que pode ser exemplificado pela citação bíblica "atire a primeira pedra quem nunca pecou" (Arendt, 2004, p. 81), em que Jesus, diante da iminente execução da pena a uma mulher suspeita de adultério, suplanta a necessidade da aplicação da lei pela aplicação de um princípio moral ao qual deveriam submeter todos os presentes naquela circunstância que se autoicumbiam do pronunciamento da sentença e da execução em desfavor da mulher acusada. Dessa forma somos confrontados por questões morais sobre a responsabilidade e o julgamento de nossos atos ao perguntarmos: se todos somos pecadores, somos agentes livres de nossos atos? Somos responsáveis pelo que fazemos? *Quem sou eu para julgar?* (Arendt, 2004, p. 82) O que habilita o indivíduo a ter certeza de si mesmo como alguém habilitado a emitir um julgamento? Assim, essa premissa moral cristã, que nossa autora identifica como culpa coletiva, ecoa como justificativa coletiva de nossos atos, inclusive os políticos, fundamentados ora em tendências históricas, em movimentos dialéticos, ou "em alguma necessidade misteriosa que funciona pelas costas dos homens e confere a tudo que fazem algum tipo de significado mais profundo" (Arendt, 2004, p. 82), ao invés de justificar nossos atos em uma culpa específica.

Esse eco da falácia da culpa coletiva com fundamentação em um pressuposto moral religioso, também ressoou na sociedade alemã uma vez que toda a história germânica, de Lutero a Hitler, foi considerada culpada pelos atos inomináveis praticados nos campos de concentração e extermínio durante a II Guerra Mundial, isso porque também havia um resquício do medo de julgar, de atribuir uma culpa específica. Inexistiam problemas em identificar as raízes dos atos de eventos histórico-filosóficos, "de Hitler até Platão, Joaquim de Fiori ou Nietzsche, até a ciência tecnologia moderna, ou até o niilismo ou a revolução francesa" (Arendt, 2004, p. 82). No entanto, o argumento de que os alemães não são culpados individualmente, tornando a culpa coletiva, não autoriza estabelecer o julgamento de uma pessoa em específico e sua respectiva culpa individual. Dessa forma, "quando todos são culpados ninguém o é" (Arendt, 2004, p. 82), levando-nos a desculpar em um grau considerável aqueles que realmente eram culpados pelos atos inexpressíveis cometidos nos campos de concentração e de extermínio, enquanto inúmeros inocentes se sentiram culpados (Arendt, 2004, p. 82). Vale ressaltar que não existem nem culpa e nem inocência coletiva.

Com base em sua experiência pessoal sobre o campo filosófico pouco valorizado da moralidade na Alemanha, antes do fenômeno totalitário, tanto Arendt quanto a geração de intelectuais contemporâneos da qual ela pertencia, quando confrontados com uma fraqueza moral, não compreendiam a seriedade dessas questões, isso por desconhecimento ou havia uma falta de interesse (Arendt, 2004, p. 85). Tal desvalorização nos remete a uma ausência de distinção entre horror inexprimível e as experiências ordinárias e repulsivas, sujeitas a julgamentos normais como a primeira desintegração moral da antiga e civilizada sociedade alemã, que teve seus comportamentos – costumes, usos e maneiras – tanto das figuras públicas de todas as esferas da vida dessa sociedade como da população alemã como um todo, modificados da noite para o dia, "sem dificuldade maior do que a enfrenta para mudar as maneiras a mesa de todo um povo" (Arendt, 2004, p. 85). Nesse sentido, o comportamento dos membros das tropas nos campos de concentração e de extermínio, assim como a tortura da polícia secreta, perturbava moralmente os alemães, mas não os ofendia; embora as opiniões disseminadas pelos discursos dos nazistas de alto escalão fossem correntes na sociedade alemã alguns anos anteriores à Guerra, o que não permitia aos germânicos alegar desconhecimento, tais "juízos de valor" não os causava indignação moral.

Essa mudança de comportamento na sociedade alemã – fenômeno de "coordenação" – se dava não pelo medo desse sistema, mas pelo desejo de não perder "o trem da história". A "coordenação" interferiu nas relações pessoais da sociedade, inclusive da nossa filósofa que rompeu e abandonou laços de amizades, fato perturbador que não ocorreu pelo comportamento dos inimigos, já esperado, mas pelo dos amigos que *"estavam apenas impressionados com o sucesso nazista e incapacitados de opor o seu próprio julgamento ao veredicto da História, assim como eles o interpretavam"* (Arendt, 2004, p. 86), os quais compactuaram com a determinação nazista. Dito de outro modo, os "amigos" não tiveram nem um julgamento pessoal nem uma ação nos primeiros estágios do regime nazista que pudesse interferir naquele horror inexprimível.

Isto posto, podemos verificar que houve tanto um colapso quase universal do julgamento pessoal/moral quanto um colapso da responsabilidade pessoal/moral nos primeiros estágios do regime nazista, levando até mesmo os cidadãos de bem a participarem dos atos cometidos pelo regime. Alguns daqueles que participaram desses atos justificaram moralmente sua participação por meio do argumento do mal menor e os que não participaram foram capazes de realizar um julgamento pessoal e moral do certo e o errado daquela situação por si próprios sem um sistema padrões morais de certo ou errado arraigados em suas consciências ditando suas ações ou por um sistema de valores melhor do que o resto de seus compatriotas alemães, ou seja, não possuíam nenhum arcabouço moral de antemão necessário para prejulgar por eles toda nova experiência.

    O critério de tais indivíduos para que não tivessem participado dos crimes cometidos regime nazista era direcionado pelo fato de que se perguntavam como conseguiriam viver em paz consigo mesmos depois de terem cometido certos atos inexprimíveis, assim recusaram-se a tornarem-se assassinos em massa, mantendo-se fieis a comando morais como "Não matarás", mas sem a fundamentação religiosa ao qual estamos acostumados, não porque estariam indo contra um dos 10 mandamentos das Leis de Deus, mas porque não estavam dispostos a conviver com eles mesmos como assassinos. Independentemente dos fatos, podemos nos distanciar de outros indivíduos, mas não podemos viver longe de nós mesmos, responsáveis pela nossa faculdade humana do julgar e negada por aqueles que participaram do governo totalitário alegando em sua defesa atos de estado, obediência a ordens superiores, inseridos na teoria dos dentes da engrenagem e o mal menor. A moralidade está justamente associada a esse diálogo socrático silencioso entre mim e mim mesmo – o pensar –, raiz de todo pensamento filosófico e pré-condição para a faculdade humana do julgar.

    Com essa mudança de comportamento na sociedade germânica, não havia uma clareza do que acontecia na Alemanha nem durante o regime nazista e nem após seus horrores inexprimíveis quando o mundo se voltara para a construção e consolidação de um Sistema Internacional de Direitos Humanos na esfera do Direito Penal Internacional. Essa incapacidade de realizar julgamentos pessoais no âmbito da moralidade em situações limites, duvidando da sua capacidade de fazer julgamentos morais sobre uma pessoa em particular, como a que ocorreu durante o regime nazista nos leva a considerações sobre a faculdade humana de julgar, legando o julgamento apenas para o âmbito legal na figura de especialistas, no caso, os juízes. No entanto, mesmo na esfera jurídica, essa situação de incompreensão do comportamento alemão pode ser verificada. O exemplo fornecido por nossa autora é a punição legal dos criminosos da II Guerra. De acordo com o senso de justiça, tal mecanismo jurídico surgiu como uma maneira de quebrar o vínculo vicioso da vingança antes que houvesse a instituição do tribunal e da lei, visando a proteção da sociedade contra o crime, a força do exemplo como advertência para criminosos em potencial, a reabilitação do criminoso e a justiça retributiva. No entanto, tais *telos* da punição legal não se aplicavam aos criminosos de guerra, pois estes não eram criminosos comuns, uma vez que não esperavam que cometessem outros crimes. Não obstante, parecia intolerável deixar os assassinos de milhões de pessoas impunes.

Além da ausência de fundamentação moral para uma nova ordem legal, o genocídio do povo judeu não ocorreu em uma estrutura de ordem legal. Na verdade, houve uma inversão legal na sociedade alemã, em que membros respeitáveis da sociedade não cometeram tais crimes por justificações ideológicas sob uma ideologia racista, antissemita ou demográfica do Reich, mas seguiam a vontade do *Führer* – lei do país. Por consequência, a desobediência das leis do *Führer* não era uma opção. A máquina do regime totalitário de Hitler redefiniu as atividades consideradas criminosas, os atos não-criminosos eram a exceção à lei alemã. Embora as ordens em um ato de Estado não devam ser criminosas, aquele que recebe tais ordens também deve ter a capacidade de julgá-las e reconhecer sua legalidade.

Nos julgamentos desses criminosos da II Guerra, como o de Eichmann, os advogados de defesa apelaram para os argumentos de que os crimes cometidos pelos oficiais, tanto de escalões superiores quanto inferiores, durante o Reich, foram atos de estado e/ou obediência a ordens superiores, características da criminalidade organizada pelo III Reich, eximindo-os da implicação criminosa por serem apenas um dente dentro da engrenagem da máquina de extermínio alemã (Arendt, 2004, p. 93). Nenhuma dessas justificativas – ato soberano do Estado e ordem de superior hierárquico – foram consideradas exclusão de culpabilidade e responsabilidade pelo Tribunal de Jerusalém. Os atos de estado apenas poderiam ser enquadrados na Alemanha de Hitler se o que os atos criminosos realizados em circunstâncias extraordinárias fossem realizados por necessidade para resguardarem a sobrevivência de sua população e a manutenção do poder do Estado, o que não foi o caso, visto que houve uma inversão legal no Estado Alemão. Em relação ao argumento da "obediência aos superiores" na defesa de Eichmann, também manifesto no julgamento de Nuremberg, assim como em outros julgamentos contra criminosos de guerra nazistas trata-se da virtude política da obediência hierárquica da jurisdição do Estado. No entanto, há uma excludente de culpabilidade quando as ordens dadas são manifestamente ilegais.

A responsabilidade, ao contrário da culpa, não está relacionada a todos, mas a um ato específico de um indivíduo, no entanto, podemos falar de uma responsabilidade coletiva, ou seja, podemos ser responsáveis por atos que não praticamos. Diferentemente da culpa coletiva, a responsabilidade coletiva possui uma relevância de interesse geral aos dilemas políticos, distintos dos legais ou morais. Além de estarem relacionados ao julgar, os padrões legais e morais também possuem outro aspecto em comum, se referem a pessoa e ao que ela fez, mesmo que esteja envolvida em algum empreendimento com outros, deve ser julgado apenas pelo seu grau de participação, pelo papel que executou e não pelo que o grupo fez. Isso se torna mais evidente no papel que os tribunais desempenham para que os indivíduos fossem julgados e responsabilizados pelo quinhão que lhes cabem, membro da SS ou de alguma outra organização criminosa política, mesmo alegando serem dentes de uma engrenagem, agindo de acordo com ordens superiores, inclusive como alegou a defesa de Eichmann em Jerusalém, no entanto o tribunal de justiça possui a função de repersonificá-los, ao invés de serem confundi-los com o sistema, sendo, assim, julgados pelo que fizeram.

Para que haja a responsabilidade coletiva, devo pertencer a um grupo, de tal forma que meu ato voluntário não consiga desfazer esse meu laço de pertencimento com o grupo. Dessa forma, esse tipo de responsabilidade é sempre política, o que faz com que todo governo deva assumir a responsabilidade pelos atos de seus predecessores. Assim, há apenas um modo de escapar à responsabilidade política que é abandonar sua comunidade, o que não significa substituí-la por outras, porque há apenas uma substituição de responsabilidade por outra. No entanto, na Alemanha houve o caso da categoria de homens que não pertenciam a nenhuma comunidade internacional reconhecida, a nenhuma pátria – os refugiados, portanto, não podendo ser considerados politicamente responsáveis por nada e pagando um preço elevado por isso, inclusive com a vida. Na condição de inocência coletiva ou inocência absoluta, como define nossa autora, estavam condenamos a posição de alheamento à humanidade.

No III Reich, apenas um indivíduo realmente tomava as decisões. Portanto, apenas Hitler possuía a total responsabilidade política da Alemanha, isso porque as forças civis, militares e policiais interligadas, foram usadas pelo sistema como peças de um mecanismo em movimento (Arendt, 2004, p. 91), cada pessoa como um "dente" descartável da engrenagem, sem nenhuma alteração para o sistema caso faltem a ele, uma característica da burocracia do serviço público. Esse conceito de dente da engrenagem foi alvo de discussões durante o julgamento de Eichmann ao descrever os canais de comando no governo com sua burocracia e ao se discutir a responsabilidade pessoal de Eichmann porque a burocracia é uma característica importante nessa teoria dos dentes da engrenagem, uma vez que ela transfere responsabilidade do indivíduo para o sistema. Assim, numa rotina diária em um sistema burocrático, quem manda não é o indivíduo, mas o cargo, não se trata do mando de alguém, mas do mando de ninguém, sendo por isso talvez a forma menos humana e mais cruel de governo (Arendt, 2004, p. 94).

Diante do exposto, observamos não podermos tratar dos conceitos de culpabilidade e responsabilidade sem recorrer aos textos de Eichmann e pós-Eichmann em que nossa autora trata de temas como moralidade, aspectos jurídicos e as faculdades de pensar e julgar. Inseridos nessa temática observamos que tanto a culpa quanto a responsabilidade dos indivíduos no sistema nazista foram transferidas dos indivíduos para o sistema pela burocracia do regime totalitário, consideradas culpas e responsabilidades coletivas por isso os tribunais possuíam a função de retirá-las do sistema e devolvê-las aos indivíduos, mesmo os criminosos de guerra justificando seus atos moral e legalmente por teorias como "menor dos males", dentes da engrenagem, atos de Estado e obediência aos superiores.

Referências
ARENDT, Hannah. *Eichmann em Jerusalém*: um relato sobre a banalidade do mal. São Paulo: Companhia das Letras, 1999.
ARENDT, Hannah. *Responsabilidade e julgamento*. São Paulo: Companhia das Letras, 2004.

44.

REVOLUÇÃO

Mariana de Mattos Rubiano
Universidade Federal de São Paulo

Hannah Arendt inicia o livro *Sobre a Revolução* afirmando que guerras e revoluções determinaram a fisionomia do século XX. Enquanto o conceito de guerra é bem conhecido e definido desde a antiguidade, o conceito de revolução sofre com uma polissemia: está envolto por um emaranhado de significados e relacionado a vários outros conceitos e, por isso, tornou-se confuso e obscuro. O termo revolução tem sido entendido como sinônimo de rebelião, de revolta, de golpe de estado, de mudança de governante ou de governo e de mudança radical na estrutura social. Ainda, o termo tem sido relacionado com outros conceitos – tais como guerra, violência, política, liberdade, questão social, igualdade, constituição, democracia representativa liberal, ascensão da burguesia, comunismo e marxismo. Entretanto, as relações entre tais conceitos e o de revolução não estão bem definidas e claras.

Diante dessa polissemia e confusão, Arendt procura a origem da palavra revolução para desfazer esse emaranhado de significados e de conceitos relacionados a esta palavra. Com isso, a autora retoma as experiências revolucionárias do século XVIII, formula suas narrativas sobre a revolução Norte-Americana e Francesa e tece sua própria definição de revolução.

De acordo com a autora, revolução originalmente era um termo astronômico, o qual nomeava o movimento circular de rotação de estrelas e planetas. Nesse contexto, o termo descrevia um fenômeno natural e necessário que não guarda nenhuma relação com as atividades humanas.

Políbio foi o primeiro pensador a usar um termo astronômico como metáfora para descrever um movimento no campo político. A anaciclose indicava que as formas de governo se repetiam em um ciclo de recorrência eterna e irresistível, da mesma forma que o movimento cíclico dos astros (Arendt, 2011, p. 65). A primeira vez que revolução foi usada em um sentido político, na Revolução Gloriosa (século XVII), ela estava próxima da concepção de anaciclose: o termo revolução indicava a reivindicação do povo inglês de retornar a uma forma de governo preestabelecida e anterior.

As revoluções Norte-Americana e Francesa em seu início também visavam à restauração: os colonos no Novo Mundo reivindicavam os antigos direitos dos ingleses contra os abusos do governo colonial. Já os franceses inicialmente pretendiam restaurar os direitos e a forma de monarquia anterior ao absolutismo. No entanto, não foi possível o retorno aos antigos direitos e a antiga monarquia: o movimento de restauração na América do Norte desembocou na independência e na tarefa de instituir uma nova forma de governo no Novo Mundo; a luta pela restauração na França derrubou a monarquia e os revolucionários se depararam com a tarefa de criar a República Francesa (Arendt, 2011, pp. 74-75).

Assim, no século XVIII, a palavra revolução ganhou outro sentido: não designava mais restauração; ao contrário, passou a designar a fundação de um novo corpo político, a criação de uma constituição que nunca tinha existido antes. Essa nova forma constitucional deveria garantir a liberdade política, isto é, a participação do povo no governo. Nesse contexto, o termo revolução passou a nomear eventos políticos que estavam ligados à liberdade pública e ao surgimento de algo inédito na história. Nas palavras da autora:

> apenas onde existe esse *páthos* de novidade e onde a novidade está ligada à ideia de liberdade é que podemos falar em revolução. Evidentemente,

isso significa que as revoluções não se resumem a insurreições vencedoras e que não é o caso de qualificar de revolução qualquer golpe de Estado, e tampouco de procurar uma revolução em qualquer guerra civil (Arendt, 2011, p. 63).

Revolução, portanto, não pode ser definida pelo uso da violência contra um governante que abusou de sua autoridade, ou como insurreição armada ou guerra civil. A autora diferencia revolta de revolução. Enquanto a primeira visa à libertação (*liberation*), a segunda visa à liberdade (*freedom*). Rebelião consiste na luta violenta contra a tirania, ou quem usurpa o poder, é iniciada pela resistência ao opressor e termina com a troca de governante ou o estabelecimento de um governo limitado e de direitos civis (*liberties*). Já a revolução busca constituir um novo corpo político por meio do debate público onde a participação nos assuntos da comunidade seja possível (Arendt, 2011, pp. 189-190). Levando isso em consideração, um evento revolucionário não consiste na simples troca de governante nem no estabelecimento de direitos individuais como uma salvaguarda do abuso do poder.

Uma vez que revolução consiste num fenômeno político, ela também não pode ser definida como mudança na estrutura social, pois a ação política não é um simples meio ou instrumento para mudar a sociedade. Na perspectiva arendtiana, a política não possui um objetivo externo, seu sentido é a liberdade: se os seres humanos não tivessem a capacidade de se relacionarem livremente, não haveria a política; e se eles não tivessem a potencialidade de estabelecer sua própria realidade, a política não teria sentido algum. Em suas palavras, a política consiste em abrir e manter um espaço público em que a ação livre e em conjunto possa aparecer (Arendt, 2005, p. 201). Nesta perspectiva, por mais que a Revolução Francesa tenha impactado na estrutura social – os discursos e atos revolucionários ao tratar da fundação da república desestruturaram os privilégios da nobreza e do clero e alteraram a relação entre os grupos sociais –, o que moveu a ação revolucionária foi o gosto de participar nos assuntos públicos, participar do governo e estabelecer uma realidade própria.

Contudo, após a queda da monarquia absoluta na França, os revolucionários se aperceberam de que poucos conquistaram a liberdade, pois muitos franceses ainda estavam oprimidos pela miséria, estavam sob o ditame das necessidades vitais. Quando a questão social, entendida como a existência da pobreza, adentrou no espaço público, o debate acerca da criação de instituições e leis da nova república foi paulatinamente obliterado em prol da administração de bens e centralização do poder. Tudo em nome de solucionar o problema da miséria (Arendt, 2011 p. 94). Para Arendt, muitos revolucionários franceses se desviaram da tarefa de fundar um novo corpo político duradouro e estável que pudesse resguardar a liberdade pública e passaram a defender a centralização das decisões, medidas extraordinárias e violentas para acabar com a pobreza (Arendt, 2011, pp. 308-309).

Conforme a autora, este curso da Revolução Francesa teria levado Marx, o maior teórico das revoluções, a misturar categorias políticas e econômicas. Na leitura de Arendt, Marx interpreta que a Revolução Francesa falhou em instituir a liberdade porque não resolveu a questão social. O conceito marxiano de exploração inter-relacionaria as esferas econômica e política na medida em que afirmaria que um regime econômico só pode ser estabelecido e sustentado por meio de um modo de produção e pela organização do poder político. A pobreza, assim, não consistiria em um fenômeno natural, mas seria produzida pelos seres humanos social e politicamente. Na interpretação arendtiana, Marx subordina a esfera política à econômica e defende que a pobreza pode ser mudada por meio de algumas medidas políticas e com atos violentos, afinal, a violência seria a parteira da história (Arendt, 2011, pp. 89, 96-99).

A autora, ao contrário, afirma que a pobreza pode ser sanada por meio de medidas administrativas, feitas por especialistas (Arendt, 2011, p. 130), bem como pelo desenvolvimento da tecnologia, a qual aumentou a produtividade do trabalho, isto é, a quantidade de bens produzidos (Arendt, 2011, p. 157). Em outras palavras, as técnicas produtivas aliada à administração do trabalho e da distribuição de bens podem garantir a satisfação das necessidades da vida para todos e todas. De modo distinto, a ação política se dirige aos direitos, leis e instituições, às formas de governo, às relações públicas entre os membros da comunidade e, por isso, ela não tem como garantir a subsistência das pessoas.

Arendt reafirma em *Sobre a revolução* a distinção das esferas privada, social e política e das atividades do trabalho, da obra e da ação que já haviam sido apresentadas em *A condição humana*. Alguns leitores entendem tal distinção como separação completa entre as esferas e atividades. Porém, esta distinção implica em identificar fronteiras, relações e tensões entre as esferas e atividades, mas de forma alguma a completa separação delas. Tais relações e tensões podem ser identificadas, por exemplo, na conexão entre libertação e liberdade: a libertação das necessidades da vida é, para a autora, uma condição para adentrar no espaço público e agir em conjunto (Arendt, 2011, p. 57).

No entanto, a autora não nos esclarece como é possível conciliar administração, tecnologia e política de modo que a libertação possa ser garantida e a liberdade possa ser experimentada como realidade tangível. Ela enfatiza e descreve muito mais os fracassos da Revolução Francesa e Russa em garantir a liberdade pública, o risco que a questão social coloca para a política e pouco trata dos momentos em que a relação entre administração e política foi promissora. Arendt elogia a fórmula de Lenin de "eletrificação + sovietes" por ser "[...] uma diferenciação entre eletrificação como solução para o problema social da Rússia e o sistema de sovietes como novo corpo político" (Arendt, 2011, p. 100). No entanto, ela não descreve como isso se deu. Dito de outra forma, a autora não esclarece bem seus leitores sobre como seria possível conservar a atividade política quando a vida biológica se torna a principal preocupação pública.

Apesar deste limite da autora com relação ao problema da miséria e da libertação, é importante ressaltar que ela não cai em contradição. Uma leitura desatenta poderia interpretar que Arendt acaba por afirmar a submissão da política ao econômico ao sustentar que a entrada da questão social na esfera pública leva a revolução necessariamente e diretamente à ruína. Todavia, a autora aponta para as categorias políticas que mediaram essa entrada da questão social na esfera pública, notadamente, fundar como fazer, vontade geral, soberania, nação e piedade. Deste modo, são as categorias e medidas políticas formuladas para solucionar o problema da miséria que levaram a Revolução Francesa ao terror e ao fracasso.

A concepção de fundação nos moldes da fabricação justificou a centralização das decisões e o uso de violência. Em tal concepção, o fundador é como o escultor que faz o corpo político de alto a baixo, impondo sua ideia ou forma política pelos meios necessários (Arendt, 2011, p. 68). Esta concepção de fundação mediando a questão social sustenta o uso da força e de medidas extraordinárias para solucionar o problema da miséria e criar um corpo político com igualdade social. Ela, combinada com a noção de vontade geral da nação, reforça a centralização de decisões. Uma vez que o governo deve ser guiado pela vontade geral da nação, a qual é una, indivisível e soberana, a vontade geral poderia ser representada por um só fundador ou governante (Arendt, 2011, pp. 114-116). Com isso, não são necessárias diversas instituições num corpo político nem o debate ampliado e plural. Segundo Arendt, a vontade geral converteu o múltiplo em um e fez com que a necessidade dos miseráveis fosse entendida como a única questão pública relevante. Os pobres, nesta perspectiva, não adentraram no espaço público como participantes do debate e do governo, mas como elemento que demonstra qual é a vontade geral.

A piedade aos pobres, entendida como virtude cívica, foi outra categoria que deu suporte à centralização e à violência. Ela teve um papel central para produzir uma vontade unânime: se a massa de miseráveis já possuía uma mesma vontade – em razão de sua necessidade de pão –, os demais franceses, aqueles que não estavam sob a opressão da pobreza, deveriam abandonar suas opiniões, vontades e interesses particulares e adotar a mesma vontade das massas famintas (Arendt, 2011, p. 111). Aqueles que não provassem que eram piedosos deveriam ser perseguidos. Na perspectiva arendtiana, portanto, a questão social mediada pela fundação como fazer, vontade geral da nação e piedade conduziram o novo corpo político à instabilidade e ao terror.

De acordo com a autora, a Revolução Norte-Americana foi bem-sucedida no que concerne à fundação de um novo corpo político duradouro, pois a questão social, ligada principalmente à escravidão no Novo Mundo, foi enfrentada anos mais tarde na guerra de secessão. Assim, Arendt pouco trata da violência usada na colonização e na manutenção da escravatura e também não trata do racismo no Novo Mundo. Esta lacuna em sua análise é impressionante uma vez que estes temas possuem consequências políticas de primeira importância e, além disso, porque a autora havia discutido sobre racismo, imperialismo e Estado em *Origens do totalitarismo* (Arendt, 1989, pp. 153-176 e pp. 215-252).

A autora atribui o sucesso da Revolução Norte-Americana à constituição de uma república duradoura. Para ela, isso foi possível pois os revolucionários no Novo Mundo não entendiam que o povo era constituído por uma homogeneidade e uma só vontade, ao contrário, o povo foi entendido como plural. Por esta razão, eles instituíram um sistema federativo em que vários centros de poder, isto é, os estados e a União, poderiam ser combinados tendo sua identidade preservada (Arendt, 2011, pp. 223 e 308). Junto a isso, criaram o Senado (Arendt, 2011, pp. 287-288), instituição que tinha o papel de depurar as diversas opiniões, e a Suprema Corte (Arendt, 2011, p. 258 e 293), a qual tinha o papel de preservar a constituição e o equilíbrio do corpo político diante de conflitos de opiniões e divergências. Na interpretação da autora, as categorias políticas que balizaram a fundação da República Norte-Americana fizeram surgir novas instituições e favoreceram a durabilidade da Constituição.

Esta comparação entre a Revolução Americana e a Revolução Francesa – em que a primeira é bem-sucedida na tarefa de fundar um novo corpo político estável, enquanto a segunda fracassa por não ter dado durabilidade a nenhuma Constituição e por ter terminado em terror – não significa que a autora descarta a experiência revolucionária francesa. Ambas as revoluções são igualmente importantes uma vez que revelam os desafios, os riscos e potencialidades da política em nossa era.

Vale destacar que a Revolução Norte-Americana, para Arendt, não é completamente bem-sucedida, pois não resguardou a participação ampliada: a liberdade pública se tornou um privilégio dos representantes eleitos. A autora atribui isso a dois fatores, a saber, o desvio do sentido de felicidade no direito de "busca pela felicidade" e a falha em resguardar a participação nos municípios e distritos. Segundo a autora, a felicidade deixou de ser entendida em seu sentido público e ficou restrita ao sentido privado (Arendt, 2011, pp. 172-174). A felicidade pública compreende o "direito do cidadão de ter acesso à esfera pública, de ter uma parte no poder público – ser um participante na condução dos assuntos" (Arendt, 2011, p. 172). Já a felicidade privada consiste no bem-estar pessoal, no estímulo à produção de riqueza para se viver com abundância. Esta redução da felicidade a seu aspecto privado levou a um interesse exacerbado no consumo e no enriquecimento e ao afastamento dos assuntos públicos nos Estados Unidos da América. Além disso, a Constituição não preservou os espaços que abrigaram a participação popular que deram início e levaram a cabo a revolução. Em outras palavras, o novo corpo político não institucionalizou os órgãos nos distritos e municípios, espaços onde cada cidadão poderia se tornar participante no governo e nos assuntos públicos. A Constituição não garantiu de fato os direitos de associação e participação (Arendt, 2011, pp. 295-297).

Embora Arendt defina revolução como um evento político ligado à fundação de um novo corpo político que possibilita a liberdade em seu sentido público, para ela, a grande novidade que os levantes revolucionários fizeram surgir e que possibilitava a participação ampliada nos assuntos da comunidade se tornou um tesouro perdido. Trata-se de um tesouro perdido, pois o pensamento político não o preservou nem indicou seu valor: os princípios mais caros aos revolucionários setecentistas – a liberdade pública e a participação política – foram negligenciados tanto pela tradição liberal quanto pela marxista. De acordo com a autora, "A falha do pensamento pós-revolucionário em lembrar o espírito revolucionário e entendê-lo conceitualmente foi precedida pela falha da revolução em lhe fornecer uma instituição duradoura" (Arendt, 2011, p. 293). Como foi apontado acima, nem a República Norte-Americana nem a Francesa resguardaram por meio de uma Constituição os espaços de participação popular.

Os eventos revolucionários irromperam com a formação espontânea de órgãos populares reservados ao debate público e à ação. Estes órgãos se formaram em nível local e se articularam formando órgãos superiores, de tal maneira que todos eles agiam de modo coordenado. Por meio de tal associação os revolucionários foram capazes de agir em concerto em todo território das 13 colônias e em toda França. A autora denomina esta articulação de órgãos populares de sistema de conselhos. Este é o tesouro perdido das revoluções.

Para Arendt, os conselhos populares davam vida ao espírito público, constituíam a própria fundação da liberdade na medida em que tornavam possível o debate e a participação de qualquer um disposto a se dedicar à vida pública. O sistema de conselhos surgiu não só na Revolução Norte-Americana e Francesa, mas também na Comuna de Paris de 1871, nas Revoluções Russa de 1905 e 1917, na Alemanha em 1918 e 1919 na e na Revolução Húngara em 1956 (Arendt, 2011, p. 328). Diante desta recorrente aparição do sistema de conselhos e de sua efemeridade, alguns autores entenderam estes órgãos populares como organizações transitórias – tais como Marx e Lênin. Contudo, Arendt entende que estes órgãos têm o potencial de constituírem uma nova forma política, em *Crises da República* a autora reafirma isto:

> nesta direção eu vejo a possibilidade de se formar um novo conceito de estado. Um estado-conselho deste tipo, para o qual o princípio de soberania fosse totalmente discrepante, seria admiravelmente ajustado às mais diversas espécies de federações, especialmente porque nele o poder seria constituído horizontalmente e não verticalmente. Mas se você me perguntar que probabilidade existe de ele ser realizado, então devo dizer: Muito pouca, se tanto. E ainda, quem sabe, apesar de tudo – no encalço da próxima revolução (Arendt, 2004, p. 201).

Referências

ARENDT, Hannah. *Crises da república*. São Paulo: Editora perspectiva, 2004.

ARENDT, Hannah. *Entre o passado e o futuro*. São Paulo: Editora perspectiva, 2005.

ARENDT, Hannah. *A condição humana*. Rio de Janeiro: Forense Universitária, 2010.

ARENDT, Hannah. *Sobre a revolução*. São Paulo: Companhia das Letras, 2011.

45.

SENSO COMUM

José dos Santos Filho
Universidade Estadual de Montes Claros

Encontramos muitas referências esparsas ao senso comum em quase toda a obra de Arendt. Embora seja um dos conceitos fundamentais para o seu esforço intelectual em reabilitar o sentido da política no mundo contemporâneo, percebemos que a própria autora não teve uma preocupação em "normatizar" o uso que faz dele. Em geral, ela utiliza indiscriminadamente os termos senso comum [*common sense*] e "*sensus communis*" e, pelo menos algumas vezes, mencionou o termo "bom senso" ("good sense", *le bon sens*). Para compreendermos melhor o modo como esse conceito opera no interior da obra arendtiana, é preciso notar que Arendt estabelece uma relação intrínseca entre senso comum e a capacidade humana de emitir juízos sobre as experiências cotidianas nesse mundo. Desde o julgamento de Eichmann, no início da década de 1960, Arendt se empenhou em refletir sobre o que ela chamou de "questões morais" e essa tarefa exigiria dela uma atenção mais detida acerca do senso comum e sua função. Poucos anos depois, ela já se mostrava "fascinada" com a ousadia kantiana em "exaltar" o senso comum [*common sense*] em sua *Crítica da faculdade do juízo* (Arendt--Jaspers, 1992, p. 318). Mas foi somente a partir do seminário *Kant's political philosophy*, ministrado no outono de 1964 na Universidade de Chicago, que ela começou dar mais atenção ao tema. Daí em diante o leitor encontrará várias referências ao senso comum ou *sensus communis* pensado a partir das figuras paradigmáticas de Cícero e Kant.

Em *A vida do espírito* Arendt cita, pela primeira vez, uma fonte a partir da qual o conceito de senso comum pode ser localizado na tradição: "Aquilo que desde Tomás de Aquino chamamos de senso comum, o *sensus communis*, é uma espécie de sexto sentido [...]" (Arendt, 2000, p. 39). Embora não mencione, nesse contexto, outro autor além de Tomás de Aquino, certamente ela sabia que o aquinate se valia do termo *sensum communem*, que era uma tradução latina do conceito aristotélico *koine aisthesis* (κοινη αισθησις). À primeira vista parece estranho que Hannah Arendt, leitora de Aristóteles, sequer faça alusão ao termo *koine aisthesis*. No entanto, essa recusa pode ser explicada pelo fato de que a *koine aisthesis* de Aristóteles, uma capacidade de unidade objetiva dos dados dos sentidos como tem sido compreendida pela maior parte dos comentadores, dificilmente poderia ser pensada para além de uma relação direta entre os seres sencientes individualmente e os objetos dados aos sentidos. Esse aspecto limitaria muito as qualidades intersubjetivas que Arendt pretende encontrar no chamado *sensus communis*. Trata-se de um salto necessário para a autora contrapor-se à filosofia tradicional, no momento em que ela consegue perceber algumas funções concernentes ao senso comum que escapam ao olhar filosófico.

Arendt, na esteira de Tomás de Aquino, também compreende que o senso comum tem mesmo essa função de regular, adaptar, ajustar os dados sensoriais dos nossos cinco sentidos. Vejamos: "[...] o *sensus communis*, é uma espécie de sexto sentido necessário para manter articulados os meus cinco sentidos e *garantir que é o mesmo objeto que eu vejo, toco, provo, cheiro e ouço*, e é a 'única faculdade [que] se estende a todos os objetos dos cinco sentidos'" (Arendt, 2000, p. 39). Nesse contexto, o conceito de senso comum quase sempre é interpretado pelos comentadores de Arendt como uma espécie de sentido passivo e receptor que funciona como um aparelho que nos ajusta ao mundo das aparências. Um olhar panorâmico sobre a obra de Arendt nos mostra que a mesma definição de senso comum aparece em vários textos anteriores, com pequenas variações. O mais importante é notar que, mesmo em contextos diferentes, ela atribui ao senso comum uma função *sui generis* que eleva o conceito para outro patamar: O *sensus communis*, diz Arendt, "*adapta as sensações dos meus cinco sentidos estritamente privados,* [...] *a um mundo comum partilhado com os outros*" (Arendt, 2000, p. 39, itálicos nossos). Com essa definição Arendt quer chamar a atenção para o fato de que o *sensus communis* tem o potencial de extrapolar a sua função biológica de adaptar os indivíduos sensíveis a um mundo de aparências. E, na medida em que as sensações privadas são compartilhadas entre os homens, um entendimento comum da realidade do mundo vai se constituindo. Para a autora, trata-se de uma das prerrogativas mais importantes do senso comum que foi negligenciada pela tradição filosófica ao longo da história.

Essa visão mais ampla do papel do senso comum é destacada nas *Lições sobre a filosofia política de Kant*. A autora retoma o §40 da *Crítica da faculdade de julgar* de Kant, no qual o conceito *sensus communis* é definido como um "*sentido comunitário* <*gemeinschaftlichen*> (...)". Um sentido que habilita os homens a ajuizar e a comunicar tudo aquilo que compreenderam do mundo, de modo privativo e subjetivo, como se estivessem no "lugar de qualquer outro" (Kant, 1995, p. 139). É justamente aí que Arendt enxerga uma fissura antropológica na estrutura transcendental da obra kantiana, a partir da qual ela consegue religar o conceito de *sensus communis* com sua matriz de tradição humanista. Arendt lembra que Cícero já falava de um "*sentido silencioso*" a nos orientar na tarefa de discriminar e julgar questões relativas à arte. Mesmo desprovidos de quaisquer conhecimentos específicos sobre arte e proporção, todos nós distinguimos bem "entre o certo e o errado". Isso porque, diz ele, "a natureza não quis que ninguém fosse totalmente inepto para sentir e experimentá-las", haja vista que elas "*estão radicadas* [enraizadas] *no sensus communis*". Desse modo, entre "o culto e o ignorante" existe apenas uma pequena diferença quando o assunto envolve esse tipo de juízo (Cícero, 1960, p. 81, itálicos nossos). Na visão arendtiana, Cícero está antecipando a ideia de uma faculdade humana que nos habilita para o julgamento estético e, consequentemente, nos auxilia na escolha de determinados valores para a vida em comunidade.

Por meio de um arcabouço conceitual mais refinado, Kant fala de um *sensus communis* com características que se aproximam muito daquelas descritas por Cícero em seu tempo. Na esteira da tradição humanista, o filósofo alemão entende que o *sensus communis* sempre esteve associado ao cultivo do "gosto" chegando ao ponto de afirmar que o *sensus communis* é uma espécie de *gosto*. Trata-se de entendimento comum do mundo que "tem por isso a honra não lisonjeira de ser cunhado pelo nome de senso comum (*sensus communis*)" (Kant, 1995, p. 139). O *sensus communis* é visto como um "*são-entendimento*", considerado como o "mínimo que sempre se possa esperar de alguém que se pretenda chamar-se de homem" (Kant, p. 139). Diante da incapacidade, ou da recusa, em julgar a partir do *sensus communis* resta aos homens o apelo ao *sensus privatus* (*Eigensinn*). E todo aquele que guiar o juízo somente pelo *sensus privatus* pode ser comparado a um louco, cuja faculdade de julgar bastaria a si mesma e funcionaria sem a necessidade de quaisquer comunicação com o mundo exterior.

Arendt nota que o *sensus communis*, em suas bases humanistas, já era concebido como um instrumento através do qual os homens eram capazes de ir além dos limites estreitos de suas preferências pessoais irrelevantes para a vida pública. Nessa conexão entre *sensus communis* e *gosto*, iniciada com os humanistas e retomada no projeto kantiano, Arendt descobre uma alternativa ao modo de julgar circunscrito ao *sensus privatus*. Ela afirma que "o gosto, na medida em que, como qualquer outro juízo, apela ao *senso comum*, é o próprio *oposto dos 'sentimentos íntimos'*" (Arendt, 2005, p. 276, itálicos nossos). A ênfase que Arendt quer dar ao conceito de *sensus communis*, no interior da obra de Kant só pode ser compreendido quando comparada ao significado do conceito no contexto ciceroniano. Na terminologia de Cícero, "*sensus communis* é enunciado como um 'sentimento pelos outros em uma mesma comunidade (...)'" (Assy, 2015, p. 163). Essa ideia põe em relevo a potência do *sensus communis* atuando como *sentido de comunidade*. É esse *sentir-com-o-outro*, que faz do *sensus communis* um sentimento comum de pertencimento a humanidade e que lhe confere uma qualidade genuinamente política.

A partir do seu diálogo apropriativo com Kant, intermediado por Cícero, Arendt insiste em recuperar o sentido mais político do senso comum, sem se prender aos padrões consagrados pela epistemologia e hermenêutica clássicas. Quando lança mão do conceito de senso comum (*commom sense*), ou *sensus communis*, e mesmo nas raras vezes em que utiliza o termo "bom senso" ("good sense", *le bon sens*), Arendt pretende designar não apenas a capacidade humana de reunir e organizar os dados dos sentidos isolados para uma compreensão melhor da realidade aparente do mundo. O senso comum consiste também na capacidade humana de discriminar e julgar os homens, os fatos e as coisas do mundo, sempre de acordo com regras, normas e padrões construídos comunitariamente. Por meio dessa relação intrinsecamente comunitária é que podemos compreender toda a força semântica do conceito de senso comum no interior da obra de Arendt. É daí que parece brotar todos os outros predicados vinculados a ele: um sentido que impõe limites a *hübris* humana, favorece a compreensão do mundo por privilegiar a opinião e o entendimento, amplia as condições de possibilidade para uma experiência de estar em casa no mundo etc. São predicados que conferem ao senso comum um *status* de *"sentido político por excelência"* (Arendt, 2008, p. 341, itálicos nossos).

Referências

ALLISON, Henry E. *Kant's theory of taste*: a reading of the Critique of aesthetic judgment. Nova York: Cambridge University Press, 2001.

ARENDT, Hannah. *A condição humana*. 13ª Ed. Trad. R. Raposo, revista por A. Correia. Rio de Janeiro: Forense Universitária, 2016.

ARENDT, Hannah. *A vida do espírito*: O pensar, o querer, o julgar. 4ª Ed. Trad. Antônio Abranches et al. Rio de Janeiro: Relume Dumará, 2000.

ARENDT, Hannah. *Compreender*: formação, exílio e totalitarismo. Trad. Denise Bottmann. São Paulo: Cia. das Letras; Belo Horizonte: Ed. UFMG, 2008.

ARENDT, Hannah. *Entre o passado e o futuro*. Trad. Mauro W. Barbosa. São Paulo: Perspectiva, 2005.

ARENDT, Hannah. *Kant political philosophy* (1964). The Manuscript Division, Library of Congress. Disponível em: <http://memory.loc.gov/ammem/arendthtml/arendthome.htl>. Acesso em: jun. 2015.

ARENDT, Hannah. *Kant Seminar: Critique of Judgment*. (1970) The Manuscript Division, Library of Congress. Disponível em: <http://memory.loc.gov/ammem/arendthtml/arendthome.htl>. Acesso em: jun. 2015.

ARENDT, Hannah. *Lições sobre a filosofia política de Kant*. Trad. André Duarte de Macedo. Rio de janeiro: Relume Dumará, 1993.

ARENDT, Hannah. *Origens do totalitarismo*. Trad. Roberto Raposo. São Paulo: Companhia das Letras, 1989.

ARENDT, Hannah, JASPERS, K. *Correspondence*: 1926-1969. Trad. Robert Kimber; Rita Kimber. Nova York: Harcourt Brace & Company, 1992.

ARISTÓTELES. *De anima*. Trad. Maria C. G. Reis. São Paulo: Editora 34, 2006.

ASSY, Bethânia. *Ética, responsabilidade e juízo em Hannah Arendt*. São Paulo: Perspectiva; Instituto Norberto Bobbio, 2015.

BEINER, Ronald. Preface. On judging. In: ARENDT, H. *Lectures on Kant's political philosophy*. Chicago: The University of Chicago Press, 1982.

CICERO. *De oratore*. Book III. Cambridge, Mass.: Harvard University Press, 1960.

GADAMER, H. G. *Verdade e método*. Trad. Flávio P. Meurer. Petrópolis, RJ: Vozes, 1997.

GRACIÁN, Baltasar. *Tratados*: El Héroe, El Discreto, El Oráculo. Madri: Casa Editorial Calleja, 1918.

KANT, Immanuel. *Crítica da faculdade do juízo*. 2ª Ed. Trad. Valério Rohden e Antônio. Rio de Janeiro: Forense Universitária, 1995.

LEBRUN, Gérard. *Kant e o fim da metafísica*. 2ª Ed. Trad. Carlos A. R. de Moura. São Paulo: Martins Fontes, 2002.

MURATORI, Ludovico. *Riflessioni sopra il buon gusto nelle scienze e nelle arti*. Colonia, B.M: Renaud, 1721. Disponível em: <https://archive.org/details/riflessionisopra12mura/page/n4>. Acesso em: jan. 2016.

ROSS, D. W. *Aristóteles*. Trad. Diego F. Pró. Buenos Aires: Editorial Charcas, 1923.

ROVIELLO, Anne-Marie. *Senso comum e modernidade em Hannah Arendt*. Trad. Bénédict Houart e João F. Marques. Lisboa: Instituto Piaget, 1987.

VICO, Giambattista. Del método de estudios de nuestro tempo. *Cuadernos sobre Vico*, 9-10, 1998.

46.
SISTEMA DE CONSELHOS

Marcela da Silva Uchôa
Instituto de Estudos Filosóficos da Universidade de Coimbra/Portugal

As revoluções modernas e o processo de democratização política fomentaram o surgimento de fenômenos comuns: o sistema de partidos, que a partir da reestruturação do Estado visava criar formas de governo que assegurassem uma participação mais ampla de todos os membros da sociedade política; e o sistema de conselhos, uma decorrência espontânea das revoluções. Ambos tinham como horizonte o alargamento da base social que estrutura o poder político, ainda que os meios para a efetivação desse objetivo fossem muito distintos.

> Os conselhos, distintos dos partidos, sempre surgiram durante as próprias revoluções, surgiram do povo como órgãos espontâneos de ação e de ordem. Vale a pena enfatizar o último ponto; nada contradiz de maneira mais acentuada o velho ditado das inclinações naturais anarquistas e sem lei de um povo deixado sem restrição de seu governo do que o surgimento dos conselhos que, onde quer que aparecessem, e mais acentuadamente na Revolução Húngara, eram preocupados com a reorganização da vida econômica e política do país e com o estabelecimento de uma nova ordem (Arendt, 2016, p. 275, tradução nossa).

A análise crítica de Hannah Arendt à pouca eficácia da democracia representativa, pautada sobretudo no modelo partidário, voltou o olhar sobre o sistema de conselhos como resposta a partir da desobediência civil que poderia vir a ser o modelo de organização política que propiciaria a efetivação de um espaço público de liberdade.

Das Revoluções Americana e Francesa, da Comuna de Paris, dos primeiros sovietes na Rússia, dos conselhos operários na Alemanha em 1918 à Revolução Húngara em 1956, Arendt observou que, apesar de esses acontecimentos históricos revolucionários terem fracassado, deixaram a possibilidade de se pensar o sistema de conselhos enquanto espaço de organização espontânea, de ação que surgiu no curso da própria revolução (Arendt, 2016, pp. 259-285).

Arendt entendia que, quando os partidos silenciavam o poder, que espontaneamente nasce nos processos revolucionários, agiam como facção e fomentavam o surgimento do "político profissional", estes substituem os mecanismos de debate político e formação de opinião pela ideologia; nesse formato, a pluralidade é comprometida em detrimento da unicidade. Ainda que o panorama político que norteia a análise de Arendt seja o caso extremo do regime de partido único do sistema totalitário, a partir dessa situação extraordinária ela investiga os elementos que estruturam os partidos. Para Arendt, o crescimento do partido bolchevique, e o consequente desaparecimento dos sistemas de conselhos sovietes como órgãos independentes após a Revolução Russa, era um bom exemplo da essência do regime partidário, a fazer um paralelo mais especificamente no período do domínio jacobino com os eventos ocorridos na Revolução Francesa; se propõe a demonstrar como o sistema de conselhos é a forma de organização política que melhor corresponde à novidade trazida pelos processos revolucionários modernos.

O surgimento do Estado-nação e o advento da democracia representativa, segundo Arendt, se estabeleciam como a própria perda do espírito revolucionário; o sistema de conselhos seria, então, a forma política de o manter vivo. Como órgãos do poder, têm na sua estrutura e no seu funcionamento a própria base da revolução. Arendt viu nos conselhos uma natureza espontânea, o que significa que sua análise não está exatamente a propor qualquer modelo de forma política, mas sim a refletir que na realidade política, mais especificamente nos casos extremos do fenómeno revolucionário, o poder tem como papel fundamental proporcionar o surgimento de espaços em que as opiniões sejam formadas por meio de seu enfrentamento e refinamento (Adverse, 2012, p. 421).

Reconhecida a natureza do poder, é necessário prevenir o esfacelamento do espírito público pela via institucional. O interesse de Arendt parte do modelo de Thomas Jefferson das repúblicas elementares na Revolução Americana, isto é, o sistema dos distritos. Para Jefferson, a organização política baseada em distritos era a alternativa para se reconfigurar o corpo político; nesse modelo, em todo o país haveria uma rede de órgãos, nos quais cada cidadão poderia participar, constituindo um corpo político de carácter horizontal (Arendt, 2016, pp. 254-255).

Para Arendt, para além das especificidades do projeto de Jefferson, fica a importância da defesa da participação popular nos afazeres políticos, que deveria ser garantida através de artifícios institucionais, como a própria Constituição, condição indispensável para um Estado republicano democrático (Arendt, 2016, p. 283). A disposição dos cidadãos na vida política era, então, a única garantia de que o regime republicano resistiria aos efeitos do tempo.

Contudo, o que interessa perceber na explanação de Arendt sobre o sistema de conselhos é que o republicanismo moderno só pode manter viva a energia originária dos movimentos revolucionários, caso incorpore em suas instituições características da tradição da democracia direta. Essa reivindicação não pretende eliminar a democracia representativa, mas reconhece que a liberdade política experimentada em alguns processos revolucionários estará perdida se não abrir espaço para que os cidadãos possam efetivamente exercer o poder, se assim quiserem (Adverse, 2012, p. 422).

Com o passar do tempo, a democracia representativa se mostrou incapaz de conservar o espírito revolucionário que deu origem àquela que considerou a mais livre das repúblicas modernas: os Estados Unidos. Ao arrefecerem o ímpeto revolucionário que reside no campo da ação e da cidadania, contribuem para o abandono da liberdade política e priorizam os direitos individuais, em detrimento dos direitos políticos.

É verdade que o princípio de organização dos movimentos corresponde à existência das massas modernas, mas a sua enorme atração reside na suspeita e hostilidade do povo desenvolvida contra o sistema partidário existente e a representação predominante no parlamento. Onde essa desconfiança não existe, como nos Estados Unidos, por exemplo, as condições da sociedade de massa não levam à formação de movimentos de massa, enquanto mesmo países onde a sociedade de massa está muito longe de se desenvolver, como por exemplo a França, vítima de movimentos de massa, se houver hostilidade suficiente ao partido e ao sistema parlamentar (Arendt, 2016, p. 274, tradução nossa).

O sistema de conselhos viabilizava, sobretudo, o debate a nível local de problemas nacionais. A descentralização do poder político emergia de forma que a manifestação das discussões e das ações tivessem alcance em todas as partes do Estado-nação, principalmente quando se tratava de um país de grande extensão territorial. Considerando um corpo político que leve em conta a descentralização da ação política por meio do sistema de conselhos, a ação conjunta dos seus membros partia de deliberações que dizem respeito a todas as realidades de cada região de um país.

A partir das experiências dos conselhos na Rússia e na Hungria, Arendt analisa individualmente cada um desses países e constata que: na Rússia, os conselhos ou os *Soviets* agiam como organismos independentes, assim, se subdividiam através de conselhos compostos por trabalhadores, soldados e camponeses (Arendt, 2016, p. 271); na Hungria, os conselhos de bairro presentes em todos os distritos residenciais se autoproclamavam conselhos revolucionários, e, dentre as suas funções, estava o encaminhamento das reivindicações da comunidade. Nesse formato, todos os cidadãos se envolviam nas questões públicas – conselhos de artistas, de estudantes, de escritores, conselhos de operários nas fábricas, conselhos no serviço público, entre outros. Arendt enxerga nesses órgãos diversos uma proximidade com o ideal mesmo de instituição política.

Enquanto sistema que se propunha abrangente, de forma a ocupar todos os espaços e tipos de profissionais, a coordenação do poder nos conselhos da Rússia e da Hungria encontrou nos órgãos populares e na escolha de delegados regionais a possibilidade de articulação das necessidades da população, traduzido na grande assembleia representativa dos países.

Para Richard J. Bernstein (2011, pp. 28-29), Arendt viu na Revolução Húngara a formação de conselhos espontâneos caracterizados por um poder que cresceu nas ruas – e reavivou sua crença no surgimento de um espírito revolucionário capaz de promover ação política que se impunha contra as adversidades. Segundo Bernstein, ela viu no esmagamento do levante pelos tanques soviéticos a rapidez e a brutalidade com que a violência pode destruir o poder. Nesse contexto, acreditava que os conselhos eram a única alternativa democrática ao sistema partidário:

> Arendt não viveu para testemunhar a queda do comunismo, mas à luz das suas reflexões sobre a Revolução Húngara, ela não ficaria surpresa com seu "colapso repentino e dramático". E não é de surpreender que seus escritos sobre totalitarismo, pluralidade, poder e política tenham sido uma fonte de inspiração para muitos dos líderes dissidentes que provocaram a queda do comunismo (Bernstein, 2011, pp. 28-29, p. 29, tradução nossa).

Para Bernstein, a queda do comunismo em toda a Europa Oriental – evento político mais significativo do final do século XX – é um exemplo de como o poder das pessoas pode surgir espontaneamente, crescer e derrotar a potencial violência do Estado.

Seja a partir da experiência americana, ou da europeia, a perspectiva arendtiana entende que a existência do corpo político necessita da articulação desses organismos populares. A horizontalidade da ação política se constitui através de uma rede de órgãos populares, a exemplo dos vários tipos de conselhos que devem ter as suas decisões originais vindas dos órgãos menores respeitadas.

Esse mecanismo de ação garante que o poder originado do povo, bem como suas reivindicações, não será abandonado pelos órgãos superiores. Apesar de Arendt não ter abordado detalhadamente como seria a atuação dos poderes Legislativo, Executivo e Judiciário, deixa claro que nenhum desses poderes deve deliberar fora do alcance do poder de atuação dos órgãos populares.

Os participantes de conselhos se constituíam como uma espécie de elite política do povo, escolhidos como representantes, não havia uma igualdade natural, mas política, garantida pelo comprometimento e engajamento. O que conduz cada etapa desse processo de ação se decidia na esfera pública. A autoridade emergia do uso da fala por meio da expressão da opinião de cada um dos componentes do corpo político. Nas páginas finais de *On revolution*, Arendt adere a um elitismo que se dá na medida que defende que somente cidadãos dotados de capacidades que tragam um contributo para a vida política, ou que tenham um ímpeto de se mostrarem excelentes no espaço público das aparências, devem tomar a liderança do governo do Estado. Segundo Adverse (2012, 423), essa prerrogativa não constitui direito nem privilégio, nem exclui da esfera pública aqueles que desejam cuidar apenas de seus assuntos privados.

O novo corpo político, estruturalmente diferente do que estamos habituados em termos de conceito de Estado, se configura como um Estado-conselho, composto por diversas espécies de federações, em que as decisões, uma vez tomadas à luz da ação, oferecem a possibilidade da efetivação de um novo formato de funcionamento político. A análise de Arendt não pretende apresentar exatamente uma solução, mas demonstrar um caminho original para a instauração de um Estado-conselho que se apresenta como contribuição para o reavivamento do espírito revolucionário. Uma formação razoável de opinião só pode ocorrer onde as pessoas podem se reunir livremente e expressar suas opiniões publicamente, por isso entendeu conselhos e sociedades populares como instituições ideais para o estabelecimento de espaços democráticos discursivos, espaços nos quais a racionalidade política encontra sua aproximação mais próxima (Volk, 2015, p. 200).

Das experiências trazidas por Arendt, seja a dos revolucionários da Comuna de Paris, a dos sovietes na Revolução Russa, ou a do levante húngaro de 1956, ainda que demonstrem que é possível uma forma de organização que resgate o verdadeiro exercício da política, mesmo nos acontecimentos históricos citados, prevaleceu o sistema centralizador dos partidos, e os conselhos foram gradativamente eliminados.

Referências

ARENDT, Hannah. *On revolution*. Londres: Faber & Faber, 2016.

ARENDT, Hannah. *A condição humana*. Traduzido por Roberto Raposo. 12ª Ed. Corrigida e revisada por Adriano Correia. Rio de Janeiro: Forense Universitária, 2014.

ADVERSE, Helton. Arendt, a democracia e a desobediência civil. *Revista Brasileira de Estudos Políticos*, Belo Horizonte, nº 105 (jul./dez. 2012), pp. 409-434. Disponível em: <https://periodicos.ufmg.br/index.php/rbep/article/download/P.00347191.2012v105p409/1475>. Acesso em: 05 nov. 2021.

BERNSTEIN, Richard J. Hannah Arendt's reflections on violence and power. *Iris*: European Journal of Philosophy and Public Debate, Firenze University Press, 3, nº 5 (2011), pp. 3-30.

VOLK, Christian. *Arendtian constitutionalism*: law, politics and the order of freedom. Oxford; Portland, Oregon: Hart, 2015.

47.

TEMPORALIDADE

João Batista Farias Junior
Instituto Federal do Piauí

O tempo, ou a temporalidade, ainda não muito comentado pelos estudiosos da obra de Hannah Arendt, é um assunto de grande importância para a autora e, por certo, marca presença ao longo de seus diversos escritos. Desde o problema de uma temporalidade de exceção inscrita nos regimes totalitários, que extingue a norma, impossibilita a duração do mundo comum e procura eliminar os novos começos, até as reflexões da autora sobre a revolução e a procura dos revolucionários pela instauração de um *novus ordo saeclorum*, marcam a importância do tempo dentro da obra de Arendt. Pode-se mencionar, além disso, a parábola de Franz Kafka, *Ele*, tão cara a Arendt e mencionada por ela em mais de uma de suas obras, destacando a compreensão da filósofa acerca do presente como um momento de luta *entre o passado e o futuro*.

É, sobretudo, em *A condição humana,* obra publicada em 1958, que podemos perceber o problema do tempo a partir da análise arendtiana das três atividades da *vita activa*, trabalho (labor), fabricação (ou obra) e ação. Paul Ricoeur, na introdução da edição francesa de *A condição humana*, foi um dos primeiros a escrever sobre a questão da temporalidade presente nesta obra e a problematizá-la para além do que fez a própria Arendt. Segundo Ricoeur (1983, p. 62), Arendt negou-se a reconhecer que é a vida contemplativa, aqui referindo-se à atividade do pensar, que nos permite não apenas teorizar a respeito da *vita activa*, como também a inquirir acerca da importância do tempo, mais especificamente da diferença entre eternidade e imortalidade, e entender suas transformações desde a obra platônica, passando pela idade média e modernidade, e, sobretudo, assentir que é o pensar que possibilita aos seres humanos reconhecerem na ação política um caminho pelo qual podem ascender à imortalidade por seus feitos. Isto é, para Ricoeur, Arendt entende corretamente o problema das atividades a partir de uma mudança de temporalidade e de importância dentro dos assuntos humanos, em especial durante a modernidade, mas Arendt não teria reconhecido que *pensar* essas atividades, suas temporalidades e suas presenças na vida humana, só é possível graças a uma atividade de fora da *vita activa*.

Na obra em questão, as três atividades analisadas por Arendt estão diretamente implicadas com eventos/condições que caracterizam permanentemente a vida humana: nascimento e morte, natalidade e mortalidade. São, pois, atividades percebidas, sobretudo, do ponto de vista temporal. Enquanto trabalho e fabricação permitem a manutenção da vida e de um mundo comum que possa garantir estabilidade para a chegada e continuidade dos seres humanos, a ação, diz Arendt, "cria a condição para a lembrança" (Arendt, 2015, p. 11), isto é, permite que os eventos e as vidas perdurem temporalmente por meio da história.

Cada atividade, porém, têm características temporais que as diferem umas das outras. Primeiro, acerca do labor, Arendt assevera que o que dá "ritmo" para a atividade do trabalho é a própria vida:

> a vida é um processo que em toda parte consome a durabilidade, desgasta-a e a faz desaparecer, até que finalmente a matéria morta, resultado de processos vitais pequenos, singulares e cíclicos, retorna ao gigantesco círculo global da natureza, onde não existe começo nem fim e onde todas as coisas naturais volteiam em imutável e imorredoura repetição. (Arendt, 2015, p. 118)

Dessa forma, a temporalidade do trabalho é determinada por esse giro incessante promovido pelo ciclo vital: começo, crescimento, perecimento e fim. Tal ciclo é comum a todos os seres vivos e, portanto, trata-se de um tempo ditado e em consonância com a natureza.

Quanto à fabricação, ainda que também seja uma atividade necessária para a existência da vida humana tal como conhecemos, trata-se de uma atividade que se desenvolve a partir de um outro caráter da vida, isto porque, trata-se aqui da vida enquanto existência e compartilhamento de mundo. Nas palavras da autora: "a palavra "vida", porém, tem significado inteiramente diferente quando é relacionada ao mundo e empregada para designar o intervalo de tempo entre o nascimento e a morte" (Arendt, 2015, p. 119). A fabricação não se trata, portanto, de viver no sentido de estar executando algo básico para a manutenção do organismo, mas, antes, de compartilhar um espaço e uma estória com outras pessoas.

Enquanto o trabalho se caracteriza por sua inescapável presença em nossa vida desde o início, sem ser possível se estabelecer com precisão quando começamos a cuidar da manutenção de nosso metabolismo, até nossos últimos dias, a fabricação tem um princípio e um horizonte temporal distintos. Isto porque "a característica da fabricação é ter um começo definido e um fim definido e previsível, e essa característica é bastante para distingui-la de todas as outras atividades humanas" (Arendt, 2015, p. 178).

A ação política, conforme entende Arendt, funda-se ontologicamente na natalidade. Isto porque agir é o mesmo que começar, trazer algo novo ao mundo. Ação e discurso nos permitem iniciar algo novo, algo que tão logo seja posto a se desenrolar no tempo e no espaço, deixa de estar em nosso controle e, assim, trará resultados e ecos ao longo do tempo em que for "alcançando" outras pessoas e, por sua vez, somando-se a outros atos e discursos. A ação, ainda que fundada ontologicamente na natalidade, é a atividade que apresenta uma temporalidade diversa da natureza e dos fenômenos biológicos. Nas palavras de Arendt:

> o milagre que salva o mundo, o domínio dos assuntos humanos, de sua ruína normal, "natural" é, em última análise, o fato da natalidade, no

qual a faculdade da ação se radica ontologicamente. Em outras palavras, é o nascimento de novos seres humanos e o novo começo, a ação de que são capazes em virtude de terem nascido. (Arendt, 2015, p. 306)

O passado, bem como futuro, diz Arendt, têm uma tendência a devorar o presente. Aí se dá a importância da narração e da memória, elas transformam a fragilidade da existência em algo material e que pode sobreviver à nossa curta mortalidade. O passado é a condição para que possamos nos compreender no presente, bem como para lançarmo-nos em direção ao futuro. Tradicionalmente, apreendíamos o passado pela meditação ou comemoração, o presente pelo padecimento (experimentação do que se passa) e o futuro por meio da ação.

Durante a modernidade, com o avançar da revolução industrial e com a transformação da geopolítica mundial, passa a vigorar um tipo de configuração social, econômica e política tais que a grande parcela da população mundial, passando a viver nas grandes cidades, veem-se destinadas a gastar boa parte do seu tempo ativo nas atividades que suprirão suas necessidades individuais e naturais. A vitória do *animal laborans*, entendida por Arendt como a sobreposição do trabalho sobre todas as outras atividades humanas, condicionada por essas transformações da modernidade, terminou por reduzir a vida humana à mais básica e necessária tarefa de manutenção do organismo. Quanto a isso, Arendt menciona que o problema da mortalidade passa a ser respondido de uma outra forma. Na antiguidade a imortalidade era buscada por meio dos grandes feitos, na Idade Média a salvação (e sua consequente eternidade) era obtida por meio das penitências e condicionamento espiritual, enquanto na modernidade a única imortalidade possível de ser encontrada, mormente, é aquela do interminável ciclo vital. Nas palavras de Arendt, "a única coisa que podia ser potencialmente imortal, tão imortal quanto fora o corpo político na Antiguidade ou a vida individual na Idade Média, era a própria vida, isto é, o processo vital possivelmente eterno da espécie humana" (Arendt, 2015, p. 398).

A era moderna, iniciada com as revoluções científicas no século XVII, termina, segundo Arendt, no início do século XX quando, então, com as explosões atômicas, tem-se início o mundo moderno. Essa passagem sela, por vez, uma crise sem precedentes para nossa compreensão histórica, existencial e temporal: a ruptura do fio da tradição. Essa ruptura, não redutível a um único evento, trata-se de um conjunto de circunstâncias e fatos que tornaram impossível recorrermos ao passado e à nossa tradição de pensamento de modo a ser possível encontrar nestes um amparo para compreender os fatos atuais e a condição de perplexidade na qual nos encontramos.

Desde então, o conceito de tempo, ou melhor, a experiência temporal que nos é possível vivenciar resulta diretamente das condições às quais a ruptura com a tradição na modernidade nos dispôs e nos leva a "estar" no presente em uma crítica posição em que o passado já não pode nos auxiliar a entender o que se passa, muito menos nos preparar para o que vem com o futuro. Nas palavras de Arendt:

> do ponto de vista do homem, que vive sempre no intervalo entre o passado e o futuro, o tempo não é um contínuo, um fluxo de ininterrupta sucessão; é partido ao meio, no ponto onde "ele" está; e a posição "dele" não é o presente, sua acepção usual, mas, antes, uma lacuna no tempo, cuja existência é conservada graças à "sua" luta constante, à "sua" tomada de posição contra o passado e o futuro. (Arendt, 2014, p. 37)

Não bastando, então, a alteração da temporalidade das atividades de nossa *vita activa* terem nos levado a uma condição de existência que se caracteriza pela precariedade do mundo e da segurança dos artefatos e instituições que permitiam estabilidade para nossa vida, dada a prevalência do tempo cíclico das atividades laborativas (lembrar da vitória do *animal laborans*) que tomam-nos o interesse pelo cuidado com o mundo comum, diversos eventos durante a modernidade solaparam as bases que antes nos permitiam entender nosso lugar e nossa estória (e também história) junto à nossa tradição e nossos semelhantes, rompendo com o fio de nossa tradição de pensamento. A tarefa que

Arendt assume como mote de *A condição humana*, "Pensar o que estamos fazendo" é, pois, a busca pela compreensão da temporalidade e demais condições que direcionam e marcam nossa existência comum.

Por fim, cabe mencionar que Arendt, a partir da caracterização da ação enquanto uma atividade cujos resultados são irreversíveis e imprevisíveis, menciona que para lidar com os efeitos de nossos atos temos dois remédios, são eles o perdão e a promessa. O perdão permite-nos a reconciliação com o mundo quando o resultado das ações de outrem ou mesmo as nossas se configuram como um desastre ou trazem algum tipo de mal. Por sua vez, a promessa garante que, mesmo conscientes de nossa incapacidade de garantir o resultado de nossas ações, reconheçamos nossa responsabilidade com a comunidade da qual fazemos parte, dado que a promessa inerente a uma ação se dirige para aqueles com quem compartilho o mundo e que estão de alguma forma implicados nos resultados dos meus atos. Compartilhamos, afinal, uma temporalidade que é imprevisível e irreversível, mas que comporta sempre a possibilidade do milagre, mesmo quando vivemos em um mundo cujas regras são ditadas pelo maquinismo tecnológico ou pelas necessidades da vida biológica.

Referências
ARENDT, Hannah. *Diario filosófico*. Barcelona: Herder, 2006.
ARENDT, Hannah. *A condição humana*. Rio de Janeiro: Forense Universitária, 2016.
ARENDT, Hannah. *Entre o passado e o futuro*. São Paulo: Perspectiva, 2014.
RICOEUR, Paul. Story and history: on re-reading *The human condition*. *Salmagundi*. N. 60. Spring/Summer. 1983. pp. 60-72.

48.

TRABALHO

Odilio Alves Aguiar
Universidade Federal do Ceará

A palavra trabalho é recorrente em toda obra de Hannah Arendt. No entanto, no livro *A condição humana* (1958) adquire consistência e teor conceitual propriamente dito. Percebeu muito bem essa perspectiva a profa. Theresa Calvet, no seu artigo pioneiro "A atividade humana do trabalho [*Labor*] em Hannah Arendt" (1985). A análise da atividade/categoria do trabalho vem situada na exposição da autora a respeito da dimensão ativa da vida humana, que se desenvolve e se articula no aspecto laboral, técnico e político. "Todas as três atividades – diz Arendt – e as suas condições correspondentes estão intimamente relacionadas com a condição mais geral da existência humana: o nascimento e a morte, a natalidade e a mortalidade" (Arendt, 2010, p. 10). A compreensão do que seja o trabalho descortina-se a partir de um plano que podemos chamar de ontológico, conceitual, filosófico. Trata-se da relação entre o trabalho e a condição humana tão enfaticamente presente no livro. Por outro lado, há um contexto histórico-social-político indelevelmente presente: "A era moderna – diz nossa autora – trouxe consigo uma glorificação teórica do trabalho" (Arendt, 2010, p. 5). O aspecto ontológico e o contextual se unem na proposta e foco do livro: "'O que estamos fazendo' é, na verdade, o tema central deste livro" (Cf. Arendt, 2010, p. 6).

A tematização do trabalho a partir do contexto moderno, especialmente o embate com Karl Marx, foi intensamente ressaltada nas abordagens sobre o assunto em Arendt. A própria autora induz a essa direção, quando na abertura do capítulo III, cujo título é justamente "trabalho", afirma: "no capítulo seguinte, Karl Marx será criticado" (Arendt, 2010, p. 97). O resultado dessa ênfase foi o surgimento de uma tendência interpretativa muito disseminada em boa parte dos leitores e estudiosos do pensamento arendtiano. É como se em Arendt a atividade do trabalho e toda sua compreensão girasse em torno de uma economia reflexiva direcionada apenas à valorização da ação política. De fato, a totalidade da sua obra enseja a recuperação da ação e da liberdade política, mas isso não anula a consideração do lugar próprio da atividade do trabalho no interior da condição humana, sua importância fundamental para o ingresso no mundo comum, na humanidade.

Essa perspectiva está posta no início do livro quando a autora explica a sua abordagem da condição humana em sua dimensão ativa, afirmando: "com a expressão *vita activa*, pretendo designar três atividades humanas fundamentais: trabalho, obra e ação. São fundamentais porque a cada uma delas corresponde uma das condições básicas sob as quais a vida foi dada ao homem na Terra". E prossegue: "o trabalho é a atividade que corresponde ao processo biológico do corpo humano, cujos crescimento espontâneo, metabolismo e resultante declínio estão ligados às necessidades vitais produzidas e fornecidas ao processo vital pelo trabalho. A condição humana do trabalho é a própria vida" (Arendt, 2010, p. 8). Vários aspectos conceituais podem ser colhidos na citação. Nos deteremos na proximidade entre trabalho e condição humana, bem como, trabalho e vida.

Comecemos pela relação entre a atividade do trabalho e a vida. No *Prólogo* do livro *A condição humana*, observando criticamente a exagerada artificialização da vida moderna, Arendt faz uma interessante aproximação entre Vida, Terra e Trabalho. A Terra proporciona um habitat natural capaz de possibilitar aos humanos o movimento e a respiração sem esforço nem artifício. Da mesma forma, o empenho humano laborioso, repetitivo, proporciona a reprodução da vida em seus aspectos naturais. Apesar dessa íntima proximidade entre terra, trabalho e vida, Arendt identifica, desde tempos imemoriais, o desejo humano de escapar da Terra, a tentativa de criar a Vida artificialmente e uma utópica república liberada das "fadigas e penas" intrínsecas à atividade laboriosa. No entanto, a pensadora reitera o atrelamento do trabalho ao viver. "Viver é o anseio inato de todas as criaturas" (Arendt, 2010, p. 44). Através do trabalho, os homens espontaneamente acedem à parcela natural da condição humana. Assim como, sem trabalhar, perdem o élan vital. A resistência humana à morte, manifesta-se no trabalho, na reunião de forças por meio da companhia natural dos outros, para cultivar a terra, produzir os alimentos e realizar as suas funções nas diversas sociedades. Dessa forma, é garantida a vida humana. Por isso, é inerente ao trabalho, o descanso. Sem boas condições do trabalho, não se desfruta da alegria inerente ao trabalho, mas só a dor, fruto do esforço e da eterna repetição. Diz Arendt, a esse respeito, "uma vez que o trabalho corresponde à condição da própria vida, participa não apenas das suas fadigas e penas, mas também da felicidade com que podemos experimentar o fato de estarmos vivos" (Arendt, 2005, p. 182). A miséria, a penúria ou até mesmo o tédio evidenciam um desequilíbrio que inviabiliza a boa relação entre trabalho e vida: "tudo o que lança este ciclo em desequilíbrio – a miséria, onde a exaustão é seguida pela penúria; ou uma vida inteiramente sem esforço, onde o tédio toma o lugar da exaustão; e onde os moinhos da necessidade, do consumo e da digestão trituram até a morte, inclementes, um corpo humano impotente – arruína a felicidade elementar que resulta do estar vivo" (Arendt, 2005, pp. 182-183).

Diferenciada na sua dignidade da obra e da ação, Arendt afirma que a "luta trabalhosa" tem uma relação íntima com o mundo, defendendo-o contra a natureza. "Esse espírito de luta não é heroico, mas está relacionado a luta por manter limpo o mundo e evitar-lhe o declínio, essa grandeza não vem da coragem, do perigo, mas do esforço, da repetição" (Arendt, 2010, p. 124). Dessa forma, evidencia-se a importância do trabalho para que os homens acessem uma parcela fundamental da condição humana e com ela a dignidade humana. Sem a dignidade da vida natural, a vida no seu sentido mais elevado, mundano e político, perde o sentido. Aliás, poderíamos dizer que a importância da obra e da ação reside justamente na qualificação, na humanização da vida que nunca deixa os seus vínculos com a dimensão natural.

A *vita activa,* a dimensão discutida por Arendt na obra *A condição humana,* enfatizando, compõe-se das atividades do trabalho, da obra ou fabricação e da ação. O trabalho produz coisas para serem consumidas ou realiza atividades de cuidado das pessoas ou do mundo. Seus produtos não são duráveis. Típicos do trabalho são o esforço e a repetição. Por meio da obra ou da fabricação, os homens produzem coisas e objetos duráveis e artificiais. A durabilidade e a utilidade são características fundamentais da obra ou fabricação. O resultado dessa atividade é o mundo em sua dimensão tangível. Na ação, os homens constroem o mundo comum, fundam instituições, relacionam-se uns com os outros mediados pela palavra, estabelecem leis e o universo cultural. Através da ação, a pluralidade emerge como característica fundamental da condição humana. Enfim, na dimensão ativa da condição humana, o mundo se estabelece como fruto da postura espontaneamente ativa e transformadora dos homens. Nessas atividades, os homens desenvolvem a capacidade de viver, criar o mundo e estabelecer os padrões civilizatórios protetores da pluralidade humana. Em todas as atividades há uma dimensão de labor: o esforço, o foco; e em todo labor, a pluralidade humana, de alguma forma, se prenuncia. Ninguém vive ou trabalha na mais completa solidão.

Qualquer tentativa de estabelecer modos de vida que cancelem ou dificultem o acesso à vida, ao mundo comum e à pluralidade humana, indicam alienação em relação à comunidade humana e impõe a resistência. Arendt, como judia, sentiu na própria pele a dificuldade de inclusão na condição humana em razão dos impedimentos para morar, trabalhar e viver no lugar em que nasceu, no caso, na Alemanha e na Europa. Esse contexto biográfico é fundamental para perscrutarmos a dimensão teórico-prática do trabalho na autora. A atividade do trabalho é a primeira atividade proibida ao pária. Textos anteriores a *A Condição Humana*, mais ligados ao momento apátrida da autora, iluminam a compreensão prévia da categoria trabalho.

Nos *Escritos judaicos* (2007) e em *Origens do totalitarismo* (1951), colhemos importantes elementos que nos ajudam a reconstruir a visão arendtiana do trabalho, especialmente sua importância para a condição humana. Através dessa atividade ficam ressaltadas a sua capacidade de vincular os homens à natureza, ao mundo e aos outros homens. No texto "Nós, refugiados" (1943), escreve: "perdemos nosso lar, o que significa a familiaridade da vida cotidiana. Perdemos nossa ocupação, o que significa a confiança de que temos alguma utilidade neste mundo. Perdemos nossa língua, o que significa a naturalidade das reações, a simplicidade dos gestos e expressão espontânea dos sentimentos" (Arendt, 2016, p. 478). Nos textos da década de 1930, Arendt já mostra uma aguda consciência da importância da inserção no mundo do trabalho para os judeus que estão passando pela desnaturalização e pela desassimilação nos países europeus. Pairava, entre os judeus, uma compreensão individualista, não política da questão judaica. O posicionamento num trabalho, afirma Arendt, oferecia, naquele momento, uma orientação no mundo, abria caminho para a realidade, para manutenção de alguma identidade (Cf. Arendt, 2016, p. 142). Sem vínculo, sem uma comunidade, sem uma tradição, sem espaço para a comunicação espontânea, tem-se que ser original a todo instante, tornando insuportável a arte de existir, a arte de comunicar a própria existência, de se apresentar. Perde-se o endosso da própria realidade, a possibilidade de ser visto e ouvido (Cf. Arendt, 2016, pp. 144-145). Nessa situação, os jovens vagavam sem objetivos nas ruas, insociáveis, envergonhados dos seus infortúnios e dos seus ancestrais. Aprender agricultura, meio para inserção na vida comunitária na Palestina, apresentava-se como solução para a errância e mendicância servil. Por meio do Trabalho, diz Arendt, recuperava-se a dignidade natural (Cf. Arendt, 2016, p. 159).

Essa tendência de associar trabalho e integração mínima à condição humana consolida-se, mediada pela questão judaica, e se inflete em *Origens do totalitarismo* (1951), especialmente na parte sobre o

"Declínio do Estado-nação e o fim dos direitos dos homens", em que aparece a crítica aos direitos humanos, a defesa do direito de residir e trabalhar, a menção ao direito a ter direitos associada à possibilidade de ocupar um lugar peculiar no mundo. Essas são as condições, sem as quais os indivíduos deixam de pertencer à humanidade. Sem esses laços, ficam desamparados e suscetíveis à morte, psicológica e física. A atividade do trabalho será compreendida não só como um direito fundamental, mas também como uma "responsabilidade humana comum" (Arendt, 1989, p. 334). Sem a mediação dessas condições, o retrocesso civilizatório instala-se. Fora da condição humana, as pessoas tornam-se fantasmas e são devolvidas, em plena civilização, à sua elementaridade natural (Cf. Arendt, 1989, p. 335), "[...] essa perda coincide com o instante em que a pessoa se torna um ser humano em geral – sem uma profissão, sem uma cidadania, sem uma opinião..." (Arendt, 1989, p. 336). Nossa ideia é que essa pré-história do conceito do trabalho vai ser consolidada na obra *A Condição Humana,* já abordada na parte inicial deste texto.

Essa consideração positiva do trabalho e sua importância para a dignidade humana torna-se problemática na medida em que os critérios de avaliação do trabalho, especialmente a capacidade de manter a vida da espécie, o consumo e a massificação das pessoas transformaram-se em medida universal de avaliação de todas as atividades humanas, práticas e teóricas. Estamos diante da vitória total do *animal laborans.* No seu último estágio, a atual sociedade, diz Arendt, "requer de seus membros um funcionamento puramente automático, como se a vida individual realmente houvesse sido submersa no processo vital global da espécie e a única decisão ativa exigida do indivíduo fosse deixar-se levar, por assim dizer, abandonar a sua individualidade, as dores e as penas de viver ainda sentidas individualmente, e aquiescer a um tipo de funcional, entorpecido e 'tranquilizado' de comportamento" (Arendt, 2010, p. 403). Nesse sentido, a vitória do *animal laborans* inviabiliza a dignidade humana, o desenvolvimento multilateral das capacidades humanas, e promove a alienação humana em relação ao mundo e às pessoas. Sob a égide do *animal laborans,* todas atividades passaram a ter a mesma função de reproduzir, aperfeiçoar e manter os procedimentos técnicos e laborativos. Nessa fase, o conjunto das atividades humanas, inclusive o trabalho, decaem em processos que se utilizam dos humanos. Os encontros entre a economia e a industrialização, o trabalho e a tecnologia produziram a universalização dos artifícios laborativos e retirou a dimensão ativa do trabalho. O *animal laborans* não é o homem que trabalha para viver e dar sua contribuição à sociedade, mas é um ser vivo engolfado nas metodologias técnico-econômicas, um ser completamente dominado. O resultado do encontro entre labor, tecnologia e capital será o "homem de Heisenberg", o sujeito tecnológico contemporâneo, "material humano" governável e manipulável, assim como a tecnologia será mero "desdobramento biológico da humanidade" (Arendt, 2010, p. 190).

Enfim, na vitória do *animal laborans,* sob a hegemonia do Capital e da tecnologia, passamos a ter uma sociedade cujo protagonismo não é dos homens, mas dos processos maquínico-tecnológicos, portadores de movimentos autopropelidos. Nesse contexto, a condição humana tem passado por circunstâncias trágicas: a exasperação do consumo, o alastramento do tédio e da solidão; e, concomitantemente, a precarização do trabalho, a exacerbação na destruição da natureza, o desemprego e o ódio à diversidade humana. Trata-se de uma situação inviável à estatura humana, ao desenvolvimento das suas capacidades, especialmente sua adaptabilidade, pois, como uma avalanche, é profundamente destruidora de toda e qualquer contenção civilizatória. Estamos enfrentando grandes desafios diante dos quais talvez possamos obter alguma conquista por meio do pensamento e da ação, pois ambos têm o poder de barrar os movimentos automáticos, autopropelidos e de iniciar e fundar algo novo.

Referências

AGUIAR, Odilio A. Condición Humana. IN: PORCEL, Beatriz; MARTIN, Lucas (Org.). *Vocabulário Arendt*. Rosário-Argentina: Homo Sapiens Ediciones. 2016, pp. 29-44.

AGUIAR, Odilio Alves. O direito, o comum e a condição humana no pensamento de Hannah Arendt. *Revista de Filosofia da Unisinos*, São Leopoldo, v. 20, n. 3, pp. 278-284, set./dez., 2019.

ALVES NETO, Rodrigo Ribeiro. *Alienações do mundo* – uma interpretação da obra de Hannah Arendt. São Paulo: Edições Loyola, 2009.

ALVES NETO, Rodrigo Ribeiro. Obras, feitos e palavras: o caráter não-natural da condição humana. *Argumentos* – Revista de Filosofia. Ano 5, N° 9, pp. 97-119.

ARENDT, Hannah. *A condição humana*. Tradução de Roberto Raposo. Revisão técnica e apresentação de Adriano Correia. Rio de Janeiro: Forense Universitária, 2010.

ARENDT, Hannah. *Escritos judaicos*. Tradução de Laura Mascaro et al. Barueri: 2016.

ARENDT, Hannah. *Origens do totalitarismo*. Tradução de Roberto Raposo. São Paulo: Companhia das Letras, 1989.

ARENDT, Hannah. Trabalho, obra e ação. Tradução de Adriano Correia e revisão de Theresa Calvet. *Cadernos de Ética e Filosofia Política da USP*, Vol. 2, N° 7, 2005, pp. 175-201.

CORREIA, Adriano. Liberalismo versus política: análise da prevalência moderna do econômico em Michel Foucault e Hannah Arendt. *Princípios*, v. 19, pp. 135-151, 2012.

MAGALHÃES, Theresa Calvet de. A atividade humana do trabalho [Labor] em Hannah Arendt. *Revista Ensaio*, São Paulo, n.° 14, pp. 131-168, 1985.

WAGNER, Eugênia Sales. *Hannah Arendt e Karl Marx: o mundo do trabalho*. 2ª Ed. São Paulo: Ateliê Editorial, 2002.

49.

TRADIÇÃO

Sônia Maria Schio
Universidade Federal de Pelotas

> "… a esmagadora maioria de nosso povo vê a causa disso no fato de
> a tradição ainda não ser nem de longe suficiente,
> havendo, portanto, a necessidade de que muito mais nela seja pesquisado;
> de qualquer maneira, por mais gigantesco que pareça,
> seu material ainda é muito pequeno
> e séculos terão que passar antes que a tradição acumulada baste.
> O sombrio dessa perspectiva para o presente
> só é iluminado pela crença de que virá um tempo no qual
> – de certo modo com um suspiro – a tradição e o seu estudo
> chegarão a um ponto final, que tudo ficará claro".
>
> FRANZ KAFKA

O termo "tradição" aparece inúmeras vezes nas obras de Arendt, pois é "chave" para a compreensão de contextos e de acontecimentos por ela abordados, os Totalitarismos, por exemplo. E ele não se confunde com o de passado ou de cultura, sequer com o de tradicionalismo ou de estética, de ideologia ou outro, podendo relacionar-se com eles ou mesmo englobá-los. Além disso, existem textos que o tematiza: Porcel (2016), Eccel (2018) e Klusmeyer (2020), os quais não podem ser contornados. Neste momento, o propósito é o de investigar e refletir sobre o termo em torno da questão da relação entre a Tradição (*strictu sensu,* isto é, para uma singularidade, um ser humano único, irrepetível e insubstituível, na pluralidade, em meio a outros, mas que é o ator/autor do que faz e da responsabilidade que isso gera) e a Faculdade de Julgar.

O julgar averigua, examina os conteúdos, preparando-os para a volição, a Faculdade de Querer. Embora Arendt não tenha escrito a terceira parte da obra *A vida do espírito* (1978), ela legou à posteridade alguns escritos, em especial aqueles que compõem a obra denominada de *Lições sobre a filosofia política de Kant* (1982). Esta possui alguns elementos imprescindíveis para a pesquisa sobre o julgar, a qual, junto à *Crítica da faculdade do juízo* (de 1790) de Kant, permite demonstrar que a Tradição é o fundamento do juízo.

Nesse contexto, o passado refere-se ao tempo, aos acontecimentos cronologicamente ocorridos, no qual não há interrupções ou rupturas. A cultura, em Arendt, trata das manifestações do espírito humano. Segundo ela (Arendt, 1992, p. 252), a cultura pode ser entendida como o conjunto de "objetos [materiais ou não] que toda civilização deixa atrás de si como a quintessência e o testemunho duradouro do espírito que a animou". A acepção de estética em Arendt está em conformidade com o conceito grego de *"aisthesis"*, de sensibilidade, o mesmo utilizado por Kant, na *Crítica da faculdade do juízo*. Ou seja, está relacionada ao corpo que está no mundo e o sente, e reage, interagindo com ele.

O tradicionalismo é a supervalorização de uma determinada tradição, a qual é entendida como a certa ou a melhor. A ideologia, a "lógica das ideias", é um conjunto ordenado de concepções sobre determinados aspectos da realidade, e a partir dos quais a pessoa entende o entorno, e vive nele. Assim, a palavra "Tradição", em grego, *paradosis* (παραδοσις), está relacionada à transmissão de algo, um preceito ou lei. O termo mais conhecido é latino, mas possui a mesma acepção do grego e uma grafia com pequenas alterações (Tradição, em português, *Tradizione,* em italiano, a título de exemplo). Mesmo Arendt possui um livro, composto de artigos, com esse tema: *Die verborgene*

Tradition Essays (A Tradição escondida) e dois artigos: "The great tradition" (*A grande tradição*) e "A Tradição e a Época Moderna", este na obra *Entre o passado e o futuro* (1992, pp. 43-68). Retornando ao termo, segundo Abbagnano (2000, p. 966), em Filosofia, ainda na Grécia Clássica, acresceu-se a relação com a verdade. Após, Aristóteles reconheceu elementos míticos na Tradição, e entendeu que retirando-os, ela forneceria garantias de validade, tornando-se algo a ser mantido e transmitido porque confiável.

O Iluminismo, ainda segundo ele (Abbagnano, 2000, p. 967), questionou os conteúdos e a credibilidade da Tradição, concebendo-a como dogmática, e contrapondo-a, então, à necessidade de questionamento. No Romantismo, especialmente com Herder (1744-1803), a Tradição tornou-se uma "cadeia sagrada que liga os homens ao passado, conserva e transmite tudo o que foi feito pelos que os precederam" (Herder *apud* Abbagnano, 2000, p. 967). Hegel (1770-1831), por seu turno, acresceu-lhe a concepção de que ela é fluida (como um "rio"), isto é, não é estanque, inerte, mas é histórica, sofrendo mutações, mesmo que mínimas, com o passar do tempo, devendo ser guardada e passada às novas gerações (herança).

A Tradição, no séc. XX, é entendida como algo adquirido de maneira não deliberada, mas que compõe a vida humana. Por isso, às vezes, ela é utilizada como sinônimo de saberes (em sentido amplo), com costumes, comportamentos e crenças apropriados e até mesclada com o folclore e com mitos e fábulas (como ocorre no Rio Grande do Sul – RS/Brasil). O Tradicionalismo, enquanto "defesa explícita da Tradição" (Abbagnano, 2000, p. 967), é um desdobramento da acepção Romântica Alemã, porém desenvolvida por alguns românticos franceses, na mesma época (Abbagnano, 2000, pp. 967-668, cita Madame de Staël, René de Chateaubraind, entre outros). A ideologia refere-se a determinados (e esperados) padrões morais; mesmo as categorias, e os princípios são termos associados à Tradição. Isso ocorre porque o termo não é unívoco: ele permite variados enfoques, cada um explicitando alguns aspectos do tema: Porcel, na obra organizada por ela e por Martín (2016) enfatiza o que é a Tradição, *lato sensu*, e o gradativo abandono e desuso desta. Segundo ela (Porcel, 2016, p. 217), "a tradição preserva o passado ao transmiti-lo, também acomoda e seleciona hierarquicamente tornando-se uma fonte de esquecimento e de lembrança". A partir da Modernidade (séc. XVII), e mais especificamente nos Totalitarismos (séc. XX), "a tradição perdeu seu sentido explicativo e se torna necessário apreender todas as partes desarticuladas. [...] A tradição, disse Arendt, é aquilo que tem como 'função principal proporcionar respostas a todas as perguntas, canalizando-as segundo categorias pré-determinadas'" (Porcel, 2016, p. 214).

Eccel (2018, p. 270) apregoa que "é possível encontrar duas concepções paradoxais e quase antagônicas de tradição em Arendt: uma como conservação e preservação (a despeito da ruptura que nos conduz até ela) e outra como superação e abertura para o novo". E o demonstra a partir dos textos de Arendt, Jaspers e Gadamer, em especial. Segundo ela, Arendt não pretende nem retornar aos Gregos ("saudosismo"), nem desmantelar a Tradição (Eccel, 2018, p. 271), mas demonstrar que "há um diagnóstico que associa o puir da tradição à corrupção dos seus conceitos" (Eccel, 2018, p. 273) Por isso, é preciso "reconhecer que perdemos as respostas sobre as quais nos apoiávamos no que concerne aos procedimentos, às escolhas (...) [a]os critérios nos quais acreditávamos poder recorrer na busca de tais respostas; que não compartilhamos regras ou princípios que possam nos guiar nessas decisões urgentes (Carvalho apud Eccel, 2018, p. 275).

Klusmeyer, na obra organizada por Hayden (2014) escreveu o verbete sobre a Tradição relacionando-o à autoridade. Pode-se dizer que ele realizou uma análise intelectualizada dela: a Tradição "*latu senso* é um modo normativo de conhecimento através do qual a imagem da relação entre uma sociedade e o tempo é compreendida. [...] A interpretação do conteúdo informacional prescritivo de uma tradição conecta-se sempre como uma autoridade está sendo construída no momento" (Klusmeyer, 2014, p. 184).

Em Arendt, há a acepção de Tradição, em um sentido mais geral, mas existem também partes (ou estratos) desta: a "Tradição de pensamento", para ela a Ocidental, e nesta a "Tradição de Pensamento Político Ocidental". Em sentido amplo, são os saberes que englobam os conhecimentos formais (Ciências, Filosofia, Religião, Artes) e informais (senso comum), mas também os hábitos, os exemplos, as experiências possuídas com ou sem intenção, mas que constituem a identidade de um determinado grupo e de cada componente. E nesse sentido, não há escolha em possuí-la ou não, pois ela não apenas está na pessoa, mas a constitui. E assim, ela é a básica, ao compor o espírito humano que possui o intelecto (*Verstand*) e o pensamento (*Vernunft*), a memória e a imaginação.

A Tradição de pensamento é mais estrita. Por exemplo, no Brasil, relaciona-se à Colonização Portuguesa (1500-1822). E Portugal a possui a partir de 17 povos primitivos, nem sempre igualmente nomeados (íberos, celtas, celtíberos e subdivisões ou tribos). Mais tarde, com os Romanos (ligados aos gregos e depois aos Cristãos), e com os Islâmicos, também denominados de mouros ou árabes (711-1249). No Brasil, houve a mescla com outras Tradições: a dos primitivos habitantes, os Brasilíndios de diversas etnias, dos africanos e seus descendentes e de outros povos que vieram aqui habitar, vindo de países europeus e asiáticos; mais recentemente, também de outros países da América.

A outra, a Tradição de pensamento Político que, segundo Arendt, inicia com Platão (428/427-348/347), após a morte de Sócrates (em torno de 469-399 a. C.), e permanece até Marx (1818-1883). Nesta, a política e a Filosofia estão separadas, e até são opostas: na primeira, o ser humano conferiria primazia à Vida Ativa; no segundo, à Contemplativa, sendo esta a mais "nobre". A partir do séc. XVII, na chamada Modernidade, não houve uma valorização da ação, que ocorre na Vida Ativa, mas do fazer (*Work*), no qual o advento da Ciência Moderna em muito contribuiu. Seu principal expoente é o "*homo faber*". Além disso, Arendt percebeu que as ideias, os valores etc. que fundamentavam a vida humana, isto é a Tradição, deixaram de ser seguidos, passando a não mais conferir segurança no momento de pensar, de agir, ao qual ela denominou de "ruptura da Tradição".

A Tradição não é boa ou ruim: ela não tem um *ethos*, uma essência que a acompanha. Ela pode ser positiva quando fornece os critérios; os exemplos a seguir ou a evitar; quando liga uma geração a outra, como os filhos com os pais, netos ou avós, ou em um grupo, quando partilha os mesmos ideais, como ocorre nos Estados Unidos com os "Pais Fundadores": Thomas Jefferson (1743-1826) e George Washington (1732-1799, que se tornou o primeiro presidente), os mais conhecidos no Brasil. Há assim, além de um sentimento de pertença, o de continuidade.

Mas também há uma acepção na qual a Tradição limita e pressiona uma pessoa (ou um grupo) a pensar e a comportar-se como habitualmente se faz, e a pune se contrariar tais normas. E há exemplos na política, na religião, mas também na vida cotidiana do trabalho, do bar, das gangues, assim como de costumes ancestrais ("voto de cabresto", na República Velha Brasileira, de 1889-1930; uso do *hijabe* para as muçulmanas; castração feminina, entre outros possíveis exemplos).

Com relação ao julgamento, a ele cabe "combinar" as faculdades, por isso ele é dedutivo, momento em que a Tradição é imprescindível. "A principal dificuldade no juízo é que ele é 'a faculdade de pensar o particular', mas *pensar* significa generalizar e, desse modo, ele é a faculdade de combinar misteriosamente o particular e o geral", escreveu Arendt (1993, p. 97. Grifo dela.). Para Kant (1993, XXVI [1993, p. 23), "a faculdade do juízo em geral é a faculdade de pensar o particular como contido no universal. No caso de este (a regra, o princípio, a lei) ser dado, a faculdade do juízo, que nele subsume o particular, é determinante". Se o universal não estiver presente, havendo apenas o particular, "então a faculdade do juízo é simplesmente *reflexiva*" (1993, XXVI [1993, p. 23. Com grifo dele.).

Expondo de outro modo, uma situação particular exige uma solução. Cabe ao julgar a avaliação das possibilidades e a busca da melhor opção a ser enviada à volição. O pensar, assim, precede o julgar, e é imprescindível: alguém consegue pensar de modo plenamente humano quando pensar por si, pensar no lugar de outra pessoa (ou de outras; próximas ou distantes) por meio da imaginação, e pensar sem contradição. Nisso, então, Arendt está em completo acordo com Kant e com suas máximas do "entendimento humano saudável" (Kant, 1993, § 40): "as máximas do juízo atestam o 'modo de pensamento' (*Denkungsart*)" (Arendt, 1993, p. 91 [12 ª Lição]). Ou seja, o pensar por si mesmo (Iluminismo), o "pensar alargado" (máxima do Entendimento/Intelecto) e o pensar consequente (máxima da razão).

Nessa perspectiva, a Tradição é o "universal" pensado por Kant: quando a Tradição possui o conteúdo que a premissa particular demanda, será simples subsunção. Se não existir, o sujeito pensante, judicante e volitivo, deverá apresentar uma solução, a conclusão para o problema (para concluir a dedução). Ou ele elabora uma premissa maior (juízo reflexivo), ou ele busca outra tradição, ou regra, enfim algo que sirva (funcione) como premissa maior. Por exemplo, havia na Tradição Alemã o preceito de "não matar". Em qualquer situação que ocorresse, mesmo em defesa própria, a pessoa lembraria do preceito no momento de agir. Com o Nazismo, o preceito foi alterado: "aos indesejados pode (ou deve) ser dada a morte". Frente a um desses (judeu, cigano, homossexual, comunista etc.), a morte estava justificada. Houve, assim, apenas a alteração da premissa maior da dedução, ou do julgar.

Em outros termos, Arendt não pretendeu afirmar que a Tradição deve ser mantida ou alterada, mas que qualquer ação, antes de ocorrer, precisa passar pelas atividades da mente: pensar e julgar, além de aperfeiçoar o querer. Ainda nessa questão, o pensar reflexivo ocorre quando a pessoa não aceita os comandos previstos na premissa maior, oriundos da Tradição (nova, como ocorreu no Nazismo – exemplo acima; ou imemorial). Nesse caso, Arendt continua na perspectiva de Kant: é preciso extrair o geral do particular, por exemplo, pela "validade exemplar", a coragem como a de Aquiles; a bondade como a de Jesus; a honestidade como a de meu pai etc.

Pode-se observar, então, que tanto no cotidiano como em ocasiões excepcionais (uma catástrofe pessoal ou natural); em um acontecimento político, entre outras possibilidades, o julgar ocorre e se assenta na Tradição, naquilo que o ser humano possui de saber, de experiência, de exemplo, pois o resultado disso, o comportamento ou a ação, a resposta automática ou refletida sobre o "como" agir será de responsabilidade de seu agente. É por isso que Arendt valoriza as experiências, a cultura, o viver na pluralidade e na política, pois essas vivências preparam a pessoa para julgar a partir de um conteúdo mais aprimorado.

Referências
ABBAGANANO, Nicola. *Dicionário de filosofia*. 3ª Ed., São Paulo: Martins Fontes, 2000.
ARENDT, Hannah. A crise da cultura: sua importância social e política. *Entre o passado e o futuro*. 3ª Ed, São Paulo: Perspectiva, 1992, pp. 248-281.
ARENDT, Hannah. *Lições sobre a filosofia política de Kant*. Rio de Janeiro: Relume Dumará, 1993.
ECCEL, Daiane. Entre a conservação da memória e a possibilidade de novas fundações: o que permanece da tradição em Hannah Arendt?. *Conjectura*: Filos. Educ., Caxias do Sul, v. 23, n. 2, maio/ago. 2018, pp. 267-286.
KANT, I. *Crítica da faculdade do juízo*. Rio de Janeiro: Forense Universitária, 1993.
KLUSMEYER, Douglas B. Hannah Arendt sobre a autoridade e tradição. HAYDEN, Patrick (Ed). *Hannah Arendt*: conceitos fundamentais. Petrópolis: Vozes, 2020, pp. 184-202.
PORCEL, Beatriz. Tradición. PORCEL, Beatriz; MARTÍN, Lucas. *Vocabulario Arendt*. Rosário/Argentina: Homo Sapiens Ediciones, 2016, pp. 211-222.
SCHIO, Sônia Maria. *Hannah Arendt*: a estética e a política (do juízo estético ao juízo político). Tese de Doutorado, UFRGS, 2008. https://lume.ufrgs.br/handle/10183/14684
SCHIO, Sônia Maria. *Hannah Arendt*: história e liberdade (da ação à reflexão). 2ª Ed. Porto Alegre: Clarinete, 2012.

50.

VERDADE

Geraldo Adriano Emery Pereira
Colégio de Aplicação da Universidade Federal de Viçosa

Verdade (*truth*), de maneira geral, não é um tema clássico da filosofia política. Geralmente o debate em torno da verdade se dá no âmbito da metafísica e da epistemologia. Assim, no conjunto da obra de Hannah Arendt ela também não figura, pelo menos em um olhar inicial, como um tema de primeira ordem. Entretanto, é uma discussão que pode ser encontrada nos seus grandes textos, bem como nos seus ensaios. O debate, pelo menos de maneira "direta", ocorre em *Entre o passado e o futuro, Crises da república, Origens do totalitarismo, A vida do espírito* e *A condição humana,*

Uma das maneiras pelas quais a autora coloca em debate o tema da verdade é pela via da relação entre filosofia e política. E esse parece ser o modo como ela delimita o lugar de tensão da verdade, enquanto uma categoria metafísica e, numa certa medida, até epistemológica, com o espaço público, uma categoria essencialmente política.

Na delimitação dessa tensão, a figura que ela demarca de Platão aparece como exemplar. O filósofo da academia maneja, no discorrer de Arendt, uma ideia de verdade de cunho normatizador do espaço público da pólis. Dessa forma, acerca da verdade filosófica, vista pelo prisma platônico em franca tensão com a opinião (*doxa*), a expressão que se consagra no texto da autora é a de uma tirania da verdade. Nessa expressão fica retido o sentido de silenciamento da imprevisibilidade, da imprecisão e da pluralidade que constitui a opinião (*doxa*). Com isso, o risco a ser evitado pelo filósofo é o de que a verdade filosófica seja, na pólis, mais uma opinião.

Nesse contexto, no plano da reflexão política é com a opinião que a verdade se contrapõe, pelo menos se vista no âmbito da filosofia política tradicional – no caso de Arendt, o platonismo figura como experiência intelectual fundadora. Contudo, não resta dúvida nos textos de Arendt de que a categoria efetivamente política é a opinião. A opinião se constitui no *dokei moi,* nas várias visadas, nas várias perspectivas, e isso, de maneira geral, celebra a pluralidade. Entretanto, mesmo frente a essas afirmações, soa apressado concluir que não haja, da parte da autora, nenhum interesse ou abordagem política da verdade.

Um outro lugar de acesso ao tema da verdade nos textos de Arendt se dá pela via do tensionamento com o uso da mentira na política. Na primeira via de acesso, a autora deixa claro que há incompatibilidade da verdade filosófica ou metafísica com a política. Contudo, ao trazer para o campo de tensão o tema do uso da mentira na política, uma outra forma de verdade ganha lugar no debate sobre essa tensão – e nesse caso é a verdade dos fatos, ou verdade factual.

No ensaio "Verdade e política" está expresso que "o mentiroso é um homem de ação, ao passo que o que fala a verdade, quer ele diga a verdade fatual ou racional, notoriamente não o é" (Arendt, 2003, p. 309). O lugar da verdade é de uma categoria externa à política. Seu lugar natural é o epistemológico, o metafísico, o histórico, mas não o político. Porém, ao discutir o modo como a mentira, na forma moderna de mentira organizada, atua na política, fica expresso, no texto da autora, um deslocamento e uma modulação da afirmação de que a verdade não integra a ação. A forma da verdade que se opõe à mentira é a verdade dos fatos. Diante das circunstâncias políticas do século XX, é esse tipo de verdade que, mesmo não sendo política, interessa politicamente a Arendt. Há um texto de Alexandre Koyré (1945), citado por Arendt em *Origens do totalitarismo,* que integra uma significativa fonte na análise do modo como a autora articula o tema da mentira na política. O nome do texto é *The political function of the modern lie,* uma leitura importante para se entender e ver o modo como o tema da mentira atrai o tema da verdade para o campo da discussão política.

Nesse contexto de análise, há duas vias de acesso ao tema da mentira e sua tensão com a verdade dos fatos, articuladas pela autora. A primeira é pelo modo como o regime totalitário se valeu do uso organizado da mentira como forma de dominação, articulando um processo de indistinção entre ficção e realidade, em um arranjo que integrava terror, ideologia e propaganda. E parece que é neste cenário em que todos mentem e o fazem por princípio que, segundo a autora, aquele que narra a verdade dos fatos começa a agir.

A outra via em que se visualiza o aparato do Estado manejando a narrativa da realidade dos fatos através do expediente da mentira organizada se dá com a análise presente no texto *A mentira na política*, publicado em *Crises da república*. Neste texto, a autora coloca sua atenção sobre o escândalo político ocorrido nos EUA acerca da revelação dos documentos do Pentágono relativos à guerra do Vietnã. Agora, no campo tido por democrático, Arendt aponta para os riscos políticos da desconsideração da realidade dos fatos e como essa fragilização da veracidade coloca em risco o espaço público político. E como, por trás disso, está um expediente de controle e manipulação das massas, lançando mão da chocante constatação, seja no totalitarismo, seja na "famosa" e propagandeada democracia dos EUA, de uma mentira difundida em massa acerca de fatos conhecidos.

Assim, mesmo considerando a existência de um abismo entre verdade e política, para usar uma expressão de Eccel (2015), quando do uso organizado da mentira na manipulação da narrativa da realidade e consequentemente na manipulação das massas, o que se vê é uma transposição desse abismo para um campo da resistência política operada pela narrativa da verdade dos fatos. Afinal, parafraseando Arendt, onde todos mentem e o fazem por princípio, aquele que narra a verdade começa a agir, pois o que conta a verdade, "[...] quer o saiba ou não, ele se comprometeu também com os negócios políticos, pois, na improvável eventualidade de que sobreviva, terá dado um primeiro passo para a transformação do mundo" (Arendt, 2003, p. 311).

É neste contexto político, de um *amor mundi*, que no ensaio *Verdade e política*, a título conclusivo, Arendt faz uma síntese do que lhe interessa quando politicamente sua atenção se volta para o tema da verdade:

> todavia o que eu queria mostrar aqui é que toda essa esfera (esfera da política), não obstante sua grandeza, é limitada – ela não abarca a totalidade da existência do homem e do mundo. Ela é limitada por aquelas coisas que os homens não podem modificar à sua vontade. [...] Conceitualmente, podemos chamar de verdade aquilo que não podemos modificar; metaforicamente, ela é o solo sobre o qual nos colocamos de pé e o céu que se estende acima de nós (Arendt, 2003, p. 324).

Assim, o que está fixo no olhar de Arendt ao tematizar a verdade, seja pelas vias do uso da mentira organizada nos regimes totalitários, seja na manipulação das informações nas democracias de massa, é que a estabilidade da verdade dos fatos é importante para o espaço público político. Sem um limite na narrativa dos fatos fixado pela distinção entre ficção e realidade, até mesmo a formação da opinião, que é sempre acerca de alguma coisa, fica fragilizada. Por isso, mesmo não sendo política, a verdade, na sua face de verdade dos fatos, atua politicamente resistindo quando a mentira, na condição de mentira geral, coloca em risco a narrativa da realidade, ou a transmissão da memória dos eventos.

Neste sentido, em uma análise da ocorrência do tema verdade no conjunto da obra de Arendt, certamente expressões como mentira, opinião, ideologia, propaganda e ação têm alguma relação com o tema. Mesmo não sendo um assunto central na obra da autora, quando o foco da análise se volta para as experiências políticas do século XX, a verdade soa ser uma "categoria" que lança luz no processo de compreensão das perplexidades que a autora afirma ver tanto acerca dos totalitarismos como das democracias de massa.

Referências

AGUIAR, Odilio Alves. *Filosofia, política e ética em Hannah Arendt*. Ijuí, RS: Unijuí, 2009.

ARENDT, Hannah. *Entre o passado e o futuro*. São Paulo: Perspectiva, 2003.

ARENDT, Hannah. *Crises da república*. Trad. José Volkmann. São Paulo: Perspectiva, 2004.

ARENDT, Hannah. *Origens do totalitarismo* – Antissemitismo, Imperialismo, Totalitarismo. Trad. Roberto Raposo. São Paulo: Companhia das Letras, 2000.

ARENDT, Hannah. *A vida do espírito*. Trad. Antônio Abranches; Cesar Augusto; Helena Martins. Rio de Janeiro: Relume Dumará, 2002.

ARENDT, Hannah. *A condição humana*. Trad. Roberto Raposo. Rio de Janeiro: Forense Universitária, 2001.

ECCEL, Daiane. *Entre a política e a metafísica:* filosofia política em Hannah Arendt e Eric Voegelin. 2015. 252 f. Tese (Doutorado em Filosofia) – UFSC, Florianópolis, 2015.

HELLER, Agnes. Hannah Arendt on the "vita contemplative". *Philosophy and Social Criticism*, v.12, n. 4, pp. 281-296, 1987.

KOYRÉ, Alexandre. *The political function of the modern lie*. Nova York: Contemporary Jewish Record, 1945. Vol. VIII.

LAFER, Celso. A mentira – um capítulo das relações entre ética e a política. In: NOVAIS, Adauto (Org.). *Ética*. São Paulo: Companhia das Letras, 1992. pp. 225-237.

PEREIRA, Geraldo Adriano Emery. *Verdade e política na obra de Hannah Arendt*. Curitiba: Appris, 2019.

51.
VIOLÊNCIA

Thiago Dias da Silva
Núcleo de Estudos da Violência – NEV – USP

A violência aparece como tema na obra de Arendt já em *Origens do totalitarismo*, livro em que a violência antissemita, a violência imperialista e, na terceira parte, a violência totalitária têm papeis importantes. Contudo, apesar desta presença já no primeiro grande livro da autora, é preciso ir a obras posteriores para encontrar uma reflexão desenvolvida sobre o *fenômeno da violência*. Para evitar confusões, é importante notar de saída que o fenômeno em questão não é aquele que costumamos chamar de "violência urbana", ou seja, violência vinculada a latrocínios, agressões, sequestros e crimes deste tipo. O que Arendt propõe é "levantar a questão da violência no âmbito da política" (Arendt, 2003, p. 31).

Em *A condição humana*, o tema aparece vinculado a uma distinção fundamental para a compreensão do fenômeno: a distinção entre público e privado. Ao longo do capítulo 2, dedicado a esta distinção, desenvolve-se a ideia de que os vários modos de relações humanas são condicionados pelo espaço em que se dão, do que decorre que o surgimento (ou desaparecimento) de um novo espaço resulta no surgimento (ou desaparecimento) de novas relações. Voltando-se à origem das experiências políticas ocidentais, Arendt mostra que as relações que têm sentido no interior do espaço privado são essencialmente distintas das que surgiram junto com a *polis*, pois estas são condicionadas pelo *espaço de aparências* que nasce junto com a *polis*.

Pouco à frente, na seção 28 de *A condição humana*, lemos que este espaço é condição para o fenômeno do *poder*, que consiste em um modo de ação específico, descrito pela autora como *o agir em conjunto*. Para melhor caracterizar o fenômeno do poder, Arendt o contrasta com os fenômenos da violência, da força e do vigor, todos de importância fundamental para seu conceito de ação.

As distinções entre estes fenômenos, bem como as distinções entre público, privado e social, são fundamentais para a crítica ao Estado moderno apresentada em *A condição humana*. Na modernidade, o Estado surgiu tomando como modelo a família, ou seja, ele levou ao espaço público certas estruturas de tempo e espaço constitutivas do espaço privado. Desta expansão do privado sobre o público resultaram a retração do público e o surgimento de um espaço novo que Arendt chama de "social". O Estado moderno se coloca como grande administrador do social e, por se sustentar sobre a imagem da família, ele tem na violência um de seus traços fundamentais. A pertinência da definição de Estado proposta por Weber, segundo a qual o Estado se caracteriza precisamente pelo monopólio do uso legítimo da violência, confirma este processo apontado por Arendt.

Contudo, e apesar da importância de *Origens do totalitarismo* e *A condição humana* para a discussão a respeito da violência na obra de Arendt, o desenvolvimento completo da concepção arendtiana da violência se encontra em um ensaio escrito mais tarde e intitulado justamente "Sobre a violência". O texto, que foi publicado no volume *Crises da república* e também como um livro, saiu em inglês sob o título *On violence* e, pouco depois, saiu em alemão, língua materna de Arendt, sob um título distinto e bastante indicativo: *Macht und Gewalt*, ou seja, *Poder e violência*. Este acréscimo no título alemão reforça a ideia, já indicada em *A condição humana*, de que o fenômeno da violência é melhor compreendido se pensado em contraste com o fenômeno do poder.

"Sobre a violência" foi escrito no turbulento contexto das revoltas estudantis do final dos anos 1960, quando violência estudantil e policial, passeatas, pedidos de paz e de guerra, revoluções, ditaduras e outros fenômenos políticos disruptivos se deram de modo bastante ruidoso. Em meio a esta confusão, Arendt publica um ensaio repleto de *distinções*, procedimento com desdobramentos enormes e que merece ser considerado com cuidado aqui.

Como o título alemão do ensaio indica de modo claro, a tarefa a que Arendt se lança aqui é a de distinguir os fenômenos do poder e da violência. Ao fazê-lo, a autora pretende se afastar daquilo que ela chama de tradição da filosofia política – seu alvo preferencial ao longo de grande parte de sua obra –, a qual costuma pensar que "a violência é tão somente a manifestação mais flagrante de poder" (Arendt, 2003, p. 31). Ou seja, à esquerda e à direita, desde os gregos até os contemporâneos, a filosofia política opera uma identificação entre poder e violência, o que traz consequências muito relevantes para a teoria e a prática políticas, e um dos passos dados por Arendt no esforço de desmontar a tradição de filosofia política consiste precisamente em desfazer este nó que une poder e violência. Assim, faz-se necessário "tratar a violência como um fenômeno em si mesmo" (Arendt, 2003, p. 31), e não como mera manifestação do poder.

Esta distinção não equivale à afirmação de que poder e violência não têm relações entre si. Não há dúvidas de que poder e violência aparecem frequentemente juntos. A questão aqui é *qual relação* existe entre estes fenômenos, e Arendt responde inequivocamente que existe uma relação de oposição entre eles: "a forma extrema de poder é o Todos contra Um, a forma extrema da violência é o Um contra Todos" (Arendt, 2003, p. 35).

Na segunda parte de "Sobre a violência", há uma passagem em que Arendt apresenta, quase à maneira de um dicionário, as definições daqueles fenômenos já mencionados em *A condição humana*: poder, violência, força, vigor e autoridade. Sobre o poder, ela afirma: "O poder corresponde à habilidade humana não apenas para agir, mas para agir em concerto. O poder nunca é prioridade de um indivíduo; pertence a um grupo e permanece em existência apenas na medida em que o grupo conserva-se unido" (Arendt, 2003, p. 36). Um indivíduo é capaz de realizar determinadas coisas; um grupo unido em torno de um objetivo comum é capaz, graças ao número de pessoas e à sua organização, de realizar coisas que não estão ao alcance de indivíduos isolados. Ou seja, a ação em concerto faz surgir um fenômeno que permite realizações possíveis apenas aos grupos, e Arendt chama este fenômeno de *poder*.

Ora, mas se o poder não pode ser algo individual, o que queremos dizer quando falamos em uma "pessoa poderosa"? No vocabulário de Arendt, estamos falando em vigor (*strenght/Stark*), fenômeno que se caracteriza por ser uma propriedade inerente a um objeto ou uma pessoa, que é, portanto, independente para agir vigorosamente, podendo até mesmo agir contra o poder.

A violência, por sua vez, "distingue-se por seu caráter instrumental. Fenomenologicamente, ela está próxima do vigor, posto que os implementos da violência, como todas as outras ferramentas, são planejados e usados com o propósito de multiplicar o vigor natural até que, em seu último estágio de desenvolvimento, possam substituí-lo" (Arendt, 2003, p. 37). Ou seja, assim como o vigor, a violência se opõe à ação em concerto que caracteriza o poder. A violência é marcada pelo uso de instrumentos capazes de conferir maior vigor a uma pessoa ou a um objeto (instituição) capaz de agir individualmente na direção que lhe convier. Caso tenha uma pistola na mão, um indivíduo fisicamente frágil é capaz de violência maior do que um indivíduo vigoroso.

Percebe-se assim que poder e violência são palavras que apontam para fenômenos distintos. Contudo, é necessário deixar claro

> que estas distinções, embora não sejam de forma alguma arbitrárias, dificilmente correspondem a compartimentos estanques no mundo real, do qual, entretanto, são extraídas. [...] Ademais, como veremos, nada é mais comum do que a combinação entre violência e poder, nada é menos frequente do que encontrá-los em sua forma pura e, portanto, extrema. Mas disto não se segue que autoridade, poder e violência sejam o mesmo. (Arendt, 2003, p. 38)

Se estendermos o exemplo do indivíduo com uma pistola na mão e pensarmos em um grupo de indivíduos armados, a questão dá um salto de complexidade porque o poder que caracteriza o grupo organizado se associa à violência dos implementos. Consideremos ainda que este grupo pode ser ou não ser institucionalizado, ou seja, este grupo pode ser uma milícia ou uma polícia. Em ambos os casos, o recurso à violência permanece inalterado, mas a relação de poder muda significativamente, pois o poder que sustenta uma milícia se resume ao poder existente no interior do grupo, ao passo que uma polícia não encontra poder apenas em seu grupo, mas também no consentimento oferecido pela comunidade em que se situa. Este consentimento normalmente não se manifesta na forma de uma ação, mas na legitimidade e na legalidade conferidas à instituição responsável pela violência. Esta relação permite a incômoda afirmação de que, embora poder e violência sejam fenômenos distintos, "jamais existiu governo exclusivamente baseado nos meios de violência" (Arendt, 2003, p. 40), uma vez que a violência institucionalizada, seja sob ditadura ou sob governo democrático, sempre conta com uma base de poder formada pela comunidade que lhe dá consentimento.

Desfaz-se com isto uma leitura equivocada, mas bastante comum, segundo a qual para Arendt o poder seria sempre positivo e a violência, sempre negativa. Segundo esta leitura, Arendt condenaria a violência por princípio, recusando-lhe de saída qualquer justificativa, e concederia ao poder um elogio irrestrito, pois ele viria da espontaneidade da ação e estaria organizado em instituições. Esta leitura está aquém da complexidade do argumento da autora, uma vez que desconsidera a discussão a respeito da justificativa para a violência:

> A violência, sendo instrumental por natureza, é racional à medida que é eficaz em alcançar um fim que deve justificá-la. E posto que, quando agimos, nunca sabemos com certeza quais serão as consequências eventuais do que estamos fazendo, a violência só pode permanecer racional se almeja objetivos de curto prazo. Ela não promove causas, nem a história, nem a revolução, nem o progresso, nem o retrocesso; mas pode servir para dramatizar queixas e trazê-las à atenção pública. (Arendt, 2003, pp. 57-8).

Um retorno aos textos dos anos 1940 ilustra bem a fragilidade da tese segundo a qual "Arendt é contra a violência porque aposta no diálogo". Ao longo da II Guerra, Arendt defendeu abertamente que os judeus se organizassem politicamente para combater Hitler, e esta organização incluiria um exército judeu, o que indica que a resistência não deveria ser feita apenas por palavras. Ao final da guerra, quando os soviéticos avançavam para o oeste, Arendt leu na imprensa o relato de uma jovem judia que havia matado seis alemães a tiros, e dedicou a ela uma coluna no jornal judeu *Aufbau* chamada "Uma lição em seis tiros". Ao fim do texto, lemos o pedido de que os judeus "não esquecessem dos seis tiros de Betty e, sempre que possível, como se fosse um velho exercício religioso, recapitulassem os estágios da batalha do gueto de Varsóvia" (Arendt, 2016, p. 414). Ou seja, a violência, como um *meio* para enfrentar o nazismo, merece ser elogiada e recapitulada.

Alguns anos depois, este elogio da violência dá lugar a uma crítica à militarização do Estado de Israel então em formação. Não porque Arendt tenha mudado de ideia quanto à violência, mas porque ela já estava ciente de que a forma militarizada que se estava dando àquele novo corpo político conduziria a uma posição completamente desprovida de poder nas relações com os países vizinhos. Comparando o nascente Estado sionista a Esparta, Arendt afirma que os "judeus 'vitoriosos' viveriam cercados por uma população árabe totalmente hostil, isolados dentro de fronteiras constantemente ameaçadas, absorvidos pela autodefesa física em um nível que afogaria todos os outros interesses e atividades. [...] E tudo isto seria o destino de uma nação que [...] ainda continuaria a ser um povo muito pequeno com números muito inferiores em comparação aos seus vizinhos hostis" (Arendt, 2016, p. 664). Arendt advogava uma solução binacional, em que árabes e judeus formariam uma rede de poder sustentada por acordos e compromissos e cristalizada em instituições capazes de atender às duas nações. Contudo, ao escolher a soberania e o isolamento, Israel se viu obrigado a basear-se no vigor e na violência, estabelecendo com todos os Estados ao redor uma relação de perpétua hostilidade.

Estes dois momentos ilustram a concepção que Arendt formalizaria e desenvolveria décadas depois em "Sobre a violência". A violência, como fenômeno do âmbito político, deve ser compreendida em si mesma, sem confusão com o fenômeno do poder. A violência não é uma ação em concerto, caracteriza-se por instrumentos e pode ser justificável, pois é capaz de dramatizar as queixas de negros, judeus, pobres, mulheres ou de outros grupos minoritários que não conseguiriam a atenção pública por meios não-violentos. Contudo, embora não haja condenação da violência por princípio, é importante ter em mente que ela é perigosa, pois

> mesmo quando ela se move conscientemente dentro de uma estrutura não extremista de objetivos de curto prazo, [o perigo] sempre será o de que os meios se sobreponham ao fim. Se os objetivos não são alcançados rapidamente, o resultado será não apenas a derrota, mas a introdução da prática da violência na totalidade do corpo político. [...] A prática da violência, como toda ação, muda o mundo, mas a mudança mais provável é para um mundo mais violento. (Arendt, 2003, p. 58)

Em Arendt, portanto, há justificativas para a violência, mas ela é incapaz de constituir um corpo político ou algum sistema político não-violento. Diferentemente de Walter Benjamin, Arendt não deposita qualquer esperança em uma "violência divina" enviada do futuro para acabar com todas as violências, e, ao contrário de Max Weber, não considera que a sustentação do Estado esteja no monopólio da violência. Em direção contrária, Arendt aposta na capacidade humana de agir em concerto formando redes de poder que sustentam instituições. Estas redes, é bom que se diga, podem ser também muito opressoras, e é possível que o recurso à violência seja necessário para lutar contra esta opressão, mas uma ordem política não-violenta só pode se sustentar no poder, não na violência.

Referências

ARENDT, Hannah. *A condição humana*. 11ª Ed. (revista). Rio de Janeiro: Forense Universitária, 2014.

ARENDT, Hannah. *Sobre a violência*. 3ª Ed. Rio de Janeiro: Relume Dumará, 2003.

ARENDT, Hannah. *Escritos judaicos*. Barueri/São Paulo: Amarylis, 2016.

SOBRE ORGANIZADORA/ ORGANIZADORES

ADRIANO CORREIA é professor de ética e filosofia política da Universidade Federal de Goiás desde 2006. Concluiu o doutorado em filosofia na Universidade Estadual de Campinas (2002) e realizou pesquisas de pós-doutorado na Freie Universität Berlin (em 2011, com bolsa CAPES/DAAD) e The New School (Nova York, 2017, com bolsa Estágio Sênior/CAPES). Foi professor e pesquisador visitante em várias universidades estrangeiras e desenvolve pesquisas nas áreas de filosofia política, ética, estética e filosofia do direito. É autor de *Hannah Arendt* (Zahar, 2007) e de *Hannah Arendt e a modernidade: política, economia e a disputa por uma fronteira* (Forense Universitária, 2014), dentre outros. É bolsista de produtividade em pesquisa do CNPq desde 2010.

ANTONIO GLAUTON VARELA ROCHA é graduado em Filosofia pela Universidade Federal do Ceará (2005), mestre em Filosofia pela Universidade Federal do Ceará (2011) e doutor em Filosofia pela Universidade do Ceará (2020). É professor dos Cursos de Filosofia, Teologia e Direito do Centro Universitário Católica de Quixadá – UNICATOLICA. É editor da Revista Dialogando, que tem foco principal nos cursos de Filosofia e Teologia. Tem experiência na área de filosofia, com ênfase em ética, filosofia política e antropologia filosófica. Atualmente dedica-se a pesquisas no campo da filosofia política, com especial atenção ao pensamento de Hannah Arendt, com foco no tema da relação entre o comum e o singular.

MARIA CRISTINA MÜLLER é doutora em Filosofia pela Universidade Federal de São Carlos, mestre em Filosofia pela Pontifícia Universidade Católica do Rio Grande do Sul e graduada em Filosofia pela Universidade de Passo Fundo/RS. Realizou pós-doutorado em filosofia pela Universidade Federal de Goiás. É Professora Associada da Universidade Estadual de Londrina/PR, onde atua no Departamento de Filosofia desde o ano de 2000. É professora do Programa de Pós-Graduação em Filosofia da UEL e coordenadora no referido programa no biênio 2022-2023. Participa do Núcleo de Sustentação do GT Filosofia Política Contemporânea da ANPOF. É líder do Grupo de Pesquisa do CNPq Hannah Arendt e a Filosofia Política Contemporânea. Concentra suas pesquisas na área de Filosofia Política e Ética com ênfase em Hannah Arendt. Desde 2018 incluiu nas suas investigações a temática acerca da presença da Mulher na Filosofia. Ocupante da Cadeira 40 da Academia de Letras, Ciências e Artes de Londrina.

ODILIO ALVES AGUIAR é graduado em filosofia pela Universidade Estadual do Ceará (1985), mestre em Filosofia pela Universidade Federal de Minas Gerais (1988) e doutor em Filosofia pela Universidade de São Paulo (1998). É professor efetivo da Universidade Federal do Ceará desde 1987 e titular desde abril de 2015. Tem experiência na área de Filosofia, com ênfase em ética e filosofia política, atuando principalmente nos seguintes temas: filosofia, ética, política, violência, natureza e técnica.